# 漢字春秋

吴映璋◎著

吉林文史出版社
JILIN WENSHI CHUBANSHE

**图书在版编目（CIP）数据**

汉字春秋 / 吴映璋著 . — 长春 : 吉林文史出版社，

2025. 1. — ISBN 978-7-5752-0896-3

Ⅰ . H12-49

中国国家版本馆 CIP 数据核字第 20250B5P27 号

# 汉字春秋
## HANZI CHUNQIU

著　　者 : 吴映璋

责任编辑 : 王　新

封面设计 : 吴有森

出版发行 : 吉林文史出版社

地　　址 : 长春市福祉大路 5788 号

邮　　编 : 130117

电　　话 : 0431-81629357

印　　刷 : 北京华强印刷有限公司

开　　本 : 185mm × 260mm　1/16

印　　张 : 23.75

字　　数 : 468 千字

版　　次 : 2025 年 4 月第 1 版　　印　　次 : 2025 年 4 月第 1 次印刷

书　　号 : ISBN 978-7-5752-0896-3

定　　价 : 99.00 元

# 序言（一）

## 说汉字每日一字，练书法笔墨生香

### ——吴映璋书法作品入选国礼书画网

　　吴映璋，男，籍贯甘肃靖远，大学本科学历，中国知名画家范有信老师的学生，中华周易协会常务理事、学术委员会委员。甘肃硬笔书法家协会会员，甘肃美术家协会理事。甘肃省作家协会会员，北京大学、清华大学客座教授。现为中国易明德国学院院长，北京易明德咨询有限公司、甘肃映璋易圆策划有限公司法人代表。

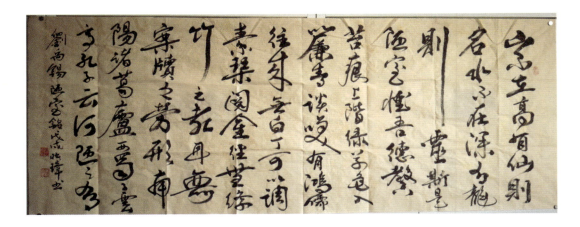

吴映璋在 1999 年 12 月创立了甘肃映璋易圆策划有限公司，出任董事长。

吴映璋人生经历曲折，做过农民，从事过教育工作，担任过企业高级管理职务。他在易学方面受祖辈熏陶，再加上三十余载刻苦钻研，无论是在企业策划还是个人策划等方面都有不少成功范例，在社会上已形成一定的影响。

吴映璋通过辛勤努力和潜心研究，编写了《企业管理与人性化》等专业著作，受到了广大同行的一致好评。另外，他还擅长中国画创作和研究，师从著名画家范有信先生。

2005 年，吴映璋应邀参加第三届中国当代名人论坛。会上，他做的演讲受到与会领导和嘉宾的高度评价，被授予"2005 年度中国当代名人"和"2005 年度中国企划名人"荣誉称号。

吴映璋在运用易学原理的活动中，不是照本念经、承袭固有的模式去生搬硬套形而上学，而是具有一种严肃认真的科学态度、机动灵活的思维方式，紧紧结合实际，能够校正普通人对易学整体概念的模糊认识，及对易学中卜卦占筮的盲目性、不科学性的理念、观点。

　　吴映璋先生运用易学原理、整体系统原理、相对原理、互补原理和均衡思想提出自己精辟的论述、独特的见解和认识方法，对地方上的迷信活动进行了有力的抨击，维护了中华易学的正统形象。

　　吴映璋的精神可贵之处还在于，他能把易学中最基本的象数、变数理论原理、原则，巧妙地融入构建《和谐》社会的活动中。这也是古为今用的典范。

　　吴映璋能够在易道、易理的实践活动中传承中华民族之魂、民族精神；能够激发国人热爱中华民族，使国人提升精神文化的素养、品质，这也是一种文化情操。

　　2014年6月1日，由中国言实出版社出版的《吴映璋说〈易经〉》，在全国引起很大反响。从2016年开始，吴映璋说汉字，每日一字，在互联网上发布免费视频，深受文学爱好者喜爱。几十年如一日，吴映璋每天练习书法。2019年，他有两幅书法作品被选入国礼文化交流网、国礼书画网，就像他的书法作品中所引用的那样，"宝剑锋从磨砺出，梅花香自苦寒来"。

# 序言（二）

## 七律·赠道友吴映璋

言家楼（北京）

平生坎坷出寒门，刺股悬梁觅祖根。
借得春秋观世事，寻来周易润灵魂。
三言人性书香印，四柱传经翰墨痕。
莫谓华章留盛世，也凭开卷护昆仑。

——壬寅孟冬

吴映璋（右）与孔祥龙（左）的合影

**言家楼简介：**

姓名，孔祥龙，籍贯山东曲阜。1968 年参军，1971 年复员转业，1976 年毕业于北京化工大学，留校任教，后转入化工部化工设计公司（后改名为化工部化工设计院，寰球化工工程公司，中国寰球工程公司），直至 2008 年退休。先后担任助理工程师、工程师、高级工程师。现为退休职工。退休后热衷诗词创作和研究。任潇湘诗词协会常务理事。

# 序言（三）

郭　凯

映璋国学家，汉字传天下。
爱我大中华，文明我华夏。

2022 年 2 月 19 日振兴中华群网友郭凯赞

# 自 序

汉字，是汉文化的载体，中华文化，源远流长，博大精深，是当今世界上最古老、最成熟、最优美、最完满、运用人数最多的一种表意文字。按流行的说法，是仓颉创造和发明的。许慎也做了很大的贡献，创作了著作《说文解字》。《说文解字》也是华夏文字的第一本字典。

羲燧炎轩八千余年历史做载体，彪炳华夏；

隶篆真草十万多个汉字供交流，风光世界。

仓颉造字，惊天地泣鬼神，璀璨寰宇；

许慎说文，创六书解万字，通达古今。

盛世华夏，千年文明。汉字起到了记录、交流、传承和发扬的重要作用。中华儿女，应该精通汉字的奥秘和其蕴含的博大智慧。为了新时代的中华青少年能够速记、快认汉字，并理解汉字中蕴含的人生哲理和大智慧，我用十年时间在自媒体"吴映璋说汉字——每日一字"上免费讲解了三千八百六十多字。人生有多少个十年啊？我计划再用五年时间把中国汉字全部讲解一遍。此生只做这一件事。这本《汉字春秋》精选出了一千个字的解释，并讲解了每个字的来源、演变、字义和道理，配以儿歌和顺口溜的形式。读者感到有趣，能够快记、速认，不厌、不烦，在快乐的气氛中得到最佳效果。

十年中，从研究学习备课到讲解录视频，有苦有甜有喜悦。硬是喝下了人生的三碗水：第一碗是一些亲人朋友泼的凉水；第二碗是自己勤奋坚持所流的汗水；第三碗是在夜深人静时流的泪水。要把一件小事做得尽善尽美，需要矢志不渝的勤奋精神，不断坚持的毅力。沉下心来，潜心钻研，才能完成。天下不缺聪明人，缺的是有毅力和恒心、坚持不懈的勤奋努力人，勤能补拙。能把一件小事做得非常完美的人，就是了不起的人。

这本书以简化字和繁体字对照的形式讲述了每个汉字的出处、演变、异体和发展的过程，及其部首与字之间的变化道理。如："鄉"字的简化字"乡"，如今乡里不见壮年郎；"親"字的简化字"亲"，因为后来的亲戚即使再亲，一年也见不了几次。

汉字"家"繁体字是"傢"。上边的宝盖头，就是房子之义，下边的"豕"是猪之义，代表家畜，而繁体字的傢是旁边还有一个单人旁，表示家内出入有人这个主语。有人才是家。"安"字的繁体字是"鮟"，宝盖头表示房子，下边有女；就是说男人家内有女人才能安心。而繁体字的"鮟"表示家内不单纯有女人，还要有鱼食。就如孔子说的"饮食男女，人之大欲存焉"的人性需求。

　　走走停停，半生已过。读懂了人心，看透了生活。这些年我哭过、累过、怕过、忍过、痛过。时间是个好东西，见证了人心，验证了人性。我总担心会失去谁，但唯独忘了问，谁又害怕会失去我呢？伟大来源于平凡，平凡造就伟大。所以，活在当下，珍惜亲人。余生只做一件事：学字、研字、解字、说字、测字、写字、命字、练字。

## 七律·自序

吴映璋

世事纷纭甲子辰，损筋错骨竞虚名。

少年曾做丹青梦，中岁魂牵国粹情。

欲叹函关无厚望，休夸易道有高评。

谁言说易原非易，鬓霜方知安帮明。

——吴映璋壬寅孟冬于中国易明德国学院

# 前言

## 方块字为什么被称作汉字

汉字被称为方块字这是中国几千年来汉字书写规范的传统结论。人们为了把字写得整齐美观，就将所写的材料画上方格，在方格内写字。宋代活字印刷术出现后，人们就在方块模字中造字，特别是近代出现书写速度较慢的仿宋体、黑体、宋体、四棱方正，清晰易认，所以书籍报刊大量使用，以至于人们依据原有观念上的方格和近代造出来的方形字，便认为所有汉字都是方块字，手写体的篆、隶、楷、行也就以方块字称谓了。

那么方块字为什么称作汉字呢？大秦帝国统一了六国，统一文字、统一车辙、统一度量衡、统一货币等，那为什么不叫秦字，而叫汉字呢？主要原因是，秦虽然完成了统一，但秦二世就被灭国了，没有持续性发展。朝代太短，没有人继承和发展。汉朝是文化复兴时代的高峰期。古语有云："唐诗晋词汉文章。"由此证明汉代以文章而兴盛。还有一个原因是，最初的汉字是汉族人发明、创造并使用的。汉字也是汉语言的表达载体。汉代是文章及文化的高峰期，也是轴心期。所以中国的方块字，就以汉字统称，延续至今。

## 汉字的起源和传说

汉字是世界上最古老的文字之一，它是记录汉语言的书写符号，是中华文明中不可缺少的一部分。它是从古到今人们进行沟通交流的重要手段，承载了华夏文明几千年的历史。古人很早就开始探寻汉字的起源，到目前为止，专家和学者对汉字的起源形成了不同的说法，最主要的有以下几种：

结绳记事说：

《易·系辞下》曰："上古结绳而治，后世圣人易之以书契，百官以治，万民以察。"汉代郑玄《周礼注》曰："结绳为约，事大，大结其绳；事小，小结其绳。"这是说，在文字产生以前，人们为了记忆，就用打绳结的方法，做个记号，以帮助记忆。事情大，就打个大绳结；事情小，就打个小绳结。这说明，文字的产生是社会、生活的需要。从本质上说，结绳是帮助记忆的，是个人或某些人之间为某种记忆或行为而确定的符号，没有社会意义，所以不能算作文字。但是，结绳在汉字的发展中也留下了一定的印记。商周金文中的"十"字的字形像绳子上打一结，"廿"字的字形如绳子上打两结，"卅"字的字形如一绳打三结。而"世"字如若干打结的绳，因为古人称三十年为一世，古人在先祖的祭坛上，高悬若干结绳以记其世系。甲骨文中的"孙"字从系，系就像绳子的形状，因为父子相继为世，子的世系在父之下，孙的世系又在子之下。这就是古代结绳遗俗的印迹。

书契说：

这种说法也源于《易·系辞》。书契是一种刻画符号，本来是作为契约用的。在一块木片或竹片上刻上一些痕迹，然后从中间一剖为二，契约双方各持一半，合则为约，这就是契约。有些契约符号、陶文和早期的原始数目字很相似。汉字中可能有一小部分原始数目字和少数所谓指事字，如"爻"等就是由刻画演变而来的。

仓颉造字说：

这是传世文献中最为普遍的关于文字起源的说法。仓颉，号史皇氏，是轩辕黄帝的史官。传说他长着四个眼睛，非常聪明。关于造字，战国时期的《荀子·解蔽》中说："古好书者众矣，而仓颉独传者，壹也。"壹是指专一。《韩非子·五蠹》："古者仓颉之作书也，自环谓之'厶'，背厶者谓之'公'。公厶之相背也，乃仓颉固已知之矣。"东汉许慎采集众说，在《说文解字·叙》中说："及神农氏，结绳为治而统其事。庶业其繁，饰伪萌生，皇帝之史仓颉，见鸟兽蹄远之迹，知分理之可相别异也，初造书契。乂，万品以察，盖取诸夬。"又曰："仓颉初作书，盖依类相形，故谓之文。其后形声相益，即谓之字。"这些都似乎在说明汉字是仓颉所造的。而且，在宋代，人们对仓颉也是十分敬畏的，尊其为神，并设庙供奉他。《石林燕语》卷五中说："京师百司胥史，每至秋，必醵钱为赛神会——余尝问其何神？曰苍王。盖以仓颉造字，故胥史祖之。""官局正门里皆以中间用小木龛供神，曰不动尊佛。虽禁中诸事皆然。其意亦本史畏罢斥，以为祸福甚验，事之极恭。"可见，在当时的社会对文字以及造字的仓颉的崇拜都达到了很高的水平。

八卦说：

八卦是由"—"和"--"两种最基本的符号组合而成的八种图形。"—"代表阳，"--"代表阴。这两种基本符号的不同组合，代表各种自然现象乃至社会现象的发展变化以及相互转换。《周易·系辞下》中记载了八卦与文字的关系："古者庖牺氏之王天下也。仰则观象于天，俯则观法于地，观鸟兽之文与地之宜，近取诸身，远取诸物，于是始作八卦，以通神明之德，以类万物之情。"言下之意，是庖牺氏（即我们常说的伏羲氏）创出八卦来通神明，来类万物。《易纬·乾凿度》中说："（乾）古文天字；（兑）古文泽字；

（离）古文火字；（震）古文雷字；（巽）古文风字；（坎）古文水字；（艮）古文山字；（坤）古文地字。"近代人刘师培在《小学发微》中更是直白地说："大约《易经》六十四卦，为文字之祖矣。"八卦是否就是汉字的起源，我们无从得知，但是八卦无疑对汉字的构成有着一定的影响，如："學"字，形状就像小孩两手摆弄八卦。

除了以上几种说法外，关于汉字的起源还有图画说，甚至是西方说等，这一说我认为不靠谱。究竟哪一种正确，我们且搁置不论，单就汉字而言，我们不能否认它是我们生活中必不可少的沟通与交流的工具，它在世界文字之林中有着非常独特的地方，它也是华夏文明史上无数发明中的一种。

仓颉造字的传说：

关于仓颉造字，不仅是一种学者间的说法，在民间还流传着他造字的故事。

传说皇帝统一华夏后，感到结绳记事的方法不能满足需求，就让仓颉造字。于是，仓颉就在洧水河南岸的一个高台上造屋住下，开始造起字来。可是，他苦思冥想了很长时间也没结果。有一天，仓颉正在思索时，天上飞过来一只凤凰，嘴里叼的一件东西刚巧掉到了仓颉面前，仓颉捡起来看到有一个蹄印。仓颉就去向猎人询问，猎人说是貔貅的蹄印，与别的兽类的蹄印不一样，别的野兽的蹄印他也能一眼辨认出。仓颉听后深受启发。他想，万事万物都有自己的特征，如能抓住事物的特征，画出图像，这不就是字吗？从此，仓颉开始观察日、月、星、云、山、河、湖、海，以及各种飞禽走兽、使用的器物等，并据此造出了象形字。为了纪念仓颉造字之功，后人还把河南新郑县城南仓颉造字的地方称作"凤凰衔书台"。

许慎和《说文解字》

许慎（约 58 年—约 147 年），字叔重，东汉著名的经学家、文字学家、语言学家，汝南召陵（现河南郾城区）人，"有五经无双许叔重"的赞赏。

许慎是华夏文字学的开拓者，他于东汉和帝永元十一年（公元 100 年）著的《说文解字》，是我国第一部系统地分析字形和考究字源的字书，是中国首部"字典"，也是世界上最古老的字书之一。

在《说文解字》中，许慎根据文字的体形，创立 540 个部首，将 9353 字分别归入 540 部。540 部又据形声联归并为 14 大类。字典正文就按这 14 大类分为 14 篇，卷末序目别为一篇，全书共有 15 篇。《说文解字》共 15 卷，其中包括序目一卷。可以说，《说文解字》开创了部首检字的先河，后世的字典大多数采用这种方式。段玉裁称赞这部书"此前古未有之书，许君之所独创"。

此外，《说文解字》总结了先秦、两汉文学的成果，给后人保存了汉字的形、音、义，是研究甲骨文、金文和古音、训诂不可缺少的工具。《说文解字》包括各种含义的字的解释，反映了古代的政治、经济、文化、风俗习惯等，是整理我国优秀文化遗产的工具。

# Contents

**目　录**

**第一部分：精讲汉字 / 1**

**A**

阿 [ā][ē] / 2

矮 [ǎi] / 2

安 [ān] 鮟 / 2

敖 [áo] / 2

奥 [ào] / 3

爱 [ài] 愛 / 3

凹 [āo][wā] 凸 [tū] / 3

**B**

八 [bā] 捌 / 4

捌 [bā] / 4

拔 [bá] / 4

白 [bái] / 4

巴 [bā] / 5

般 [bān][bō][pán] / 5

半 [bàn] / 5

邦 [bāng] 帮 / 5

包 [bāo] / 6

保 [bǎo] / 6

暴 [bào][pù] / 6

卑 [bēi] / 7

孛 [bèi][bó] / 7

倍 [bèi] / 7

贲 [bēn][bì] / 7

本 [běn] / 8

比 [bǐ] / 8

必 [bì] / 8

敝 [bì] / 8

畀 [bì] / 9

辟 [bì][pī][pì] / 9

扁 [biǎn][piān] / 9

兵 [bīng] / 10

辨 [biàn] / 10

冰 [bīng] / 10

丙 [bǐng] / 10

稟 [bǐng] / 11

并 [bìng][bīng] / 11

病 [bìng] / 11

帛 [bó] / 11

不 [bù] / 12

霸 [bà] / 12

卜 [bǔ][bo][pú] / 12

闭 [bì] / 13

办 [bàn] 辦 / 13

坝 [bà] 壩 / 14

币 [bì] 幣 / 14

罢 [bà][ba] / 14

鄙 [bǐ] / 15

拜 [bài][bái] / 15

便 [biàn][pián] / 15

标 [biāo] 標 / 15

鞭 [biān] / 16

驳 [bó] / 16

笔 [bǐ] 筆 / 16

鼻 [bí] 自 [zì] / 17

北 [běi] / 17

贝 [bèi] 貝 / 17

匕 [bǐ] / 17

宝 [bǎo] 寶 / 18


C

酬 [chóu] / 19

戳 [chuō] / 19

刺 [cì][cī] / 19

乘 [chéng][shèng] / 20

除 [chú] / 20

臣 [chén] / 20

才 [cái] 纔 / 21

采 [cǎi] / 21

参 [cān][cēn][shēn] 參 / 21

仓 [cāng] 倉 / 22

曹 [cáo] 曺 / 22

餐 [cān] / 22

察 [chá] / 23

称 [chèng][chèn][chéng] 稱 / 23

聪 [cōng] 聰 / 23

草 [cǎo] / 24

册 [cè] / 24

叉 [chā][chá][chǎ][chà] / 24

插 [chā] / 25

查 [zhā][chá] / 25

差 [chà][chā][chāi][cī] / 25

馋 [chán] 饞 / 25

产 [chǎn] 產 / 26

昌 [chāng] / 26

长 [cháng][zhǎng] 長 / 26

巢 [cháo] / 27

撤 [chè] / 27

辰 [chén] / 27

成 [chéng] / 27

呈 [chéng] / 28

尺 [chǐ][chě] / 28

虫 [chóng] 蟲 / 28

丑 [chǒu] 醜 / 29

出 [chū] 齣 / 29

刍 [chú] 芻 / 29

厨 [chú] / 29

豕 [chù] / 30

春 [chūn] / 30

川 [chuān] / 31

串 [chuàn][guàn] / 31

此 [cǐ] / 31

次 [cì] / 32

从 [cóng] / 32

寸 [cùn] / 32

垂 [chuí] / 33

齿 [chǐ] 齒 / 33

束 [cì] / 33

厂 [chǎng] 廠 / 34

赤 [chì] / 34

车 [chē][jū] 車 / 34

床 [chuáng] / 34

曾 [céng][zēng] / 35

囱 [cōng] / 35

**D**

短 [duǎn] / 36

兜 [dōu] / 36

吊 [diào] / 36

大 [dà][dài] / 37

德 [dé] / 37

对 [duì] 對 / 37

断 [duàn] 斷 / 38

典 [diǎn] / 38

殿 [diàn] 壂 / 38

道 [dào] 衟、衜、噵 / 39

点 [diǎn] 點 / 39

敌 [dí] 敵 / 39

颠 [diān] 顛 / 40

地 [dì][de] / 40

登 [dēng] / 41

代 [dài] / 41

单 [dān][chán][shàn] 單 / 41

旦 [dàn] / 41

当 [dāng] 當 / 42

刀 [dāo] / 42

氐 [dī][dǐ] / 42

弟 [dì][tì] 悌 / 43

帝 [dì] / 43

谍 [dié] 諜 / 43

丁 [dīng] / 43

东 [dōng] 東 / 44

定 [dìng] / 44

冬 [dōng] 鼕 / 44

斗 [dòu] 鬥 / 45

兑 [duì] / 45

段 [duàn] / 45

敦 [dūn][duì] 敄 / 46

朵 [duǒ] / 46

豆 [dòu] / 46

度 [dù][duó] / 47

奠 [diàn] / 47

歹 [dǎi] / 47

电 [diàn] 電 / 47

带 [dài] 帶 / 48

耑 [duān][zhuān] / 48

盾 [dùn] / 48

刁 [diāo] / 49

多 [duō] / 49

端 [duān] / 49

**E**

儿 [ér] 兒 / 50

恶 [è][wù] 惡、噁 / 50

耳 [ěr] / 50

尔 [ěr] 爾 / 51

二 [èr] 贰、貳 / 51

而 [ér] / 51

**F**

夫 [fū][fú] / 52

凤 [fèng] 鳳 / 52

凡 [fán] / 52

肥 [féi] / 52

分 [fēn][fèn] / 53
麸 [fū] 麩 / 53
焚 [fén] / 54
法 [fǎ] 灋 / 54
烦 [fán] 煩 / 54
封 [fēng] 封 / 55
负 [fù] 負 / 55
凫 [fú] 鳧 / 55
妇 [fù] 婦 / 55
罚 [fá] 罰 / 56
乏 [fá] / 56
发 [fā] 發、髮 / 56
伐 [fá] / 57
付 [fù] 副 / 57
复 [fù] 復、複 / 57
反 [fǎn] / 58
傅 [fù] / 58
孚 [fú] / 58
奉 [fèng] / 59
阜 [fù] / 59
峰 [fēng] / 59
弗 [fú] / 60
番 [fān][pān] / 60
甫 [fǔ] / 60
非 [fēi] / 61
粪 [fèn] 糞 / 61
风 [fēng][fěng] 風 / 61
丰 [fēng] 豐 / 62
缶 [fǒu] / 62
方 [fāng] / 62
飞 [fēi] 飛 / 62
父 [fù][fǔ] / 63
富 [fù] / 63

市 [fú] / 63

G

规 [guī] 規 / 64
官 [guān] / 64
怪 [guài] / 64
箍 [gū] / 65
冠 [guān][guàn] / 65
丐 [gài] / 65
关 [guān] 關 / 66
鲧 [gǔn] 鯀 / 66
干 [gàn][gān] 乾、幹 / 66
告 [gào] / 67
敢 [gǎn] / 67
鬲 [gé][lì] / 67
甘 [gān] / 68
岗 [gǎng] 崗 / 68
高 [gāo] 髙 / 68
公 [gōng] / 69
圭 [guī] / 69
冓 [gòu] / 69
艮 [gèn][gěn] / 70
广 [guǎng] 廣 / 70
光 [guāng] / 70
固 [gù] / 70
鹳 [guàn] / 71
各 [gè][gě] / 71
更 [gēng][gèng] / 71
谷 [gǔ] 穀 / 72
勾 [gōu][gòu] / 72
瓜 [guā] / 72
呙 [guō] 咼 / 73
癸 [guǐ] / 73

国 [guó] 國 / 73

厷 [gōng] 肱 / 74

鬼 [guǐ] / 74

骨 [gǔ][gū] / 74

共 [gòng][gōng] / 74

夬 [guài] / 75

果 [guǒ] / 75

弓 [gōng] / 75

戈 [gē] / 75

工 [gōng] / 76

革 [gé] / 76

雚 [guàn] 鸛 [guàn] / 76

古 [gǔ] / 76

贵 [guì] 貴 / 77


**H**

盍 [hé] 盉 / 78

恒 [héng] / 78

号 [hào][háo] 號 / 78

毁 [huǐ] / 79

惑 [huò] / 79

衡 [héng] / 79

获 [huò] 獲、穫 / 79

伙 [huǒ] 夥 / 80

好 [hǎo] / 80

合 [hé] 閤 [gě] / 81

豪 [háo] / 81

黑 [hēi] / 81

害 [hài] / 81

亥 [hài] / 82

霍 [huò] / 82

会 [huì][kuài] 會 / 82

侯 [hóu] / 83

胡 [hú] 鬍 / 83

虎 [hǔ] / 83

户 [hù] / 83

化 [huà] / 84

奂 [huàn] / 84

皇 [huáng] / 84

黄 [huáng] / 85

回 [huí] 迴 / 85

秽 [huì] 穢 / 85

火 [huǒ] / 85

乎 [hū] / 86

灰 [huī] / 86

喝 [hē] 曷 [hé] / 86

禾 [hé] / 87

函 [hán] / 87

互 [hù] / 87

彗 [huì] / 87

壶 [hú] 壺 / 88

惠 [huì] / 88


**J**

肩 [jiān] / 89

脊 [jǐ] / 89

军 [jūn] 軍 / 89

君 [jūn] / 89

甲 [jiǎ] / 90

介 [jiè] / 90

斤 [jīn] / 90

晋 [jìn] / 91

经 [jīng] / 91

堇 [jǐn][qīn] / 91

竟 [jìng] / 92

纠 [jiū] / 92

居 [jū] / 92

觉 [jué][jiào] / 92

家 [jiā] 傢 / 93

井 [jǐng] / 93

京 [jīng] / 93

荆 [jīng] / 93

举 [jǔ] 舉 / 94

捷 [jié] / 94

筋 [jīn] / 94

辑 [jí] 輯 / 95

将 [jiāng][qiāng] 將 / 95

建 [jiàn] / 95

件 [jiàn] / 96

就 [jiù] / 96

旧 [jiù] 舊 / 96

解 [jiě][jiè][xiè] / 96

杰 [jié] 傑 / 97

际 [jì] 際 / 97

继 [jì] 繼 / 97

坚 [jiān] 堅 / 98

冀 [jì] / 98

价 [jià] 價 / 98

贾 [jiǎ][gǔ] 賈 / 99

酒 [jiǔ] 醉 [zuì] 醒 [xǐng] 酬 [chóu] / 99

祭 [jì][zhài] / 100

竟 [jìng] / 100

颉 [jié][xié] 頡 / 100

桀 [jié] / 101

稷 [jì] / 101

匠 [jiàng] / 101

加 [jiā] / 102

既 [jì] / 102

己 [jǐ] / 102

几 [jǐ][jī] 幾 / 103

急 [jí] / 103

即 [jí] / 103

吉 [jí] / 103

夹 [jiā][jiá] 夾 / 104

假 [jiǎ][jià] / 104

戋 [jiān] 戔 / 104

皆 [jiē] / 105

敫 [jiǎo] 缴 / 105

焦 [jiāo] / 105

交 [jiāo] / 106

疆 [jiāng] / 106

见 [jiàn][xiàn] 見 / 106

柬 [jiǎn] / 106

监 [jiān][jiàn] 監 / 107

兼 [jiān] / 107

间 [jiān][jiàn] 間 / 107

金 [jīn] / 108

久 [jiǔ] / 108

掬 [jū] / 108

句 [jù][gōu] / 109

巨 [jù] / 109

具 [jù] / 109

卷 [juàn][juǎn] 捲 / 109

厥 [jué] / 110

戒 [jiè] / 110

及 [jí] / 110

今 [jīn] / 111

臼 [jiù] / 111

巾 [jīn] / 111

瞿 [qú][jù] / 111

九 [jiǔ] 玖 / 112

角 [jiǎo][jué] / 112

韭 [jiǔ] / 112

**K**

口 [kǒu] / 113

开 [kāi] 開 / 113

寇 [kòu] / 113

裤 [kù] 褲 / 114

看 [kàn] / 114

夸 [kuā][kuà] 誇 / 114

科 [kē] / 115

壳 [ké][qiào] 殼 / 115

昆 [kūn] / 115

刻 [kè] / 116

肯 [kěn] / 116

孔 [kǒng] / 116

款 [kuǎn] / 117

康 [kāng] / 117

亢 [kàng][háng] / 117

可 [kě] / 118

匡 [kuāng] / 118

亏 [kuī] / 118

克 [kè] 剋 / 119

考 [kǎo] / 119

勘 [kān] / 120

**L**

辣 [là] / 121

嫘 [léi] / 121

来 [lái] 來 / 121

赖 [lài] 賴 / 121

兰 [lán] 蘭 / 122

阑 [lán] 闌 / 122

览 [lǎn] 覽 / 123

劳 [láo] 勞 / 123

雷 [léi] / 123

累 [lèi][lěi] 纍 / 124

连 [lián] 連 / 124

良 [liáng] / 124

力 [lì] / 125

立 [lì] / 125

丽 [lì] 麗 / 126

栗 [lì] / 126

两 [liǎng] 兩 / 126

燎 [liáo][liǎo] / 127

鲁 [lǔ] 魯 / 127

列 [liè] / 127

林 [lín] / 127

录 [lù] 録 / 128

令 [lìng][líng] / 128

了 [le][liǎo] 瞭 / 129

磷 [lín] / 129

仑 [lún] 侖 / 129

虑 [lù] 慮 / 130

联 [lián] 聯 / 130

历 [lì] 歷、曆 / 130

离 [lí] 離 / 131

另 [lìng] / 131

路 [lù] / 131

劣 [liè] / 132

略 [lüè] / 132

留 [liú] / 132

李 [lǐ] / 132

类 [lèi] 類 / 133

吏 [lì] / 133

礼 [lǐ] 禮 / 133

泪 [lèi] 淚 / 134

聊 [liáo] / 134

垒 [lěi] 壘儡 [lěi] / 134

柳 [liǔ] / 134

卢 [lú] 盧 / 135

吕 [lǚ] / 135

娄 [lóu] 婁 / 135

耒 [lěi] / 136

罗 [luó] 羅 / 136

六 [liù] 陆 / 136

里 [lǐ] 裏 / 136

龙 [lóng] 龍 / 137

鹿 [lù] / 137

卵 [luǎn] / 137

老 [lǎo] / 137

卤 [lǔ] 鹵、滷 / 138

乐 [lè][yuè] 樂 / 138

凌 [líng] / 138

流 [liú] / 138

利 [lì] / 139


M

马 [mǎ] 馬 / 140

明 [míng] / 140

民 [mín] / 140

貌 [mào] / 141

莽 [mǎng] / 141

玫 [méi] / 141

觅 [mì] 覓 / 141

枚 [méi] / 142

命 [mìng] / 142

亩 [mǔ] 畝 / 143

卖 [mài] 賣 / 143

冒 [mào] / 143

脉 [mài][mò] / 143

冥 [míng] / 144

麻 [má] / 144

满 [mǎn] 滿 / 145

眉 [méi] / 145

每 [měi] / 145

卯 [mǎo] / 146

末 [mò] / 146

莫 [mò][mù] / 147

面 [miàn] 麵 / 147

目 [mù] / 147

木 [mù] / 148

孟 [mèng] / 148

穆 [mù] / 148

牡 [mǔ] / 148

矛 [máo] / 149

毛 [máo] / 149

母 [mǔ] / 149

皿 [mǐn] / 150

黾 [miǎn][mǐn] 黽 / 150

苗 [miáo] / 150

某 [mǒu] / 150

米 [mǐ] / 151

麦 [mài] 麥来 [lái] 來 / 151

么 [me] 麼 [yāo] / 151

门 [mén] 門 / 151

曼 [màn] / 152

免 [miǎn] / 152

谬 [miù] 謬 / 152

蒙 [méng] 濛、懞、矇 / 152


N

耐 [nài] / 153

那 [nà] / 153

聂 [niè] 聶 / 153

农 [nóng] 農 / 154

奴 [nú] / 154

年 [nián] 秊 / 154

女 [nǚ] / 155

努 [nǔ] / 155

尼 [ní] / 155

牛 [niú] / 156

能 [néng] 熊 [xióng] / 156

内 [nèi] / 156

乃 [nǎi] / 157

鸟 [niǎo] 鳥 / 157

南 [nán] / 157

难 [nán][nàn] 難 / 157

囊 [náng] / 158

脑 [nǎo] 腦 / 158

宁 [níng][nìng] 寧 / 158

P

谱 [pǔ] 譜 / 159

频 [pín] 頻 / 159

聘 [pìn] / 159

盘 [pán] 盤 / 160

爿 [pán] 丬 / 160

朋 [péng] / 160

彭 [péng][bāng] / 161

皮 [pí] / 161

平 [píng] / 162

派 [pài] 永 [yǒng] / 162

片 [piàn][piān] 爿 [pán] / 163

匹 [pǐ] / 163

璞 [pú] / 163

票 [piào][piāo] / 163

丕 [pī] / 164

旁 [páng] / 164

Q

瞿 [qú] / 165

取 [qǔ] / 165

去 [qù] / 165

全 [quán] / 166

雀 [què][qiǎo][qiāo] / 166

夋 [qūn] / 167

蔷 [qiáng] 嗇 [sè] / 167

千 [qiān] 韆 / 168

启 [qǐ] 啓 / 168

妻 [qī] / 168

犬 [quǎn] / 169

确 [què] 確 / 169

钦 [qīn] 欽 / 169

乾 [qián][gān] 漧 / 170

穷 [qióng] 窮 / 170

契 [qì][qiè] / 170

缺 [quē] / 171

庆 [qìng] 慶 / 171

酋 [qiú] / 171

黔 [qián] / 172

秦 [qín] / 172

弃 [qì] 棄 / 172

其 [qí][jī] / 173

奇 [qí] / 173

耆 [qí] / 174

乞 [qǐ] / 174

佥 [qiān] 僉 / 174

前 [qián] / 175

乔 [qiáo] 喬 / 175

侵 [qīn] / 176

秋 [qiū] 鞦、鞦 / 176

区 [qū][ōu] 區 / 177

祈 [qí] / 177

欠 [qiàn] / 177

求 [qiú] / 178

禽 [qín] / 178

青 [qīng] / 178

旗 [qí] / 178

七 [qī] 柒 / 179

丘 [qiū] / 179

气 [qì] 氣 / 179

强 [qiáng][qiǎng][jiàng] 強疆 / 179

切 [qiē] 砌 [qì][qiè] / 180

且 [qiě][jū] / 180


**R**

辱 [rǔ] / 181

刃 [rèn] / 181

融 [róng] / 182

冗 [rǒng] / 182

染 [rǎn] / 182

乳 [rǔ] / 183

如 [rú] / 183

壬 [rén] / 184

人 [rén] / 184

荣 [róng] 榮 / 185

容 [róng] / 185

柔 [róu] / 186

入 [rù] / 186

日 [rì] / 186

肉 [ròu] / 187

仁 [rén] / 187


**S**

寺 [sì] / 188

叟 [sǒu] / 188

肃 [sù] 肅 / 188

隋 [suí] / 189

遂 [suì][suí] / 189

唢 [suǒ] 嗩 / 190

扫 [sǎo] 掃 / 190

守 [shǒu] / 190

斯 [sī] / 191

寿 [shòu] 壽 / 191

世 [shì] / 191

夙 [sù] / 191

士 [shì] / 192

属 [shǔ][zhǔ] 屬 / 192

思 [sī][sāi] / 192

盛 [shèng] / 193

算 [suàn] / 193

死 [sǐ] / 194

鼠 [shǔ] / 194

煞 [shà][shā] / 194

升 [shēng] 昇 / 195

岁 [suì] 歲 / 195

所 [suǒ] / 196

瞬 [shùn] / 196

虽 [suī] 雖 / 196

甚 [shèn] / 197

师 [shī] 師 / 197

送 [sòng] / 197

晒 [shài] 曬 / 198

湿 [shī] 濕 / 198

粟 [lì] / 198

树 [shù] 樹 / 198

兽 [shòu] 獸 / 199

孰 [shú] 熟 [shú][shóu] / 199

宋 [sòng] / 199

庶 [shù] / 200

朔 [shuò] / 200

剩 [shèng] / 200

赦 [shè] / 200

式 [shì] / 201

燧 [suì] / 201

舜 [shùn] / 201

舌 [shé] / 202

声 [shēng] 聲 / 202

塞 [sāi][sè] / 202

杀 [shā] 殺 / 203

山 [shān] / 203

善 [shàn] / 204

擅 [shàn] / 204

商 [shāng] / 205

尚 [shàng] / 205

勺 [sháo] / 206

少 [shǎo][shào] / 206

申 [shēn] / 207

深 [shēn] / 207

沈 [shěn][chén] 瀋 / 208

生 [shēng] / 208

十 [shí] 拾 / 208

石 [shí][dàn] / 209

史 [shǐ] / 209

市 [shì] / 209

手 [shǒu] / 210

是 [shì] / 210

殳 [shū] / 210

水 [shuǐ] / 211

佘 [shé] 余 [yú] 餘 / 211

叔 [shū] / 212

术 [shù][zhú] 術 / 212

率 [lǜ][shuài] / 212

司 [sī] / 213

丝 [sī] 絲 / 213

身 [shēn] / 214

首 [shǒu] / 214

受 [shòu] / 214

尸 [shī] / 215

束 [shù] / 215

私 [sī] / 215

舍 [shè][shě] 捨 / 215

桑 [sāng] / 216

氏 [shì] / 216

黍 [shǔ] / 216

食 [shí][sì] / 217

矢 [shǐ] / 217

索 [suǒ] / 217

伞 [sǎn] 傘 / 217

上 [shàng][shǎng] / 218

三 [sān] 叁 / 218

四 [sì] 肆 / 218

T

团 [tuán] 團、糰 / 219

条 [tiáo] 條 / 219

头 [tóu][tou] 頭 / 219

突 [tū] / 220

替 [tì] / 220

退 [tuì] / 220

屉 [tì] / 221

徒 [tú] / 221

讨 [tǎo] 討 / 221

塌 [tā] / 221

台、臺、颱、檯 [tái] / 222

太 [tài] / 222

覃 [qín][tán] / 223

唐 [táng] / 223

堂 [táng] / 224

陶 [táo] 匋 [táo] 萄 [táo] / 224

忝 [tiǎn] / 224

廷 [tíng] / 225

童 [tóng] / 225

彖 [tuàn] / 226

屯 [tún][zhūn] / 226

它 [tā] / 227

同 [tóng][tòng] / 227

天 [tiān] / 227

田 [tián] / 228

誊 [téng] 謄 / 228

土 [tǔ] / 228

兔 [tù] / 228


W

胃 [wèi] / 230

万 [wàn][mò] 萬 / 230

网 [wǎng] 網 / 230

危 [wēi] / 231

韦 [wéi] 韋 / 231

微 [wēi] / 231

委 [wěi][wēi] / 232

未 [wèi] / 232

畏 [wèi] / 233

尉 [wèi][yùn][yù] / 233

温 [wēn] / 234

乌 [wū] 烏 / 234

屋 [wū] / 234

五 [wǔ] 伍 / 235

武 [wǔ] / 235

勿 [wù] / 236

戊 [wù] / 236

位 [wèi] / 236

文 [wén] / 237

务 [wù] 務 / 237

卫 [wèi] 衛 / 238

我 [wǒ] / 238

卧 [wò] / 238

雾 [wù] 霧 / 238

歪 [wāi] / 239

威 [wēi] / 239

宛 [wǎn] / 239

王 [wáng][wàng] / 240

为 [wéi][wèi] 爲 / 240

吴 [wú] 吳 / 240

舞 [wǔ] / 241

亡 [wáng] / 241

无 [wú][mó] 無 / 241

瓦 [wǎ][wà] / 241

窝 [wō] 窩 / 242


X

心 [xīn] / 243

徙 [xǐ] / 243

囟 [xìn] / 243

西 [xī] / 244

希 [xī] / 244

昔 [xī] / 244

析 [xī] / 245

息 [xī] / 245

喜 [xǐ] / 245

下 [xià] / 246

先 [xiān] / 246

咸 [xián] 鹹 / 247

陷 [xiàn] / 247

相 [xiāng][xiàng] / 247

襄 [xiāng] / 248

享 [xiǎng] / 248

象 [xiàng] / 249

肖 [xiào][xiāo] / 249

辛 [xīn] / 249

星 [xīng] / 250

讯 [xùn] 訊 / 250

枭 [xiāo] 梟 / 251

协 [xié] 協 / 251

兄 [xiōng] / 251

幸 [xìng] / 252

孝 [xiào] / 252

腺 [xiàn] / 252

虚 [xū] / 253

兴 [xīng] 興 / 253

宣 [xuān] / 253

项 [xiàng] 項 / 254

熏 [xūn][xùn] / 254

需 [xū] / 255

婿 [xù] / 255

秀 [xiù] / 255

须、須、鬚 [xū] / 256

凶 [xiōng] / 256

玄 [xuán] / 256

穴 [xué] / 257

寻 [xún] 尋 / 257

荀 [xún] / 257

犀 [xī] / 258

鞋 [xié] / 258

蓄 [xù] / 258

席 [xí] / 259

袖 [xiù] / 259

刑 [xíng] / 259

谢 [xiè] 謝 / 259

信 [xìn][shēn] / 260

献 [xiàn] 獻 / 260

血 [xuè][xiě] / 260

学 [xué] 學 / 261

夏 [xià] / 261

习 [xí] 習 / 261

向 [xiàng] 嚮 / 261

旬 [xún] / 262

乡 [xiāng] 鄉卿 [qīng] / 262

行 [háng][hàng][héng][xíng] / 262

夕 [xī] / 263

小 [xiǎo] / 263


Y

牙 [yá] / 264

亚 [yà] / 264

焉 [yān] / 264

炎 [yán] / 265

也 [yě] / 265

严 [yán] 嚴 / 265

引 [yǐn] / 265

羊 [yáng] / 266

赢 [yíng] / 266

音 [yīn] / 267

邑 [yì] / 267

肙 [yuān] / 267

壹 [yī] / 268

遗 [yí] 遺 / 268

幽 [yōu] / 268

夷 [yí] / 268

饮 [yǐn][yìn] 飲 / 269

游 [yóu] 遊 / 269

浴 [yù] / 269

舆 [yú] 輿 / 270

厌 [yàn] 厭 / 270

衍 [yǎn] / 270

义 [yì] 義 / 271

要 [yào][yāo] 腰 [yāo] / 271

孕 [yùn] / 271

医 [yī] 醫 / 271

宴 [yàn] / 272

狱 [yù] 獄 / 272

冤 [yuān] / 272

禹 [yǔ] / 272

羿 [yì] / 273

延 [yán] / 273

言 [yán] / 274

沿 [yán] / 274

奄 [yǎn][yān] / 274

央 [yāng] / 274

阳 [yáng] 陽 / 275

夭 [yāo] / 275

幺 [yāo] / 276

尧 [yáo] 堯 / 276

窑 [yáo] / 276

舀 [yǎo] / 277

夜 [yè] / 277

衣 [yī] / 277

以 [yǐ] / 278

乙 [yǐ] / 278

矣 [yǐ] / 278

异 [yì] 異 / 279

弋 [yì] / 279

亦 [yì] / 279

睪 [yì] / 280

易 [yì] / 280

益 [yì] / 280

意 [yì] / 281

因 [yīn] / 281

尹 [yǐn] / 282

婴 [yīng] / 282

庸 [yōng] / 282

永 [yǒng] / 283

甬 [yǒng] / 283

用 [yòng] / 283

尤 [yóu] / 284

有 [yǒu][yòu] / 284

又 [yòu] / 285

右 [yòu] / 285

于 [yú] 於 / 285

予 [yǔ][yú] / 286

余 [yú] 餘 / 286

俞 [yú][shù] / 287

禺 [yú] / 287

矞 [yù] / 287

月 [yuè] / 288

元 [yuán] 圓 / 288

员 [yuán][yún] 員 / 289

原 [yuán] / 289

援 [yuán] / 289

云 [yún] 雲 / 290

匀 [yún] / 290

允 [yǔn] / 291

页 [yè] 頁 / 291

岳 [yuè] 嶽 / 291

杳 [yǎo] / 292

臾 [yú] / 292

曰 [yuē] / 292

攸 [yōu] / 292

雨 [yǔ] / 293

由 [yóu] / 293

玉 [yù] / 293

酉 [yǒu] / 293

粤 [yuè] / 294

袁 [yuán] / 294

鱼 [yú] 魚 / 294

渔 [yú] 漁 / 295


**Z**

再 [zài] / 296

找 [zhǎo] / 296

总 [zǒng] 總 / 296

直 [zhí] / 297

制 [zhì] 製 / 297

嘴 [zuǐ] / 297

蒸 [zhēng] / 298

庄 [zhuāng] 莊 / 298

奏 [zòu] / 298

贼 [zéi] 賊 / 298

责 [zé] 責 / 299

粥 [zhōu][yù] / 299

斋 [zhāi] 齋 / 299

罪 [zuì] / 300

族 [zú] / 300

最 [zuì] / 300

赵 [zhào] 趙 / 300

曾 [zēng][céng] / 301

砸 [zá] / 301

载 [zǎi][zài] 載 / 301

蚤 [zǎo] / 302

噪 [zào] / 302

则 [zé] 則 / 302

扎 [zhā][zā] / 303

乍 [zhà] / 303

詹 [zhān] / 304

斩 [zhǎn] 斬 / 304

展 [zhǎn] / 304

占 [zhàn][zhān] / 305

章 [zhāng] / 305

丈 [zhàng] / 305

召 [zhào][shào] / 306

兆 [zhào] / 306

折 [zhé] 摺 / 307

者 [zhě] / 307

贞 [zhēn] 貞 / 308

诊 [zhěn] 診 / 308

真 [zhēn] / 309

争 [zhēng] / 309

正 [zhèng][zhēng] / 309

支 [zhī] / 310

知 [zhī][zhì] / 310

执 [zhí] 執 / 311

止 [zhǐ] / 311

只、衹、隻 [zhī][zhǐ] / 311

旨 [zhǐ] / 312

至 [zhì] / 312

中 [zhōng][zhòng] / 313

周 [zhōu] / 313

朱 [zhū] 硃 [zhū] / 314

竹 [zhú] / 314

主 [zhǔ] / 314

隹 [zhuī] / 315

卓 [zhuó] / 315

兹 [zī] / 316

子 [zǐ] / 316

宗 [zōng] / 316

走 [zǒu] / 317

奏 [zòu] / 317

足 [zú] / 318

卒 [zú] / 318

尊 [zūn] / 319

坐 [zuò] / 319

在 [zài] / 319

宅 [zhái] / 320

昼 [zhòu] 晝 / 320

祝 [zhù] / 320

忠 [zhōng] / 321

追 [zhuī] / 321

质 [zhì] 質 / 321

专 [zhuān] 專 / 322

重 [zhòng][chóng] / 322

赞 [zàn] / 322

之 [zhī] / 322

爪 [zhǎo] / 323

帚 [zhǒu] / 323

早 [zǎo] / 323

舟 [zhōu] / 324

**品字形字**

壵 [huà] / 325

劦 [lí] / 325

畾 [léi] / 325

晶 [mò] / 326

毳 [cuì] / 326

猋 [biāo] / 326

屭 [bì] / 326

骉 [biāo] / 327

犇 [bēn] / 327

淼 [miǎo] / 327

蕊 [suǒ][ruǐ] / 327

森 [sēn] / 328

鱻 [xiān] / 328

劦 [xié] / 328

鑫 [xīn] / 329

垚 [yáo] / 329

焱 [yán] / 329

嚞 [zhé] / 329

麤 [cū] / 330

## 第二部分：汉字的特性 / 331

一、汉字简化后的特点 / 332

二、感悟汉字蕴含 / 332

三、汉字结构特点 / 337

四、汉字运用 / 344

## 后记 / 348

## 主要参考文献 / 349

# 第一部分：精讲汉字

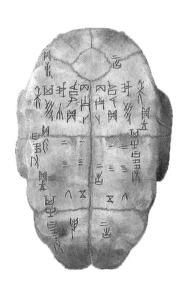

# A

## 阿 [ā][ē]

阿 阿 阿

据《说文解字》，甲骨文、金文史料考证，在金文中"阿"是这样写的：左面这个耳朵最早是一个"阜"，"阜"就是高出来的城池，右边一个"可"。之后不断地简化演变就成为现在的"阿"。假借指迎合，也用作字头词，如"阿公""阿婆"。"阿"还读 ē，阿谀奉承的"阿"。

歌诀：

人去爬城池，声音喘吁吁，从耳又从可，就是阿婆阿。

## 矮 [ǎi]

矮 矮 矮

据《说文解字》、甲骨文史料考证，矮字最早在甲骨文中是这样写的：左边是一个矢，矢字指的是古代射杀猎物的弓箭，右边是一个委托的委，上面一个禾，下面一个女。后来演化成了今天的矢加委。

歌诀：

矢加委，构成矮，矢委矮，矢委矮，身材如箭，矮小的矮。

## 安 [ān] 鮟

安 安 安

据《说文解字》、甲骨文史料考证，安字最早在甲骨文中是一个房子，下面是一个坐着的女人，非常端庄。后来简化成了一个宝盖头下面一个女。

歌诀：

宝盖加女构成安，宝盖女，构成安，女子在屋，舒适安全。

## 敖 [áo]

敖 敖 敖

据《说文解字》、甲骨文史料考证，敖字最早在甲骨文中是这样写的：从出，从方。后来逐渐演化成今天的敖字。敖，是出游的含义，出去、放开。加了偏旁以后，根据各种不同的偏旁，有不同的含义。以下的歌诀就证明了这一点。

歌诀：

敖木贝家赘，见人很骄傲，走之叫遨游，骑马叫骏骜，有玉傲乐响，手拿金饼鏊，粮入广仓廒，鱼要吃大鳌，一日吃蟹螯，火把汤熬好，聱牙被蟹咬，张口嗷嗷叫。

## 奥 [ào]

据《说文解字》，甲骨文、金文史料考证，奥最早在甲骨文中是这样写的：画了一个仓库。我们讲过多次，这样的宝盖头是与房屋有关的。古代的华夏民族非常聪明，把鹿肉、鱼肉、羊肉等打猎所得放在仓库里，还有农产品也放在里面。门口挂一些织物。下面画了两个手，意思是取食品的时候要把门口挂的帘子打开。后来就演化成上面一点，里面是一个米字，下面是一个大字。说大就是小，小就是大，我们中华民族是非常智慧的。

歌诀：

有口嗷嗷啼，有心添烦忧，道路非深奥，澳门水悠悠。

## 爱 [ài] 愛

据《说文解字》、甲骨文史料考证，爱字最早在甲骨文中是这种形状：一个爱字头，实际上它的来历是老字头，下面画了一个子，画了一个男性和一个女性在拥抱的样子。中间画了一个心，意思是男女青年双方有爱，两颗心在一起，二人同心。现在我们看到男女青年在恋爱的时候会画一个穿心箭，意思就是像箭一样把两颗心穿在一起，变成同心，就有了爱情。繁体字的爱中间有一个心，下面是一个友。

歌诀：

邻女令嫒言，张口嗳嗳叹，云嫒云蔽日，日暧日光暗。草薆却茂盛，暧昧行不端。

## 凹 [āo][wā] 凸 [tū]

凸字像一物的中间部分比四周高出一些，其本义为高出，突出。相比凸而言，凹字像一物的中间部分，比四周洼陷之形，有低于周围之义。凹还读 wā，如凹地。木工传统的榫卯结构，就是一凹、一凸相套而成，相互牵制、相互配合，相互制约互补。同理，我们一个家庭、一个组织、一个团队要取长补短、相互配合才能取得成功。

歌诀：

凸凹正相反，区别在中间，凸字中间高，凹字中洼陷。

# B

八 [bā] 捌

据甲骨文、金文、《说文解字》史料考证，八字最早是分开的含义。比如把一个西瓜切开，一撇一捺放在这里。是象形字。同时人字也是一撇一捺，有合的意思，而八是分开的意思，加个提手就是扒开的含义。八本义是数字，加各种部首起到附着结构的作用。比如八又是分字头。而人是合字头。

歌诀：

加口叭叭响，加足趴地上，加木杁良田，用手扒宝藏。

捌 [bā]

捌

据《说文解字》、甲骨文史料考证，这个捌最早在甲骨文中是这样写的：一个手，一个别。后来逐渐演化成了这样：一个提手旁右边一个别。也就是数字八的大写。捌是指部分，假借为数。这是一个假借的意思。比如柒上捌下。捌往往比较别扭。要分开必须用手，所以给别字加了一个提手旁。捌有分的意思。部分也是分，所以捌字是由手和别会意而成。假借为数词，为八的大写。

歌诀：

手加别，构成捌，手别捌，手别捌。

拔 [bá]

据《说文解字》、甲骨文史料考证，这个字最早在甲骨文中是一个提手，旁边一个友，就是画了一个人，人和人的身体相互交叉，就成为朋友。上面是一个点。后来逐渐简化成了一个提手，旁边一个友，上面一个点。

歌诀：

去手做声旁，有手把草拔。有足去跋涉，有金是铍镲，有鱼是鲅鱼，有鬼是旱魃。

白 [bái]

白

据《说文解字》，甲骨文、金文史料考证，最早在甲骨文中白字是这样写的：好像在地平面上有太阳冉冉升起。就是说我们一般卯时起床拉开窗帘，发现天边是鱼肚白，就是这个字的含义。就是天即将亮了的颜色。后来简化成这一撇，说日月相推故为易，日出月落，月落日出，日字上面一撇，就象征着大气不断吹动着，太阳轮回往返，这就是白字的来源。

歌诀：

白字变数多，加米成糟粕，添一就成百，加水成湖泊，人来给一百，竹水变金箔，添玉成琥珀，把勺变成的。见山很陌生，布巾变成帛。

## 巴 [bā]

据《说文解字》、甲骨文史料考证，巴字最早在甲骨文中是这里画了一根草，下面是一条蛇。下面是蛇的尾巴，蛇头翘起来，蛇要吃这里的虫子。这样就形成了巴字。最后逐渐演化成现在这样的巴字。我们知道著名作家巴金，他来自巴蜀。巴在汉字中是一个重要的部首。

歌诀：

爸爸是个旅行家，他的足迹遍天涯，他去南方种芭蕉，他去西藏吃糌粑，他到靶场去打靶，他去泰山把山爬，爬山跌伤留伤疤，泰山顶上弹琵琶，他用柳条编篱笆。他用铁耙把草拔，漫步山崖赏奇葩。

## 般 [bān][bō][pán]

据《说文解字》、甲骨文、金文史料考证，般字最早在甲骨文中是一个器械，旁边漂着一个半拉子的东西。这边是一个兵器，把它砍成一半了。后来逐渐演变成一个舟，旁边一个殳。般是个多音字，还读作 pán，如般乐，也读作 bō，如般若。种类和类型，万般无奈、兄弟般的友谊、百般刁难。

歌诀：

有石是磐石，有手把家搬，有木是涅槃，有伤留痕瘢。

## 半 [bàn]

据《说文解字》、甲骨文、金文史料考证，最早在甲骨文中这个字像是牛角一样，后来逐渐演化成现在这样。意思是用一把斧子把牛头一分两半，仓颉看到这种形状，就造了这个字。有不可分割的含义。比如加一个人字就成了伴侣的伴。半字在汉字中是一个重要的部首，加上不同的偏旁可以合成不同的字。

歌诀：

几个小伙伴，游戏在田畔，月夜胖同伴，用手乱搅拌。铁丝把人绊，举刀做评判，出血还挑衅，一半人背叛。

## 邦 [bāng] 帮

据《说文解字》、甲骨文史料考证，邦字最早在甲骨文中是这样写的：旁边像一个禾苗，种下的种子长出来了，禾苗上有几片叶子。右边是一个邑，就是低洼的地方，低处的城池。后来逐渐演化成了左边是三横一撇，右边是耳朵旁。繁体字往往是比较完整的，但是简化以后一些含义就发生了变化。邦最早是田地里刚刚发芽的禾苗，邦的意思是说给下面培土，或者插一根棍子叫它盘着生长。邑就是说一个地方要种植一种植物。后来引申为兴邦立业，一个好汉三个帮。有三横一撇，告诉我们做事情要有团队精神。

歌诀：

有巾多帮助，有丝用绳绑，有木敲梆子，唱我多邻邦。

## 包 [bāo]

据《说文解字》、甲骨文史料考证，包最早在甲骨文中是这样的：像一个女人怀孕的样子，肚子很大，里面是一个孩子。包的本义是胎胞之胞。后来里面的子演化成了尸，巳。引申为包袱之意。人文氏祖伏羲氏发明了水煮食物和鱼类，故又称伏羲为包鱼师。后来有一些族氏就称包姓。包就成为了姓氏。我们可以看到，包在汉字中是一个重要的部首，经常和其他部件组合形成汉字。讲到包，应该明白每个人都要有包容心。不管你是在家庭还是社会上的团队里，当你看到别人的缺点的时候，你要善于包容。

歌诀：

有雨下冰雹，有口虎咆哮，有刀把木刨，有病挤脓包。有犬狍子跳，有木枹树高。

## 保 [bǎo]

据《说文解字》、甲骨文史料考证，保字在甲骨文中是画了一个人体，背了一个小孩的样子，就是把孩子背到自己的背上，用手抱住、保护起来。后来逐渐演化为现在这样的一个人字一个呆字。通过讲解保字，我们可以得到一些启迪。安保工作不要忘记初心，要继续前行，为国家和人民的利益做好安保工作。

歌诀：

好衣受褒奖，衣来做褓襁。有火把汤煲，加土成碉堡。有草葆青春，人民把国保。

## 暴 [bào][pù]

据《说文解字》、甲骨文史料考证，最早在甲骨文中是这样写的：上面是一个太阳，中午的时候，人们把粮食铺在院子里晒，把粮食里面的水分晒干，然后就可以装到仓库里了，粮食不会发霉。最后逐渐演化成一个日，一个共，下面是水。意思就是在太阳下面晒粮食，把粮食的水分晒干了，这就是暴。后来引申人的性格、脾气暴躁。本义字是曝。暴风雨，猛烈。

歌诀：

见水成瀑布，爆炸添火旁。暴徒莫猖狂，见日就曝光。

## 卑 [bēi]

在古代一个女人拿了一把扇子，就是奴婢、婢女，她们要给主人扇扇子。也像在田地里立了一个碑，最后成了这个"卑"。

歌诀：

用石做墓碑，女人非奴婢，大口喝啤酒，月下发脾气，双手去捭阖，禾少稗子多。

## 孛 [bèi][bó]

据《说文解字》、甲骨文史料考证，最早在甲骨文中是这样写的：画了一个人头，没有脖子，头发是束起来的，就是十六岁成丁之后要加冠。下面是一个口。孛，又是彗星的别称。《论语》曰：色孛如也。乡党篇文。今作勃。此证人色之说也。草木之盛如人色盛。故从子作孛。而草木与人色皆用此字。孛是指脸勃然变色，就是人脸上的突然的表情。变色之后似草木茂盛的样子，也是彗星的别称。古书上指光芒强盛的彗星。这个字往往加上汉字中的偏旁部首组合成字。

歌诀：

孛字很好记，加草种荸荠，勃勃有力气，水在渤海里。有月就是脖，有心无悖意。口食香饽饽，眼看鹁鸟戏。

## 倍 [bèi]

据《说文解字》、甲骨文史料考证，倍最早在甲骨文中是这样写的，两个人站立对峙，立字下面一个口：两个人口吐白沫。这个字我们上面说了，就是两个人站立着，发生争执，双方都很生气，站立的立下面一个口，气得口吐白沫，相互争执。

读作：bèi。该字主要字义是更加，古时字义同背，数学上常用在某数的几倍等于用几乘某数。

歌诀：

倍把人旁丢，读音就是杏。拿刀去剖析，有手掊一掊。右耳来部属，左耳陪他住。有草菩提手，有人加倍柳。有土好培育，蓓蕾均草头。有贝把钱赔，烘焙火必有。锫是一金属，甜醅悠悠久。

## 贲 [bēn][bì]

据《说文解字》、甲骨文、金文史料考证，贲最早在甲骨文中是这样写的：上面画了三个手，下面是个宝贝的贝。意思是火山即将爆发。后来三个手逐渐简化成三个十，就是花卉的卉字。贲字是从贝从卉，本义是脸上华丽的纹饰、装饰。贲是六十四卦之一。山火贲。虎贲，奔走，快走。勇士。皎皎白驹，贲然来思。《诗经·小雅·白驹》。

歌诀：

有口把水喷，有心莫愤恨。人来别奋兴，果多成草蒶。有鱼是鲼鱼，阉猪称作豮。

## 本 [běn]

据《说文解字》、甲骨文史料考证，本字最早在甲骨文中是这样写的：画了一棵树。我们看树的时候看到的是树干、树枝、树叶，但是我们看不到地下的树根。常言道，树冠有多高，根就有多深。本就是树根的意思。

歌诀：

加竹就变笨，有草合成苯。有金川衣钵，做人莫忘本。

## 比 [bǐ]

据《说文解字》、甲骨文史料考证，比字最早在甲骨文中是这样写的：画了两个人体，两个站立的人在跳舞，或者唱歌，进行比试的样子。画的人体是S形的，手在舞动。最后这个字简化成了两个匕首的匕。比字是一个重要的部首，能够组合出很多字。应用范围很广。比字由两个匕首组成。

歌诀：

秕谷充好粮，蓖麻放油里，此案审理毕，法院把文批。有罪不庇护，重罪要枪毙。惩前又毖后，加尸就是屁。

## 必 [bì]

据《说文解字》、甲骨文史料考证，必最早在甲骨文中是这样写的：下面这个十字，实际是一只手，手拿着一个像棒槌一样的拨浪鼓之类的东西，算是一种乐器。这个东西就叫必。后来这个字逐渐简化成了一个心加一撇。加上一个宝盖儿下面一个虫就成了蜜蜂的蜜；左面加一个禾就是秘；加一个草就是苾。必是汉字中的一个重要的偏旁部首。

歌诀：

小蜜蜂儿采花蜜，花儿连忙传秘密。远处花香草苾苾，蜜汁来自花蜂蜜。环境安谧宜身体，蜜蜂应向人欢喜。

## 敝 [bì]

据《说文解字》、甲骨文史料考证，最早意思是在农耕社会里，妇女织布的时候有个帘子，帘子挂在一个棍子上可以来回拨动，那个棍子就叫敝。今天我们窗帘上有个滑杆，窗帘可以来回滑动，这也称作敝。右边的反文实际是象形，意思是手拿着竹竿。后来逐渐演变成今天的敝字。

歌诀：

鄙人很谦虚，只用一木撇，蹩足很蹩脚，见手是左撇，手下有舞弊，把人变鱼鳖。以草做荫蔽，人心把气憋。

## 畀 [bì]

据《说文解字》、甲骨文、金文史料考证，畀字最早在甲骨文中是个象形字，下面是一横一个儿，实际上就是一个托盘，像我们装水果的盘子。上面是一个田字出头，也就是由字。这个字意思就是一个托盘里盛放着田地里出产的很多果实，本意是托付、给予。后来逐渐演化成上面一个田下面一个托盘的形状。

歌诀：

有病就麻痹，有竹做竹箅，加水是滗水。

## 辟 [bì][pī][pì]

据《说文解字》、甲骨文，金文史料考证，辟字最早在甲骨文上。左面画了一个人体的样子，下面是个口袋。右面画了

一个木桩上面有好多钉子。也就是在古代用这个有钉子的刑具，来羁押犯人。后来人体就演变为尸体的尸和口组成。右面加了一个辛字。

歌诀：

用刀开山劈地，有人就不偏僻，有玉玉璧满堂，月下挥动双臂。有言来说譬如，无走怎能逃避。加口炮声噼啪，暴雨声声霹雳。有人显得孤僻，土在悬崖峭壁。

## 扁 [biǎn][piān]

据《说文解字》、甲骨文史料考证，这个字最早在甲骨文中是这样写的：一个象形字，一个户，就是在门上挂了一个帘子，人们进出的时候要掀开这个帘子。后来上面逐渐简化成了门户的户字。扁表示物体宽平而较薄。人生气的时候，嘴巴的表情就是扁的。常言道：嘴是个扁的，舌头是个软的。扁也是个多音字，扁担、扁豆、扁铲。又做姓氏，读 piān。

歌诀：

竹简文章一篇，精编串成一卷。虫来变成蝙蝠，有羽风度翩翩。有人以偏概全，半框门上金匾。骑马到处行骗，走之去看一遍。有鱼定是鳊鱼，火煸味道真鲜。有石水露石碥，犏牛力大耕田。有足蹁跹起舞，有心胸怀狭褊。穿衣不要夹褊，有舟小船一艑。

## 兵 [bīng]

据《说文解字》，甲骨文，金文史料考证，最早兵字在仓颉造字时，左面画了一个戴头盔，身穿盔甲人的样子，后来引伸为战士、军队、士兵、兵卒、兵丁。兵戎相见兵器、兵法、兵家、兵书等。

歌诀：

沙家浜，迎贵宾，当年战斗在海滨，如今相见霜染鬓，兵贵神速还要精。

## 辨 [biàn]

据《说文解字》、甲骨文史料考证，最早在甲骨文中是画了两个人在争辩的过程中分开，中间有个人拿着扫把或者刀，两个人本来喋喋不休，被中间的人劝住了。后来逐渐演化成了两个辛苦的辛字中间加了一个刀。组词的辨别、辨别力、辨明、辨认、辨识、辨析等。

歌诀：

用丝扎成小辫，瓜在花瓣间。有言难以申辩，用刀细分辨。辩证需要证据，辨别找特点。

## 冰 [bīng]

凡是汉字两点水的字都与冰有关，凡是四点水的字都与火有关。如"冯"姓的来历是，有位将军用马在路上拨了很多的水，成冰后用马拉很重很大的军用品，后来帝王赐姓为"冯"姓。

歌诀：

有马就姓冯，加兄情况明。有中冲在前，加台就冶炼。

## 丙 [bǐng]

据《说文解字》、甲骨文史料考证，丙字最早在甲骨文中是这样写的：画了一个方框，里面一个线条。实际上是画了一个陶罐的样子，上面一个盖子，下面一个钵，盖起来，这就是丙。那么仓颉为什么要造这个字呢，这个丙字上下联系起来，中间有个小人，意思是抓来的虫子放在这个钵里面，用盖子盖起来，这就成了丙字。这是这个字的本意。后来有了甲乙丙丁，丙成了程序字，天干地支，丙为火。罗盘上的丙就与火有关，在南方。

歌诀：

丙邑加城池，病头常生病，用木做成柄，有火是彪炳。

禀 [bǐng]

禀 禀 禀

据《说文解字》、甲骨文史料考证，禀在甲骨文中是画了一个房子。凡是高字头的字就与房屋有关系，凡是宝盖头的字也与房屋有关系。禀字是画了一个屋顶，下面画了一个门。人们把丰收的粮食往仓库里装，禀就是拿着簸箕往仓库里倒。简化成一个高字头，下面一个回，再下面一个指示的示。有檩的房子叫作顺水房子。

歌诀：

有冰风凛冽，有房作仓廪。警惕心懔懔，有木做房檩。

并 [bìng][bīng]

并 并 并

《说文解字》、甲骨文中，并是这样写的：直接画了两个人合并起来，两个人头，两个胳膊，两条腿。后来在金文中逐渐发生了一些简化和变化，但是内容是一样的。最后经过多次简化就成了两点下面一个开明的开。上古时期有一个叫"袁信"的人进山打猎，险些被一头狮子吃掉，幸好当时遇见了一个叫镐娃的人救了他的性命，最后两个人结拜为好友，这个故事感动了当时的舜帝，就赐那个地方为袁氏，所以在造字时就出现了两个人合并。常言说得好"独人难活"，就是说一个人不易生存。

独柴难着：单独一根柴不易燃烧。并存就是无论做什么事都要形成团队、团体。

歌诀：

两人并肩立，并立比高低。如今字形变，点撇开做底。

病 [bìng]

病 病 病

如果把这个字旋转一下，下面是一个床，一个人侧卧在床上如生病的样子，两点是生病的人冒的虚汗。人的病从体内发生而表象是在头上出现了一些虚汗，这就是生病的样子。这个字也做病字头，由病字头做的字很多，凡是有病字头的字都与病痛有关。

歌诀：

人病卧在床，两点汗滴样，病因体内生，丙便下放病。

帛 [bó]

帛 帛 帛

据《说文解字》、甲骨文、金文史料考证，帛字最早在甲骨文中是这样写的：画了一个架子，人们在制造锦帛的时候首先要染色。古代的染料都是从矿石中磨出来的，把布在一个大缸里染成一个统一的颜色，然后搭在架子上晾晒。帛字上面一个白下面一个巾，就是在架子上晾晒白布的样子。帛在汉字里常常配合其他偏旁部首来产生一些字。在姓名中，帛字，寓意身体健康，态度和善，聪明过人，乃人间富贵之人。

歌诀：

锦上绣金线，棉字木做边。

帛加糸字旁，意在表绵延。

## 不 [bù]

据《说文解字》、甲骨文史料考证，仓颉造字的时候农业刚刚开始发展，播下的种子刚刚从地里发芽，头部还是弯的，豆芽菜是先发芽而后扎根，但是埋到土壤里是先扎根后发芽。在豆芽刚露出的时候不能去掰它的头部，所以这个字形的意思就是不，上面一横，下面是扎下的根。后来逐渐简化成现在的不字。表示两者中既非这个也非那个；无需前面的先决条件而出现后面的行为和状态。做虚词，表示缺乏或忽视某种行动。用在叠用的相同的词之间，前面常加"什么"，表示不在乎或不相干。

歌诀：

否字不张口，痞子有病否。

曹丕不仁义，木杯家常有。

有心胸怀宽，帝王戴光环。

土墙容易坏，不走难回还。

## 霸 [bà]

据《说文解字》、甲骨文、金文的史料考证，霸字是从雨从革从月构成"霸"，革掉阴雨，始见月亮，春秋五霸，霸王的"霸"。霸，指阴历每月的月初始见的月亮。晚上没有月亮，除三十、初一、初二那几天外，就是阴天或下雨天。"雨"被"革"掉，月亮就会出来，所以"霸"字由"雨""革""月"会意而成，引申为恶霸，霸道。做人首先要有霸气，即胆量。我们要敢于拨云见日，拨云见月，要敢于杀出一条生路。

歌诀：

霸王虽雄败于乌江自刎，汉王虽弱竟有万里江山。

尧帝明圣却生不孝之儿，瞽叟愚顽反生大孝之子。

## 卜 [bǔ][bo][pú]

据《说文解字》、甲骨文史料考证，占卜是古代求吉凶的一种方式。关于"卜"有一个古代算卦拆字的故事。在清朝雍正年间，科举制度兴盛，进京赶考的三位学子走在大街上碰见了一位算卦先生在摆着卦摊，先生看见三位学子上前，便问道，几位想拆字吗？其中一位学子说"是"，便拿起毛写了一个"卜"字，说道："先生看看我这一事成功否？"先生一看，一竖笔直有力，一点是方中带圆，棱角分明，如一方大印。于是乎说，你是进京赶考的学子，恭喜你这次定能金榜题名，是状元命。学子付了谢金离开了。当时围观者众多，其中有一乞丐也立在一旁，数日后乞丐换了一身蓝衫，上前表示要拆字，先生让他写一字来，乞丐便认真画了一竖，还描了几次歪歪扭扭，好似一根树枝，又在上面画了一点，但里面留了好多空白，好像一个篮子。算卦先生仔细端详一会儿说道："恕我直言，不要介意，我实话实说，你是一个乞丐之命。"乞丐听后不悦，便问：前几天有位也同样写了这个"卜"字，你说他是状元之命，定能金榜题名。而今天我同样也写了这个"卜"，你却说我是乞丐之命。这是何道理？先生说道：你仔细看来，你写的这一竖，歪歪扭扭就像一根打狗棍，上面的这一点，就像一只篮子，一个打狗棍上面挎一个篮子，你说不是乞丐是什么？而那一天，那个相公写的那个"卜"是笔直有力，好像一支笔，那一点方中带圆，有棱有角。好似一方大印。你说一支笔配一方大印，不是状元是什么？

歌诀：
加衣是补丁，有人是仆人。有圭要算卦，加言出讣告。

## 闭 [bì]

開 闭 闭

据甲骨文、金文、《说文解字》史料

考证，闭在金文上是这样写的：就是两个门扇下面画了个十字，最后简化成门里面一个才，那么"闭"这个字从门从才。但是我们说，人在生活当中应学会闭口，闭口的含义就是说你在各个时空点内不该讲话的就不能讲话。

歌诀：
门才闭，门才闭，关门上一闩，门户就关闭。
闭好口，闭好口。说话惹烦恼，开口惹烦恼。

## 办 [bàn] 辦

辦 办 办

据《说文解字》、甲骨文史料考证，"办"在甲骨文中是两个"辛"中间一个"力"，后来不断地简化就变成了一个"八"中间加一"力"。繁体字的"办"是由二"辛"加一个"力"构成的，指全力去处理一些事情。而辩是由两个辛中间加一个言字旁，称为"辩"，就是辩论的辩，"辩"指罪犯在控告当中极力为自己开脱，所以"办"字是用"辩"做声旁的会意字，简化成办公的"办"，在"八"的中间加一个"力"指的是用力去办一些公务和处理一些事情。"办"就是认真、用力去办事情。

歌诀：
八力办，八力办，用力分开，办事的办。
双辛力，双辛力，认真办公，辛辛苦苦。

## 坝 [bà] 壩

据《说文解字》、甲骨文史料考证，最早的繁体字是这样写的：土右边霸，是霸道的"霸"。这是繁体字，后来逐渐简化成土和贝，宝贝的"贝"，这是简化而成的。土加贝构成"坝"，土贝坝，就是说主土挡水，河坝的"坝"。坝，指筑土以挡住河水的建筑物，因繁体"坝"右边是"霸"，霸有豪强的含义，而"坝"必须强固，所以"坝"字由"土"和"霸"会意而成。简化字的"坝"的"贝"可看坝的截面，形状和"土"会意而成。这就是说万丈高楼从地起，我们要防水，必须筑坝，把坝建筑得非常牢固。

歌诀：

千里坝体溃于蚁穴，万里江山朽于蛀虫。

筑坝修城不留蚁缝，众志成城筑牢长城。

## 币 [bì] 幣

据《说文解字》、甲骨文史料考证，这个币字最早在甲骨文中是这样写的：上面一个敝下面一个巾。最后逐渐简化成一敝下面一个巾。币是指送礼用的布锦，锦帛。繁体字的币，是由敝和巾组成的。敝，

加个草字头，就有遮盖的意思，将草字头省去，敝。给人送布帛，需要遮盖，用布帛把它遮盖一下，简化字的币，变成了巾字上面的一敝，即今天货币的币。古代的钱币是用来送礼的，不是货币，比如刀币、铲币、铜钱币、银元等这些逐渐演化的钱币，都是用布帛包起来的，是这样一个含义。

歌诀：

敝加巾，构成币。敝巾币，敝巾币，送礼布帛就是币，人情世故难离币。

## 罢 [bà][ba]

据《说文解字》、甲骨文史料考证，这个字最早在甲骨文中是这样的：上面是一个网，下面是一个狗熊的熊，似象非象，就这么画，是象形的。后来这个字就成了一个四，下面一个能力的能。最后逐渐简化成了一个四，下面一个去。古代的罢字是网和熊组成的，指的是狗熊掉进布设的天罗地网之中。四是网的变形字。罢字指的是免去的意思，后来又引申为停止、完毕。

歌诀：

四加去，构成罢，四去罢，四去罢，狗熊落网，就此作罢，罢免的罢。

鄙 [bǐ]

据《说文解字》、甲骨文史料考证，这个字最早在甲骨文中是这样写的：一个粮仓，上面是一个人的头，人的两个臂膀撑开，这是鄙。后来逐渐变成一个口字下面一个十字，再加一个回。回是人居住的地方。右边是一个耳朵旁。右面的耳朵是邑，邑是小城镇的含义，人们居住的地方。鄙字左边的上面的口字表示人们的居住地，下面像粮仓。右面的邑是指众人居住的地方，本意是小城或者边远的地方。引申为粗俗、低劣。

歌诀：

口加回，再加十，再加邑，构成鄙，口十回，再加邑，组成鄙。边远之地，鄙视的鄙。

拜 [bài][bái]

据《说文解字》、甲骨文史料考证，拜字最早在甲骨文中是这样写的：它是两只手抱拳合拢的样子。后来逐渐演变成了两个手字，右边的加了个一。拜字的形象是两个人相见，相互施礼，后来会意成拜会，或者拜托。拜表示恭敬的一种礼节。行礼时下跪。顺服，敬奉。奏上，奉上。也是多音字。读拜拜时，bái 就是再见的意思。

歌诀：

手加手，再加一，构成拜，双手合一合成拜，抱拳施礼，拜见的拜。

便 [biàn][pián]

据《说文解字》、甲骨文、金文史料考证，便字最早在篆书是以人为主，左面一个人，右面一个更。这个更就是要变更一切的含义。这个人在用刀刻树，就是要改变原来木头的样子。最后简化成现在这样一个人右边一个更。就是改变之意，人们若想要方便，就需要变更，就必须改变自己，所以这个便由人和更组成。引申为便宜，假借为大小便。人想要改变命运，必须不断地学习文化知识，弄懂社会科学和自然科学，并且不断应用，才能真正改变自己的一生。要把学习到的知识逐渐变成智慧，应用到社会当中，为国家尽绵薄之力，实现自己的价值。

歌诀：

人加更，构成便，人更便，人更便，如若不变，尽力改变，方便的便。

标 [biāo] 標

据《说文解字》、甲骨文史料考证，标字最早在篆书中是这样写的：一个木，画了一棵树，上面长着枝条，挂了一个目标，下面一个示。后来演变成木字过来一个票，最后简化成现在这样。标指的是树上面的树梢，就是说人们给自己定宏伟的蓝图，要有一定的目标。我们每个人一生的命运肯定不同，发展不同，学习经历不同，所处的环境不同，给自己的定位也不同。大家要有正确的自我认知，要懂得自己是什么样的一块料，要懂得自己从何而来，给自己制定一个远大的目标。要不断地为这个目标努力奋斗，成为成功的人。

歌诀：

木加示，构成标，木示成标，表示树梢，以此为标，标准要高。

## 鞭 [biān]

据《说文解字》、甲骨文、金文史料考证，鞭字最早在篆书中是这样写的：画了一个人，最后就简化成了一个革，中间一个人，过来一个更。古代的农耕社会要用牛马去耕地，用牛皮做成一根绳子，就成了一条皮鞭，要使唤这个牲口，用鞭子去驱赶它，这个牲畜非常听使唤，非常方便。篆文的鞭，左边像一个人，右边像一个圆圆的马的屁股，皮鞭打到马的屁股上。右下方是人的手拿着一个棍子，挽上一个牛皮绳子去打，这就是鞭字的出处。小篆变成了革和便构成的形声字，意为要使马儿跑得快，就得用皮鞭抽打，本义是指马鞭。引申为鞭炮，或者鞭策。

歌诀：

革加便，构成鞭，革便鞭，革便鞭，打牲畜，皮革现，听使唤，真方便。

## 驳 [bó]

据《说文解字》、甲骨文史料考证，驳字最早篆书是这样写的：左面画了一个马的造型，右面是一个爻。爻最早是织网那样的交叉的含义，后来就直接写上一个马，两个叉。最后简化成了这样。爻字字形像交叉的网绳，有混杂相交之意，驳指马身上的毛色混杂不纯，如斑驳，引申为反驳、驳斥。这就是驳字的出处。表示指出对方的意见不合事实或没有道理；说出自己的意见，否定别人的意见；一种颜色夹杂着别的颜色。

歌诀：

马加爻，构成驳，马爻驳，马爻驳，毛色混杂，斑驳的驳。

## 笔 [bǐ] 筆

据《说文解字》、甲骨文史料考证，笔这个字最早在甲骨文中是这样写的：画了一只手，抓了一个竹竿。后来逐渐演化成一个竹字头，下面一个聿。最后简化为竹字头下面一个毛。毛笔的笔杆是由竹子做成的，笔头是用狼毫或羊毫做成，这就是笔这个字的来源。现在的笔除了作为写字的工具外，引申为笔杆子、笔者、随笔、笔迹、笔记、笔调、笔端、笔耕等。同"笔"，秦谓之笔。

歌诀：

竹加毛，构成笔，竹毛笔，竹毛笔，用来写字，写字用，多学习。

## 鼻 [bí] 自 [zì]

鼻，鼻子的鼻。自，自己的自。据《说文解字》、甲骨文、金文史料考证，我们的古圣先贤在造这个字的时候，首先看到的是人的鼻子。甲骨文中非常形象地画了一个鼻子。后来不断简化演变为现在的这个鼻。自己的自就像鼻子的正面形象。上部是鼻梁，中间是鼻孔。自后来假借为自己，才另造鼻字。到现在为止，还有好多人指着鼻子尖说："你在叫我吗？"这是鼻字和自字的演变发展过程。

歌诀：

自本鼻子形，两横为鼻孔。人若称自己，用手指鼻顶。

## 北 [běi]

据《说文解字》、甲骨文、金文史料

考证，古代中的北字，像两个人相背而立的样子，其本义是相背、违背。后指方位。因为我们中原大地在地球的北半球，所以建房大多数是面南坐北，冬暖夏凉。南面太阳光照时间长。在五行中北为水，南为火，东为木，西为金。所以我们常说买东西，不说买南北。

歌诀：

两人背靠背，字形就是北。北原指相背，后来表方向。

## 贝 [bèi] 贝

据《说文解字》、甲骨文、金文史料考证，贝字像左右两扇贝壳形。贝的本义是蛤蜊。古代贝比较稀少，故用贝做货币。用贝做意符的字大都与贝或货币有关。在唐代，写在叶子上的字，指佛经。"齐天极地，为初终兮，金文贝字，构重重兮。""至于辩意长者，成贝字之篇；善思童子，效琅函之诰。"

歌诀：

贝像一只蚌，两壳背身上，贝上表贝壳，见下像张见。

## 匕 [bǐ]

据《说文解字》、甲骨文、金文史料

考证，匕匙相当于现在的羹匙，是古代用来舀取食物的器具。曲柄浅斗。因匕首柄头像匕匙，所以匕首。1. 匕，象形。从二匕，匕一声。甲骨文字形，像汤匙形。汉字部首之一。本义是勺子。按一说"匕"像反人形，"妣"。2. 古代的一种取食器具。长柄浅斗，形状像汤勺。3. 匕首，丈人目先生，使引匕刺狼。——【明】马中锡《中山狼传》。

歌诀：
匕是匕匙形，取食汤具中，匕柄像匕匙，更像匕首名。

## 宝 [bǎo] 寶

据《说文解字》、甲骨文、金文史料

考证，古代宝字像是在屋子里放着一块贝壳（货币）和一块大玉珠，金文又增加了岳字表示器物、货币、玉琼。在古代是宝贝，简化后省去缶和贝剩下玉。用作形符叫"宝盖头"，指房子。宝，汉语常用字，最常见甲骨文，本义是珍贵的东西。宝，珍也。引申为玉器的总称、玉质的信物、帝后太子的印信，也引申为珍贵的等意。宝，会意兼形声字。甲骨文从宝盖头（房），从贝（货币）。从王（玉），会意字。在商代，有省去"贝"做形的。《说文解字》、甲骨文沿用了这种写法。在周代金文中，加上了缶（器皿，亦为古人所用），缶也兼表声，成了会意兼形声字。

歌诀：
有玉在家中，就是宝字形，屋中有玉在，便得宝盖名。

# C

酬 [chóu]

据《说文解字》、甲骨文史料考证，酬最早在甲骨文中是这样写的：一个酉，酉就是古代用来装酒的坛子，所以写酒，就是一个酉，前面一个三点水，酉最早是装酒的器皿；右面好像是画了一个弓箭，就是工作的意思，里面弯弯曲曲加了几个弓箭。酬就是工作了就给一定的酬劳；下面是一个口。后来逐渐简化成一个酉加一个州。酬字是主人向客人敬酒，如果客人不善多饮，就是喝得力不从心，主人就要适可而止，及时停下来，谢饮。谢饮就是停饮的意思，不要给人家多加劝酒，所以酬字是由酉和州会意而成的。天道酬勤就是你干下一定的业绩，主人就给你敬酒，表示酬谢。

歌诀：

酉加州，构成酬，酉州酬，酉州酬，主人敬酒，酬谢的酬。

戳 [chuō]

据《说文解字》、甲骨文史料考证，

戳这个字最早是这样写的：左边一个翟，有一个姓是翟，还有一个读音是翟（dí）。最后逐渐简化成了这个样子。翟是羽毛鲜艳的野鸡。戳字指的是用戈刺物，其长柄仍然在物外。就是说这个箭尾在物外，箭尾是用羽毛做的，叫翟。当人们拉弓射箭的时候，箭尾的羽毛可以使箭飞得更平稳，容易刺准、刺伤目标。后来引申为戳穿，属于会意字。这个字与野鸡有关系。

歌诀：

翟加戈，构成戳，翟戈戳，翟戈戳，戈刺野鸡，戳穿的戳。

刺 [cì][cī]

据甲骨文、金文史料考证，这个刺最早在甲骨文中是这样写的：画了一个木字，木的枝干上有尖锐的东西，就叫作刺。后来逐渐演化成一个束，过来一个立刀。刺字是由刀和束组成的，树上锋利的刺像刀一样可以刺人。今天讲到刺，我想起我们吴氏家族的族人，最早吴氏属于姬姓，在周朝前期，周文王的曾祖父生了三个儿子，想把王位传给孙子，就是有名的三让王，让来让去，最后跑了，跑到一个森林，文身，刺青，刺出花纹，就不至于被如大蟒蛇之类的森林里的动物侵害。

歌诀：

束加刀，构成刺，束刀刺，束刀刺，芒刺如刀，刺刀的刺。

乘 [chéng][shèng]

乘

据《说文解字》、甲骨文、金文史料考证,这个字在《左传》中表示孕育的含义。怎么是一个孕育的含义,大家看这个字,乘法的乘它是一个乖,就是乖顺的乖下面一个人字,体现了一个孕育的状态。《左传》中说"乘字牝者",牝是哪个牝,牝马之贞,就是一个牛字过来一个匕首的"匕"。坤卦中说:"元亨,利牝马之贞,君子有攸往,先迷后得主,利。西南得朋,东北丧朋,安贞,吉。"就是母马找到了方向,那么与乘字的关系就是说非常乖巧的人找到了自己的归宿,即怀孕的含义。《史记·平准书》记载:"乘字牝者儐而不得聚会。"这句话的意思就是说,一个怀孕的妇女怎么能去和人家聚会呢!我们今天所讲的乘是在做事、办企业的时候,要走到非常顺利的运当中,要不断地酝酿和考察企业的项目,大力地发展,以乘法的角度,慢慢地酝酿好考察好项目,先谋而后动,先谋,后事者易成,先事,后谋者易败。

歌诀:
吴映璋十二字箴言:
做人,卡斌引尖;做事,加减乘除;做官,严清醒容。

除 [chú]

除

据《说文解字》资料记载考证,古时候在安徽阜阳这个地方,一个部落和一个部落常争夺地盘。这个耳朵旁边,最早是一个阜字,是土丘的含义。国王把这一地方赐给获胜者,并赐余姓,实质上也是姬姓的转化。所以这个除左面的耳朵旁是一个阜,阜阳之地,右面是一个余。后来引以到刑法,某个人犯了错误对他进行惩罚的时候说割耳,除去耳朵这一条刑律,就是除,除夕,除去,都是去掉的含义,也就是除掉的含义。汉字的不断简化就成了耳朵旁,耳朵旁凡是在左面是阜,耳朵旁在右面都是邑,这两个耳朵旁的来历都是地盘,就是土丘。那么我们今天讲这个字的含义是什么呢?就是告诫人们在做人、做事时必须把握一个度。

歌诀:
耳余除,耳余除,做人可上可下,做事能文能武,做官能上能下。

臣 [chén]

臣

据《说文解字》考证,臣在甲骨文中像一只眼睛立起来的样子,周围是眼眶,中间是眼珠。它的来历就是奴隶、奴仆不能正视主人,只能跪下侧视主人,所以眼睛立起来了。我们今天讲臣的含义不是说每个下属对上司都要像古代的奴仆一样跪下，不抬起头来正面看，现在讲臣主要是告诫人们一定要谦虚、低调。"敬人者人恒敬之"，就是说你尊重别人，别人就会尊重你，所以这个臣是相互友爱谦逊、尊重别人的一种形式。后来经过多次简化就变成了现在的这个臣。

歌诀：

臣像一奴仆，跪下目成竖。臣外是眼眶，臣内是眼珠。

## 才 [cái] 纔

才 才 才

据《说文解字》考证，它有多种解释的方案，今天我们说两种。一说是才华的才，它是木本生长植物的来历，它在甲骨文中就画了一个木头，上面发芽，下面扎根，就是说小木能培育出大才来，表示人有才华了就成器了。还有一说，在周朝的时候，才字是一个绞丝，上面一个毛，下面一个兔。最后经过演变成了才华的才，才多以部首形式出现。才子佳人，有知识、有文化、有学问的人属于有才之人。

歌诀：

小张是人才，犹如木成材。才字靠上贝，学着去理财。才跟豹字走，豺狼把人害。

## 采 [cǎi]

采 采 采

据《说文解字》，采在甲骨文中是这样来的：树上结了好多果实，原始人爬上树去用手抓果实（就是采集果实）。后来经过不断简化就成了一个爱字头下面一个木，这就是"采"。这个"采"就是采集果实的含义。采访就是积累大量的素材，收集一些新闻资料，这也叫采编。我们今天讲的采字是另一个含义，就是说我们在做某一件难的事情，当自己的想法不完全成熟时，我们要采纳、采集别人的建议。比如当领导开会的时候，首先把这个问题提出来让大家发表意见，要广纳贤才的一些建议和方案。

歌诀：

有撇就精彩，有目不理睬。有草是鲜菜，有足脚下踩。

## 参 [cān][cēn][shēn] 参

据《说文解字》记载，古人在造字的时候晚上苦思冥想，盘腿而坐，看到了满天星斗，就参悟到大自然中的一些事情。骖是独辕的车所驾的三匹马。毵指的是毛发、枝条等细而长垂，分彼毵络的样子。伯乐相马的时候首先要看它的毛发、马鬃等。骖马就是马的鬃毛比较凌乱。还有一种汗血马，就是马在奔跑出汗的时候颜色会变红。

歌诀：

有马是骏马，有毛柳条毯。有手掺沙子，牙碜石头边。

## 仓 [cāng] 倉

据《说文解字》等史料考证，在甲骨文中是这样写的：上面盖了一个屋顶，用来避雨遮凉，下面用土培垒起来，开一个洞，说明透气，中间是一个日，就是说作为仓库一定要通风透气，防止储备的粮食发霉。后来经过多次简化就成了这样。

歌诀：

老伯年近两鬓苍，乘舟坐的三等舱。跨国公司他开创，开拓敢动真刀枪。

## 曹 [cáo] 曺

据《说文解字》等史料考证，这个字在甲骨文中是这样来的：最早还是来自贝壳，乌龟的壳中间好像是个田字。古代的曹没有木曹，就是把一个石头撮下去，撮一个好大的空间，把草料放进去，倒水进去饮马，让马吃草、吃料、喝水。后来逐渐转化成了曹操的曹。据说儒家学说的代表孔夫子有七漏，一般人的头顶是圆的，

但是孔夫子的头顶是凹下去的。其二是漏眼，他的眼睛与别人的不一样。还有张鼻，鼻子是张开的；还有漏牙；还有嘴，据说嘴巴往外裂；还漏牙等。对曹操的为人和曹操的智慧褒贬各有，我们应该学习作战用人的一些理论。但是要避免曹操所犯的一些错误。

歌诀：

一牛在木槽，张口嘈杂叫。想吃米酒槽，还是走一遭。

顺水搞漕运，虫儿叫蛴螬。艚船一叶舟，舟上有曹操。

## 餐 [cān]

据《说文解字》、甲骨文史料考证，餐字最早在甲骨文中是这样写的：上面左侧是一个歺，右侧画的是一只手，下面画的是人拿着一个骨头，是模拟人在吃饭的样子。后来逐渐简化成现在这样的餐字。餐字是由歺、又、食组成的。歺是歹的残缺字，又是手的象形。整体结构像一只手拿着残骨在咀嚼食物，引申为餐饮、聚餐等。

歌诀：

歺加又，再加食，构成餐，歺又食，构成餐，手拿骨头，进餐的餐。

察 [chá]

据《说文解字》、甲骨文考证，在甲骨文中是这样写的：一个宝盖头，下面是祭祀的祭。最后逐渐简化成这样。宝盖＋祭→察。"察"指由上而下仔细观看，宝盖头代表房子，祭在古代是件大事，祭祀前必须认真仔细地查看，所以"察"是由宝盖和祭构成的，如观察、侦察等。

相传"孔子进太庙每事必问"，就是孔子进了太庙要行礼，比如说怎么上香，左手插香还是右手插香，怎么叩拜，后来人们传言说"谁说孔夫子学问很多"，他进太庙每一件事都要问。孔夫子的父亲叫叔梁纥，谁说叔梁纥的这个儿子学问很大？他进太庙每事必问。这就说明了祭祀是大事，一定不敢疏漏。还有一句话我们都知道，"子孙虽愚经书不可不读""子孙虽远祭祀不得不诚"。在古代把祭祀祖先看成一件非常大的事，所以在祭祀的一些场所，人们都要仔细反复观察礼节和陈设的物品，还有祭祀的祭品都摆放合适了没有，故而观察的"察"是由宝盖和祭祀的祭会意而成的。

歌诀：

宝盖祭，构成察，祭祀大事，仔细观察。

称 [chèng][chèn][chéng] 稱

据《说文解字》、甲骨文史料考证，这个字是从禾从尔，禾苗的禾加一个尔构成的。手提一条鱼，掂量就是称，称重量的称。古代的"称"字字形右旁是一个人，上边的人伸手抓一条鱼，合起指提起来，后加禾字引申为"称"重量，比如"称"一斤肉。还读称（chèn），称心如意，这个字也是会意字。今天我们讲"称"的含义，就是好多公众人物在说某个人，评判某个人一定要公正，从自己的良心去评判，这也叫"称"。

歌诀：

禾加尔，构成称，禾是手变形，尔是鱼变形，买鱼必过称，过称要公平。

聪 [cōng] 聰

据《说文解字》、甲骨文史料考证，聪字最早在甲骨文中是这样写的：左边是一个耳朵旁（我们以前多次讲到耳朵旁，它在左面的时候是一个阜字，代表高出平面的城池），右面是一个囱字形，就是人心里看到目标的意思，下面是一个心。后来逐渐演化成这样的繁体字，然后简化成了现在这样的聪字。聪字是由耳和囱的变形字以及心构成的，指耳朵听到意见，迅速思考后形成一个对于是非曲直的判断。我们经常说耳聪目明，一个话多的人往往不是一个很聪明的人。聪明的人善于聆听别人的意见，经常说话的人不一定是聪明人。真正聪明的人一般不会轻易讲话，但讲出来的话是非常有哲理的，说话是有分量的。我们说没有深度就没有高度，没有深度就没有广度。聪明的人在心里不断地分析事物的对与错、真与假。

歌诀：

耳加总，构成聪，耳总聪，耳总聪，听到意见，是非明辨。

## 草 [cǎo]

据《说文解字》、甲骨文史料考证，草字是画了一个草长出来两侧的芽儿。后来就逐渐演变成了草字头。草的古字是两个出头的山，艸，是草生长的样子。作为形旁，为草字头。1.高等植物中栽培植物以外的统称。2.指用作燃料、饲料等的稻、麦之类的茎和叶。3.旧时指山野、民间。引申为草民、草贼、潦草、草案、起草、草拟等。

歌诀：

茅草把矛加，有在长一茬。薛字中有辛，阜产去拉萨。薛子生罪孽，树长新茶芽。草地生病菌，草之长芝麻。有氾成模范，藐视把貌添。有义长成艾，二小却成蒜。花蕊有变化，荔枝长广东。草办去苏州，有存可推荐。

## 册 [cè]

据《说文解字》、甲骨文史料考证，以前没有纸张的时候写字用的是竹简。用牛皮绳把竹简穿成一串一串的，人们读的书实际上是一卷一卷的。后来人们就不说一册改说一卷。在甲骨文中，册这个字是个象形字，画了一个椭圆，画了好多竖线，这就是册。后来逐渐简化成现在这样的中间有一横的册。册这个字后来都是以形旁出现的，和其他偏旁部首组合成字。加上一个女它是个姗，加上一个玉字就成了珊瑚的珊，加个刀就是删改的删，还有蹒跚、栅栏、珊瑚等。蹒跚就是说人的腿脚不方便，一跛一跛的。这个词可以描述人们决事不断，没有果断的决策，徘徊在路上，像瘸子一样。

歌诀：

有位姗姗女，有玉是珊瑚。用刀去删改，蹒跚两只足。碰着木栅栏，摔碎玉珊瑚。

## 叉 [chā][chá][chǎ][chà]

据《说文解字》、甲骨文史料考证，古时候有一种兵器，就是叉子，两边是尖的，用树枝打磨而成，可以用来叉兔子、肉块之类。我们在给小孩子教授汉字的时候可以把这些汉字编成歌诀的形式，这样

小孩子记忆起来比较快。这个字是比较有意义的，在不同的搭配下，有各种读音。

歌诀：

有木长树杈，有水河分汊，有衣做裤衩，双手把腰叉。

## 插 [chā]

据《说文解字》、甲骨文史料考证，造字的那时候需要检验储存的粮食，就用手插到粮食堆里面，把最底层的粮食抓一把上来看看好坏。后来人们专门发明出来一种器具，是一种铁器，长得有点儿像铁桶，插下去以后，可以很方便地带出麻袋底部的米。这是从甲骨文考证得到的这个字的来源。

歌诀：

去手做声旁，插字音同臿。用手把兜插，翻地用铁锸。歃血立盟誓，共同闯天下。

## 查 [zhā][chá]

据《说文解字》、甲骨文、金文史料考证，这个字最早的含义是木制的竹简，古代朝廷里的大臣们在汇报前一天工作情况的时候，就把竹简上刻的字记录下来。下面一个旦的意思就是第二天太阳出来的时候给皇帝奏报，这就叫查。后来就变成

了笏板，有的人说笏板是为了不让皇帝看见自己的容貌，这是错的。它实际上就是由这个查演变而来的，就是把所汇报的事宜记在这个板子上，拿给皇帝汇报。

歌诀：

山楂树上有乌鸦，张着口儿叫哇哇。想吃水中豆腐渣，捡块石碴打跑它。

## 差 [chà][chā][chāi][cī]

据《说文解字》、甲骨文史料考证，早期造字的时候，古圣先贤在城塞的一些辎重和粮食，经过太阳的烘晒，要选种，用手搓一搓，把饱满的种子筛选出来，干瘪的就筛出去，这就是差。在甲骨文中是这样写的：羊字头，羊大为美，下面是一个手，筛选种子的样子，这就是差。后来逐渐演化成了羊字头下面一个工。差可以做声旁，也是一个多音字，分别读差（chā），如差别、差价；差（chāi），使差；差（cī）。

歌诀：

有石可切磋，有足莫蹉跎，有手把绳搓，三字都读错。

## 馋 [chán] 饞

据《说文解字》、甲骨文史料考证，这个字是非常有来头的。馋的繁体字是由

双兔组成的，意思是狡猾的兔子。兔，在十二生肖里是第四位，子丑寅卯，卯指的就是兔。这个字在我们生活当中应用得非常多，比如上班的时间是卯时，叫作点卯。再说兔这个字，形象地描绘了兔子很长的耳朵，表示这种动物非常机灵，可以耳听八方，善于观察事物。加上一个食字边就是嘴馋的馋，加上一个言字边就是谗言的谗。

歌诀：

有手多扶挽，最好少谗言。贪食嘴太馋，双兔指兔毚。

## 产 [chǎn] 産

据《说文解字》、甲骨文史料考证，在篆书上，产是一个产，下面一个厂字头，里面是土。这个字的出处是，男女在一起的时候，慢慢地，女孩子就会身怀六甲，就是有孩子了，最后就会生产。《易经》中说故阳不长，故阴不生。

歌诀：

有金是铁铲，三撇就是彦，加言是谚语，有页是颜面。才华德行出众的人称为彦。

## 昌 [chāng]

据《说文解字》、甲骨文、金文史料

考证，古人最早在造字的时候是在大海边看着日出，太阳冉冉升起，影子倒影在海面上，看起来就是两个太阳，两个日。这个景象引起人的奇思妙想，就有了昌字。后来逐渐演化成了现在这样的两个日。现在这个字多用于做声旁。

歌诀：

有人就提倡，人人开口唱。鲳鱼水中游，菖蒲草叶长。

## 长 [cháng][zhǎng] 長

据《说文解字》、甲骨文史料考证，这个字最早在甲骨文中是画了一个人，挂着一个拐杖，背上背着几串贝壳。古代的贝是作为货币出现的，就是说长者挂着拐杖，背上几串贝去还账，这就是长者的长。加个贝就是账字。这就是这个字的来源。后来这个字逐渐演化成了现在这样的长字。现在这个长字是个声旁，它可以加上不同的偏旁变成不同的读音，比如加个弓就是张，加个贝就是账，张再加三点水就是上涨的涨，加个月就是胀，加个心就是惆怅，加个巾就是蚊帐的帐。

歌诀：

弓腰一老张，钱贝去还账，看见洪水涨，月下亮膨胀。老人心惆怅，用巾做蚊帐。

## 巢 [cháo]

据《说文解字》、甲骨文、金文史料考证，最早汉字中的巢画了一棵果树，上面枝干不断纵横交错，最后做成了鸟巢。后来就演化成了这样三个拐弯。为什么鸟要在果树上筑巢呢，因为它要孵卵，在果树上方便给小鸟喂食树上的果实。这就是巢字的来历。

歌诀：

果树有鸟巢，缫丝做棉袄，持刀去围剿，袭击土匪巢。

## 撤 [chè]

据《说文解字》、甲骨文史料考证，撤字来源很早。我们中华民族是礼仪之邦，最早是大伙在一张桌子上吃饭，剩下的肉使用器皿扣起来，端下去，这就叫撤。育是永字头，上面实际上是画了一个带把的器皿，下面是月，代表器皿里面的肉食。右面是一个文，意思是文明礼仪。这就构成了这个撤字。现在它常常作为声旁出现在其他汉字中。

歌诀：

去手做声旁，有水很清澈，有手就撤退，有车很合辙。

## 辰 [chén]

据《说文解字》、甲骨文史料考证，辰字最早的出处是这样的：在十二地支中，辰对应的是龙。在甲骨文中是画了一条蛇，是龙的含义，所以十二生肖中的龙对应辰。古圣先贤非常聪明，龙是我们华夏民族的图腾。在《易经》中天为乾，地为坤，日月星辰的总称是辰。这都是古人的智慧。

歌诀：

日出是早晨，口边是嘴唇，钱贝赈灾去，暴雨雷声震。

振臂挥挥手，有女将妊娠。有寸是耻辱，宝盖屋宇宸。

## 成 [chéng]

据《说文解字》、甲骨文史料考证，成最早在甲骨文中是画了一把大斧子，旁边有一个钉子，这就是成。它最早和城实际上是一个字。意思是说要攻破城池，用大斧子和钉子把城墙攻破了，这就成功了。所以这个字告诉我们，要取得成功必须经得住沙场，要吃苦。我们知道钉子有一个钻的精神、挤的精神。我们做人也是这样，第一要吃苦，敢于拼搏，第二要有钻的精神和挤的精神，这样才能成功。

歌诀：

成加言旁，心诚则灵。成加土旁，众志成城。成加皿底，祖国强盛。

## 呈 [chéng]

呈 呈 呈

据《说文解字》、甲骨文史料考证，呈字上面一个口下面一个王，王最早是画了一个人体，人在往上喊，在传话。我们去国子监可以看到，古代考生们考上了状元，皇帝亲自要给这些学子们授课。那个时候没有扩音器，也没有录音机，就用一个一个的太监往下传话，皇帝在上面讲一句话，下面的太监层层喊话。大臣们给皇帝汇报事情也是这般传话的，所以呈字是上面一个口，下面一个王。

歌诀：

禾旁行路程，走之他逞能。加邑构成郢，文件向上呈。

## 尺 [chǐ][chě]

尺 尺 尺

据《说文解字》、甲骨文史料考证，这个字最早在甲骨文中是一个人站着在量一个门的长短。我们中国人在制作桌椅、写字台的时候都是以人的身高为标准的，与人搭配。后来这个字就逐渐演变成这样的尺字。在没有尺子的时候怎么量呢？是把一个木条折歪，像圆规一样不断地一下一下地丈量土地。尺字还有一个读音是chě，是古代乐谱中的记录音乐的符号。这首歌诀就表明它加上不同的部首，字的含义也有所不同。

歌诀：

走之来得迟，有口只因呎。有只叫尺远，十寸是一尺。

## 虫 [chóng] 蟲

虫 虫 虫

据《说文解字》、甲骨文史料考证，虫最早是个象形字，画了一个虫，像蛇非蛇。后来就逐渐简化成了这样。树枝上有些蚕茧。象形，汉字的部首之一。从虫的字多与昆虫和蛇等有关。按甲骨文字形像蛇形，本读 huī，即虺，是一种毒蛇。后为"蟲"字的简体。本义昆虫的通称。1. 节肢动物的一类：昆虫、益虫、雕虫小技。2. 动物的通称：大虫（老虎）、长虫（蛇）、介虫（有介壳的虫子）。

歌诀：

虫字做声附，加主读虫蛀。加𠂇是日蚀，加火是蜡烛。

加水水浑浊，加角就接触。草头是蚕茧，有犬表单独。

丑 [chǒu] 醜

醜 丑 丑

据《说文解字》、甲骨文史料考证，这个字最早是一个手的含义。丑就是手抓的意思。又也是手。我们顺便讲一下羞字。中国是礼仪之邦。以前我父亲教育我们，家里有客人的时候，大人还没有吃饭，孩子不能先动筷子，我们家教非常严格。这个羞字是有羊大为美，羊字底下一个丑，它就是非常鲜美的食品。我羞于出手，不能动手去抓手抓羊肉。

歌诀：

一女叫小妞，丝线钉纽扣，放羊她害羞，忸怩自心头。金属做电钮，它缺用手扭。

出 [chū] 齣

屮 出 出

据《说文解字》、甲骨文史料考证，出字最早在甲骨文中是这样写的：挖了一个土坑，有一个人倔强地不断往下挖，挖什么呢，是在寻找财富，挖不出不罢休。后来不断简化成了现在这样的出。我跟大家介绍一个三寸理论。我们每个人做人做事会失败在这个三寸理论上。一个竹笋在地下的时候也许六个月只能长三寸，但是一旦出土，可能一个月就能长很高。那是因为地下这三寸基础打得好。今天讲到这个出，首先就是要打基础。做人首先要打基础，要有毅力和恒心。

歌诀：

小七倔强不认输，搬出石头打基础。出手笨拙挖石窟，不断挖掘新财富。口出咄咄逼人语，鬼祟之心他却无。愿他茁壮如草木，不要黝黑被黜黜。出息成棵参天树，象形上下不见出。

刍 [chú] 芻

刍 刍

据《说文解字》、甲骨文史料考证，刍就是手用刀去割草的样子。上面是一个刀字头，下面一只手。这只手握住了一把草，握得很紧，这样方便用刀把草割掉。1.喂牲口的草，亦指用草料喂牲口：刍秣（饲养牛马的草料）；反刍。2.割草：刍荛（割草称刍，打柴称荛。指割草打柴的人。后常用作向人陈述意见的谦辞）。刍言（常用来谦称自己的言论）。刍议（同"刍言"）。3.草把：刍灵（古代送葬用的茅草扎的人马）。

歌诀：

皱纹皮肤丑，有诗文绉绉。有家雏燕飞，亦步亦趋走。

厨 [chú]

廚 厨 厨

据《说文解字》、甲骨文史料考证，最早这个厨字是精神文化的产物。部落分配猎物的时候一般在庙宇里面分，厨和庙的繁体字形象基本是相似的。一开始只是用简单的石器，后来逐渐升级成一个单独的房子，这就是厨。因为在烧火的时候外面风太大，所以首先把肉之类的放在炉灶上，再挖一个窑洞放进去。厨就是用手抓着一些肉煮的过程。那个时候煮肉怎么办呢，为什么会有一个寸字？当时计时没有钟表，这个寸是抓着肉看外面的太阳，太阳走了多少距离，这个肉才会熟。巾字边的厨是一种厨形的帐，是一种用布做成的柜子。加个足字就是踟蹰，就是腿脚不利索的人。

歌诀：

有巾障子幮，有木做衣橱。有足莫踟蹰，三字都读厨。

## 豕 [chù]

据《说文解字》、甲骨文史料考证，这个字最早在甲骨文中有个玉字边，与琢是一个字。在《易经》中这个字读作 tuàn，叫作彖卦。有一个彖词，意思就是据说彖猪的牙齿非常坚硬，能咬断钢铁，这就是断卦不留情。豕的象形字的本意实际上是把猪的脚绑住，使得猪走不动路。上面加个宝盖头，就是家。这个字还读作 zhì。这个豕字最早的意思就是把猪脚绑住。琢字的意思就是加工玉的时候像猪被绑住了脚一样艰难。这个歌诀中的冢字就是把家字去掉一点，意思就是坟茔，阴气很重，非常荒凉。

歌诀：

有玉在琢磨，鸟口把食啄。宝盖是荒冢，涿县名人多。

## 春 [chūn]

据《说文解字》、甲骨文、金文史料考证，春字在甲骨文中是这样写的：上面是一个草字头，意思是万物复苏，想要重生，下面画的是在太阳的照射下，近处的草和远处的草慢慢地不断升起来了。这就是春天的春字。后来逐渐演化成了三横一个人字，下面一个太阳的日。在《易经》中的乾卦里有句爻辞说"元亨利贞"，这就是春夏秋冬的含义。元就是一元复始，是春天，万物复苏。亨就是亨达、通达的含义，代表夏天。利的意思就是说到了秋天，禾苗成熟了，用刀去收割粮食。贞就是冬藏，冬天要藏，就是说春种夏忙，秋收冬藏。这就是《易经》中的观点。对于我们来说，一年之计在于春，一日之计在于晨，一生之时在于青。所以，通过今天讲春字，要明白我们一定要抓住春天这个时机，不能误了农时。春天必须播种，秋天才能有收获。我们的年轻人干事业，必须在青春的时候拼搏，将来才能收获，有大的成就。这个儿歌就是说万物复苏，到了惊蛰，各种小动物就复活了，这是一个生态平衡的原理。

歌诀：

两虫立蠢相，来到椿树上。蠢蠢欲动时，碰上大螳螂。

## 川 [chuān]

据《说文解字》、甲骨文史料考证，川字最早在甲骨文中是这样写的：两边是土，中间是河流的样子。最后就简化成了这样的一撇两竖。在起名中这个字属水。好多起名的大家都把这个字搞错了。我在全国性的五行与汉字的会议上纠正过这个问题，这个川是属水的。有个成语叫作川流不息，就是描写这个水是生生不息的。有一个对联是水唯善下能成海，山不争高自极天。就是说水往下行，能聚成海。山虽然高大，但是人家没有说其的高大，自极天。这个对联说明做人做事一定要谦虚谨慎。但是我们好多人都是自夸其大。夸字我们以前讲过，一个大一个亏，如果自己吹嘘自己，那就要吃大亏。这个川字是个声旁，它和其他偏旁部首进行组合，能搭配成一个汉字，加了土就是圳，加了马就是驯。

歌诀：

土旁念深圳，马儿性温驯。页旁办事顺，出言把话训。

## 串 [chuàn][guàn]

据《说文解字》、甲骨文、金文史料考证，串最早的本意就是串钱的样子，还有个读音叫 guàn。以前有个戏剧叫十五贯，就是为了十五贯铜钱去打官司的一个剧目。这个字一字两音，chuàn 和 guàn。最早是用绳子把钱穿起来的样子，后来会意成了串字。比如串习，在学习的时候不断思考，和其他故事连在一起。可以看到串经常作为声旁和其他偏旁部首组成形声字。

歌诀：

有穴四处窜，有心把病患。有手忙撺掇，有足往外蹿。

铜钱甲绳穿，字形就告串，绳是一长竖，两口表铜钱。

## 此 [cǐ]

据《说文解字》、甲骨文史料考证，这个字在甲骨文中是一个止，有一个人一天在走路，河挡住了他的去路，他就停在了这里，意思就是他到此一游。这个动作、形状就使得古人发明了这个此字。最早它是画的一个人在这里停止了，是等待的含义。看了这个此字，我们要对人生有一种感悟。不论做人还是做事，当你的路行不通的时候，要停止一下，不能盲目地行动，尤其是现在这个转型的时代，不能盲目去投资，要学会止步，静下心来，多去研究、多去推敲，理清思路，制定目标，继续前行，不忘初心。

歌诀：

有木是柴字，有丝颜色紫。有病是瑕疵，有佳分雄雌。

## 次 [cì]

据《说文解字》、甲骨文史料考证，次字最早在甲骨文中是这样写的：一个两点水，旁边是一个人跪着，是等待的含义。我们以前讲冰字的时候提过三点水和两点水的区别，凡是字里有两点水的，表示冬天水凝结成了冰，在岩洞里面形成了冰棒，不断地滴答滴答往下掉水的样子。而三点水代表流淌的水。那么这个次字，两点水旁边一个跪着的人，在这里等待，含义就是家里的长子出去打猎了，小的孩子就在窑洞里等待，这个孩子就叫次子。这个字本意是等待，是第二的含义，有随意的意思。这个字经常作为声旁组成形声字。

歌诀：

茨制茅草门，钱贝做资本，用瓦做瓷盆，张口就咨询。见女姿态美，恣意存坏心。

## 从 [cóng]

据《说文解字》、甲骨文、金文史料考证，最早在甲骨文中就是画了两个人，一个人跟着一个人，是随从的意思。后来就简化成两个人并行。两个人并行就是说要有跟从的人，一个人的话孤掌难鸣。一个好汉三个帮，人要干成大事必须有随从，必须有团队精神。所以这个从字实际上就体现了团队精神。我们知道水至清则无鱼，人至察则无徒。这两句话的含义是说如果水太清了，里面就养不活鱼，人太聪明了，不吃小亏，你就没有随从。怂恿就是存有二心，两个人各有各的心眼儿。

歌诀：

加一在草丛，加二被操纵。有丝叫纵横，存心去怂恿。

## 寸 [cùn]

据《说文解字》、甲骨文史料考证，这个字最早在甲骨文中是这样写的：画了一个手，相当于一把尺子，是量衣服的一种工具，也就是说量体裁衣。说几尺几寸，它是一种尺度，度量衡。后来变成一横一竖勾，这就成了兵器，实际上这一点是一个手。做人做事，很多人为什么失败呢？就败在这个寸字上。三寸理论就是说竹笋，在地下长这三寸，也许得六个月，甚至八个月，时间非常长。但是一旦竹笋突破土层，到了地面上，它可能十天就能长五寸，一月长三尺，三月长十米。这是竹子的生长，一开始那三寸就是最重要的基础。万丈高楼平地起，如果基础打不好，就成了泡沫，大楼就成了豆腐渣工程，我们学习、做事，一定要从三寸做起，要有毅力有恒心，把基础打好。

歌诀：

加木就是村，有衣就是衬，宝盖守在家，有口是英寸。走之走过去，有心常是忖。有月是臂肘，加手去寻找。大手去争夺，卫冕成冠军。

## 垂 [chuí]

据《说文解字》、甲骨文、金文史料考证，这个字的出处是看见了一棵树的树枝垂了下来，就画出了这个字。后来不断地演化，就成了现在这个样子。它的含义就是做人做事一定要直率。从这个歌诀中我们可以看到，垂字经常作为声旁出现在形声字中。

歌诀：

水边杨柳垂，山坡守边陲。没手无法捶，吐口唾沫水。

用木做棒槌，金属造铁锤。闭目倒头睡，竹头辫子箠。

## 齿 [chǐ] 齒

据《说文解字》史料考证，古圣先贤在造这个字的时候，看到了一群人在说笑，牙齿露出来了，于是乎就造出了牙齿的齿这个字。"齿"像人张开口后，上下各露出了两颗门牙的形状。由齿字组成的字，大都与牙齿有关。现在这个字大多数是和汉字的其他偏旁部首搭配起来进行使用。

歌诀：

齿下半口框，牙齿口中长。止为牙外露，表音做声旁。

## 朿 [cì]

据《说文解字》、甲骨文、金文史料考证，朿是木芒也，象形字，草木尖锐的所在是朿之范式，也就是树木枝叶上最尖锐的部分，同"刺做（朿）"。而朿用作偏旁。朿，木芒也。芒者，草也。引申为凡铁锐之嵩。今俗用锋芒字古只做芒。朿今字做刺。刺行而朿厂矣。方言曰：凡草木刺人。北燕朝鲜之间谓之茦，或谓之壮。自关而东或谓之梗。自关而西谓之刺。江湖之间谓之棘。

歌诀：

朿刺读音同，朿做刺偏旁，朿束不同字，都有树枝关。

## 厂 [chǎng] 廠

厂字像山崖，石岸之形。厂本是露舍，无壁之层，无顶或无壁敞露不保密，类似棚子的工作场所叫厂。用厂字做意符的字和房屋、山崖和石岸有关。1. 工厂：机械厂、纱厂。2. 有空地可以存货或进行加工的地方：煤厂。3. 棚舍："枳篱茅厂共桑麻。"4. 中国明代为加强专制统治而设的特务机关：东厂、西厂。

歌诀：

厂字保山崖，古人住崖下，组字叫厂头，广厂一点差。

## 赤 [chì]

古代赤由大（土）、火组成。因为火是红色。又有空静，如赤裸、赤贫等义。也有纯净专诚等义，如赤胆、赤诚等。1. 指将可以减少繁文缛节并且削减财政赤字。2. 一些资本主义国家的财政赤字不断增加，债台高筑。3. 赤字的增加同时也增加了所需的可贷款额。为了能够借到私人产业中泛滥的资金，政府愿意付出任何代价。

歌诀：

赤上大变形，赤下优焰升。大火红形形，赤义便是红。

## 车 [chē][jū] 車

车字和车的形状很近似，中间是车厢，一竖是车轴，两边两横是车轮，简化后太抽象化了。车的本义是车子。用车组成的字大都与车辆有关。"车"还读 jū，如象棋中的"车马炮"。1. 陆地上有轮子的交通工具：火车、车驾（帝王的马车）。车裂（中国古代一种残酷的死刑，俗称"五马分尸"）。前车之鉴。2. 用车轴来转动的器具：纺车、水车。3. 用水车打水：车水。4. 指旋床或其他机器：车床。5. 用旋床加工工件：车零件。

歌诀：

车子像车样，竖轴车中放，两横代车轮，撇折是车厢。

## 床 [chuáng]

床字是一竖立的床形，床脚床面俱全。为床的初文，床和爿（pán）通用。爿字反过来，就是片，一片两片的片。引申为如下：1. 卧具：床铺。2. 形状像床的器具：机床。3. 形状或作用像床的地面：苗床。4. 放置器物的座架：笔床。5. 量词。用于被褥等。

歌诀：

床像床竖放，今床木加广，本义劈两半，右片左为床。

曾 [céng][zēng]

据《说文解字》、甲骨文、金文史料考证，曾像锅（曰）上的笼屉，笼上两点像热气冒出。本义指蒸器。曾还读 zēng，如曾祖、曾姓。1. 指与自己中间隔两代的亲属：曾祖父、曾孙。2. 同"增"，增加。3. 竟，简直，还（hái）："以君之力曾不能损魁父之丘，如太山、王屋何？"4. 尝，表示从前经历过：曾经、未曾、何曾、曾几何时。5. 同"层"，重（chóng）。重叠。6. 形声，从八，从曰。本义未明。副词。用来加强语气。7. 过去发生过：表示有过某些行为或情况。

歌诀：

曾是煮食器，两点冒热气，曾下曰为锅，中间是竹篦。

囱 [cōng]

据《说文解字》、甲骨文、金文史料考证，小象囱，像天窗的样子，指在屋顶上留个洞，可以透光，也可以出烟，囱也写作窗，后来指烟囱，炉灶出烟的通道。

歌诀：

房顶开天窗，出烟又透光，窗囱本一字，后者烟囱讲。

# D

## 短 [duǎn]

短 短 短

据《说文解字》、甲骨文史料考证，短这个字最早在甲骨文中是这样写的：它好像是一支弓箭，过来一个豆。一个矢一个豆，最后就逐渐写成了这样。短字是由矢和豆组成的，矢字本身就是短的意思，以前说"弓长箭短"，箭就是矢的意思。豆就是一种器具，它比较低矮，比较短。所以矢和豆就组成了短字。今天讲到短字，我突然想到，人无完人，每个人都有他的短处，所以我们平时在与人交往的时候尽量不要说别人的短。静坐常思自己过，闲谈莫论他人非。无事不说他人短。还有一句俗话说得非常好，打人不打脸，骂人不揭短。总之，民间的这些话语对于我们修身、做人是非常有帮助的。

歌诀：
矢加豆，构成短，矢豆短，矢豆短，矢豆俱短，长短的短。

## 兜 [dōu]

兜 兜 兜

据《说文解字》、甲骨文、金文史料考证，这个字在甲骨文中是这样写的：卯字中间加一个白，下面是一撇、一竖。后来逐渐演化成这样。兜字字形像人的头被头盔包裹着的形状。假借指衣兜、裤兜、兜风、兜底。1.古代作战时戴的盔。2.口袋；网兜。3.做成兜形把东西拢住；兜风；用手巾兜着。4.环绕，围绕；兜抄；兜剿；兜圈子。5.招揽；兜售；兜揽；兜销。6.承担；包下来，出事了我兜着。

歌诀：
兜加卯，构成兜，兜卯兜，兜卯兜，头上戴盔，裤兜的兜。

## 吊 [diào]

吊 吊 吊

据《说文解字》、甲骨文史料考证，仓颉造字时，甲骨文中是这样写的：好像一个人的尸体，上面放了一个弓。古代说人是一口人。古代吊字是一个人身上背着弓箭，守护在后面，表示哀悼和悼念。古代人死了以后一般裹上一些稻草，为什么吊是从这里引申而来呢？因为害怕野兽把尸体吃了，所以给它放一个弓箭。弓箭是用来打猎的，野兽发现这个东西就会跑了。为什么又会出现口和巾呢？古代吊唁的时候，首先把一个白毛巾围在脖子上，是用来擦眼泪的，因为吊唁的时候非常悲伤。后来头上戴一个孝帽。这个就是用布做成的巾。这就是吊字的来历。本义是吊唁，引申为吊环或者吊桥。

歌诀：

口加巾，构成吊，口巾吊，口巾吊，身背弓箭，护视着，吊孝的吊。

## 大 [dà][dài]

据《说文解字》考证，大字在古代是一个人正面，两只手撑开，两条腿叉开，但是与小相对。在远古时期，人们用手比画，说今天某某打了一个大猎物，是鹿这么大，一个人打了一个兔子这么的。它是比画的意思，以物来说大小。大字还有另一个音读（dài）。与人相对的时候往往是受人们敬仰的，两个手展开，两条腿叉开。讲到大告诫我们做人做事要光明磊落，做人首先要正，其次要大，不要干小人之事，在后面搬弄是非。

歌诀：

一人伸两臂，两腿分开立。大本指大人，顶天又立地。

## 德 [dé]

据《说文解字》史料考证，"德"在甲骨文中是这么表示的：画了一个人，古代人比较稀少，要德的话必须心中有别人，两个人同行就是道德的"德"，再下面这个四字实质上是正直的直，下面一个心，

经过多次演变就成了现在这个德。原解就是说，你要有道德的话，心里要有他人，就是有团队精神，上面是十，做事的话一定要心实，十对的是心，就是说要一心一意。我们心中有别人、耿直，行为端正，这就是道德。

歌诀：

行直心，合成德。行为内心，都很正直，道德的德。

## 对 [duì] 對

据《说文解字》、甲骨文考证，它在甲骨文中是这样写的：好像山字的一个铁叉，这是支撑，后来演变成事业的业，这右面是一个手字，"对就是又加寸"，实质上在甲骨文中这个寸开始是手的含义，慢慢就简化为寸字。古时候，对字右边的偏旁是手，左边的是大臣拿着一个记录、记事的手板。在宋朝时候这个板叫笏板，大臣们上朝的时候要回答帝王所问的一些问题，为了对答如流就把所有开会的议程的一些事情记在这个板子上。好多人说这个笏板是为了礼节，其实笏板是为了记事，就和现在的记事本一样，拿上可以对答如流。最后这个演变成一个手字，本义回答、对答，引申为正确对待。对字可以理解为手手相对。手手相对的含义是拜托对方，对对方诚心诚意。还有一说，我们把手食指并拢，手合起来的时候就能排除心上的一些杂念。

歌诀：

又寸对，又寸对。对是对错的对。对错要分明，有错就改正。

断 [duàn] 斷

据《说文解字》、甲骨文史料考证，它来源比较早，出自结绳记事。在仓颉造字之前，没有文字的时候，说大事大结，小事小结。甲骨文中它是这么画的，绳子挂了一串，但把这个绳子断掉了，就是分一段，一段指的是时间，这一个星期，这个部落的成员打了一些大的猎物，就挂在上面，同样这一周时间那个部落的成员打了一些小的猎物，比如说兔子、野鸡就挂在这个位置。上下双层是断的，右面是一个斤斤计较的斤，也就是斤两的斤。那个时候就是取了个重量单位，它由结绳记事而来，最后不断简化就构成了断，这个里面就变成了米。在《易经》上有彖传，有爻辞，有卦辞，有易传，彖传的彖辞表示彖。读彖（tuàn）。据传说古代有一头野猪叫彖猪，这个猪的牙齿非常坚硬，能咬断钢铁，所以彖辞是用来断卦的卦语，就是说铁板钉钉，断是果断的意思。

歌诀：

斤迷断，斤迷断。用斧砍绳，绳子砍断。某事盘算，做事果断。

典 [diǎn]

据《说文解字》、甲骨文考证，古代的书是竹简，两手捧竹简。在甲骨文中是这样写的：下面是两个手捧，上面是一排排竹简，竹简用牛皮绳子连在一起，即手捧经典的含义，后来经过不断简化，就成了现在的这个“典”。双手 + 册→典。典字的形状就是双手捧册的样子，本义指重要的文献书籍，如“典故、经典、典籍、典当”。我们今天所说的“典当”就是“当铺”，把贵重的东西去当铺当成银子，然后解决当时困难的事，以后有了钱了再赎回来，还有奠基仪式，等等。

歌诀：

双手册，合成典。双手捧书，贵重典籍。阅读金典，品味世间。

殿 [diàn] 壂

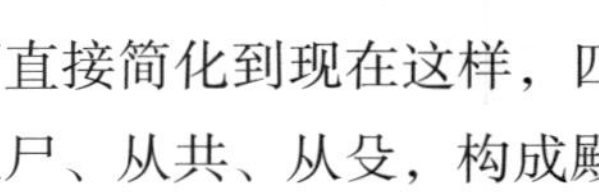

据《说文解字》、甲骨文史料考证，“殿”字在甲骨文中是这样写的：尸体的“尸”下面一个“共”，再过来一个“殳”字。后面直接简化到现在这样，四声字。这个字从尸、从共、从殳，构成殿，尸共殳构成殿，手拿兵器共同镇守边关的含义。比如说“宫殿”或者“大殿”。“殿”是指镇守，“殳”是指兵器，“殿”字的左边“尸”

实指的是人，"共"是共同奋斗，凝聚力，合起来指人拿着武器共同镇守。引申为金殿，或者宫殿。"殳"这个字在古代是一种兵器，这个兵器只有楞，没有刃。

歌诀：

扆和殳，构成殿。去古宫，有三殿。三宫观，都细看。

## 道 [dào] 衟、衜、噵

据《说文解字》甲骨文、金文史料考证，道在甲骨文中是走路的样子。上面是一个"首"，一个头，它是从首从走之底。古人在造字的时候，比喻人生像道路，道，关键要迈开自己的步伐去走，不走，永远成就不了事业。同时理想很重要，信念很重要，毅力很重要，坚持很重要，机会也很重要。如果我们整天沉溺在理想当中，自己不愿意去尝试一下，去拼搏，那么这一切都等于零。有一句话说得非常好：道不同而不相为谋。就是说我们在打造团队的时候、找合作伙伴的时候，一定要找有共同志向和共同理想的人，才能聚集到一起。这句话说得非常有道理。

歌诀：

首和走，构成道。道起初，人产道。后引申，有大道。

## 点 [diǎn] 點

据《说文解字》、甲骨文史料考证，最早是这样写的：一个鬼，过来一个占。甲骨文中画了一个像鬼不是鬼的东西，鬼无头就是说天一黑，人就看不清楚，似见非见，鬼就是没有头，像人不是人的形象。下面是一个火。在这里提示一下，在我们的汉字当中，三点水的字属于水，如果下面是四点水，那么它属于火。在起名的时候，如果发现四点水的字，它都属于火性。最后逐渐简化成一个占，下面四点。点字是由火和占构成的，古代人在占卜的时候，把龟壳用火烤一烤，就会出现细小的裂痕和黑点。古代龟壳被认为具有灵性。后来演化到六爻卦它是一点两点卦的那个点。

歌诀：

从占从火构成点，占火点，占火点，龟壳现小点，占卜测凶险。

## 敌 [dí] 敵

据《说文解字》、甲骨文、金文史料考证，敌字在古代是这样写的：像个人拿着一杆枪，左右冲杀，并且嘴里喊声很大。后来简化成一个舌加反文旁。简化字的敌，舌指的是用话语反驳对方，反文指的是用力打击敌人。比如张飞在长坂坡上一声大喝吓退曹军。最有效的打仗方法是不战而屈人之兵，所以古代对付敌人，第一要摇旗呐喊，第二要打鼓助威，用巨大的声音吓退敌人，用自己的装备和气势吓倒敌人。敌这个字就是由古代战争中对付敌人的方法会意而成的。

歌诀：

舌加反，构成敌。舌文敌，舌文敌。用舌反驳，用力打击。敌友分明，敌人的敌。

## 颠 [diān] 顛

**顛 顛 颠**

据《说文解字》、甲骨文、金文史料考证，颠字最早在甲骨文中是这样写的：左面一个真，真中间实际上有一个目，右面一个页。页字加上一个工就是项，就是脖子，实际是顶的意思，也是头的含义。后来演化成繁体字就是一个真一个页。有句话说"一人之下，万人之上"。这是不是达到巅峰了？明朝的张居正，他是一人之下，万人之上，位极人臣，到达顶峰。颠指头顶，页指头，真指的是能变形登天的仙人，古代把仙人称为真人。所以颠是由真和页会意而成的。本义是高。我们有一句话说高处不胜寒。《易经》的乾卦中，第五爻是飞龙在天，一到第六爻就是亢龙有悔了，这是一个阴阳的道理。就拿月亮来说，阴晴圆缺，往往是物极必反，颠倒过来就要往反方向走。

歌诀：

真加页，构成颠。真页颠，真页颠，真人头顶，至高为颠，颠倒的颠。

## 地 [dì][de]

**坤 地 地**

据《说文解字》、甲骨文史料考证，地最早在篆书中是这样写的：地上有山丘，好像大地上跑着一条蛇，蛇头抬起来，最后就是土字过来一个也，也字是蛇的异体字。地是由土和也构成的，也就是蛇，因为万物都要由土而生，土能生万物，也表示蛇形。地字作为助词用时读 de。古时候有三易，简易、变易、不易，当然这三种卦都没有了。其中有归藏易，它的卦序就是以地为第一卦，即坤卦。我们现在学的《周易》是以乾卦为第一卦，所以卦辞不一样。那时候为什么要以地为第一卦呢？因为土能生万物，土地是最大的母亲，坤卦就表示母亲，因为只有母亲能够厚德载物。大地可以把任何肮脏的东西都埋葬，万物包容。可惜归藏易现在已经失传了。

歌诀：

土加也，构成地，土也地，土也地，土上有蛇，土地的地。

登 [dēng]

豐 登 登

据《说文解字》、甲骨文史料考证，登字最早在甲骨文中是两个止字，下面是一个豆字。后来逐渐演化成了现在的这个样子。甲骨文是由上面两个止字和豆字组成的，表示一个人捧着一种器物，登上祭台。这个器物里面装着肉等祭品，人恭谨地端着登上祭台，所以有登高之意，如攀登、登台、闪亮登场等。

歌诀：

止加止，再加豆，构成登，止止豆，合成登。

手端豆器，双脚上行，攀上祭台，祭奠祖宗。

代 [dài]

代 代 代

据《说文解字》、甲骨文史料考证，最早在甲骨文中是画了一个人，旁边又站了一个人，但是旁边这个人是随从，带着兵器。如果遇到了危险，这个随从就拿着兵器去代表他的主人抵御敌人，这是这个字的出处。后来在演化的过程中，干戈的戈字这一撇被去掉了。

歌诀：

有玉是玳瑁，有贝是借贷，有黑画黛眉，衣服有口袋。

单 [dān][chán][shàn] 單

單 单 单

据《说文解字》、甲骨文史料考证，这个字在最初造字的时候是画出的形象，在一棵树上结了好多果子，那个时候还没有数学，为了统计树上的果子，就给树上大一些的果子进行分组，绑上树枝，绑着树枝的样子就是这个单。它是一组一组的。甲骨文的单上面这两个就是果子，在繁体字中是写了两个口，最后简化成今天的单字。单在形声字中做声旁，又是多音字，如 dān 单位、chán 单于、shàn 单县。

歌诀：

美女叫婵娟，手提一竹箪，进门就阐明，示桌前坐禅。随手把衣掸，谁料一虫蝉。

心无忌惮喊，弹弓把蝉弹。

旦 [dàn]

日 旦 旦

据《说文解字》、甲骨文史料考证，旦字的意思就是太阳从地平线上冉冉升起，象征着一天的开始。为什么要说元旦呢，元旦就是一年的开始。我们的族人，日出而作，日落而息，太阳出来，这个就为阳。所谓元亨利贞，元就代表春天开始。旦就代表一天开始。旦字常作为声旁在形声字中出现。1.早晨，天明。2.天；日；某日；人有卖俊马者，比三旦立市，人莫之知。3.特指农历初一日。

歌诀：

人要有胆识，勇于挑重担，公正不偏袒，心境很坦然。但求心无愧，不怕担风险。

## 当 [dāng] 當

当 当

据《说文解字》、甲骨文史料考证，最早当字在甲骨文中是上面一个小，下面一个田地，就是古人丈量土地、兑换土地的这个过程叫作当。在繁体字中是上面三点一个秃宝盖，下面是一口田。再后来就简化成一个小字加彐。我们可以看到当字作为声旁和其他部首组合起来形成形声字。加个提手就是用手去阻拦的含义，加个木字旁就是存档的意思。

歌诀：

用手去担当，衣裤有裤裆。有木做档案，金属做铃铛。有土垱堤坝，有玉女配珰。

## 刀 [dāo]

刀 刀

据《说文解字》、甲骨文史料考证，刀字最早要追溯到结绳记事。古代圣贤在造字的时候，用牛皮绳子东挂一串，西挂一串，是大事大结，小事小结。那个时候没有刀，只有磨制的石器，它有两个用途，一个是取火，可以在一些易燃的材料上打出火花；

还有一个用途就是切割牛皮，这就是刀的出处。那么为什么后来要把刀简化成这个样子呢？是把力字上面的一头给省了。我们知道男字意思是田中出力者，刀是力字无头，意思就是工具是与生产力联系在一起的。有句话说手快不如工具快，就是说手再巧也比不上工具，这就是刀的来历。

歌诀：

力不见头便是刀，去头加点就是刃。要忍须有心字底，有刀也要谨慎用。

## 氏 [dī][dǐ]

氏 氏

据《说文解字》、甲骨文史料考证，氏在甲骨文中是画了一个人的样子，这个人在用木桶出力提水，这个样子叫氏。后来演化过程中变成了一个氏字下面加一点。最早人的姓氏，称为氏。多数平民没有姓。有氏的人是高人一等的，下面加一点代表下人，意思是官邸。氏是作为声旁和其他部首搭配使用的。

歌诀：

有木树根柢，邑旁是官邸，石头做砥柱，撑在广尾底。有土在宝坻，有人论高低。

言多诋毁义，抵御出手急。祇候回指示，月在胼胝里。

## 弟 [dì][tì] 悌

```
弟 弟 弟
```

据《说文解字》、甲骨文史料考证，弟最早在甲骨文中是这样写的：这个字实际上是在一个大树上盘了一些藤条，比如槐树、杨树这类木本植物，上面会有爬山虎等东西。这些藤条黏上一些东西就会攀爬上去。古人苦思冥想，认为这个木本植物为哥哥，周围盘着的藤条为弟弟，这就称为兄弟。这个形象就是弟字，攀爬的样子。最后就逐渐演化成了现在这个字。

歌诀：

有竹争第一，有木上阶梯，有水流鼻涕，有心讲孝悌。

有走好传递，有刀把头剃，用目斜眼睇，有女是小娣。

## 帝 [dì]

```
帝 帝 帝
```

据《说文解字》、甲骨文史料考证，帝字最早在甲骨文中是这样来的：古人看见了太阳下面的一朵花，花朵有一个主干，上面是花冠，成熟的花的叶子都是向下掉的，这就是帝字的形象。最后逐渐演变成现在的帝字。秦始皇时代的皇帝为什么要戴这样一个冠呢，目的是什么呢？《礼记》记载，男孩儿十六岁就成丁了，要束发，行加冠礼，用簪子把头发别上，这个冠就

相当于花冠的冠。帝王为了让人们爱戴、敬重他，体现帝王的威严，上面要加一个帽子，再垂下来一个帘子。帝王不轻易露出真容。

歌诀：

有足是马蹄，有口猿声啼，有丝能缔造，草丛瓜落蒂，言多谛听，贤明一皇帝。

## 谍 [dié] 喋

```
喋 谍 谍
```

据《说文解字》、甲骨文史料考证，言字旁实际上是人两只手在爬山，在说话，是口喊的意思。这边实际是个叶字，他是在山上趴着窥视别人，就是偷着看别人，这叫间谍。后来不断简化成现在这个样子。1. 挑拨，离间。2. 受过特殊训练，潜伏在对方组织内搜集情报，或从事颠覆活动的人。

歌诀：

取言纠成叶，组字言同谍，有口就喋血，扬言抓间谍，抬手去揲衣。

来虫为蝴蝶，石把碟子做，片刻下通牒。顿足也称蹀，九字都读谍。

## 丁 [dīng]

据《说文解字》、甲骨文史料考证，古人造字的时候，是像钉子的形状，上面

有一个圆形的盖子，下面是尖的，是三岔路口的样子，后来又成了一钩。这里面有个典故：那个时候把昼夜都分开，昼就是犬，说狗是看家护院的，鸡一打鸣，天就亮了，狗就到了交班的时候。南方丙丁火是怎么来的呢，丁为火，因为在排列的时候基本上在朱雀的位置上，甲乙东方木，戊己中方土，庚辛西方金，它是这么来的。

歌诀：

头上是山顶，高处有座亭，极目天上盯，火星像盏灯，亭如家宁静，孤单人伶仃。

长辈口叮咛，出言把事订，厂房做客厅，酉酒不酩酊。病头长疔疮，板钉金属钉。

金玉叮当响，过水到绿汀。打的到畹町，人在亭子停。

## 东 [dōng] 東

据《说文解字》、甲骨文史料考证，东字最早在甲骨文中是画了一棵树，太阳冉冉升起，照在树上，这就是东。为什么说东方日出，古人观察日出的时候，有一棵树，阳光照在这棵树上，这棵树就象征东。后来在五行论中说东方为木。《易经》中有句话叫元亨利贞，就是说的春夏秋冬，春就是东方，南方为夏，属火；西方为金，是利，也就是拿刀割禾苗，冬天为水。这就是东的出处和来历。还有个关联的字，就是西。西方为什么为金？古代有个天象原理，有三院，其中负责管理市场、钱财的人在西方。这就是为什么西下面一个贝

就是贾。酉字把里面的酒倒出来，就是在管理市场的房子里的意思，这就是西。我们平时会说买东西，而不是买南北，就是这个原因。

歌诀：

东西南北中，木金火水土。元亨利贞时，春秋夏冬长。肝胆脾肺肾，喜怒哀悲乐。

## 定 [dìng]

据《说文解字》、甲骨文史料考证，定字最早在甲骨文中是一横，下面是个止，就是停止的止。后来逐渐演化成了这个定字。汉字里有宝盖的字都与房子有关。古人在造字前，比如说这家的小伙子看上了那家的姑娘，就要聘请媒人去说媒，当女方的脚踩进小伙子家门的时候，就表示双方有了意愿，这个事情就决定了，就是名花有主了。

歌诀：

有丝露破绽，青旁是靛蓝，金属做钢锭，水在白洋淀，停船叫下碇。

## 冬 [dōng] 鼕

据《说文解字》、甲骨文史料考证，冬字上面是一个小孩在冬天的雪地里走路，下面的两点是雪地里的脚印。这就是

冬天来了的样子。《易经》里面有元亨利贞，贞的意思就是冬藏，人们冬天一般不出去创造财富。这就是冬字的来历。后来逐渐演化成了斜文下面两点。古代用牛皮绳穿成竹简，把这个东西刻到竹简上，比如几头羊、几头鹿，把这些用丝线捆好，这就是一年的成果。然后用泥巴把它封起来。古代没有纸张，就把内容刻在竹简上，这就是册。很多地方的民俗里，说年终了，就是不吉祥的含义，比如谁家结婚了，你不能送一个闹钟，不能给人送钟。为什么要用泥巴封起来呢？就是说这个东西已经了了，结束了。

歌诀：

冬字脚下两块冰，冰融进洞如口深。寒冬受冻如病痛。

年终接册用丝绳，氢气充进荧光灯，年画贴在门框中。

## 斗 [dòu] 鬥

据《说文解字》、甲骨文史料考证，斗字最早在甲骨文中是画了一个斗，旁边画了一个棍子。为什么要画一个棍子呢？就是人们在里面装粮食的时候，不能高不能低，用一个棍子在斗上把粮食堆的顶部刮平。这个度量衡的容器就叫斗。后来逐渐简化成一个十字上面两点。为什么是十字上面两点呢，而且还是在左上角？在《易经》的方位上，左面为大，左上方为贵，在西北。斗就象征着一种度量衡的权威。

最左上角的两点表示平衡的原理，这就是这个字的来历。

歌诀：

科学种田禾，仓廪余粮多。米皮做饲料，抖手喂鱼鹅。小虫蝌蚪乐，悠得真快乐。

## 兑 [duì]

据《说文解字》、甲骨文史料考证，兑字在甲骨文中是头上有两个点儿，两个点是一个女孩头上的两条辫子，这个人就叫兑。兑为少女，兑就是少女在高兴地玩耍，非常愉悦的样子。后来逐渐演化成现在这样的兑。兑的含义就是给你一张支票，你把它换成现金，兑换过来了，就是非常愉悦的事。所以兑字加上竖心旁就是悦。兑字和不同的部首组合形成各种字。

歌诀：

进门就阅读，出言把话说。月初脱贫后，心中真喜悦。

禾丰要纳税，金针太尖锐。虫儿把皮蜕，说客去游说。

## 段 [duàn]

古建筑是榫卯结构，就是每个接口都有榫卯，有公卯和母卯，这样就不用钉子了。这个段字就是从榫卯结构中会意而来的，后面这个是殳，是一种干活的工具。谈到这个段字，还有一点人生感悟分享给大家：做人做事，要分清阶段，要有五年计划和十年计划，每个人都要有计划，有程序。做任何事情，都要把程序搞清楚。能把一件小事干得非常完美的人，就是非常了不起的人。段字加上不同的偏旁，就组成各种各样的汉字，作为形声字来应用。

歌诀

丝缎缝棉袄，金属能锻造，用火煅石膏，椴木长得好。

## 敦 [dūn][duì] 㪟

据《说文解字》、甲骨文史料考证，敦字最早在甲骨文中是这样写的：左上方画了一个房子，可以通风透气，下面是一只羊，右边是画了人的一只手拿着兵器，去追杀羊，就是要杀羊然后在屋子里烤羊肉，这就是敦字的来历。敦字现在常作为声旁和其他的部首组合，不断构成形声字。敦还有个音念 duì，指的是一种青铜器，是用来煮肉的。

歌诀：

有土是土墩，有石是石墩，有足叫夯蹾，有金是冷镦。

## 朵 [duǒ]

据《说文解字》、甲骨文史料考证，最早在甲骨文中是这样的：下面是一个木，上面枝条上盘着的颜色鲜艳的样子，这叫朵。后来就简化成一个木上面一个几。上面这个几字一开始并不是几。古人非常聪明，采摘花朵的时候，喜欢把枝条上这些艳丽的花朵作为定亲礼物，是小伙子对姑娘心意的象征。给喜欢的人送玫瑰花的时候，都是先藏在背后，这就是躲，可以让幸福来得更猛烈一些。哚哚是一种化合物，可以做饲料。比如给木本植物施肥，含有哚哚的肥料很适合植物生长。

歌诀：

花朵树上有，躲藏身后头，草垛像土堆，哚哚前加口，有足直踩脚，有刀好剁肉。

## 豆 [dòu]

据《说文解字》、甲骨文、金文史料考证，豆字最早在甲骨文中是这样的：古人祭祀的时候下面有一张桌子，桌子上有一个器皿，里面装着祭品。进入农耕社会以后，有了粮食，在造字的时候就拿这个字形象地表达豆的意思。豆是什么意思呢？就是作物比较大的籽粒。古圣先贤把这种比较鲜美的食品用来祭祀。

歌诀

说走却逗留，防病肿瘤痘，加矢论长短，灯下也是豆。

## 度 [dù][duó]

据《说文解字》、甲骨文、金文史料考证，古人的度量衡是用一些木头五尺一丈地不断往上翻。广是辽阔的含义，上面画了一个尺子，架起了一截木椽，下面是个手。1.计量长短：度量衡。2.表明物质的有关性质所达到的程度，如硬度、热度、浓度、湿度等。3.计量单位的名称：①弧或角，把圆分为360等份所成的弧叫一度弧；②经度或纬度；③电量：一度即一千瓦小时；④眼睛的焦度的单位。4.程度或限度等：知名度、透明度，劳累过度。5.章程：法度，制度。引申为对人对事宽容的程度：度量、气度。

歌诀：

有水把河渡，有足去踱步，有金去镀金，嬉游莫过度。

## 奠 [diàn]

据《说文解字》、甲骨文、金文史料考证，奠字是指把酒坛子放置到平台或者桌子上，以祭祀死者。金文上的奠，演变成双手，高高地举着酒坛，奉献给先人或者神仙，本义是祭奠。引申为奠基、奠定等。奠字最早的来源就是酋长逝世了，大家纷纷祭奠。但是奠字的含义是双手端着祭祀的坛子在摆放的样子，引申为奠字。

歌诀：

酋加大，构成奠，酋大奠，酋大奠，手捧酒坛，表示祭奠。

## 歹 [dǎi]

据《说文解字》、甲骨文、金文史料考证，歹最早像剔去肉后的残骨形，字中的点表示骨上剔剩的碎肉。本义是指残骨，后来借指坏、恶。凡由歹构成的字大都与细碎、残败、枯朽、死亡、疾病、灾祸等有关。歹义也是指恶坏，与不好的字相对，如歹人、歹毒。

歌诀：

剔肉余残骨，歹义从此出，一点表碎肉，点外是余骨。

## 电 [diàn] 電

据《说文解字》、甲骨文、金文史料考证，电字由日字和竖弯钩组成，古字加雨表示雨中电光闪耀的意思。电的本义指闪电，引申迅速之义。1.物理学现象，可通过化学或物理的方法获得的一种能，用以使灯发光、机械转动等：电力、电能、电热、电台。2.阴雨天，空中云层放电时发出的光：闪电、雷电。3.电报、通电。贺电。4.能打电报：电邀、电汇、电告。5.遭受电流打击。电打了我一下。

歌诀：

学电看闪电，日光破暗天，形像竖弯钩，放在日中间。

## 带 [dài] 带

据《说文解字》、甲骨文、金文史料考证，带像古人腰上束衣用的布带，上面是皱褶，下面是下垂的巾。带字本指腰带，因系在腰间，所以引申有带领、佩带、携带等义。1.象形。小篆字形，上面表示束在腰间的一根带子和用带子两端打成的结，下面像垂下来的须子，有装饰作用。本义：大带：束衣的腰带。2.带，绅也。上像系佩之形。佩必有金，从重巾。3.带冕（大带和冠冕）。4.裤带、鞋带。5.生物地理区的典型带状区，如海洋滨岸带、南方生物带。6.佩带："唅即带剑拥军门。"7.携带：遗已聚敛得数斗焦饭，未展归家，逐带以从军。

歌诀：

带字像腰带，把腰系起来，带上相褶皱，带下巾飘摆。

## 耑 [duān][zhuān]

据《说文解字》、甲骨文、金文史料考证，耑是端的本字，字形像一株幼苗刚从地上萌萃出根和嫩叶，引申为"物的尖端"，"耑"字还读 zhuān。1.事物的起始。物初生之题也。上像生形，下像其根也。物初生之题也。题者，颁也。人体颁为取上。物之初见即其颁也。古发端字做此。今则端行而耑厂。乃多用耑专也。2.器物尖端。

歌诀：

幼芽出地端，形意就是耑，而像根须出，尖芽像个山。

## 盾 [dùn]

据《说文解字》、甲骨文、金文史料考证，盾字是古代打仗时用于防卫的武器。甲骨文中的盾字是一块长方形盾牌的样子，中间是把手。小篆后加上了两撇，像拿盾的人。1.盾形的东西（多指硬币上的纹章）：金盾、银盾。2.象形。小篆字形。上面像盾形，下面时"目"表示以盾蔽目（身体）。本义是盾牌。3.掌五兵五盾。4.盾形的物品，多用于奖牌和纪念品。5.荷兰、越南、印尼等国的货币单位的简称。

歌诀：

打仗用盾挡，盾是拿盾状，两撇是人形，盾在人前方。

## 刁 [diāo]

据《说文解字》、甲骨文、金文史料考证，刁是古代军队中一种有柄的金属小斗，白天可以用来做饭。夜间敲击以巡夜，如刁斗，假借指刁悍、刁难。1.狡猾，狡诈。2.嘴里衔着。拐去、抢走。刁风拐月。3.姓氏。4.（方）：稻、麦、谷、高粱等抽的穗。5.乖巧、机灵：这话实在刁，说到我心里了。6.有无赖特征：刁婆，刁妇（泼妇，恶妇）。7.说话刻薄，如，刁嘴，油嘴滑舌。

歌诀：

刁像小斗形，古时军队用，假借为刁悍，刁难事难成。

## 多 [duō]

据《说文解字》、甲骨文、金文史料考证，古代多字是两块肉放一起，以表示众多,后来由两个"夕"字构成。1.数量大，与少、寡相对：人多、多年、多姿、多层次。2.数目在二以上：多年生草、多义词、

多元论。3.有余：比一定的数目大，多余。4.过分，不必要的：多嘴、多心、多此一举。5.相差的程度大：好得多。6.表示惊异、赞叹：多好。7.表示某种程度：有多大劲儿使多大劲儿。8.表疑问：有多大呢？9.姓氏。

歌诀：

两肉叠一起，就表众多义，今多肉形变，变成两个夕。

## 端 [duān]

据《说文解字》、甲骨文史料考证，这个字最早在甲骨文中是这样写的：禾苗从地里生长出来的样子，上面是头。后来就逐渐演化成这个端字。左边这个立实际上是后来加上去的，有没有都一样。古人看到禾苗从地里逐渐长起来的样子，就造了这个字。农业社会，这个端字是什么含义呢？种麦子的时候，惊蛰前种的麦子是先扎根，因为地气凉。惊蛰后由于热气往上走，所以是先发芽，这个过程就叫作端。这是这个字的出处。后来就有了初端、终端这样的含义，上面一个山，下面一个而。

歌诀：

水流太湍急，人急口喘气，惴惴心不安，一足踹出门。

# E

## 儿 [ér] 兒

昂 儿 儿

据《说文解字》、甲骨文、金文史料考证，儿字像一个身小头大，向上攀的合体的婴儿形状，简化字像婴儿的爬状。据《说文解字》考证，甲骨文中是这样写的：这一撇是儿的双臂，后边是儿的身子，后来经过多次简化，这一钩是儿爬的样子，是两个手臂张开的意思。古代凡是指儿，都与男丁有关，就是男孩，女孩称作婴，男孩称作儿，男女有别。

歌诀：

儿子儿爬状，撇是手臂样。腿是竖弯钩，男儿当自强。

## 恶 [è][wù] 恶、噁

亞 恶 恶

据《说文解字》、甲骨文史料考证，最早在甲骨文中是这样写的：一个亚，下面画了一个心。后来就逐渐演化成现在这样。恶字由亚和心构成。亚字意思就是次，就是退而求其次。亚和心合起来就是存有二心，待人不够诚心。所以这个字就是说心地差的人比较丑恶。也有人说亚字就像两个驼背的人面对面，看起来非常丑陋。这个字是一字两音，又读作 wù，比如厌恶、可恶。还可以做叹词，表示惊讶。

歌诀：

亚心恶，亚心恶，怀有二心，丑恶的恶。

## 耳 [ěr]

目 耳 耳

据《说文解字》、甲骨文、金文史料考证，在原始社会有个刑罚叫作割耳。甲骨文的耳，上面是戈，画了把耳朵割下来的样子，后来就逐渐简化成现在这样的耳。我们之前讲过，有左边的耳朵旁和右边的耳朵旁，左边的耳朵旁是阜，就是高的地方，右边的耳朵旁叫邑，就是低洼的地方。那么耳朵旁与耳有什么关系呢？实际上没有关系。这个字经常作为声旁出现在形声字中，加上水是洱海的洱，加上食物就是鱼饵，上面加个从是高耸的耸，戴的耳环是玉珥，加上一个草字头就是鹿茸，造鼎的时候两边的提手叫作铒，是用来抬的，它象征着丰收和通达。

歌诀：

有水是洱场，有食做鱼饵，有从是高耸，耳环是玉珥，有草是鹿茸，有金金属铒。

## 尔 [ěr] 爾

据《说文解字》、甲骨文史料考证，最早在甲骨文中是这样写的：上面是一个人字，下面是几个枝干，上面穿插了一个甩的东西。这是一种法器。繁体字的尔写作爾，中间是两个爻，就是六爻预测给人们带来吉祥的含义。后来逐渐演化成了这个尔字。

歌诀
猕猴喜欢犬，弥漫拉弓难，尊称你为您，走之名遐迩。

## 二 [èr] 贰、貳

据《说文解字》、甲骨文、金文史料考证，这个二古代是这样写的：上面一个干戈的戈，下面是一个贝壳。后来就逐渐简化成一个二字下面一个贝。仓颉造字的时候，二属于战利品，在结绳记事的时候悬挂两行贝壳，一行挂一些小的猎物，一行挂一些大的猎物，储备食品。老子提出的一生二，二生三，三生万物，就是从古文的这个二字来的，这是道德经里的一些理论。

歌诀：
天生一，一生二。二生三，三生万物都知道。
道可道，非常道。名可名，非常名。与特殊道。

## 而 [ér]

据《说文解字》、甲骨文、金文史料考证，金文而字像人脸上有络腮胡子，指两颊的络腮胡，假借指又、并且、可是，如视而不见，连词如半途而废；以及到往，如乘虚而入。连词：表示并列，相当于和，并且；表示承接，相当于则和就；表示递进，相当于而且；表示转折关系，相当于却和但是；表示假设，相当于若和如果；表示因果，相当于因而和所以；连接状语和中心词；连接意义上有阶段之分的词和词组，表示由一种状态过渡到另一种状态，相当于到。

歌诀：
而字很形象。络腮胡子样，假借做连词，又指到和往。

# F

## 夫 [fū][fú]

据《说文解字》、甲骨文、金文史料考证，这个字在甲骨文中是象形字，一个人上面有一横，下面两条腿，两个胳膊，代表的是丈夫的"夫"。这个夫在远古时期指的是成年男子，古代把头发梳起来，男子到十六周岁要加冠，加冠就是把头发梳起来戴一个冠，用簪子把它穿起来，这一横最早是指簪子的这一横，后来引申为男子成家称成女子的丈夫，可以服劳役、殡仪。这就是丈夫的夫。

歌诀：
夫是人立行，头部一短横，头发束起来，成年一男丁。

## 凤 [fèng] 鳳

据《说文解字》、甲骨文、金文史料考证，原来它是象形字，直接画了一只美鸟。经过多次简化就成了一个凡字框，里面一个又字。据说尧舜时期，尧有一天晚上做了一个梦，梦见从西面的山上飞来一只非常漂亮、羽毛华丽的美鸟，落在他马上要建宫殿城池的庄子上。第二天他遇见了一个非常美丽的姑娘，就成了他的皇后，最后建的那个城池叫作凤凰园。今天讲凤凰的凤字代表女性在家族的权力、富贵。

歌诀：
一只美凤凰，飞进凡字框，凤字简化后，又在凡框放。

## 凡 [fán]

据《说文解字》、甲骨文考证，凡字在古代就像一个船上竖起两个杆，上面用布一缠，形成帆的样子。最后简化成这个字。凡字是帆的本义，凡是船上帆的形象，加上巾是帆，帆是用布做的，外形像帆，里面的一点表示风。凡指一切繁多的事物，比如平凡。今日讲凡的目的是告诉大家在平凡的人生当中要取得不平凡的业绩。

歌诀：
凡字本是帆，风吹一小点。凡字是帆形，今凡表平凡。

## 肥 [féi]

据《说文解字》、甲骨文、金文史料考证，肥在甲骨文中是这样写的：一个月，月最早是肉食的含义，就像画了一条蟒蛇。旁边是一个巴，巴是人跪着的样子，弯弯曲曲的。后来简化成月和巴。肥字是由月和巴构成的，本义是肉多的蛇，引申为肥沃、肥大。1. 含脂肪多（跟瘦相对），除非肥胖和减肥外，一般不用于人。2. 肥沃。3. 使肥沃。4. 肥料。5. 收入多。

歌诀：

月加巴，构成肥，月巴肥，月巴肥，蛇肉脂肪多，看似就像肥。

## 分 [fēn][fèn]

据《说文解字》、甲骨文史料考证，分这个字最早在甲骨文中是这样写的：上面是一个八，下面像垂了一把刀。最后逐渐简化成这样。分字是由八和刀构成的，八，本身就是分别的意思，表示用刀把一个物体分开。分的本义是分别：别离，引申为辨别等义。分还读作去声，如分外香。1. 区划分。2. 由整体中取出或产生一部分。3. 辨别，区分。4. 分给，分配。5. 离开，离别。6. 分派，委派某人到某一岗位上去或担任某一职务。7. 分散；排解，调和矛盾等。

歌诀：

八加刀，构成分，八刀分，八刀分，刀劈对象分成两半，分开的分。

盆地春来早，清明雨纷纷，粉红桃花开，芬芳满园春，四月月份好，汾酒清又醇，气氛造假酒，老板违法人。法令颁布了，形成好气氛。

## 麸 [fū] 麸

据《说文解字》、甲骨文史料考证，这个字在甲骨文中是这样写的：麦的繁体字，旁边一个夫，丈夫的夫。最后逐渐简化成这样。这个字是从麦、从夫，构成麸。麦夫麸，麦夫麸，小麦的皮屑，麦麸的夫。麸字是由麦字和夫字组成的，指的是小麦磨面剩下的皮屑，所以是麦字旁。夫字当时是皮肤的意思。是小麦的皮肤，最后把月字省去了。麸是麦的表皮，小麦的皮屑，叫麸皮。今天讲到麸，我突然想到，我们小的时候，吃不饱饭，吃不饱饭是什么含义，就是说一个礼拜吃不了一顿白面饭，就是面条。因为都吃的是黑面，或者玉米面，咱们叫的棒子面。如果谁家的媳妇儿生下孩子，才能吃上麦面。但是现在的社会，人们的身体往往缺少微量元素，要大量吃类似麸皮这样的杂粮，小麦的麸皮有好多人身体需要的成分。现在的社会，水也成了纯净水了，水里不利于身体健康的元素被去除了，但有利于身体的微量元素也被去除了。我们吃的食品也是一样。所以我们反而缺乏了微量元素，因此，现在健康的生活要多吃窝窝头、粗粮、麸皮或者五谷粥、杂粮粥等。

歌诀：

麦和夫，构成麸。家有粮，心不慌。麸主粮，体健康。

## 焚 [fén]

焚 焚 焚

据《说文解字》、甲骨文史料考证，焚最早是一个树林，下面一个人举着火把，把树林点着了。焚字由林和火组成，古人为了把野兽从树林中赶出来，以便围猎，就采用烧林子的办法，所以焚字是由林和火组成的。古圣先贤认为火是吉祥的意思，比如山顶洞人，在洞里生火，为了防止野兽进入洞穴，就在洞口点上一把火，狮子老虎等野兽一看见火光，就逃之夭夭，所以火是吉祥的。甲骨文造字的时候，最早也是利用火的概念，人把林子点着，有了火，树林里的野兽一见到这个火光，就逃出来。古人非常聪明，就在树林周围埋伏好，准备围猎。

歌诀：

林加火，构成焚，林火焚，林火焚，火烧树林，焚烧的焚。

## 法 [fǎ] 灋

灋 法 法

据《说文解字》、甲骨文史料考证，法在甲骨文中是一个水字旁，右面画了一个鹿字头，下面是一个遇，再下面是一个去。实际上是表示一种兽。最后逐渐简化成三点水旁边一个去。法律的法，左边的水表示人们在执法的时候是公正的。古代的公正以水平面为标准，许慎解释这个法，说廌，有两只角，据传说是用来在疑犯中撞触不正直真犯的动物，判别出真犯后将其除灭。在黄帝时期，有一个法官，叫作皋陶，经常用这个廌兽来识别罪犯。法，就是公平地去除恶。

歌诀：

水加去，构成法，水去法，水去法，执法除恶，公平如水，法律的法。

## 烦 [fán] 煩

煩 烦 烦

据《说文解字》、甲骨文史料考证，这个字最早在甲骨文中是这样写的：一个火，火的旁边一个页，页字就是头顶的含义。后来繁体字就写作一个火一个页，最后简化成现在这个样子。烦字就是人遇到了火，热得非常难受，心里很急躁。页字指头顶，是说人的内火上升烧到头上，就会理不清是非、曲直、对错。头脑发热了，就会烦。烦字是由火和页会意而成的，引申为繁杂，或者厌烦、烦琐、烦恼、忧愁、不愉快、很难受。

歌诀：

火加页，构成烦，火页烦，火页烦，火烧头，心中烦。

## 封 [fēng] 葑

据《说文解字》、甲骨文史料考证，封字最早在甲骨文中是这样写的：下面是一个土，上面是水的样子，右边是一个寸。意思就是这个地方着火了，用水灭掉，圭者，就是用水灭掉之后再盖一层土，这就是封闭的封。最后演变成圭加一个寸。封字字形像一只手在培土，又像植树造林的样子，一只手扶着树苗，给下面培土。培土要把根部一层土一层土地封闭起来，并且用锤子夯实，然后浇水，这样树苗才能成活。后来封字不断会意，比如封疆大吏、封地，或者封闭，或者做姓氏。

歌诀：

圭加寸，构成封，圭寸封，圭寸封，手包寸土土两层。

## 负 [fù] 負

据《说文解字》、甲骨文史料考证，负字最早在甲骨文里是画了一个人，弯着腰，背上背着一包东西。后来逐渐演化成人下面一个贝，最后简化成现在这样。人有了财物，容易有恃无恐，负字本义是指人背着一些东西，依靠、屏障，如负隅顽抗，引申为负责的负，比如负担。负字的本义解析：负，其正体为負，其上为刀字，意为持刀抢劫；其下为一个贝字，贝就是

古代的钱，在此代表东西。

歌诀：

人加贝，构成负，人贝负，人贝负，人有钱，别自负。

## 凫 [fú] 鳧

据《说文解字》、甲骨文史料考证，最早在篆书上是画了一个土堆，上面有一只登高望远的鸟。读作（福）。凫字由鸟和几构成，指不怕人的短羽毛的鸟，也指一种野鸭子。它一般站在高处遥望远方，不怕人。我们饲养的鸡有时候怕人，但是鸭子不怕人。后来就逐渐演化成了上面是鸟的一部分，下面一个几。

歌诀：

鸟加几，构成凫，鸟几凫，鸟几凫，鸟站高处，凫水的凫。

## 妇 [fù] 婦

据《说文解字》、甲骨文史料考证，妇字最早在甲骨文中是这样写的：左边画了一个妇女站着的样子，右边是一个帚。以后逐渐演化成了女字旁加一个彐，彐的意思是一只手。古代的妇字，字形像一个女人，手持扫帚，在打扫卫生的样子。本义是已婚的女子，如媳妇、孕妇等。1.已

婚的女子：妇人、少妇。2.妻，与夫相对：夫妇。3.儿媳：妇姑（婆媳）。媳妇。4.泛指女性：妇女、妇孺（妇女儿童）、妇幼。

歌诀：

女加彐，构成妇，女彐妇，女彐妇，女拿扫帚，妇女的妇。

## 罚 [fá] 罰

据《说文解字》、甲骨文史料考证，罚字最早在甲骨文中是这样写的：上面一个网，也就是君子要用智谋、网络把坏人抓捕，下面是一个言，右边是一个寸。后来逐渐简化成一个四，再加一个言一个寸。罚字是由四、言、刀会意而成，四代表法网，言代表判决，刀指的是用刑，这个寸实际是刀的变形，本义是处罚。领导、管理人员做事情，一定要奖罚分明，有人迟到了、犯错误了，或者违反制度了，该罚的一定要罚，该奖励的要奖励。只有奖罚分明，公司才能不断走向辉煌。

歌诀：

四加言，再加刀，构成罚，四言刀，构成罚，惩罚的罚。

## 乏 [fá]

据《说文解字》、甲骨文史料考证，

乏字最早在甲骨文中是这样写的：上面是一横，下面是一个止，意思是人疲惫不堪，这一横是说两个眼睛的眼皮掉下来了，睁不开眼睛，非常疲惫，非常困。后来就逐渐简化成这样的一撇一个之字。1.古代射猎唱靶者用以避箭的器具。2.疲乏无力。3.使土地贫瘠的，或使丧失力量或功效的。4.无能的，不中用的。5.穷困。

歌诀：

洪水总泛滥，目乏是眨眼，有贝是贬斥，加石是针砭。

## 发 [fā] 發、髮

据《说文解字》、甲骨文、金文史料考证，发字最早在甲骨文中是这样写的：前面有两个脚印，后面是一个人在拉弓射箭的样子。后来逐渐演变成现在这个发字。为什么甲骨文中是祭字头呢？是为了展现祭祀而捕猎的样子。人们看到前面有猎物，就进行射击。以前的渔夫穿在身上的，用草编织的，既能通风又能避雨的衣服就是蓑衣。《江雪》诗云："孤舟蓑笠翁，独钓寒江雪。"

歌诀：

有手才能拨，有水才能波，被衣是蓑衣，广场废物多。

伐 [fá]

## 伐 伐 伐

据《说文解字》、甲骨文、金文史料考证，这个字最早是画了一个人，手舞足蹈，拿着一个兵器。这个动作就叫伐。后来逐渐演化成了一个人字一个戈。1.砍树，伐木。2.征讨：攻击。3.自我夸耀。会意，从人，从戈。在甲骨文中其字形像用戈砍人头。本义是砍杀。4.败坏，损伤；打破、挫败；敲击；引申为开凿；批评，责备。

歌诀：
伐门称阀门，竹竿做竹筏。山上加代岱，土垒把地垡。

付 [fù] 副

## 付 付 付

据《说文解字》、甲骨文史料考证，这个字最早在甲骨文中是这样的：这里一个人，旁边站了另一个人，在叮嘱他，比如穿什么衣服、背什么行囊，这个字加个口就是嘱咐的咐。这个字的含义就是孩子长大了要去远行了，母亲在叮嘱一些东西。有句话说，儿行千里母担忧；慈母手中线，游子身上衣，这体现了母亲对孩子的呵护。寸者，意思是心，儿子不管走多远，寸心不离人，儿子走到哪里，母亲的心就在哪里。用现在的话说就是母亲在哪儿家就在哪儿，母亲在家就在。符节是古代用竹子

做成的一种兵符，有的是雕刻出来的虎符，两个符合在一起，就相当于密码一样，左边和右边对上就是一个完整的兵符，到今天就演变成了符合的含义。

歌诀：
为母口嘱咐，月下言肺腑，做人多付出，耳听别依附，俯身为人仆。
腐肉莫口入，驸马骑骏马，府邸多房屋，古代有苻坚，符节多作用。

复 [fù] 復、複

## 複 复 复

据《说文解字》、甲骨文史料考证，这个字最早在甲骨文中是个城门，上面开了个小门洞，还有个高的门洞，站了一些士兵，正在执勤，门口画着人的足迹，意思是有行人在走来走去。后来就逐渐演化成一个人字，下面一个日字是眼睛的意思，下面的反文是人拿着兵器的样子。柏拉图的学生曾经向他请教如何成功，柏拉图让学生们去操场上甩手。一开始有八十个学生在那里甩，后来随着时间的流逝，这样做的人越来越少，最后只剩下两个人。柏拉图的意思是，成功没有捷径，就是不断重复地做简单的事情。我经常和我儿子谈论怎样成功，我对儿子说："我说你别看我讲字是很小一件事，我能坚持三年五年，把汉字全部讲完，我自己能收获不少，听众也能收获不少。"我儿子说："你把小事做了一大堆，最后是一大堆小事，还能成

个什么大事吗？"我说："我们一个人要不厌其烦地不断重复去做一件小事，这叫学而时习之，不亦乐乎，这样将来遇到大事也能干好。"

歌诀：

大事要简做，小事重复做。若要成大事，反复去琢磨。

## 反 [fǎn]

据《说文解字》、甲骨文史料考证，在甲骨文中这个字就画了一个墙角，旁边射过来一支箭，扔过来一些石头，用手掌把石头打回去，就是反击的含义。后来逐渐简化成了现在这个反字。这个反字常出现在形声字中，作为部首。1.颠倒的，方向相对的。2.翻转，掉转。3.回，还。4.反抗，反对。5.背叛。6.指反革命或反动派。7.违背；类推等。

歌诀：

有钱贝，把物贩，走之往回返，翻身我看见，排版一片片。

食堂去吃饭，又见木案板，饭后没事干，和人扳手腕，加食就是饭。

## 傅 [fù]

据《说文解字》、甲骨文史料考证，

在甲骨文中，这个字是画了一个师傅在旁边站着，手里拿着书，下面有几个学子。那个时候没有凳子，都是席地而坐，聚精会神在听课。后来就逐渐演变成这个傅字。我的父亲教育我做人要谦虚谨慎，他的原话是，"将小将小，天下走了"，就是说人走到任何地方，要把自己看得小一些，不要傲气冲天，不要骄傲自满，这样才有人愿意帮你。任何人都不是全才，孔子说三人行必有我师，就是说别人的身上总有值得你学习的地方，每个人都有他的长处。所以说做人一定要谦虚谨慎，尊敬师长。傅是辅助的意思，师傅帮助学生去解决问题，所以傅字是由人和专组成的，专是由甫和寸构成的。有施刑之人的意思，也有执行命令的含义。

歌诀：

去人做声旁，用它的字多，有十当博士，有月伸胳膊，有丝受束缚。

有手去拼搏，有水是蒲草，蒲草铺得薄，簿中是账本，石薄是磅礴。

## 孚 [fú]

据《说文解字》、甲骨文史料考证，这个字最早在甲骨文中是这样写的：一个爱字头，意思是一个人，下面画了一个孩子。造字最初都是象形。后来逐渐演化成现在这个孚字。古人发现一种飞鸟，捕捉之后饲养，慢慢就成了家禽。有一种鸽子，它的蛋用自己的翅膀去孵化，这就是爱的象征，所以古人造了这个字。我们做事做企业的人，一定要养鸡下蛋，而不能杀鸡取卵。现在很多地方资源枯竭，为了开采一点儿矿产，破坏植被，毁掉生活环境。我呼吁大家，保护环境，珍爱我们的地球，人类要守护地球。

歌诀：

有人抓战俘，有水在漂浮，有虫是蜉蝣，有卵去化孵，有歹饿殍死。

有木做小桴，有耳郭墙高，育儿要哺乳。

## 奉 [fèng]

据《说文解字》、金文、甲骨文史料考证，奉字最早在甲骨文中是这样写的：两只手端着一个盘子，盘子上放着祭品，如肉、果品等。后来逐渐演变成一个春字头下面两横一竖。子孙虽远，祭祀不得不诚，子孙虽愚，经书不可不读。这句话就显示出古人的道德，祭祀的过程名义上是祭奠先人，实际上是在教育我们自己的子女。奉字就是由祭祀而来的。

歌诀：

手把贡物捧，人把俸禄领，敬奉老祖宗，木棒习武经。

## 阜 [fù]

据《说文解字》、甲骨文史料考证，这个字最早在甲骨文中像个耳朵，后来逐渐演变成这样。它作为部首我们往往称之为左耳朵。阜字常作为偏旁使用，因其形像耳朵，俗称左耳朵，反文的含义，盗跖变形，指的是脚步。1.土山：高阜。如山如阜。2.盛，多，大：物阜民丰，民殷财阜。3.泛指山：有物于此，生于山阜，处于室堂。4.丰富：富有。5.旺盛；丰厚；肥硕、壮大；安康。

歌诀：

穹车为山成阵，一生只剩龙大，二小月见缝隙，简陋房屋一睿。

航行停靠土布，陆战阻击南下，狭路穿过陕北，陇原农政考察。

## 峰 [fēng]

据《说文解字》、甲骨文史料考证，这个字最早在甲骨文中是这样写的：上面画了一个小山，下面画了山坡，再下面又是山，展现了山峰重叠的样子。下面的诗表明，苏轼颠沛流离，生活艰辛，在庐山这个地方居住了很久，说的是山，但是表示的并不是山，而是在这个社会当中各种各样的人和事不断出现，因为古代诗人往往写的是当时情怀。1. 山顶。2. 像山峰的东西。3. 比喻极高的境地。4. 量词。5. 最高点:顶点。6. 拔地而起的高山。7. 突起。

歌诀:

横看成岭侧成峰,远近高低各不同。不识庐山真面目,只缘身在此山中。

## 弗 [fú]

据《说文解字》、甲骨文、金文史料考证,弗字最早在甲骨文中是这样写的:一个弓,穿了两根箭。后来逐渐演变成现在这个弗。古人是特别聪明的,当初渔猎生活,随着手工技术不断发展,有的人力气很大,可以一次射出两支箭,这是弗字最初的意思。现在的弗字往往作为声旁出现。1. 弗的基本意思是不:自愧弗如。2. 象形。甲骨文字形,中间像两根不平直之物,上以绳索束缚之,使之平直。矫枉。

歌诀:

有贝别浪费,加水烧沸水,手拂衣上土,金旁元素铈,有气是氟气。
犬旁是狒狒,有人去念佛,仿佛很沉醉。

## 番 [fān][pān]

据《说文解字》、甲骨文史料考证,番指古人选择宜居的地方,即有水有土地

的地方,良田肥水,就是很好的环境。后来逐渐简化成了这个字。1. 指外国或外族。番邦。2. 轮换:轮番。3. 量词。相当于种或样,相当于回或次。4. 象形。小篆字形,上面像野兽的足和爪,下面的田像兽足踩出的印子,本义是兽足。5. 通"藩"。篱笆。

歌诀:

水边人姓潘,白发已皤然,家住鄱阳城,加草也逢藩,外族称作番,加羽翻译遍,有虫是龙蟠,玉旁是玉璠,用手去播田,巾飘像旗幡。

## 甫 [fǔ]

据《说文解字》、甲骨文、金文史料考证,这个字最早在甲骨文中是画了一些田地,田地旁边是一个人在耕种、保护良田。后来逐渐演变成这个甫字。这个字表现的就是一排一排的良田,人们在田里拿着一些耕具在劳作,整地、护苗、锄草、挑水,这个过程叫甫。1. 副词。刚:甫才。2. 古代男子的美称。3. 象形。甲骨文字形,像田中有菜苗之形。金文字形,变为从田父声的形声字。本义是苗。4. 通"圃"。种植果木瓜菜的园地。

歌诀:

浦城李师傅,草沟种葡萄,框口当苗圃,开车去辅导,害虫手抓捕,见鸟是鹋鸟,黄土边上甫,埔江水滔滔,开店铺赴宴,铺面鎏金造,月下开胸脯,杜甫诗精妙。

## 非 [fēi]

据《说文解字》、甲骨文史料考证，这个字最早在甲骨文中是这样写的：一个鸟，两边是翅膀，在展翅飞翔。后来逐渐演变成了两竖三横。古圣先贤主要捕猎陆地上的动物，后来慢慢开始用箭射鸟。陆地上的容易逮住，带翅膀的就难了很多，这就是非的来源。1.错误(跟是相对)。2.不以为然：反对，责备。3.不合于。4.不是。5.前。用在一些名词性成分的前。6.讽刺，讨厌，诽谤，诋毁。7.在口语中，"非"后也可以不用"不可"等词。表示一定要不可。常用于接受上文或反问句中。

歌诀：

加一是韭菜，有言就诽谤。有口喝咖啡，加人滑稽戏。

## 粪 [fèn] 糞

据《说文解字》、甲骨文、金文史料考证，这个字最早在甲骨文中是这样写的：三点，下面有手端着一个簸箕，右边是寻，就是拾粪的含义。后来逐渐简化成米田共，最后简化成一个米和共。有一句谚语说得非常好，庄稼一朵花，全靠粪当家。所以在造字的时候，上面的三点逐渐演变，会意成了一个米字，下面又是田地。就是说农人种庄稼，要把粪做成肥料，然后施到田里，种的庄稼就能茁壮成长。下面是一个共，就是大家共同的意思，双手聚集，拾粪的含义。这个粪字的演化过程就是这样的。

歌诀：

米田共，构成粪，种庄稼，须上粪。手端簸箕倒粪，埋在田里粮丰。

庄稼一朵花，全靠粪当家。

## 风 [fēng][fěng] 風

据《说文解字》、甲骨文、金文史料考证，风字像空气流动的形象，外框是风的形状。古人认为"风动虫生"，特别是夏天，风雨来临时，有蛇过道之说，因闷热生风，洞穴里闷热，虫蛇就爬出洞，所以早先的"风"字用虫字做意符。现在的虫变成了乂 [yì]，可以理解为风刮的树枝乱摇。空气的水平运动称为风。风是一个表示气流运动的物理量。它不仅有数值的大小（风速），还具有方向（风向），因此风是向量，风向是指风的来向。

歌诀：

风来雨将下，小虫到处爬，今风虫为乂，乂外风在刮。

## 丰 [fēng] 豐

豐 丰 丰

据《说文解字》、甲骨文、金文史料考证，丰是草木茂盛的样子。丰字原为两个字，一个是豆（祭器），收着麦子和酒。引申为丰收，另一个字像一棵植物萌发的样子，本义是指丰茂，这两个字通用，现合并为"丰"。1.容貌好看：丰润、丰满、丰盈、富裕。2.风度神采：丰采。3.盛、大、多，丰盛、丰碑。4.姓氏。春秋时鲁有丰愆。5.象形字：古代的盛器；礼器。

歌诀：

半下一个豆，丰上麦和酒，祭祖保丰收，三横一竖留。

## 缶 [fǒu]

缶 缶 缶

据《说文解字》、甲骨文、金文史料考证，缶是一个盛满液体的瓦器的样子，在古代缶是储备水的器皿。缶又做乐器用，如秦赵两国在渑池会上蔺相如逼秦王击缶，用缶组成的字大都与瓦器有关。1.缶原本是古代的一种陶器类的瓦罐，形状很像一个小缸和钵。2.象形。甲骨文字形，上面一个午字，即"杵"。下面是"缶"的本体。"杵"是棒子。"缶"又是秦乐器。"杵"可敲击成曲。3.盛酒浆的瓦器，大腹小口，有盖。4.汲水的瓦器。

歌诀：

缶是瓦器形，把水往里盛，又做乐器用，击缶奏乐听。

## 方 [fāng]

方 方 方

据《说文解字》、甲骨文、金文史料考证，方字最早像一面旗子的形状。方在合体字中多做声符，做意符时，在方字的右上方加一个"人"字，称为"旗字头"，组字多与旗有关。1.四个角全是直角的四边形或六个面全是方形的六面体（跟圆相对）。2.地点：地区。3.方向。4.方面。5.法度：准则。6.方法；7.方术，古代指易卜星相等技术。8.药方：指医生所开的药单。9.数学上以一个数自乘为方。10.姓氏。11.象形：下从舟省，而上有立立头之象。故知并船为本义。

歌诀：

方是方旗形，引申为方正，方字万加点，组字把方用。

## 飞 [fēi] 飛

简化字飞像一只小鸟在飞行，乙是鸟的头和身子，右边是两个翅膀。繁体字指飞起来以后升高。1.泛指飞翔。2.又如：飞絮。3.物体随风在空中飘游浮荡。4.象形：小篆字形，下面像展开的双翼，上面是鸟首，本义是鸟飞。5.矿物药或颜料,研成的细末,置于水中以漂去其浮于水面的粗屑;6.凭空而来的,无根据的:飞言等。

歌诀：
简化飞字形,像鸟在飞行,撇点表两翅,头身乙表明。

## 父 [fù][fǔ]

据《说文解字》、甲骨文、金文史料考证,父字像手拿石进行劳动的样子。左边是上古人用的石斧的形状,右边是手（又）字。上古时代父是对成年男人的尊称,后来又成为对父亲及同辈男子的称呼。凡由父组成的字,大部分与男人有关。"父"在书面语中还读 fǔ 说,意思是老年人,如田父、渔父。现在"爸爸"是我国大多数地区对"父亲"的称呼。从古至今,称呼"爸爸"的字有很多。有：父、君、尊、严、翁、公等。称呼自己的爸爸为"家父""家君""家尊""家严""家翁""家公"。

歌诀：
父辈劳作苦,手里举石斧,人头交叉腿,字形就是父。

## 富 [fù]

据《说文解字》、甲骨文、金文史料

考证,古圣先贤在造这个字时,发现了在房子里放的陶罐,里面装的是宝贝。就是说一个人在房子里有一口陶罐,还有好多良田,就是富裕。于是乎就造出了"富"这个字。

歌诀：
畐字做声符,勹像人匍匐;
布巾有宽幅,立刀有两副;
车轮辐条辅,虫在是蝙蝠;
家（宝盖）有酒畐富,祭祀有（禾）求赐福。

## 市 [fú]

这个字和城市的市有点相似,是一横,下面一个巾字,这一竖贯通。市字有两种说法：一是祭祀中穿的一种服装。祭祀对于古人来说非常重要,祭祀前必须先沐浴,净手,穿上非常讲究的礼服,这个礼服就是市。另一说是当时形容草木旺盛的样子,这就是市。在农业社会,需要寻找适合种植的作物,草木长势旺盛的样子就是市。在不断发展过程中,市字常作为形声字的部首出现。有个画家叫米芾,有人认为这个字和市字是同一个字。

歌诀：
画家名米芾,喜欢花草木,有水利充沛,鱼多和鱼胚,加月是心肺,字音要读对。

# G

## 规 [guī] 规

規　规　规

夫见规，就是一个丈夫的夫过来一个见，"夫见规、夫见规"。古代对成年男子的称呼为夫，天出头了就是夫，夫就是丈夫的夫，男人成家之后他说的话都是有规矩的，要文化规范。做人做事一定要讲规矩。

歌诀：

夫和见，构成规，夫和见，构成规。做人要诚实，做事讲规矩。无规不方圆，人在天地间。

## 官 [guān]

官　官　官

据《说文解字》、甲骨文史料考证，官在甲骨文中是如上图这样写的，最后经过多次简化成了现在这个样子。我们在讲宝盖头的时候讲过，凡是有宝盖的字，都与房子有关。官字像一座建筑物高耸在小山（阜）上面，本义是官吏的馆所，引申为官职、官吏，又引申为公有之义。我们在讲耳朵边的时候就说过，官下面的这个字为阜，说官下阜为山，就是说宝盖头下面这个阜为山的意思。右面的耳朵为邑，邑是城池的意思，阜是左面的耳朵，它为山丘的意思。古人，不管是官员还是富贵家庭的人，选择住家的宅基地大多数选择在背靠山、面朝水的地方，常选择一个高处、平处的地方进行建房，高处背后靠山，前面有河水，人起居生活的地方，第一要用水，第二要藏风、纳气，就是说背有靠山。上山上水、风生水起，所以富贵人家在选择宅基地的时候，都选高大的地方。官要有人民，虽然官是在阜上面，高高在上，但是心中要有民，心中没有民的官员，最终是不会长久的。

歌诀：

官下阜为山，官房山上建。引申为官员，假借表器官。

## 怪 [guài]

怪　怪　怪

据史料《说文解字》、甲骨文考证，它从心从圣，是由心和圣组成的。它也是一个会意字，最后简化成一个竖心过来一个圣。比如说有些画家，人们把他当作疯子，其实他满脑子是绘画创作的思维理念，他与一般人是不一样的，他的心是立起来的。他的思维模式与众不同，所以在普通人的眼里这个人怪怪的。有些艺术家留的长发或者大胡子，与一般正常人不一样，实质上这些人的思维比较特殊。

歌诀：

心圣怪，心圣怪。圣人思维，特殊奇怪。
与众不同，匪夷所思。

## 箍 [gū]

据《说文解字》、甲骨文史料考证，"箍"
在甲骨文中是这样写的：上面是一个竹字
头，下面的左边是一只手，右边是一个
"匝"。最后逐渐简化成了现在的这个样子。
"箍"是从竹从手从匝构成"箍"，竹手匝
构成"箍"，竹篾捆物体，捆"匝"有环
绕之义，所以"箍"字是由"竹""手""匝"
会意而成的。我们今天讲这个字，我突然
想到在我们小的时候，生产资料非常匮乏，
那个时候烧的一些缸，一旦不小心磕破了，
我们用竹篾，把它一圈一圈地箍起来，把
漏水的缝子一箍，这个缝子就稳固了。我
们小时候曾经好多地方只有木桶，用木板
一块一块地对起来，用竹子劈的劈条，一
圈一圈地把它箍起来装水，木头和木头之
间的缝子就不漏水了。

歌诀：

竹手匝，构成箍，竹手匝，构成箍。
竹条箍缸不漏水，竹条箍板当水桶。

## 冠 [guān][guàn]

据《说文解字》、甲骨文、金文史料
考证，冠最早在甲骨文中是这样写的：宝
盖儿好像一个游牧民族的帽子，里面这个
圆是人的头，在右面画了一个手臂，意思
是行加冠礼，比如十六岁的加冠礼。最后
简化成一个秃宝盖、元和寸。秃宝盖加元、
加寸构成冠。秃宝盖，元寸冠，给人戴皇
冠的冠。注释里面是这样说的：冠由代指
帽子的秃宝盖、代指人头的元以及一个寸
构成，合起来表示用手给人头上戴帽子，
如王冠，引申为冠军，如夺冠。冠还有一
个读音是平声，鸡冠的冠。都说人往高处
走，水往低处流，每个人都要给自己树立
远大的理想和目标，奔着冠军的方向去发
展和奋斗。

歌诀：

秃宝盖，元和寸。秃宝盖，元寸冠。
合起来就是冠，男孩十六需加冠。
奥运比赛运动会，各项运动得冠军。

## 丐 [gài]

据《说文解字》、甲骨文史料考证，
丐在甲骨文中最早是这样写的：下字实际
是一个亡，就是说人饿得快死亡，下面的
这个人蜷缩着腰都直不起来，这就是丐。

最后逐渐转化成这个样子，乞丐的丐。丐字从亡，从人。这个字是由亡和人演绎而来的。为何现在丐字看起来上面是一个下？其实是一个亡字，亡字变形字把上面的一点给去掉了，因为饿的人头都抬不起来了，那一点没有了，奄奄一息，快死亡了。它是会意字，指逃亡他乡，一人常以乞讨度日。本意指的是乞丐。

歌诀：

亡人丐，亡人丐，逃亡他乡，讨饭度日，乞丐的丐。见金补钙。

## 关 [guān] 關

关关关

据《说文解字》、甲骨文史料考证，关字最早在甲骨文中就是画了两个门扇，后来繁体字就是门字里面一个门闩。最后简化成了现在的这个关。古代的门用的门闩，两扇门关闭，用门闩关闭。繁体字的关是由门和联字省形组成的。本义是门闩，因为联有联通之意，而关是一个木栓挡在门上，不让人进来，所以关字是由门和联会意而成的。简化字的关是行书楷化造出的，像一个人用门闩把两个东西连在一起。是为关房，关键，关切。

歌诀：

门联关，门联关，关门靠门闩，两扇门关闭，就是海关关。

心中有他人，就是要关心。

## 鲧 [gǔn] 鯀

鯀鲧鲧

据《说文解字》、甲骨文史料考证，最早在甲骨文中这个字是这样写的：画得好像一条鱼，鱼的下面是火在烤，右边是一串一串的。后来就逐渐演化成一个鱼字右边一个系。鲧当年奉命去治理水灾，采用筑坝堵塞的方法，没有堵住，最后失败了，就被判了死刑。大禹长大后，继承父业继续治水。禹用了疏导的办法，取得了成功。鲧字的形状像丝线钓鱼，据考证，鲧就是共工，最早建造了城郭。

歌诀：

鱼加系，构成鲧，鱼系鲧，鱼系鲧，用丝钓鱼，禹父是鲧。古时发洪水，奉命去治理，筑坝堵水患，失败而被杀。

## 干 [gàn][gān] 乾、幹

幹干干

据《说文解字》、甲骨文、金文史料考证，这个字最早在甲骨文中的样子就像丫字下面一横，最后演化成了这个干字。出处：在渔猎年代，古圣先贤用树上的枝杈做成工具，也就是弹弓，可以发射石子。干字就是从这里来的。1.事物的主体或主要部分：树干。2.干部。3.做：从事，担任。4.办事能力强：才干。5.引申为本质。6.一种俸禄：干禄。7.地位低下的官吏：干人。8.事情：公干。9.干练。10.姓氏。

歌诀：

有言莫攻讦，有车是轩辕，有酉成酸酐，有月是心肝。

有玉是琅玕，用手去擀面。有刀去创刊，罕头穴去点。

我赶群鹅去河边，群鹅不走用杆赶，一只白鹅岸边站，赶它下河一身汗。

白鹅偷偷进旱田，撞坏井边小电焊，一时情急成熊汉，河杆打鹅下河湾。

## 告 [gào]

据《说文解字》、甲骨文史料考证，这个字是个象形字，最早是古人看见了一头牛，上面是一个牛头，下面是一个口，牛在吃草的样子。出处：最初是打了一场官司，一个部落的负责驮盐巴的牛丢了，这个牛被另一个部落的村民吃了，断案的法官在村民家里搜出了一个麻袋，是牛皮等材料做的，舔了一下发现是驮过盐巴的。牛因为这件事与官司发生了关联，所以这个字被赋予了告的含义。愫愫是形容一个人老实，给人感觉到很笨。

歌诀：

幼儿人性高，挖穴做地窖，靠它放糟米，又怕水浩汤。

后来做纽扣，走之把槽造，黄帝诰命严，鸿鹄鸟来报。

拆掉桎梏木，一心成愫愫。皓月如白昼，苦酒酉中照。

## 敢 [gǎn]

据《说文解字》、甲骨文史料考证，敢字最早在甲骨文中是这样的：画了一个人的样子，侧身拿了一个三叉，对面来了一头野猪，人刺杀野猪的样子。下面这个左旋后来逐渐演变成反文旁，其实是一个手的意思。最后就定形成现在这样子。古人非常聪明，部落首领为了奖励大家，对于有胆有识、敢于和野兽搏斗的人，会予以赞赏。我们要激励一些创业的朋友，业是创出来的，必须敢字当头，不管困难多么可怕，只有在闯的过程中才能成功。这就是要敢于担当，敢于创业。要在创业的过程中不断地修正自己的方法，总结管理的经验，这样事业才能成功。所以要有胆有识，敢于担当，敢于创业，敢于创新。

歌诀

阚牧住对门，心地憨厚人。

常常目俯瞰，楼下橄榄林。

## 鬲 [gé][lì]

据《说文解字》、甲骨文史料考证，鬲这个字最早是一个陶罐。古人是非常有智慧的，这个陶罐是一个酒具。这个鬲最早在造字的时候是画了一个陶罐，是两层，机关这样拧，就倒出这一层的酒，那样拧，就倒出另一层的酒。如果有人犯了错，君王要赐死他，就把第二层装上毒酒。这就是鬲这个字。鬲字通常作为部首和其他偏旁组成形声字。

歌诀：

隔着一山坡，张口打个嗝，金旁元素镉，土旁沙土塥。

## 甘 [gān]

据《说文解字》、甲骨文史料考证，这个字最早在甲骨文中是画了一个口，里面画的是口里吐出来的舌头。舌头伸出来能尝出酸甜苦辣，这就是造字的初衷。最后演变成现在这个甘字。1. 甜，味道好，甘甜。2. 美好：甘霖、甘雨。3. 自愿、乐意：甘愿，甘拜下风。4. 好，及时。5. 姓氏。

歌诀：

有城叫邯郸，树上结芦柑，舌之味甘甜，家有十九酣。

有柄走马汉，泔水加水边，金属做把钳，山欠是嵌嵌。

## 岗 [gǎng] 岗

据《说文解字》、甲骨文史料考证，古人在造字的时候是看见对面的山，前面的山和后面的山不断环绕，山上只有一条

小路通行。部落在山岗上最高的地方就会驻扎个小房子，有武装力量在那里站岗放哨，这就是岗字的来历。里面的叉最早是路难走的意思。1. 高起的土坡：山岗。2. 平面上凸起的长道。3. 守卫的位置：哨岗、门岗、站岗、岗位。4. 形声。从山从冈。5. 土石坡儿等。

歌诀：

带刀人刚强，常常上山岗，钢锤寄金矿，加纟就是纲。

## 高 [gāo] 高

据《说文解字》、甲骨文史料考证，这个字最早在甲骨文中是两层楼，一个门洞，下面一个房子，上面一个房子，下面是通行的道路。一横一个口的意思最早是梯子。后来这个字就演变成现在这样的高字。我们很多人失败，就是败在两个字上，一个是傲，一个是高。以前我们讲过，人有上有下，要能高能低。有的人做了一点小官，就自以为是，乾纲独断，不听群众的意见。敲字，形旁为攴，是敲打的响声。有个词叫推敲，僧敲月下门，僧推月下门，敲门的声音就是攴。

歌诀：

一女她姓高，身穿缟丝袄，月下涂油膏，高嵩山上翘。

见木多枯槁，用攴细推敲，高下口承志，豕多人自豪。

高下口成袞，毫毛太轻小，禾秆造稿纸，竹竿做船蒿。

放手搞成后，杀牛亦犒劳。

## 公 [gōng]

据《说文解字》、甲骨文史料考证，在新石器时代，打磨石头，磨成圆盘，用处有两个，一个是放置食物，还有一个是切瓜。因为磨得很光滑，切瓜的时候把瓜皮划开，上面的这个八字就是分开的意思，是两个瓜牙子。下面画了一个圆盘，就是石头磨成的器具。后来逐渐演化成了现在这样的厶字头。今天的社会，还是不能忘记，天下为公，为民办事，要有公心，不能有私欲，不能贪婪。不然既害了老百姓，又害了自己。

歌诀

有木就是松，有水是吴淞。

蜈蚣是昆虫，抬头去歌颂。

有羽是老翁，加口嗡嗡嗡。

有言就诉讼，瓮在瓦瓮中。

## 圭 [guī]

故宫太和殿外就有个圭，上面是个石扇，中间有个针，这叫日晷，是用来看时间的。午时三刻，或者卯时要点卯，这个

最早就叫圭。太和殿左面是日晷，右面是钟。圭字现在通常作为声旁出现在形声字中。圭，象征皇权、权威、威力和生殖力。与魔杖、牧杖、霹雳和生殖器密切相关。它特别喻示统治和审判的权力，故圭常用作统治者的象征。

歌诀：

有卜是占卦，加衣是大褂，有言是哄骗，用手把衣挂，有女是女娲，有水是水洼，有口哇哇叫，有人是最佳，山厂变山崖，水厂变天涯，有行走街道，有虫是青蛙。

闺女不出门，足下不跬步，桥北鳜鱼肥，又见桂花树，仰视大魁星，硅石把房住，他说他姓桂，就在城里住。

## 冓 [gòu]

据《说文解字》、甲骨文史料考证，这个字最早画的是撒网捕鱼的样子。后来逐渐简化成现在这样的冓字，三横两竖，下面一个冉。媾和有两种含义，一种就是不正当的婚姻，还有就是没有经过家人的批准，私自结合。这个篝火后来演变成篝火晚会，在一些地区还存在，比如有了大喜事，大家就可以吃喝庆祝。

歌诀：

男婚女嫁成婚媾，难得相见叫罕觏，褠字共衤生意出，走之相见也称遘，来耧播种是溝地，篝火本来是门口。

## 艮 [gèn][gěn]

艮 艮 艮

据《说文解字》、甲骨文、金文史料考证，艮字的出处是这样的：在甲骨文中画了一个奔跑中的男孩，一边跑一边回头看，最后有块石头把他绊倒了。这就是八卦中的艮卦。艮卦我们都知道它表示东北方位，艮卦还代表人，上面一横是连续的，下面两横是断开的，对应的人就是少男。这个字后来作为形声部首，不断和其他部首组合。艮在卦上就是山的含义，我们前面说过，东北方位代表山，是泰山所在。艮字的象形就是人在奔跑的时候被石头挡住了。

歌诀：

木茂在于根，诚恳在于心，疆土扩无垠，土地勤开垦。

两人情很深，不再有金银。一犬足后跟，犬咬人太狠。

左耳旁是限，加目眼有神，鬓上留疤痕，心中把犬恨。

## 广 [guǎng] 廣

廣 广 广

据《说文解字》、甲骨文史料考证，这个字最早在甲骨文中画了一个大厦，因为是依山傍水，所以画了半个。上面这一点，是建筑物最高点放置的东西，比如塔尔寺，最高的地方放了一个夜明珠，一个发光的东西，用来镇塔。繁体字的广是下面一个黄，黄色在《易经》中是非常尊贵的，叫黄祥，黄色是古代的吉祥色，比如洞口生火，可以把危害人们的东西都挡在外面。最后逐渐演化成了现在的广字，表示大的意思。所谓"安得广厦千万间，大庇天下寒士俱欢颜"。

歌诀：

幼儿人姓旷，皮石开采矿，日日不旷工，挥手言扩张。

## 光 [guāng]

据《说文解字》、甲骨文史料考证，这个字的出处和祭祀有关。古人对于祭祀非常重视，有个词叫觥筹，是一种酒具，用来祭祀，觥筹上面闪闪发亮，这就是光。甲骨文中画了一个跪着的人，上面是两只手端着酒具，闪闪发光。后来逐渐演变成小下面一横。这个字最早表现酒具的光，后来变成珠宝的光、金属光、日光。

歌诀：

脚觥筹旁放，角弓咣咣响，心里直恍惚，日光直晃荡。

## 固 [gù]

据《说文解字》、甲骨文史料考证，古代的城郭，四面的围墙要不断加固，凡

是一个方框在外面的字，都与城池有关。城里有兵、有银、有车、有马，这就是固的出处。后来逐渐简化成了一个口里面一个古。孟良崮是解放战争中的战场，在山东境内。陈毅当年为孟良崮战役写了诗：

"孟良崮上鬼神嚎，气势丝丝无地逃，蒋贼专横差命薄，美帝侵略徒空劳。

华东战役捉笼鸟，沂蒙山去似虎牢，原野麦黄家家足，人民军队胆气好。"

痼疾是一种疑难杂症，常比喻难改的恶习。

歌诀：
有水都干涸，有金被禁锢，有病是痼疾，有山孟良崮。

## 鹳 [guàn]

据《说文解字》、甲骨文史料考证，这个字最早在甲骨文中画了一个像猫头鹰一样的两只眼睛，下面这个佳是漂亮羽毛的含义。旁边画了两只鸟头，就是鹳鸟。很多渔民养鸟捕鱼，鸟的技术水平很高。渔民为了让鹳鸟的肚子一直保持饥饿，就在脖子上戴上皮筋，抓到大鱼就吃不下去了，于是把鱼吐出来，渔民就捕了鱼。最后这个字演变成上面两个口，下面一个佳，右面一个鸟。

歌诀：
古人缶做罐，鹳鸟在水边。
引水灌良田，獾旁把犬见。

## 各 [gè][gě]

据《说文解字》、甲骨文史料考证，各字最早在甲骨文中画了一个山洞，山洞外有个小脚印。这个字主要作为声旁出现在形声字中。宝盖头的字都与房屋有关，绞丝旁与线绳有关。各，每个，彼此不同，各得其所，各有千秋，各自为政。1.特别。2.皆，各非敢违卜。3.另见。

歌诀：
门内建楼阁，盖房迎宾客，一马当骆驼，手把家具搁。
木具不合格，象口咯吱咯，恪守应诚心，贿赂钱贝错。
门前洛河水，水草花已落，引足走路多，额头汗流着。
月下洗胳膊，烙饼快点火，有酉成奶酪，插线上网络。

## 更 [gēng][gèng]

据《说文解字》、甲骨文、金文史料考证，更字最早的出处是一个人在田地旁边，拿着鞭子，手持一个杆儿，在鞭子响的这一瞬间，能够惊扰鸟兽，防止它们去吃粮食。在甲骨文中就是画了一个人，手里拿了一个鞭子，下面是一个反，意思是抽鞭不让麻雀去吃粮食。最后逐渐简化成现在这个更字，上面一横，下面是一个田，中间穿插着一个人字。更字本义是卡住了，表达干扰的意思。

歌诀：

吃鱼被鱼鲠，口出哽咽声，人在更方便，快喝粒米羹。

出门见土埂，过木见花梗。

## 谷 [gǔ] 穀

据《说文解字》、甲骨文、金文史料考证，谷字最早的意思是下雨后，山坡上雨水在流，流的时候山下形成了小水域，古人苦思冥想，以山坡的形状为基础，上面是个八，造出了谷。那么这个和五谷杂粮有什么关系呢？在洪水来的时候，山上平时形成的沃土会被冲下来，水干了以后就会形成良好的土壤，在上面种植作物长得很好，粮食就能够丰收。

歌诀：

有水就淋浴，加欠是食欲，山雨是山谷，有衣是富裕。

有人就庸俗，有鸟是雀鹆。

## 勾 [gōu][gòu]

据《说文解字》、甲骨文史料考证，这个字最早在甲骨文中是这样的：一个人站着，上面拿着绳子，挂着个篮子吊在下面，用绳子往房顶上吊东西，这就是这个字的出处。后来逐渐演化成了这个勾字。我小的时候住在农村，玉米丰收了，就用绳子吊个桶子，把玉米装进去，这样就可以吊到房顶上，把玉米铺在房顶上，然后晒干。

歌诀：

明月如金钩，上山建水沟，勾是治国本，果熟钱贝够。

## 瓜 [guā]

据《说文解字》、甲骨文史料考证，这个字最早的出处是这样的：人们看到树上有藤条盘绕上去，然后悬吊着个东西，这就是瓜。在甲骨文中画了个枝条，上面有个葫芦形的东西。瓜字很有意思，我们都知道有冬瓜、西瓜、南瓜，那么有没有北瓜呢？有的，就像丝瓜，到上面越长越大。冬瓜属木，南瓜属火，西瓜属金，北瓜属水，这是五行。还有五味，冬瓜味涩，南瓜味甜，西瓜味苦，北瓜味素。还有一种大家都不知道的瓜，中瓜，中瓜属土，瓜心实。《易经》上说坤为大地，大地为土，厚德载物，所以中瓜是比较苦的。中瓜和北瓜杂交的后三代就是苦瓜，这是嫁接出来的。

歌诀：

弯弓成弧形，是犬狐狸精，孤之无双亲，口哭呱呱声。

咼 [guō] 咼

帛 咼 咼

据《说文解字》、甲骨文、金文史料考证，这个字最早在甲骨文中是画了个口，实际上是一个陷阱。古人非常聪明，有三种打猎方法，棒猎、石猎、射猎，除此之外还有一种就是用绳子套，比如山鸡之类，撒一些诱饵，设置一个圈套。这个咼字就是在山坡旁挖洞，铺一些草，兔子来吃草的时候一不小心就会掉入陷阱。这就是咼字的出处。后来演变成房子下面一个口，实际上是锅灶的意思。古代炼制金属等，不能够使用钢炉，就用耐高温的材料烧制成坩埚。

歌诀：

爬虫蜗牛说，要背金属锅，让莴都长草，洞穴挖个窝。

是水成漩涡，用土制坩埚，千刀万剐时，祭祀难避祸。

癸 [guǐ]

癸 癸 癸

据《说文解字》、甲骨文、金文史料考证，癸最早是个门神。在门上画一些图案，就像戈字上面的叉，不断地转。人看到这个不断转的图案，视觉有可能出现错觉，所以人们用这个图案来保护住宅，这是古圣先贤造的癸字。后来就是祭字头，下面一个天，祭天，这就是癸的出处。在天干地支中，癸的意思是有始有终。甲为什么排第一呢？这是生态平衡，春天到了，甲木意味着生生不息。癸为什么是水呢？冬天为水，冬天为藏，水到冬天就凝结了，农耕民族一般在家里团圆，不出去。为什么癸是黑色的？是用来吓唬别人的。

歌诀：

有草向日葵，有目目睽睽，有手是个揆，有日青南暌。

有戈是击癸，马壮称骙骙。

国 [guó] 國

据《说文解字》、甲骨文史料考证，这个字最早在甲骨文中是一个城，四周用围墙把它围起来，里面有干戈、武器、队伍、生活的人民。古人讲究天圆地方，国字外面就是个方。圆就意味着它是无极限的。方就是有了规矩，这就是这个字的出处。后来逐渐简化成了这个国字。

歌诀：

有虫叫蝈蝈，来玉是王国，站在国税钱，张口叫蝈蝈。

月下莫腘窝，耳光随手掴，蝈蝈叫哥哥，自称是巾帼。

## 厷 [gōng] 肱

据《说文解字》、甲骨文、金文史料考证，这个字最早在甲骨文中是以手部的形象出现的。这个肱字最早是又字形，表示人臂肘的位置，后来加了一个月字旁，演变成现在的这个肱字。这里想到黄庭坚的一首诗："桃李春风一杯酒，江湖夜雨十年灯。持家但有四立壁，治国不蕲三折肱。"

歌诀：

加佳是英雄，宝盖气势宏，有月是肱骨，有口生噌吰。

## 鬼 [guǐ]

据《说文解字》、甲骨文史料考证，鬼字最早在甲骨文中是这样写的：一个田，下面是人奔跑的样子，后来就演化成一个田，下面是个儿，旁边带了些东西。古人想象出来的鬼是没有头的，就是一团黑，好像有头，又好像没有头，好像有四肢，也好像没有，在田野里不知道是什么东西。这就是鬼字的来历。

歌诀：

有玉是瑰玉，有山多崔嵬，有云是灵魂，有斗是魁伟。

有白好体魄，有心心惭愧，有木是槐树，有人是傀儡。

## 骨 [gǔ][gū]

骨最初是像骨架的形状。横折的长画像骨节，两旁的短竖像骨节的转折处。以后的骨字又加肉字旁（月），表示骨肉相连的意思。本义是指骨骼。引申指骨干、骨气等。凡由骨构成的字都与人或动物的骨骼有关。骨还读( gū )，如花骨朵儿。1. 人和脊椎动物体内支持身体，保护内脏的坚硬组织：骨头，骨骼。2. 像骨的东西。如，伞骨、扇骨。3. 指文学作品的理论和笔力。4. 指人的品质、气概。

歌诀：

骨字是骨骼，骨与骨相摞。

骨肉本相连，骨字添肉月。

## 共 [gòng][gōng]

据《说文解字》、甲骨文、金文史料考证，共字是四只手捧着一个方形物。表示共同一起的意思。共字的变体形符是廿( niàn )。组字有弄、戒、兴、典等。1. 相同，一样，共性。2. 彼此都具有，使用和承受。患难与共，休戚与共。3. 一起，一齐。共鸣、共勉、共议。4. 总计，合计。5. 与，和："落霞与孤鹜齐飞，秋水共长天一色。"

歌诀：

共本指共同，众手把物捧，撇点表众手，手上是物形。

## 夬 [guài]

据《说文解字》、甲骨文、金文史料考证，夬字最早像担东西的担子缺了一头，它是央字的变异，表示奇怪、怪异之意。在《易经》六十四卦中有泽天夬这一卦。夬就是说事有蹊跷，变得怪异，与众不同。1. 分决，同决。2. 六十四卦之一：乾下兑上。夬，杨于王庭。3. 钩弦用的扳指。4. 损伤，伤怀。5. 通"缺"。空缺。

歌诀：

担子缺一头，夬把一边丢，夬字真奇怪，怪义字中留。

## 果 [guǒ]

据《说文解字》、甲骨文、金文史料考证，古代果字像一棵树上结满果实的样子。果字的本义指树木所结的果实，引申为事物的结局，如结果，又引申为坚决，如果断等。1. 某些植物花落后含有种子的部分果实；事情的结局和成效。2. 结局与因相对：因果。3. 坚决，果断。4. 确实、真的、果真。5. 充实饱足；果腹。6. 姓氏。

歌诀：

木上结果果，田表果实多，果把果核裹，因此果读裹。

## 弓 [gōng]

据《说文解字》、甲骨文、金文史料考证，古时候弓字就像弓的形状，左边是弓背，右边是弓弦，上端是弓梢。象形。像弓形，有弓背和弓弦，后省去了弓弦，只剩下了弓背。隶属后变成了现在的"弓"字。弓是汉字的部首之一，从弓的字多与弓箭有关。1. 引升为弓箭手。2. 形状或作用像弓箭的器具。3. 弹弓。4. 演奏弓弦乐器。5. 丈量土地的器具。单位：一弓等于五尺。

歌诀：

学弓把弓看，左背右为弦，上横是弓梢，组字关弓箭。

## 戈 [gē]

据《说文解字》、甲骨文、金文史料考证，戈字像古代主要兵器之一的戈的形状。上部是横插在柄上的援，援的下边有锋利的刃，头尖锐，用以横击勾杀。中间的斜勾是戈柄。下端的撇是戈座，把戈插在其中。1. 象形。甲骨文字形，像一种长兵器。2. 古代的主要兵器。3. 青铜制，盛行于商至战国时期。4. 泛指兵器。5. 又如：戈兵、干戈。6. 战争，战乱。7. 戈壁。为蒙古、满洲语。8. 姓氏。

歌诀：

戈字像戈形，点横是戈顶，斜勾为术把，戈插撇座中。

## 工 [gōng]

据《说文解字》、甲骨文、金文史料考证，工字像曲尺的形状。故"工"的本义指用具，引申指"从事手工劳动的人"，即工匠。工匠做工要细致，精巧，故工字又引申出缜密、精巧之义。1. 个人不占有生产资料，依靠工资收入为生的劳动者。工人，工人阶级，工农联盟。2. 制造生产资料的生产企业：工业，工业革命。3. 从事体力和脑力劳动：工作、工厂、竣工。4. 工作量：记工。5. 技术和技术修养：工夫、工力。6. 细致，精巧：工巧、工整、工笔。7. 公（工）尺。8. 善于，长于：工于心计。

歌诀：

工匠要做工，工本曲尺形，两边成直角，一竖中间撑。

## 革 [gé]

据《说文解字》、甲骨文、金文史料考证，

革字像一张制好的兽皮，头尾俱全，中间较宽的部分是皮革，横是腿，一竖是脊梁，本义是去毛加工好的兽皮。用革做字符的字，大都与皮革有关。1. 去了毛经过加工的兽皮：皮革，革履。2. 改变：革新、革命、革故鼎新。3. 取消，除掉：革除、革职。4. 中国古代乐器八音之一，如鼓等。5. 姓氏。6. 又如：革心，改变心意。

歌诀：

革本兽皮样，横腿竖脊梁，口字为兽身，兽头在口上。

## 萑 [guàn] 鹳 [guàn]

据《说文解字》、甲骨文、金文史料考证，萑字像一只头顶长羽毛，双目突出的水鸟形，其本义指一种生活在水边的小鸟。隶书后加鸟做鹳（佳和马皆指鸟，为两层表意）。1. 同"鹳"，一种水鸟，即白鹳，形似鹭。2. 芄兰，一种草。3. 同"萑,"形状像芦苇，茎可编苇席，"萑苇有积"。4. 姓氏。

歌诀：

萑鸟在水边，两口表大眼，草头是毛角，住鸟鹳中见。

## 古 [gǔ]

据《说文解字》、甲骨文、金文史料

考证，古字最早和佛教有关。相传，古圣贤先看到的是大佛的嘴和鼻子。于是乎就说佛是古远的，才造出了古这个字。

歌诀：

有女是姑姑，加草是香菇；有牛是牯牛，有金金属钴。

有心是怙恶，有酉把酒酤；有口爱嘀咕，有木树干枯。

有月长胡须，有示祜是福。

吃苦者能做大事，沽名者枉费心机；博古者学富五车，温故者能知心意。

固执者容易误事，训诂者缜密仔细；善估者三思后行，辜负者忘恩负义。

## 贵 [guì] 貴

賞 贵 贵

据《说文解字》、甲骨文史料考证，

贵字最早在篆文是这样写的：上面画了两个手，下面画了一个宝贝，就像钻石一样，是菱形的，代表钻石在发光。后来逐渐简化成了一个中一个贝，最后演化成现在这样的简体字。古代的贵字是从贝从手，表示手中有钱的人，有钱就是有财、有宝贝。富贵本义是指价值大，价格高，如贵贱、昂贵等。

歌诀：

中加一，再加贝，构成贵。中一贝，合成贵，手中有钱，富贵的贵。

# H

## 盍 [hé] 盍

盍　盍

盍是盖的本字。《说文解字》解释为"覆也"。盍字上加草字头为盖，指用草编织的遮盖物。引申为遮掩，超过的意思。"盖"做姓氏时读 gě。在古籍中，盍常用作代词，相当于"何、又"，用作副词相当于"何不"。该字文言文中做名词表示用草编的覆盖物；做动词表示遮盖、掩盖、胜过、超过；做副词表示下面说的话带推测性，表示推想、大概、推测、推断；做连词表示连接上一句或上一段，表示解说缘由，相当于本来、原来；做助词时用于句首，表示要发表议论。

歌诀：

盍是盖本义，本指盖盖子，去字像皿盖，壹今做代词。

去和皿，构成盍，器具之时用取暖，会意之后有疑问，进门之后有聚会。

## 恒 [héng]

恒　恒

据《说文解字》甲骨文、金文史料考

证，恒最早是从"心""亘"（gen）。亘字最早在甲骨文中这么写的：一个二中间一个月，是日月的意思，月起月落，日出日落是天地永恒，像潮起潮落永恒不变的规律。恒这个字是从心从亘构成恒，日原为月，月乃二构成，日月永恒，天长地久。用心字旁就是要有恒心，又因"二"指天地，古人认为月出月落为永恒，指天长地久，"恒"字的右边原本是"亘"，后面是除夕的"夕"也就是月演变而来的，这个"亘"字不单纯指月，指的是日月变化的时间和空间。我们今天讲恒，就是干事情一定要制定一个目标和方向，为了实现理想要有矢志不渝的精神。

歌诀：

从心从亘构成恒，日月永恒天不灭，天长日久是亘古，做事坚持要永恒。

## 号 [hào][háo] 號

號　号

号（háo）啕大哭，今天几号（hào）了，这个字是两音，一个是号（háo），一个是号（hào）。号在甲骨文中最早是这样写的：上面从口从丂，它形容人，古代一个女人在哭的时候非常伤心，"口"是形，人哭的时候嘴向下。后来不断简化成从口从丂"号"，口＋丂构成"号"，口丂"号"。大声痛哭，号（háo）哭的号，这个"号"本身指大声痛哭，"丂"像气难出的样子，古代"丂"是一个语气助词，人在哭的时候非常伤心，上气不接下气，这就是"兮"。因此"号"字由"口"和"兮"构成，还读 hào，今天几号了、发号施令等。

歌诀：

口兮号，口兮号，口加兮，构成号。被人所欺号啕哭，若问时间是几号。

## 毁 [huǐ]

据《说文解字》、甲骨文史料考证，最早是这样写的：它是由臼加工，再加殳，三个字构成的。臼是用来舂米的一种工具，一种器皿。臼加工，再加殳，构成毁。用殳破臼，表损坏的含义，就是毁坏的毁。殳，代表一种兵器。毁这个字最原始的意思是用兵器去砸舂米的器皿，去毁坏，会意而成。工，本意是毁灭。建一个东西不容易，毁坏一个东西非常容易。

歌诀：

臼加工，再加殳，构成毁。臼工殳，构成毁，毁坏的毁。

## 惑 [huò]

据《说文解字》、甲骨文、金文史料考证，在甲骨文中是上图这样写的，后来简化成这样。这个字就是或者的或，加心，构成一个惑。疑惑的惑。或心惑，心中不

明白，困惑的惑。惑指的是心中不明白。或有不定义，所以惑字是由或和心会意而成的。人心里有疑惑的时候，他心神不定，心里不安，对某个人或者某件事不明白。比如今天有人跟他说了一句话，他感觉到没有理解对方的说话的意思，心中便出现了一些疑惑。有时困惑也包含恐惧感。

歌诀：

或心惑，或心惑，心中不明白，困惑的惑。心中有惑多疑惑，惑字去心解疑惑。

## 衡 [héng]

据《说文解字》、甲骨文史料考证，衡字最早在篆文中是这样写的：一条鱼在水里游，两面是行。后来逐渐简化成这样的衡。衡字的字形像鱼在水中游，本义是指平衡，假借为度量衡的衡。我们做人一定要讲究平衡，好比在水里游泳，一定要掌握平衡，躯干和四肢的力量都要均衡，这样才能游好。

歌诀：

鱼加行，构成衡，鱼行衡，鱼行衡，鱼游泳水中，平衡的衡。

## 获 [huò] 獲、穫

据《说文解字》、甲骨文史料考证，获

字最早在篆文上是这样写的：上面画了一个鸟，下面一只手，手抓住鸟，就是收获的含义。后来逐渐简化成一个草字头下面一个反犬旁，再加一个犬，就是一个人两个犬。古代的获字是由手和鸟组成的，指的是狩猎时手抓住了一只鸟，本义是捕获，因为古代狩猎时必须牵着狗，拿着武器，在猎狗的辅助下进行打猎。一般就是在草原上打猎，带着两只犬。所以小篆上加了个犬字。简化字的获是从草书演化而来的。

歌诀：

草加犬，再加犬，构成获。草犬犬，构成获，草地狩猎，得鸟收获。

## 伙 [huǒ] 夥

据《说文解字》、甲骨文史料考证，伙字最早在甲骨文中是这样的：好多人围成了一伙。繁体字是一个果，过来一个多，多字是由两个夕构成的。古代的篝火晚会，中间架起一些柴火，把猎物，比如羊、乳猪、兔子插在木棍上，放在中间烧烤，人们围成一团，三个一群，十个一伙，这一伙人围在一起。伙食，大伙，团伙，伙伴。古代的兵制，以十为一。古代的英雄、勇士都是以一当十，一个能打败十个人。一个企业要有一张图，就是企业形象，一句话能把企业描述出来。在古代是勇士能够以一当十，今天则反过来了。这个字的本义是以十为一，是伙食单位，就是以十个人

为一个伙食单位，在一起烧火做饭。同一个单位的人称为伙伴，所以伙字是由人和火会意而成的。伙字还可读轻声，如家伙。

歌诀：

人加火，构成火，人火伙，人火伙，十人一伙，伙伴的伙。

## 好 [hǎo]

据《说文解字》、甲骨文史料考证，好字最早在甲骨文中是这样写的：画了一个女人的身躯，旁边抱着一个小孩。后来逐渐演化成现在一个女过来一个子。本义是一个妇女，有了孩子了，这就是美好。以前民间有句话叫作"不孝有三，无后为大"。古代男人娶了媳妇，如果三年还不生育，那就是不孝，那时候妇女地位低，一封休书就算完了。这是对妇女不公正的一种社会礼制。好字的意思是妇女有了子女就是美事，所以好字由女和子构成。本意是美好，使人满意。如好评，好看。好字还读四声，如好奇等。

歌诀：

女加子，构成好，女子好，女子好，妇女有子，美好的好。

合 [hé] 閤 [gě]

合 合 合

据《说文解字》、甲骨文史料考证，在新石器时代，生产资料匮乏，做盒子也是用石头，上面的一块琢个坑，下面的一块也琢个坑，两个合在一起，就成为一个盒子。后来逐渐简化成现在这个字，所谓一人一口。现在这个字是个形声部首。比如合作，还有砚台的盖子。

歌诀：

张口笑哈哈，有水好融洽，有丝搞供给，有竹把话答，有心很恰当，有手把台搭，有土建座塔，病菌生疙瘩，用手拾棉花，马蹄嗒嗒嗒。

有皿就是盒，有鸟和平鸽，有虫是蛤蜊，三国有张郃，有食饸饹面，有页上下颌。

豪 [háo]

豪 豪 豪

据《说文解字》、甲骨文史料考证，豪字最早在甲骨文中是画了个屋顶，下面是个豕，意思是猪。以前有家富人，部落里有很多猪（牲畜），那是他们财富的象征，故曰富豪。1.引申为才能出众的人。2.气魄大；直爽痛快，不拘谨。3.权势大。4.强横。5.有钱有势，强横霸道的人。6.自豪：感到光荣，值得骄傲。

歌诀：

富豪门前有恶狗，平民家内礼数周。唯富不仁家衰快，大儒之商富长久。

黑 [hēi]

黑 黑 黑

据《说文解字》、甲骨文史料考证，这个字的出处是这样的：古人在烧火的时候，炉灶里有烧过的灰，后面有烟囱，拿手摸一下烟囱就看到特别黑，因此就把这个样子作为黑字。1.像煤炭一样的颜色（跟白相对）。2.光线昏暗，夜晚。3.跟白相举，比喻是非或善恶。4.坏，狠毒。5.秘密的，非法的。6.比喻倒霉，不走运。

歌诀：

人不走运似黑夜，黑白分明真君子。小人得势说黑白，白是黑来黑是白。

害 [hài]

害 害 害

据《说文解字》、甲骨文史料考证，这个字最早在甲骨文中是这样写的：画了个房子，里面有个老人，坐在椅子上，儿子很孝顺。但是这个老人眼瞎，儿子要出门就用嘴告诉老人说放心，很快就回来。这个口就是儿子跪着在说话。这个字上面的宝盖代表家，中间是个丰收的丰，因为农耕社会，日出而作，日落而息。后来经过不断简化就成了现在的这个"害"。这个"害"字是由"宝盖""丰""口"构成的，中间这个丰像棍子被刻了三画，上面这个宝盖就是说害人的人往往在背后秘密行事，在房子里用口说一些是非，手里拿着刀子在刻一些东西。"害"字由宝盖、丰、口会意而成。我以前讲闭口的闭时就说过，要知道哪些话该说哪些话不该说，有时候出言不逊，会得罪别人。祸从口出、病从口入。这个"害"字是由宝盖头中间一个丰下面一个口构成的，为什么把口放到下面？就是要把口闭住，不要胡乱讲话。

歌诀：

宀丰口，构成害，有害无益就害怕。有害无益不去做，有益人民多做事。

## 亥 [hài]

据《说文解字》、甲骨文、金文史料考证，这个字最早在甲骨文中是这样写的：画了一个猪的头，里面显示了猪的牙齿。后来逐渐简化成现在这个样子。《易经》中有个象卦的象辞，象字实际就是猪，叫作象猪，是一种野猪。野猪嘴里的牙齿很厉害，能咬断钢铁。所以断卦的时候说的就叫象辞，意思是斩钉截铁。这就是亥的出处。

歌诀：

张口把痰咳，用力去弹劾，木果多有核，有门多隔阂。

## 霍 [huò]

据《说文解字》、甲骨文、金文史料考证，它最早是个象声词，意思是鸟在飞的时候翅膀折断了，发出声音，就像翻书时哗哗的声音。后来变成雨字头，下面是三只鸟并列在飞，其中一只鸟的翅膀折断了。最后简化成现在这样的霍字。这个字在应用中通常作为声旁，和声音有关。

歌诀：

鸟飞声嚯嚯，藿香草落落。藿香是良药，顺气不可缺。

## 会 [huì][kuài] 會

据《说文解字》、甲骨文史料考证，这个字最早在甲骨文中是这样写的：一个合，上面是个人，中间是个四，意思是炉灶。后来逐渐简化成这样的会字。这个字实际上就是炉灶的含义。开会议事的时候围着一个小火炉，所以就会意出了这个字。后来到了宋朝，秦桧为了避免大家叫自己的名字，就把会计的会读音改成了现在的这样。

歌诀：

会计工作数字多，马虎坚决要杜绝。会议纪要很重要，议题纲要不能少。

# 侯 [hòu]

据《说文解字》、甲骨文、金文史料考证，我们拉弓射箭，射的那个靶子就叫侯。就是用草绳编织而成的一圈一圈的圆盘，串起来固定到树上，人们在拉弓射箭的时候就有了靶子。在甲骨文中是这样的，画了一个人体，体现了人的心脏。后来逐渐简化成了这个侯字。亭堠就是在城墙上建个土堡，然后在上面站岗放哨，可以瞭望敌方。还有个瘊病，就是脸上出了个肉疙瘩，叫作瘊子，是一种皮肤的病变，叫作小疣子。

歌诀：

人喉喉有口，加竖成气候，猴子把犬留，用竹做篌簇，土上造亭堠，瘊子病字头。

# 胡 [hú] 鬍

据《说文解字》、金文、甲骨文史料考证，在甲骨文中是一个十字，下面一个人，两侧是人的脸庞，长着胡子的造型。后来逐渐演化成古月胡。现在这个字不但作为姓氏，也作为偏旁部首参与构造形声字。比如加上斜玉旁就是珊瑚，加上三点水就是湖水，加上草字头就是葫芦，加上西就是醍醐，加个犬就是猢狲，加个虫就是蝴蝶，加上米就是糊糊。

歌诀：

我有玉珊瑚，出自清水湖，湖边有葫芦，水中养醍醐，猢狲扑蝴蝶，水影多模糊。

# 虎 [hǔ]

据《说文解字》、甲骨文、金文史料考证，这个字最早的出处就是人们在射猎的时候射中的老虎。老虎侵害人类，谁打死了老虎，就是英雄。后来部落首领为了辟邪，就把虎皮放到藤椅上，用来示威。到上古时期，虎怎么成为十二地支之一呢？虎就是寅虎，正月，春天是生发的季节，木寅意生发，即将万物复苏。为什么寅虎排第三呢，子为水，丑为土，到春天就定为正月。古历中则是子月定为正月，甚至也把十一月定为正月。虎字加上一个口字边就是吓唬的唬，加上一个玉就是琥珀的琥。

歌诀：

生龙活虎过大年，虎虎生威又一年。年年奋斗天天乐，虎子精神不可缺。

# 户 [hù]

据《说文解字》、甲骨文、金文史料考证，这个字最早是门户的意思，表示房子的门窗。后来演变为户口，有点卯之说，

点卯的时候要把门户开开，日出而作，日落而息。股市形成之后，中国有沪市，上海市简称为沪。加上个邑，就成了趵扈的扈，加上个女字边就成了妒忌的妒，加个佳字就是雇，加上个草字就是芦。

歌诀：

上海简称沪，一人很趵扈，常招女孩妒，爱鸟寻雇主，喂鸟用斗斥，草长芦苇出。

## 化 [huà]

化 化 化

据《说文解字》、甲骨文史料考证，这个字最早在仓颉造字的时候是画了两个年轻人在打斗的时候翻跟头，一个人立正，另一个人头顶着地，翻过来在走路的样子。后来他这部分逐渐变化成了一个匕首的匕。我们在讲《易经》的时候提过化解，解除人们思想中的忧患意识。解卦，就是把变化的过程解释清楚，使得这个人心里没有纠结。在形声字中化经常和不同的字组合起来使用。

歌诀：

有个女孩叫小华，穿上靴子去采花。来到一片桦树林，风吹树叶哗哗哗。

货郎买来破梨花，消费协会告讹诈。

## 奂 [huàn]

奂 奂 奂

据《说文解字》、甲骨文、金文史料考证，这个字最早是一个全副武装的士兵，正在守护。在甲骨文中画了这样一个战士：中间是头，两边肩膀，穿着龟甲，一只手叉腰，一只手拿着一个牛角号，正在吹号的样子。这个奂一般都作为声旁来造字。加上口就是呼唤的唤，加个手字就是换，加上火字就是焕，如果加上病字头就成了瘫痪的痪，加上三点水就是涣散的涣，意思是人心不齐。

歌诀：

张口就呼唤，用手把物换，有火就焕发，病中易瘫痪，有水就涣散，水大成涣涣。

## 皇 [huáng]

皇 皇 皇

据《说文解字》、甲骨文史料考证，这个字最早在甲骨文中是这样的，上面不是白，是个自，下面是一个王。皇帝头上戴的帽子的样子就是皇。皇帝戴上这个帽子威风八面，是个会意字。后来逐渐简化成一个白下面一个王。皇字后来往往作为声旁应用，比如加上火字就是煌，加双人就是徨，加心就是惶，加上风字头就是凰，加上虫就是蝗，加上走之就是遑，加上耳朵旁是隍，加上三点水就是湟。

歌诀：

人生成就辉煌，不可小成彷徨，每逢大事莫惊惶，寂寞飞出金凤凰。

蝗虫来时危害大，不可紧张急遑遑，不要求神进城隍，西宁城北湟水淌。

## 黄 [huáng]

据《说文解字》、甲骨文史料考证，黄字最早在甲骨文中是这样写的：上面画了房子里灯亮的时候映照出来的光，是黄光。下面摆放的是窗台上的粮食。粮食摆放在窗台上晾晒，晚上房子里的灯光照出来打在粮食上，这就是黄字的来历。说庄稼成熟了就是黄了。《易经》中黄色和红色是两种非常尊贵的颜色，比如奏章叫朱批，皇帝穿黄色的衣服。

歌诀：

学校故称黄，老王去买璜，用木做横梁，拿竹当弹簧。

挑石配硫磺，水淹称池潢，气成黄豆病，猛踩虫蚂蟥。

## 回 [huí] 迴

据《说文解字》、甲骨文史料考证，这个字最早就是在平如镜的水面上，投下一个石头，然后有一圈圈扩大的水纹，这就是会意得到回字。回字"大口里有小口"，取该字意在告诫人们要言行一致。

歌诀：

大口小口套成回，放学回家不逗溜。商有诚信回客多，常常回家孝子多。

## 秽 [huì] 穢

据《说文解字》、甲骨文、金文史料考证，这个字最早是一些禾苗中间的草比庄稼多，到年终收庄稼的时候，庄稼没有多少，反而草、秸秆比较多。所以在甲骨文中它是一个禾苗的禾，上面是一个止，下面是威字的里面一横下面是少，意思是到年底收的庄稼很少，剩下的全是杂草。最后经过简化，从禾从岁，秽字指的是田中禾苗少杂草多，岁是年的含义，过年时庄稼都成熟了，田中剩下的大多数都是秸秆、杂草，秽字由禾和岁会意而成。后来引申为一些不好的事情，比如说淫秽。

歌诀：

禾加岁，构成秽。禾岁秽，禾岁秽，禾少草多，污秽的秽。

## 火 [huǒ]

据《说文解字》、甲骨文、金文史料考证，古时候人们在居住的洞口，或门口放一堆火。火是红色的，用来吓唬野兽，火字像火苗正在燃烧的样子。火的本义指火焰，凡用火字做意符的都与火及其作用有关。1.中医学上的燥热之气。2.组词：火把、去火、发火、火力、烧火、十万火急、干柴烈火、水深火热、骄阳似火等。3."火"象征着热情，火热，浑身散发着光芒，是人们愿意追求的东西，可以给人带来希望。

歌诀：

点撇火焰形，中间木柴撑，取大为大伙，火伙音相同。

## 乎 [hū]

据《说文解字》、甲骨文、金文史料考证，乎的本义指呼唤，甲骨文乎字的下部是一个人形，上部是三竖画，表示呼唤时声者上扬的样子。假借做动词的后缀，作用和于相同，如"满不在乎"；还假借做语气词、叹词等。图中的斧子表示人在举斧劳作时发出的呼唤。1.文言助词，表示疑问：汝识之乎？2.文言叹词：陛下与谁取天下乎？3.文言介词：相当于（用在动词和形容词后）：在乎，无须乎。4.古形容词或副词后缀。巍巍乎，郁郁乎。

歌诀：

乎是呼唤样，乎上呼声扬，满不在乎中。乎当词缀讲。

## 灰 [huī]

据《说文解字》、甲骨文、金文史料记载，灰字最早上部是手（又），下部是大，意为用手可以收拾的火，本义指火灭后可以用手收拾的粉末。引申指像灰的尘土，某些粉末状的东西，如灰尘，也指像木柴灰的颜色，如灰暗、灰鸽子。灰是个会意字。灰，死火余烬也。从火从又，手也。火即灭，可以执持。灰字是用手拿火的会意。火很炽热，是无法用手直接去拿的，但火熄灭了，高温也就慢慢地随之消失，这时便用手去拿。灰字的这种含义表现了我们古人造字时的智慧。

歌诀：

灰由火燃烧，手把灰烬扫，火上又是手，火又把灰表。

## 喝 [hē] 曷 [hé]

据《说文解字》、甲骨文、金文史料考证，曷像丐张口吆喝，讨饭的样子。含什么、何故、为什么、何不等意。后加口字成为喝。"喝"还读 [hè]。如吆喝。1.把液体饮料或流质食物咽下去：喝水、喝酒、喝茶、喝粥。2.大声喊叫，恐吓威胁。3.买卖时吆定商品的价钱。

歌诀：

曷像人吆喝，吆喝是为何，乞讨不必说，只言曷读何。

## 禾 [hé]

据《说文解字》、甲骨文、金文史料考证，禾字像成熟了的禾谷形状。向左边下垂的是谷穗，谷穗以上弯曲的部分是穗柄，垂直的一画是谷秆，秆上有叶，下是根。禾本指粟谷，引申为粮食作物的总称。用禾做意符的字大都与农业有关。1. 象形。金文字形，像垂穗的禾。汉字部首之一。2. 古代指粟，即今日的小米。3. 粟的植株；谷类植物的统称。4. 禾秆。5. 特指没有吐穗的水稻。

歌诀：

禾字撇加木，撇表五谷熟，木是枝叶根，禾旁关五谷。

## 函 [hán]

据《说文解字》、甲骨文、金文史料考证，函是一个长方形箭囊的样子，囊里装的是箭，上边是一个可挂在腰上的环。由封套引申指信件。1. 象形。今隶误作函。本义是舌。2. 盛物的匣子，套子。3. 传达消息或指示的信件（古代寄信用木函）。

4. 邮政。5. 信封。6. 铠甲。7. 包含，容纳。8. 致函去信。9. 陷入。10. 宽阔。

歌诀：

函是一箭囊，箭插在中央，上边腰带环，随时带身上。

## 互 [hù]

据《说文解字》、甲骨文、金文史料考证，互像搓绳的器具形象，上下是两边的架子，中间是两股线拧绞在一起的样子。本义指搓绳的器具，引申指彼此交错，如互换、互让、变互、相互等。"互"含彼此联合交互之义。1. 副词。表示彼此进行相同的动作或具有相同的关系，相当于互相。2. 象形。是一种绞绳用的工具。本义：绞绳用的工具。3. 差错。4. 古代挂肉用的木架。5. 门，巷门。6. 甲壳动物的总称。7. 交替；互相。

歌诀：

两绳互交拧，上下专架撑，互本搓绳器，互相把互用。

## 彗 [huì]

据《说文解字》、甲骨文、金文史料考证，彗字像一颗彗星（俗称扫帚星）的形状，又说像一只手拿着两把扫帚的样子。

彗星一词早见于两千多年前成书的《尔雅》，因基形像扫帚而得名。1.会意。甲骨文像扫帚之形，本义是象形字。小篆增加"又"（手），构成了会意字，本义是扫帚。2.又如：慧氾画图（以帚扫秽，以刀划泥。比喻极其容易）。3.彗星的简称。4.又如彗光（彗星的光束）。5.在阳光下曝晒。

歌诀：

天空一扫把，圆脑长尾巴，彗字怎么写？手把两帚拿。

壶 [hú] 壶

据《说文解字》、甲骨文、金文史料考证，壶是一个酒壶的形象。上面的士是盖子，下面是壶的肚子，最下面是壶底。1.盛液体的器皿。常用陶瓷或金属制成。2.古代滴水计时用的器具。3.古代宴饮时投壶的用具。4.通"瓠"。5.炉壶。6.酒壶。7.药壶等。

歌诀：

壶字像壶样，壶盖壶上放，一横表壶底，壶肚在中央。

惠 [huì]

据《说文解字》、甲骨文、金文史料考证，惠最早是织布的线桶。古圣先贤突发奇想造出了"惠"这个字。另一说是蚕茧的样子。

歌诀：

有禾是麦穗，有草兰花蕙；螅蛄昆虫类，生意靠互惠。

## J

### 肩 [jiān]

肩 肩 肩

据《说文解字》、甲骨文、金文史料考证，古圣先贤在造这个字的时候，看见了一个人光着膀子，肩膀上的肌肉特别发达。肩膀上的肌肉让人浮想联翩，古人突发奇想，造出了肩这个字。肩字上部的户像人的半边肩膀，右下角的月（肉）表明肩与肉体有关，指手臂和身体相连的地方。引申指负担，如肩负、身肩重任等。在甲骨文中画了一个户，下面又画了一个月。最后逐渐简化为现在的这个"肩"。

歌诀：

肩为肩膀状，以户代肩膀。肉月户下放，重任在肩上。

### 脊 [jǐ]

脊 脊 脊

据《说文解字》、甲骨文、金文史料考证，古圣先贤在造这个脊字时看见了一个人光着膀子，看见了肩膀、肌肉、肋骨以及脊骨和弯曲的脊椎，于是造了脊梁的脊这个字。在甲骨文中是画了一个脊椎，

两旁画了几根肋条、肋骨，下面就形象地画了月（就是肉），表示脊椎和肌肉连接在一起。脊字上部像背肌和脊骨之形，下部的"月"就是古文字里的"肉"，表示骨肉相连之意。脊是指人脊部中间的椎骨，后引申指物体中间隆起的部分，如山脊、屋脊等。

歌诀：

脊字像脊梁，骨肉相连状。脊椎和肋条，放在肉月上。

### 军 [jūn] 軍

軍 军 军

据《说文解字》、甲骨文史料考证，最早的军字像一个战车，下面有轮子，轮子上面有一个斗篷，遮阳用。军队的指挥官就坐在这个车里。繁体字中就是一个秃宝盖下面一个车字，逐渐演化到现在这个军字。

歌诀：

恽是心有鬼，日出映朝晖，光辉普照时，他将手一挥，日下头发晕。

忙把郓城回，言出尽诨话，浑水里摸鱼，荤菜草边推，蒙混过关混。

### 君 [jūn]

君 君 君

据《说文解字》、甲骨文史料考证，

这个字最早在甲骨文中是一个人，一只手举起了一个旗杆，旗杆上面绑了一个头像，下面是一个呐喊的口。在电视剧《雍正王朝》当中有一个罢考事件，那些人就抬着孔夫子的牌位，见到的人都要下跪。这个君字就是举了一个头像，下面是一个口，喊着要伸张正义，为老百姓办事。后来这个字就演变成一个尹，下面一个口。秦朝封地为郡。

歌诀：

羊儿好成群，勤奋成为郡，穴居人困窘，美女穿短裙。

有鱼是鲲鱼，鲲鱼有玉珺，草头是莙菜，收拾亦称捃。

## 甲 [jiǎ]

据《说文解字》、甲骨文史料考证，这个字在金文上是这样写的：画了一个龟甲，田下面出头，这就是甲。金文是指铸造在殷商青铜器上的铭文，也叫钟鼎文。在天干中甲属于第一位，五行属木。甲在十天干中排首位，老师在批阅作业的时候如果打上甲，就意味着肯定了作业的品质。这个甲字逐渐成了虚词。

歌诀：

甲乙起青龙，丙丁起朱雀。戊日是勾陈，己日是腾蛇。庚辛起白虎，壬癸是玄武。

## 介 [jiè]

据《说文解字》、甲骨文史料考证，这个字最早在甲骨文中是一撇，代表人头，下面画了人的身躯；头低着，左右两边是两点，代表人的四肢。这就是这个字的来历。画的这个人左手拉着一个人，右手拉着另一个人，就是做介绍人。现在介字在汉字中是个声旁。草芥，小草，比喻轻微而无价值的东西。

歌诀：

有田是地界，左耳上台阶，有人讲价钱，视其为草芥，病得为疥疮，虫旁是蛤蚧。

## 斤 [jīn]

据《说文解字》、甲骨文、金文史料考证，这个字最初偏向象形字。斤最早是一把斧子，在甲骨文中是一个锋利的面，画了一个镰刀形状的字，后来就逐渐演变成现在这样。古代造字的时候，随着技术发展，有了斧子，木匠用斧子盖房，这就有了斤字。古人没有货币，以物换物，所以汉字的发展形象地展示了社会的发展。

歌诀：

小孩喜欢过新春，眼看新春快临近，新春近，多欢欣，歌声动听气象新。

单位年前加薪全，新居布置有匠心，买来芹菜包饺子，请个朋友他姓靳。

金做铁锨平整地，掀开酒坛沁人心。

## 晋 [jìn]

晋 晋 晋

据《说文解字》、甲骨文、金文资料考证，这个字在甲骨文中就是画了一个篮子，上面插了几支箭。以前的箭上面是带羽毛的，这是象形。最后成了一个亚字，下面一个日字。我们在观看京剧、秦腔等戏剧的时候，可以看到，人物是有品级的，比如武将后面就有一个插箭的斗，插的这个箭，有红的、绿的、黄的，代表这个武将的官职。所以这个字最后就演变成晋级、晋升的含义了。

歌诀：

山西简称晋，丝制红帛缙，有玉是瑨玉，有手成插搢。

## 经 [jīng]

經 经 经

据《说文解字》、甲骨文史料考证，这个字最早在甲骨文中是左边一个绞丝旁，是把丝线拧成一根绳子，右边上面画的是织布的架子，架子上缠着一圈圈的丝线，这就是经，是工人织布的场面。伏羲氏发明编织、渔网打鱼、结绳记事。古代的经文是用绳子穿起来的。1.织物上的纵线（跟纬相对）。2.地理上虚拟的通过地球南北两极与赤道成直角的线。3.中医指人体里气血运行的通路。4.常规：法则，天经地义。5.古代图书四部分法的一类。6.传统的权威性著作；宣扬宗教教义的根本性著作。

歌诀：

有草制根茎，氢气质量轻。强劲而有力，两人走捷径，月旁是胫骨，页旁是头颈，到指刀割脖，痉挛人有病，泾河水涓涓，轻车缓缓行。

## 堇 [jǐn][qīn]

堇 堇 堇

据《说文解字》、甲骨文、金文史料考证，这个字最早的来历是这样的：天久旱不雨，地皮干裂。古人靠天吃饭，这样就很不吉祥。这个字在甲骨文中就是上面一个廿，就是没有草，中间是个田，田地是干裂的样子。后来不断演化，这个字就成了现在这个样子。堇字主要是用在形声字中。殣人：路边饿死的人。朝觐：朝见。堇指质地细密的黄色黏土。

歌诀：

出力一勤人，见木称木槿，美玉称玉瑾，广头廑同仅。

见歹知殣人，见圣忙朝觐，有食不饥馑，出言很谨慎。

## 竟 [jìng]

竟 竟 竟

据《说文解字》、甲骨文、金文史料考证，竟字在甲骨文上是个女人的身体，一个女人三步并作了两步走。枭獍：古语上说的一种生下来就吃母亲的像虎豹的兽。1.终了，完毕。2.到底，终于：毕竟。3.整，从头到尾：竟日。4.居然，表示出乎意料：竟然。5.讫竟；了结。

歌诀：

疆土有边境，金属做镜用，犬旁是枭獍，将母食口中。

## 纠 [jiū]

纠 纠 纠

据《说文解字》、甲骨文、金文史料考证，最早在甲骨文中就是绳子打了一个结。后来逐渐演变为"糸"加"丩"。现在这个字都是把"糸"去掉和其他字搭配，在汉字中作为形声旁出现。纠这个字在五行上属木，凡是有糸旁的字，大多数五行属木。

歌诀：

去丝做声旁，收由反文手；（收 shōu）

有口把人叫，走路雄赳赳。（叫 jiào 赳 jiū）

## 居 [jū]

居 居 居

据《说文解字》、甲骨文、金文史料考证，最早在甲骨文中，就是画了一个人半卧在土堆上的样子。后来不断地引申为尸体下面一堆古土。居者有其屋，人是群居生活的，要安居乐业。

歌诀：

王爷姓琚，手头拮据；（琚 jū 据 jū jù [票据]）

衣着破裾，锯木闹剧；（裾 jū 锯 jù 剧 jù）

人却倨傲，抬足高踞。（倨 jù 踞 jù）

加王姓琚，加手拮据，加衣破裾，加金拉锯。

倨傲是傲慢。

## 觉 [jué][jiào]

觉 觉 觉

据《说文解字》、甲骨文、金文史料考证，它是一字两音：一是觉悟的觉（jué）；二是睡觉的觉（jiào）。古圣先贤在造这个字时发现了学字头，就是两个人在演义六爻卦。下面是看见的见字，在甲骨文中见是画了一只眼睛。意思就是通过学习实践就见到了，也就是读书、学习，实践觉悟了"觉"。这是觉的出处和来历。

歌诀：

本无菩提树，觉悟在心间。他人在睡

觉，苏醒有觉悟。

学加见，构成觉，学见觉，学见觉，读书观看，觉悟的觉。

## 家 [jiā] 傢

家 家 家

据《说文解字》、甲骨文史料考证，家字最早在甲骨文中是这样写的：画了一个房子，里面是一头猪，表示房子里有猪就是家。后来逐渐演变成现在这样的一个宝盖头下面一个豕，豕的含义就是猪。家字是由宝盖和豕构成的，宝盖代表房子，豕代表猪，表示上古人家都养牲畜。还有另一种解释，房屋下面摆猪是为了祭拜祖先。"住所"是引申义。最早的繁体字的"傢"，还有单人旁。

歌诀：

宝盖豕，构成家，家中有猪，家庭的家。

## 井 [jǐng]

井 井 井

据《说文解字》、甲骨文考证，"井"在甲骨文中是上面这样写的，后面不断演变简化成了这个字。井像井口上有木栏围着的样子，本义是水井，因为古代的井是方方正正的，所以含有整齐之义，如井井有条。又因古代有一千八百家井井制度，所以井又有人口聚居地之义，比如"市井、

井民、井里"等。在汉字中凡与井组成的字，大都与井有关。"吃水不忘挖井人"，就告诫我们要懂得感恩，一个没有感恩之心的人，做人就不能成功，做事也就不能成功，何况齐家、治国、平天下。

歌诀：

因井有危险，四木围成栏；书写图方便，井字只用边。

## 京 [jīng]

京 京 京

据《说文解字》、甲骨文考证，在甲骨文中是上面这样写的，后面就简化成现在这样。京字像建在高台上的宫室的形象，本义是高冈，就是高楼上建的岗哨，并含有高大的含义。由于古代国都多建在高地上，又引申为国都、首都。

歌诀：

高台建官房，京像高房样；小字为台柱，房顶在口上。

## 荆 [jīng]

荆 荆 荆

据《说文解字》、甲骨文考证，这个字起初是一个荆条，就是用树枝上面带刺的木棒去打人，是一种刑具，它是从草从刑构成荆。负荆请罪就是犯了错误，背上荆条，让对方去打，进行惩罚。今天讲"荆"

告诫大家，不要怕犯错误，犯了错要认识错误，改正错误，使自己重新树立正确价值观，不断地从小事做起，慢慢地发展。

歌诀：

草加刑，构成荆；犯人戴荆夹；人人都可怕。

带刺的刑杖，刑杖打犯人，皮开肉又绽。

## 举 [jǔ] 舉

据《说文解字》、甲骨文、金文史料考证，"举"这个字也是一个会意字，在甲骨文上画了个图案是两个人举起重物的形象。最后简化成兴字底下一个丰收的丰少一画。"举"是从手从与从舉，就是手与兴的繁体字为舉，繁体字的舉里面有个与。我们要齐心协力，两个人抬东西，不能一个人出力多，一个人出力少。《易经》中讲究"举"的平衡原理，两个人要相对相同，出一样的力气，心要齐。人们在选举的时候、统一意见的时候要举手表决，这个举就表示齐心的含义。"人心齐，泰山移"，夫妻心相齐，黄土变成金。所以这个"举"就是心齐的含义。

歌诀：

手与举，手与举；两人抬物，举起的举。
举棋不定走错路，注意要定行大道。

## 捷 [jié]

据《说文解字》、甲骨文史料考证，这个"捷"在甲骨文中是由一个手和疌组成的，提手加疌。在古代这个疌是疾的意思，就是疾病的含义，人有病了就比较急。捷报就是敏捷、快捷的意思，前方打仗的时候一旦胜利了人们就比较期待，帝王在朝廷里等候捷报，这就是捷报的"捷"，也是敏捷、快的意思，也是一种迅速的意思，是一种好的象征。

歌诀：

手疌捷，手疌捷。抄小径行走捷径，绕大道走路平顺。

人生在世没捷径，只有崎岖攀高峰。

## 筋 [jīn]

据《说文解字》、甲骨文史料考证，竹字头下面一个"月"，一个"力"，从月从力构成"筋"。"月"实质上为肉食，是骨头上的韧带。"筋"指肌腱与骨头上的韧带，这是肌肉上的力量所在，"竹"是筋最多的植物，所以"筋"字由"竹""月"（肉）、"力"会意而成。

歌诀：

竹月力，构成筋。健康养生先养筋，天天锻炼筋弹长。

如若筋长多一寸，寿长必多十年根。

辑 [jí] 輯

輯　輯　辑

据《说文解字》、甲骨文史料考证，在甲骨文中左面是"车"，右上是"口"，右下是"耳"。后来逐渐简化成这样，从"车"从"口"从"耳"构成"辑"。"辑"指车厢，编辑的"辑"。注释上说"辑"本义指的就是车厢，古代的车厢，因为口和耳相近，有密合之义。车厢与整个车子必须紧密结合，所以"辑"字由"车"和"口"和"耳"会意而成，假借编辑，逻辑。一个完整的东西要有紧密的配合。一个家庭夫妻之间、亲子之间要和谐有序，互相配合，这样才能形成和谐的家庭氛围。

歌诀：

车口耳，构成辑。车口耳，就是辑。
文章编辑要思密，做人做事有逻辑。

将 [jiāng][qiāng] 将

將　將　将

据《说文解字》、甲骨文史料考证，将军的"将"在甲骨文中最早是这样写的：前面部分代表刀割的工具，是汉朝时期的矛，右上部分是"夕"，下面一个"寸"。这个字后来简化成现在的"将"。将军的"将"是从寸从酱构成"将"，将军的"将"，寸酱将，将帅的"将"。将，指将领、将帅。"寸"有法度之义，"酱"有调和众味之义，故将帅必须有法度。一个将军，不遵守规章制度，

不遵循法律是不行的。所以"将"由"寸"和"酱（省行）"构成。"将"还读 [qiāng]，比如"将进酒"。还有"将来""将就"等义。

歌诀：

寸酱将，构成将。寸酱将，就是将。
将军赶路不斩蝼蚁，君子言不争夏虫。

建 [jiàn]

建　建　建

据《说文解字》、甲骨文、金文史料考证，建设的建是由走、聿构成的。走聿建，聿代表笔，就是文书、法律；走代表行动，是创建的含义。在甲骨文中建是这么写的：左边是双人，右边是隶字，下面一个止。最后简化成走之加一个聿。聿字代表毛笔，即写的文书。文书就是规矩，也就是规章制度，引申为法律。旁边一个走之边，代表行走。我们干一件事，一定要从开始就计划，要立下规章制度，然后千里之行始于足下。凡是走之旁的字，都与行走有关系。聿表示法律，走本义是创立，引申为建筑。常言说万丈高楼平地起，这就是说做任何事不能乱了章法。万丈的高楼，首先要有规划，然后是把基础打好。这就是做事不能乱了章法。聿就是章法，代指文书。

歌诀：

走聿建，走聿建，聿代表笔、好文书，
双人聿又成法律。
聿加水，去天津，天津城里锦衣卫，
戒备森严护国民。

## 件 [jiàn]

件 件 件

据《说文解字》、甲骨文、金文史料考证，最早件是由人和牛组成的。人加牛，构成件，人牛件，人分牛体，一件两件的件。在甲骨文中，画了一个人，拉了一头牛，这个牛在甲骨文中是画了一个牛头，最后简化成一个人和牛。牛的躯体比较庞大，可以分割，而分割者是人。什么叫分割，就是用牛把一个东西分开。古代伐木，把树砍倒，拴上绳子，然后用牛拉着走，那个时候没有车。所以件是由人和牛构成的。古代有一种刑罚，叫作五牛分尸。在战国期间，谁触犯了法律，就会被车裂，或者五牛分尸。就是把一个人绑起来，用五头牛拉着朝五个方向，活活地拉断。现在的件，就是分割的意思。

歌诀：

人牛件，人牛件，做好大事精件事。人加牛，就是件。一件小事并不小。

## 就 [jiù]

就 就 就

京是高大的意思，在高台上建的房子就是京。这个尤字是这样写的：又（手）上加一横。后来逐渐转化成京加尤，意思就是特别高。京是高台上的官府，尤有特殊之义，就是由京和尤构成的。它也是一个会意字、假借字。就近、就业、将就或者高就。

歌诀：

京加尤，构成就，高台上头官府楼，高台高楼高冠就，由此人言称高就。

## 旧 [jiù] 舊

舊 旧 旧

据《说文解字》、甲骨文史料考证，旧在甲骨文中最早是一竖，右面画了一个圆，里面一个点，表示太阳。繁体字是草字头，下面一个臼，最后简化成一个一和一个日，一日旧。从一从日构成旧，一竖日，合成旧，隔日为旧，陈旧的旧。这个字的含义就是隔了一日，就陈旧了。简化字的旧是一竖和日构成的，指放了一日，也指放了多日，经过的时日一多，这个东西就陈旧了。

歌诀：

一竖日，合成旧。过往之事称为旧。过一日，就是旧。旧事不提做新事。

## 解 [jiě][jiè][xiè]

解 解 解

据《说文解字》、甲骨文、金文史料考证，这个字最早在甲骨文中是这样写的：一个牛角，右面上面是一个刀，下面是一个牛。刀最初是手的意思，演变成了刀。

最后逐渐简化成解决的解。解从角、从刀、从牛。最早解是由角和两个手构成的，用两只手把牛角掰开。最后手变形为刀。用刀把牛角剖开，引申为解开、分裂、排除、消散，再引申为分析、理解。解字作为姓氏的时候读作 xiè。最早是分解的意思，即用刀把牛角剖开。古代是农耕社会，经常会与牛打交道。解这个字本义就是杀牛，有个成语叫作庖丁解牛。

歌诀：

山涧太幽巕，有心不松懈。

邂逅走一走，见虫大螃蟹。

角刀牛，构成解，用刀剖牛角，分解还用刀。

角刀牛，合成解，解题用大脑，分析少不了。

## 杰 [jié] 傑

据《说文解字》、甲骨文、金文史料考证，这个杰最早在甲骨文中是这样写的：左面一个人，右面一个木头在着火的样子。繁体字是一个人，右边一个夕加个牛，下面是个木。逐渐演化成现在这样，木字下面四点水。我们以前讲过，凡是四点底的字都与火有关，在五行中属于火。杰指的是杰出、超群，是由火和木会意而成的，指的是野火焚烧后的树木、野草又重新长出新芽，以此说明突出或者不寻常。

歌诀：

木加火，构成杰，火后发芽，杰出的杰。

木火杰，木火杰，受尽磨炼，方可成杰。

## 际 [jì] 際

据《说文解字》、甲骨文史料考证，最早在篆书上际字是这样写的：一个阜，耳朵旁在左边就是阜，是高处的城池，耳朵旁在右边的时候就是邑，是低处的城池，右边是祭祀的祭，下面一个指示的示。再后来就简化成耳朵和一个指示的示。际的繁体字是由阜和祭构成的，示代表供桌，指的是要在山下搞祭祀活动，在两山峰相接的地方祭祀，引申为交际、交界、靠边。如边际、国际。

歌诀：

阜加示，构成际，阜示际，阜示际，山下祭祀，边际的际。

## 继 [jì] 繼

绞丝旁的来历就是结绳记事，把一些碎的丝绸拧在一起。这个字最后简化成绞丝旁，过来一个米。米是比较碎小的含义。把一些散碎的纤维用手搓在一起，做成一种绳索，引申为继续、继承。

歌诀：

丝加框，再加米，构成继，散碎纤维，构成绳索，就是连起来的意思。

## 坚 [jiān] 堅

据《说文解字》、甲骨文史料考证，"坚"字的篆书是这样写的，一个大臣的"臣"，右边是个"手"字，下面是一个"土"字。繁体字是"臣"，"又"，下面一个"土"。"又"一般就是手的意思。最后就简化成现在这个样子。工匠用土做成土坯，比松散的土要结实，要坚硬，所以坚字是由臣、又和土会意而成。古代在盖房子的时候，要不就取一些石头堆起来，要不就用土和模型夯实做成土坯，比松散的土要坚硬一些。坚的意思就是用土坯造出的墙要比松散的土坚硬一些。

歌诀：

臣加又，再加土，构成坚，臣又土，合成坚，用土做坯，坚持的坚。

## 冀 [jì]

据《说文解字》、甲骨文史料考证，"冀"最早在篆文中是这样写的，一个北，就是北方一块共同所有的田地。最后现在演化成北田共。"冀"是指到北方的一大片田地。因为"异"有不同之意，北方的土地的肥沃程度以及诸如此类的东西都和南方不同，所以"冀"字是由北和异组成的。假借指希望，如希冀。古人发现河北很好，适宜人居，它与南方的土地肥沃程度不同，就是异，后面就是田和共。

歌诀：

北田共，构成冀，北方大片土地，河北省的简称冀。

## 价 [jià] 價

据《说文解字》、甲骨文、金文史料考证，"价"字在甲骨文中是这样写的，左边画了一个人，手上好像拿了两个东西，旁边还站了一个人，就是两个人，就是说两个人在交易的时候，必须有中介，后面这个繁体字就是人加西加贝。最后就演化成人加介。"价"的繁体字从人从西从贝，指商人做生意时要谈论价格，这必须由中介来完成。简化字的"价"可以理解为由中介来商谈价格。我们都知道，古时候市场上没有中介的时候都是利用袖筒，就是你把手伸进对方的袖筒里，用指头告诉对方价格。

歌诀：

人加介，构成价，经商论价可还价，做人做事要值价。

贾 [jiǎ][gǔ] 賈

贾 贾 贾

据《说文解字》、甲骨文史料考证，"贾"字在甲骨文中是这样写的：一个"西"字下面画了一个宝贝的贝，最后演化成现在的样子。古代管理市场买卖交易的官员住在西面，古代做买卖，一般不用钱，是用宝贝去换，大家以物易物，当时管理市场的房子在西面，在西边管理宝贝，所以西和贝会意成了贾。

歌诀：

西加贝，构成贾，西贝贾，西贝贾，管贝人住西房，做生意是商贾。

酒 [jiǔ] 醉 [zuì] 醒 [xǐng] 酬 [chóu]

酒 酒 酒

我们首先来分享一个"酒"字，先说一说"酒"的来源，再引申出另外几个字，比如"醉"和"醒"。在仓颉造字的时代，这三个字是一起出现的。据《说文解字》、甲骨文史料考证，"酉"字就是古代的器皿，是一个陶罐，里面可以装一些水。我们取名的时候，"酒"这个字不属于三点水的字，它的偏旁是酉，在《康熙字典》我们只能在"酉"字部下面才能找到"酒"字。所以这是一个特殊部首的字，它是十画。其他字的三点水都要按照四画计算，唯独酒字的三点水是按照三点计算。在传

说中，酒字的来历非常有趣。大禹治水时，黄河泛滥成灾，大禹非常辛劳，一个姓芈的伙夫看到他非常疲惫，给他端上来一些米汤，当时本来不是该吃饭的时间，而且这个米汤是前几天做的，经过这几天，出现了发酵的现象，米汤散发出一股奇异的味道。大禹喝了两碗以后，其实就是喝了米酒，这就是"酒"字的来源，是装在"酉"这个器皿里的水。大禹喝了酒以后睡着了，睡得人事不省，所以在酉字旁边写了一个卒，卒的意思就是死了。这就有了"醉"字。由于大禹的身体出了问题，那个姓芈的伙夫就被抓起来了。后来又出现了"醒"字，就是"酉"字加了"星"字。"星"是由"日"和"生"字组成的，就是在第二天的中午时分，由于上午大禹没有睡醒，在前一天的酉时卒了，到第二天的中午，生还了，这就有了"醒"字。大禹醒了以后问卫士说那个伙夫在哪里？卫士答道，已经关押起来了，准备处死，结果大禹说你赶快把这个人请出来，我昨晚做了一个美梦，睡得非常舒服，一直睡到日头很高。仓颉就是由这个故事造出了这几个字，一个是"酒"，一个是"醉"，一个是"醒"。后来，那个姓芈的伙夫被放出来以后，被重重地奖赏，这就又连带着出现了另一个字，就是在"酉"字旁边加了一个州，这就是"酬"。这四个字是一起出现在汉字的大家庭当中的。他们都是由"酒"字创造而来的。

歌诀：

酉字好装酒，酉字做部首。大王吃酒后，酉时醉如牛。来日升墙头，醒来赐报酬。

祭 [jì][zhài]

祭 祭 祭

据《说文解字》、甲骨文史料考证，"祭"字最早在甲骨文中是这样写的，左边是一个月，意思是肉，右边是一个手。意思就是手拿着肉，听尊长的指示，进行一些祭祀活动。后来演变成一个月一个又，下面一个指示的示。"祭"字左上方是"肉"的变形字，右上方是"手"的变形字，下面是祭台或供桌。指的是一只手拿着肉，放在祭台上，进行拜祭，祭字作为姓氏时读作 zhài。

歌诀：

肉加又，再加示，构成祭，肉又示，合成祭，供桌放肉，祭祀的祭。

竟 [jìng]

竟 竟 竟

据《说文解字》、甲骨文史料考证，"竟"字最早在甲骨文中是这样写的：画了一个人，后来演变成了一个立，一个日，下面一个儿。甲骨文中的"竟"是由刑和人组成的，刑就是刑具，就是上刑的刀子，意思是用刑刀在奴隶身上刻记号，刻完了叫"竟"。本意是完毕，终了。谈到这里我们可以想象，古代犯罪的人，或者奴隶社会，人把奴隶买回去，怕这些奴隶不好管理，就用刀给他们文身，在脸上刺一些字，给

犯了罪的人刻上号码。不管这个奴隶跑到哪里，都能被查出来，这是奴隶社会的一种制度。"竟"这个字的意思就是在人脸上刺字过程的终了。

歌诀：

刑加人，构成竟，刑人竟，刑人竟，奴隶头上刻记号，做完了叫竟。

颉 [jié][xié] 颉

颉 颉 颉

据《说文解字》、甲骨文、金文史料考证，"颉"字最早在甲骨文中是这样写的，一个"土"字下面一个"口"，旁边是一片瓦。后来瓦就变成了页。在金文上是一个"士"。最后就演化成现在的"颉"字。仓颉在黄帝时期担任左侍臣，负责记载历史。当时社会还在用结绳记事，有一次仓颉在绳结上出了差错，比如 A 部落打了多少头鹿、B 部落打了多少头羊、C 部落打了多少只兔子，仓颉在提供数据的时候出现了误差，导致黄帝与炎帝在谈判的时候失利。仓颉觉得非常尴尬，心中有愧，因此主动辞官，然后游历天下，遍访智者，寻求记录史事最简便、最准确、最易流传的方法，历时三年，终于受鸟兽等的启发而创造了汉字，从此结束了结绳记事，使得人类文明掀开了新的篇章。黄帝感其能，乃赐姓为仓。仓颉被人们称为文化始祖。"颉"字还读作 xié，有个词叫作颉颃。

歌诀：

吉加页，构成颉，吉页颉，吉页颉，
结束结绳，造字仓颉。

## 桀 [jié]

据《说文解字》、甲骨文史料考证，"桀"
字在甲骨文中是这样写的：画了两个树
枝，树枝上倒挂着一个人，两条腿在树上，
人在下面挂着。这就是"桀"字。后来逐
渐演化成了"舛"字下面一个"木"。"桀"
字字形像一个倒挂的人体，两只脚在树上。
"桀"字本义是凶暴。"桀"是夏代的最后
一个君主，以暴虐著称，后世称他为夏桀。
今天通过这个"桀"字，我们要对中国的
汉字有一个清醒的认识。自从盘古开天地，
三皇五帝到如今，许多帝王的谥号都是后
来的人们给他加上去的，就相当于我们现
在的人死了，有一个词叫作盖棺论定，就
是说我们这一生做了什么，要让我们的后
人给我们总结，来说我们的长短。我们看
到夏桀做了暴君，死后就被人叫作"桀"，
所以要知道我们自己这一生应该怎么做，
该给后人留下什么。

歌诀：

舛加木，构成桀，舛木桀，舛木桀，
树上挂人体，夏桀的桀。

## 稷 [jì]

据《说文解字》、甲骨文史料考证，"稷"
字在甲骨文中是这样写的：一个人跪在禾
苗旁向神灵祈祷，希望庄稼长势旺盛。"稷"
的古文是从禾从谷，字形像人跪在禾苗前
祈祷。后稷就是我们以前讲过的弃，从神
农氏那里学到了农业的技术。后来回到了
父亲身边，他的父亲是周人姬姓。后来，
他带领族人大力发展农业。周人后代奉后
稷为始神，即农业神，后来引申为江山社稷。

歌诀：

禾加谷，构成稷，禾谷稷，禾谷稷，
跪于禾前，祈祷丰收，农业之神，不朽
后稷。

## 匠 [jiàng]

据《说文解字》、甲骨文史料考证，"匠"
最早在篆文上是这样的：放了一个箩筐，
一个箱子，里面是一把斧头，意思就是木
匠所用的工具箱。后来就演化成一个"框"，
里面一个"斤"。为什么"匠"字是框里
加了一个斤？我们以前讲过，斤就是一种
金属工具，可以雕刻东西也可以劈柴，而
说到匠就想到要精雕细琢。"匠"字的字
形是三边的框和斤，指的是木匠的工具箱，
引申为匠人。

歌诀：

三框加斤构成匠，三框斤，构成匠。

斧子入箱做工匠，大国工匠人敬仰。

能工巧匠在斤两，勤学苦练成工匠。

## 加 [jiā]

据《说文解字》、甲骨文、金文史料考证，这个字的出处非常有意思。这个字在甲骨文中是这么写的：一个力，最早是画了一个人，人的背上加了一箱子东西。"男"字的含义是"田中出力者"，就是说男人要出力，要有力量。那么"加"字里的这个力，就是指人有力量。所以，"加"字就是人后背上加了一箱子东西，这就是加。

歌诀：

有口喝咖啡，有草是雪茄，有马把车驾，有衣是袈裟。

木左是枷锁，木下是木架，有钱是祝贺，有喜嘉奖他。

病肉成瘤子，病框成疮痂。

## 既 [jì]

据《说文解字》、甲骨文、金文史料考证，这个字的出处和"即"字差不多是同一时期的事情。"即"字是一个人坐在石头旁准备吃饭，这个"既"是已经吃完饭的样子。左边是个食盒，右边是人吃完饭马上起来要离开的样子。所以，意思就是说既定，已经罢了，就是完成了。这两个字的区别就在这里，比如既成事实、既定方针、既往不咎。总而言之，这个"既"字就是完成的意思。用时态的概念来考量的话，"即"字是现在时，而"既"字是完成时。

歌诀：

有水多灌溉，有心真慷慨，厂房做马厩，加木有气概。

## 己 [jǐ]

据《说文解字》、甲骨文、金文史料考证，这个字的来历是非常有意思的，它很自私。在结绳记事的时候，人们在没有绳子的情况下怎么办？就摆弄石头，比如打了三只兔子，就摆放三个小石头。时间长了排列的石头比较多，拐来拐去，这些石头摆在地上的样子，就是"己"字。或者打了结的绳子，挂起来，弯弯曲曲，说这个是我打下的业绩。在部落时期有奖惩制度，这里的人们，打的猎物多，最后就会有嘉奖。所以，先民是非常聪明的。这个"己"字就是这样来的。这个字给它加上"言"字就成了记录的"记"字，加个心就成了忌讳的"忌"。古人非常聪明，说帮助了别人，你自己不要说，不要张扬，这就是"忌"字，指自己做了好事，装在心里不要说出来。

歌诀：

有个小孩他姓纪，学校纪律他牢记。

每天早晨早早起，不守纪律是大忌。

岂有懒惰成大器，哪里鲫鱼配枸杞。

## 几 [jǐ][jī] 幾

据《说文解字》、甲骨文史料考证，这个几字的出处是这样的：先贤当初写的繁体字是这样写的，先是绞丝，下面是几个人在盘坐着绾毛线，在织网的过程中，板子上放着一些东西。最后人们苦思冥想，这个网上的板子上能放一些东西，所以就会意成茶几的"几"。为什么会有几个人的这个意思呢？因为茶几有腿，有的三条腿，有的四条腿。这个字也是个名词，可以作为形声字的一部分。

歌诀：

肌体要健美，饥寒要注意，莫要讥讽人，更莫吵叽叽。

文章如珠玑，前往采石矶，机会要均等，它们都读几。

## 急 [jí]

据《说文解字》、甲骨文史料考证，这个字是个会意字，也是个动词。在甲骨文中是这样的：先画了一个人在紧急地奔跑的样子。下面是个心，为什么有些人遇到大事了不急不恼？这就是说这个人比较淡定。而急的这个人就不淡定了，就着急上火。最后就简化成这个"急"字，如心急如焚，十万火急。

歌诀：

有个心急人，隐居在山林，禾包就稳重，加口就是唂（jié）。

## 即 [jí]

据《说文解字》、甲骨文史料考证，这个字最早是个会意字，在甲骨文中是这么写的：左面是个食盒，是指准备吃饭，旁边盘坐着一个人。后来，这个人形经过变化，成了现在这个样子。"即"字一般是立即、马上的意思。比如，即刻、即便。古人吃饭没有凳子，因为生产资料比较匮乏，一般是跪着吃饭，这就是"即"。

歌诀：

小孩口唧唧，鲫鱼放嘴里，立即跪着吃，核桃不能急。

## 吉 [jí]

据《说文解字》、甲骨文史料考证，"吉"字的出处非常有意思。古时候结绳记事，大事大结，小事小结。比如，这个部落的人们打了三只或五只羊一类的大型猎物，就打上大的绳结，如果是小兔子之类的小猎物，就打个小的绳结。这个字下面是一个"口"，上面一个"士"实际上是打的绳结，是指大家都很开心，张开嘴在笑的样子，代表吉祥。所以"吉"字是会意而成的。每个汉字的来源和出处都不一样。这个字作为声旁与其他字组合成为形声字。

歌诀：

用丝打死结，水洗就清洁，橘树结橘子，禾秆是麦秸。

黑旁人狡黠，言问叫反诘，手头钱拮据，仓颉右加页。

## 夹 [jiā][jiá] 夾

据《说文解字》、甲骨文、金文史料考证，这个字最早在甲骨文中是这样写的，画了一个人，两个孩子夹在胳膊下，于是就会意出了这个"夹"字。"夹"的繁体字就是一个大字代表人体，腰里是两个孩子。现在简体字是二、人，里面两点。这个"夹"字往往和其他部首组合成形声字使用。

歌诀：

见了立人变大侠，两山夹水成三峡，有了提手挟天子，见页来了是面颊。

草头来了豆荚香，反犬来了变狭隘，见了心字很惬意，竹简书箧手中拿。

有水来了汗浃背，金字来了做剑铗。

## 假 [jiǎ][jià]

据《说文解字》、甲骨文、金文史料考证，这个字的出处非常有意思，在甲骨文中是这样写的：两个人在交谈的时候，互相把手放在对方手里面，来谈价格。所以"假"这个字是与价格的"价"有关系的。最初就是一个字，到后来才分开成两个字。在谈判的过程中，外面说的价格和两个人手里成交的价格不一样，所以"价"就有假的意思。真真假假，虚虚实实。后来，这个字就逐渐演化成现在的"假"字。

歌诀：

做人不能假，终日无闲暇，走之好遐想，雨过出彩霞。

鱼旁鰕同虾，白玉有微瑕。

## 戋 [jiān] 戔

据《说文解字》、甲骨文史料考证，"戋"字最早的出处非常有意思，在甲骨文中是画了两个干戈的"戈"，后来才演化成"戈"加一撇。这个字在汉字中的应用很广，通常和其他字组合成另一个字。

歌诀：

两戈相对戋，戋意本相残，引申少和小，形意字中含。

水少称作浅，足才称作践，加食做蜜

钱，小店称客栈。

杯皿称作盏，小金称作钱，小竹称作笺，小丝称作线。

贝少称作贱，渐渐水飞溅。

## 皆 [jiē]

据《说文解字》、甲骨文史料考证，这个"皆"字的出处非常有意思。在甲骨文中，这个字上面实际是两个人，下面是一张嘴。这个白实际是画了个口，下面是个舌头。意思就是两个人在比画着跳着舞走动，说你的舞步好或者他的舞步好，或者身段或者衣服漂亮，就是对比的意思。后面有一个评委在评说，这就是一个"嘴"。白的意思就是读"白"，是在做评委。最后"皆"字就演化成现在这个样子。在《易经》中有个词叫比肩，意思就是你家里的兄弟姐妹，即差不多大小的人。比肩旺，就是多子的意思。有了对比，兄弟姐妹多，你这家里比比皆是，皆字就出现了，就有人评说你家道昌隆。

歌诀：

有人偕同到老，言语诙谐就好，楷模均用木裱，揩汗两手抹掉。

## 敫 [jiǎo] 缴

据《说文解字》、甲骨文、金文史料考证，这个字最早在甲骨文中是这样写的：这里画了一个圆盘，代表物体在发光，这个白就代表光。下面是一个"方"。右边是一个兵器，这个就叫"缴"。后来就逐渐演化成现在这个样子。这个字一般做声旁。中国的汉字非常有意义，比如说邀请的"邀"字，就是这个人有价值，而缴我们说了就是物体发光的样子，这就是说你比较尊贵、有权力等，才会被邀请。

歌诀：

木旁檄文昭，缴粱绳绑好，控水有激流，走之把人邀。

## 焦 [jiāo]

据《说文解字》、甲骨文史料考证，这个字最早在甲骨文中是这样写的：是画了两根棍子，上面插了一只鸡，或者其他好吃的，下面是什么呢？是一个炉灶，是三个石头中间加了一点儿柴火。焦姓最早是属于姬姓，一个姬姓大臣犯了错误，本来要灭族，但是当时的一个监斩官和这个大臣私交很好，就弄了一些炉灶里面的黑炭，给他摸黑，手下留情，将他放走了。这个人逃出去以后，子孙后代就改姓焦。

歌诀：

砍柴称打樵，行船防石礁，草场种芭蕉，再嫁叫再醮，回家用目瞧，憔悴心发焦。

## 交 [jiāo]

据《说文解字》、甲骨文史料考证，古人造字的时候看见对面有一个小孩儿，两条腿这么盘坐着，这样交叉过来，于是就造出来"交"字。后来就逐渐演变成了高字头，下面一个"八"字，再下面是一个"叉"，就是遵从父亲的命令带着一些东西去交换之义。这就是"交"字的出处。

歌诀：

一女名阿娇，食堂吃完饺，越过木校牌，反手效率高，坐车不计较，白月极皎洁，忽闻狡犬声，吓得足跌跤，又被丝缠脚，月下看成胶，本来人佼佼，蛟龙成虫样。

## 疆 [jiāng]

据《说文解字》、甲骨文史料考证，这个字最早在甲骨文中是这样写的：在右边画了好多田地，代表疆土，左边是个"弓"，意思是守卫边疆要有武力。后来就演化成了现在的这个"疆"字。"疆"字右边有两个田，三横线，左边一张"弓"，古代用来丈量土地，本义是边疆。这个弓也是丈量

土地的工具。砂礓是一种矿石。封疆大吏是古代的一方诸侯，管辖一片土地。

歌诀：

丝绳做马缰，弓土在疆场，有石是砂礓，有人被冻僵。

## 见 [jiàn][xiàn] 見

据《说文解字》、甲骨文史料考证，这个字最早在甲骨文中是上面画了一只眼睛，下面是插了两个杆儿，就是"儿"字，最后就演化成现在的"见"字。这个字是一字两音，还念 xiàn，在乾卦的爻辞中，第二爻就叫见龙在田，就是大家都能看到他的成绩了，有了一点儿基础了。这个字现在作为声旁应用在形声字中。

歌诀：

舟船称作舰，手搭目上观。一览众船小，舰上天地宽。有石做砚台，有玉才是现。

## 柬 [jiǎn]

据《说文解字》、甲骨文史料考证，古代的请柬不是纸的，古代最早没有纸，而是用布料做成的鱼形、荷包形、圆形等，不同的形状代表不同的含义，这就是"柬"。后来人们把红布或者黄布做的"柬"叫锦囊，这就是"柬"的来历。在甲骨文中，

这个字是锦囊的头扎起来，中间是一个椭圆形，瓶子状，上面有个叉，意思是用丝线绑起来。后来就演化成今天的"柬"字。

歌诀：

有丝要苦练，有手把柴拣，有火要锻炼，有门阑尾炎。

古诗：

客从远方来，遗我双鲤鱼。呼儿烹鲤鱼，中有尺素书。

长跪读素书，书中竟何如。上言加餐食，下言长相忆。

## 监 [jiān][jiàn] 監

据《说文解字》、甲骨文史料考证，这个字与看有关系，比如监考。这里画的是眼睛，这个人站在旁边，弯着腰。意思就是一个女人在梳头，放了个盆，里面是水，女人把它当作镜子，低着头在梳头，眼睛看着水里的倒影。后来，眼睛演化成了"臣"，右边是两竖，下面是皿字底，这就成了今天的"监"字。在汉字中"监"字常作声部。

歌诀：

有九很尴尬，有草是蓝天，有衣是褴褛，用竹编竹篮。

有水就泛滥，用木做门槛。有金去鉴定。无金还是监。

## 兼 [jiān]

据《说文解字》、甲骨文史料考证，这个字在甲骨文中是这样写的：画了两个禾苗，一只手，抓了一把禾苗，这就是兼。是农人把禾苗掰开，在插秧的动作。这个字的会意就是我们干工作，有主业，有兼职。现在这个字常作为部首和其他字联合使用。

歌诀：

禾在手中兼，金属做成镰，因言不谦虚，此女讨人嫌。

用丝织成缣，织丝把钱赚，屋上缺廉洁，欠礼忙道歉。

## 间 [jiān][jiàn] 間

据《说文解字》、甲骨文史料考证，这个字在甲骨文中是上面画了一个月亮，下面是画了一个门。后来把这个月变成日，放在里面，就成了"间"字。古人晚上在门前徘徊，有一天月光比较明亮，他的大门敞开的时候，月光照到院子里，地上的亮光就反射出来，院子里就变得比较明亮。

歌诀：

金做杀手锏，竹子做竹简，褐子做褐裥，流水流山涧。

## 金 [jīn]

据《说文解字》、甲骨文史料考证，这个字的出处很有意思，就是金文的"金"，即用青铜铸造的器皿。在甲骨文中是一个大金鼎，上面铸造着文字或图案，这就是金文。后来"金"字的意思是金属，凡是金属都比较珍贵，所以有金字旁。四点水意味着火，比如打仗的时候在牛尾巴上放鞭炮，牛就往前跑，牛身上绑的武器就可以杀伤敌人。"金"字现在作为一个部首成为形声旁。

歌诀：

乞丐须补钙，有欣造铁锹，飞镰飞过来，见刀就是钊。

## 久 [jiǔ]

据《说文解字》、甲骨文、金文资料考证，长久的"久"最早是个象形字。中华民族的造字者，看见人坐在地上搓腿的样子，就是人走累了，坐在地上休息的样子，是指久坐一会儿。这个字的出处就是这样的。在甲骨文中就是这个样子"久"。人民币大写的"玖"字，内疚的"疚"字，后来用火针灸的"灸"字，加上个木和边框"柩"是灵柩，就是指人死了入殓的棺木。以前是人搓腿的样子，但现在这个字都是作为形声旁和其他偏旁搭配在汉字中应用。

歌诀：

小王排行玖，有病很内疚；（玖 jiǔ，疚 jiù）

用火去针灸，有木是灵柩。（灸 jiǔ，柩 jiù）

## 掬 [jū]

据《说文解字》、甲骨文、金文资料考证，这个字的出处是：最早在农耕时代，粮食丰收了，农人非常高兴，就用双手捧了饱满粮食高兴的样子，就是"掬"，就是把菊花的草字头去掉加上提手。含义是用手捧了一些小米。在甲骨文中是手的上面一个小，中间一点，下面又是个"小"字。表示有好多饱满的小米，后来不断地引申又加了个提手，就是现在的"掬"。我们中华民族的汉字每个字都有它的出处。现在这个字作为形声部和其他部首搭配组成汉字应用。

歌诀：

去手掬米为匊，加草金秋赏菊；（匊 jū，菊 jú）

加草鞠躬尽瘁，添手笑容可掬。（鞠 jū，掬 jū）

## 句 [jù][gōu]

据《说文解字》、甲骨文、金文资料考证，这个字非常简单，但它的出处非常有意思。古人看见一个人在井口打水，打完水把水桶的绳子拴在了木桩上，缠上两圈打上一个结，就是"句"。这样水桶就掉不下去。形象表示打水已经完成。这就是"句"号的出处。这个字现在经常作为形声字和其他字搭配在汉字中应用。筍，竹编的用具。

歌诀：

有人得佝偻，手拎一竹筍；（佝 gōu，筍 gǒu）

树（木）前摘枸杞，再多不知够；（枸 gǒu，够 gòu）

苟活如草芥，活着如犬狗；（苟 gǒu，狗 gǒu）

拘捕靠双手，驹跑马后头。（拘 jū 驹 jū）

## 巨 [jù]

据《说文解字》、甲骨文、金文史料考证，这个字最早在甲骨文中是画了一个尺子，即一只手握着尺子，就是循规蹈矩的意思。后来就逐渐演变成了现在的这个样子。这个字现在主要作为声旁应用在形

声字中，和其他部首搭配使用。古代最早没有铁器，比如犁，就是石犁或者木犁。后来才逐渐有了青铜、铁器。加个言字旁就是反问的意思。

歌诀：

有火成火炬，有手就抗拒，有足知距离，有矢知规矩，有草是苣苣。

有金硬铁钜，有木是木柜，有言反问讵，水木做成渠。

## 具 [jù]

据《说文解字》、甲骨文史料考证，这个字最早在甲骨文中是画了两只手，手中捧着一个器皿。实际上它是个金属的器具。这个东西的作用就类似于暖手宝。里面装上火，用来取暖。后来就逐渐演变成工具的"具"。俱就是都在的意思。犋是一个力度单位。

歌诀：

飓风来了心里惧怕，家人俱在牛把犋拉。

## 卷 [juàn][juǎn] 捲

据《说文解字》、甲骨文史料考证，这个字最早在甲骨文中就是席子的样子。人死了没有棺材，就用席子给卷起来。这个字有两个音，也读 juàn。农牧业的人，

用养殖的羊收的羊毛制作的毛毡，就叫绻。缱绻，形容情感好，难分难舍。

歌诀：

情丝半缱绻，人不知疲倦，口框围羊圈，金属刃不卷。

有豕就豢养，有目多眷念，有刀是债券，有手也打拳。

## 厥 [jué]

据《说文解字》、甲骨文、金文史料考证，"厥"这个字最早在甲骨文中是一个"厂"字，下面就是"屰"，右下方是一个"欠"字。在三国时期打仗的时候，在帽子里面装上大石头，绑在一个支架上，另一端绑上绳子，下面的人用力，突然一拉，这个厥上面的石头就打到城门上去了。这个"厥"的本意就是抛石头的工具。后来不断演化成了这个楷体的"厥"。剞劂实际有两种含义，一种是指小弯刀。同时这个字与突厥也有关系，比如我们在影视剧里面看到的突厥军队拿的弯刀，就叫剞劂。剞劂，雕刻用的曲刀。

歌诀：

狂犬很猖獗，老把口噘着，有刀是剞劂，草丛蕨菜多，蹶指足跌倒，用木做木橛。

## 戒 [jiè]

据《说文解字》、甲骨文，金文史料考证，甲骨文"戒"中间是一把戈，戈的两边是一双手合起来，指双手紧握武器，以防备敌人。引申为警告、戒律等。1. 防备，提防。2. 使警醒而不犯错误。3. 革除，改去。4. 佛教的戒律。5. 戒指等。

歌诀：

双手握武器，戒本戒备义，上戈下是手，持戈防强敌。

## 及 [jí]

据《说文解字》、甲骨文、金文史料考证，"及"字最早像一只手从后边捉人的样子。本义指赶上，达到；引申指乘、趁着，如及时、及早。1. 追上，赶上。2. 到达。3. 推广到；照顾到；牵涉到。4. 比得上，连词，相当于"和""与"。5. 介词。6. 会意，关联。

歌诀：

右手在及下，表示把人抓，抓捕紧急事，及急音配差。

今 [jīn]

据《说文解字》、甲骨文、金文史料考证，"今"是含的初文，"今"字上方是倒置的口；下方一横，表示嘴里含的物品。小篆后今的下部变成了古"及"字形，及有及时义，引申指今天、今日。1. 现在，当前。2. 现代、当代。3. 与古相对。

歌诀：

口里含物品，字形就是今，今是含本字，做借指如今。

臼 [jiù]

据《说文解字》、甲骨文、金文史料考证："臼"像舂米的石臼，外面是石臼的形状，里面是两个短横，像脱下的谷皮和米。本义是指石臼。引申为形状像臼的，如脱臼。小篆字形像舂米的器具形，中间的四点表示米。本义是中部下凹的舂米的器具。1. 用以形容臼状物。2. 用臼舂米。3. 形容臼的，如，臼齿、臼科。

歌诀：

凹形一石器，用它来舂米，臼外像臼形，短横脱谷皮。

巾 [jīn]

据《说文解字》、甲骨文、金文史料考证，"巾"字像挂着的一条毛巾的形状，两端垂下。巾的本义是手巾，擦抹用的织物，也指覆盖和缠用的织物。用巾组成的字，大都与织物有关。1. 象形，甲骨文字形，像布巾下垂之形。2. 缠束或覆盖用的织物。3. 头巾。4. 巾箱。5. 包裹，覆盖。

歌诀：

把巾挂竿上，两端近垂样，中器为挂竿，组字称巾秀。

瞿 [qú][jù]

据《说文解字》、甲骨文、金文史料考证，"瞿"是隹上两个"目"，像鸟左右而视受到惊吓之状，本义是"惊视的样子"。表现鹰隼一类飞鸟眼大而明锐的特点，如瞿然。读 jù，做姓氏用。是汉语通用的二级汉字。此字始见于战国文字，其古字形像鸟睁大眼睛受到惊吓的样子。

歌诀：

隹上两目途，惊鸟左右看，瞿本惊视义，鹰类长瞿眼。

## 九 [jiǔ] 玖

九 九 九

据《说文解字》、甲骨文、金文史料考证，"九"字形像人弯曲时的样子，是"右肘"，后被假借作数字九，本义后来消亡，于是另造"肘"字。1.数词。2.序数第九。3.泛指多数或多次。九死一生。4.时令名，从冬至起每九天为一个"九"，到"九九"为止，共八十一天。数九寒天。5.《周易》以阳爻用九。

歌诀：

九像曲肘形，本义肘字用，借表数字九，和肘音不同。

## 角 [jiǎo][jué]

角 角 角

据《说文解字》、甲骨文、金文史料考证，"角"字像掰下来的一只牛角形状，中间的曲画是角上的花纹。后来改为二横一竖。"用"字就是角体。"角"的本义是蹄类动物尖顶或鼻前生的角。用"角"组成的字大都与兽角有关。"角"还读jué，如名角。1.牛、羊、鹿等头上长出的坚硬的东西。2.形状像角的：菱角，皂角。3.突入海中的陆地（多用于地名）。4.几何学指从一点引出两条直线所夹的平面部分：直角，角度。5.物体边沿相接的地方。6.额骨（俗称额角）。7.中国货币单位。

歌诀：

尖尖一牛角，角尖像把刀，横竖表花纹，角体由用表。

## 韭 [jiǔ]

韭 韭 韭

据《说文解字》、甲骨文、金文史料考证，"韭"字像一棵两排叶子排列整齐的韭菜之形，下面的一横则代表地面。还有一说，韭菜割过三茬就不能吃了。因此，韭字上部左右两边都是三横。用"韭"字做意符的字与蔬菜有关。1.象形。小篆。像韭菜长在地面上的形状。2.同本义。3.某些葱属植物的通称。

歌诀：

韭学非一连，非像韭叶片，一字在地面，组字韭有关。

# K

## 口 [kǒu]

据《说文解字》、甲骨文、金文资料考证，最早我们的古圣先贤在造"口"这个字的时候，首先就看见的是人张口在笑，也就是口形。懂得画画的人都知道："画人笑，眉开眼弯嘴上翘。"所以，小篆中就是画了一个笑的口形。两个嘴角向上翘着。后来就把"口"写成了方块形。"口"字像人张开的口形，其本义是嘴巴。引申为人口，说话，出入通行的地方，破裂的地方，如出口、口子等。这是"口"字的出处和发展变化的过程。

歌诀：
口像嘴张开，口字由此来。变为楷书后，写成回方块。

## 开 [kāi] 開

据《说文解字》、甲骨文、金文史料考证，这个"开"字最早在甲骨文中是这样写的：我们讲过门户，"门"字是两扇，上面是一横，一横下面两个手，就是古代的大门里面有个门闩插着，我们开门的时候把门闩给抽开，然后就可以用两只手把门打开了。后来繁体字就是"门"字里面一个开。这里面的两个十字实际上最早就是两个手。现在就直接简化成这个"开"了。荆棘这个词就是草的身上带刺。比如，棘手就是这个事情难做。

歌诀：
一女叫阿妍，姓邢住城边，形似彩云飘，采石搞科研。
草地多荆棘，她用刑刀砍，用土做模型，进门拉开关。

## 寇 [kòu]

据《说文解字》、甲骨文史料考证，"寇"最早在甲骨文中是这样写的：我们以前讲过宝盖儿头，凡是宝盖儿头的字都与房子有关，也与帽子有关。这是一个房子形状，里面是一个圆，圆指的是一个人的头，后面一个攴。后来就形成这个字的样子。"攴"字少半横叫"攴"。金文"寇"字是由宝盖儿（房屋）、人头和攴（手持棍组成）组成的，攴是以前的一种兵器，就像人拿了一根棍棒一样，就是击打主人的含义。就是说强盗、贼寇到主人家里来，拿着棍棒击打主人的头，这个字的来历就是这样。"寇"字的字形像闯入室内的人手持木棒，打着主人的头。本意指匪盗、乱寇。

歌诀：

宝盖儿加圆，再加攴，构成寇。乱寇入室内，打击主人头，乱寇的寇。

## 裤 [kù] 裤

袴 裤 裤

据《说文解字》、甲骨文史料考证，这个字在甲骨文中是这样写的：左边上面是一个人，下面是一个衣字，是围在腰里的含义。右边是一个大，是悬崖峭壁的意思，下面是一个亏。后来不断地简化，成了现在这样，衣字旁过来一个"库"。"库"字最早是悬崖峭壁的意思，是依靠山崖修建的一些房屋，用于收藏兵器和车辆。衣字旁加上库，就是包裹身体、遮羞。所以人要穿裤子。

歌诀：

衣加库，构成裤，衣库裤，衣库裤，包住腰腿的衣物，裤子的裤。

## 看 [kàn]

省 看 看

据《说文解字》、甲骨文史料考证，"看"，就是观察的意思，甲骨文中的"看"是从手从目。"看"在甲骨文中是象形字，就是说用手遮住太阳的光线去看远方，《西游记》里面的孙猴子做这个动作比较多，这么一看，这就是上面一个手下面一个目，

画了个眼睛，这是从甲骨文中来的，后来慢慢引申到这个"看"字，这个字就是看清楚的意思。但我们今天所要讲的"看"，不单纯是用目去看，而是要用心去看，比如我们分析一道算术题，或者看某个事物发展的规律不能单纯用目看，而是用心去看。以前有一句话说得非常好，"眼见为实，耳听为虚"，就是说你听别人的传言不一定是真实的，只有你眼睛看到的这才是真实的东西，但是现在我们社会当中好多事情眼见也不一定为实，比如大街上有些耍魔术的，你眼见看是这个东西，其实不一定是这个东西，比如那天我见了一个套环子的，就是几个铁环，在变魔术，所以眼见不一定为实。我们对事、对人、对一些经济发展要用心去看问题、分析问题、解决问题，要提高自己认知世界的能力和水平。

歌诀：

看山不是山，看水不是水。看山还是山，看水还是水。

## 夸 [kuā][kuà] 誇

据《说文解字》、甲骨文史料考证，"夸"最早在甲骨文中是这样写的：画了一个人，在大步奔跑，下面是一个"于"的变形字。后来逐渐演化成"大"下面一个"亏"。"夸"是由大和亏组成的，"亏"是于的变形字，"夸"是一个会意字。"大"指的是

大步奔跑的人，于是有气喘吁吁之意。"夸"本来是用腿跑，下面有个足，是跨越的意思，指的是大步奔跑，气喘吁吁。传说中的夸父一心想要追赶上西沉的太阳，由于长途奔跑十分口渴，喝尽了河水，仍然非常干渴，最后就累死了。他的手杖化作一片森林，称为邓林。夸父追日的精神受到了世代的赞扬。现在"夸"字引申为我们做人，或者做宣传，对你自己或者你的产品，自吹自擂，那你就要吃大亏。因为夸字是个大亏。我们从夸字引申出了做人做事的标准。

歌诀：

大加亏，构成夸，大亏夸，大亏夸，夸父追日，渴死途中，精神可嘉万代夸。

## 科 [kē]

据《说文解字》、甲骨文史料考证，在甲骨文中它是这么写的：是禾苗，古代的禾苗就是往上郁郁生发，旁边这个就是两片叶子，右边是一个斗，古代的斗是这样写的，最后不断简化成一个禾苗的"禾"，右边一个斗。它是一个计量单位，的一个计量数量的工具，把禾苗与以前的那个斗，是用木头做的，就像一个梯形的，四面是梯形的，组合到一起它是一个斗，用斗量禾苗，这就是区分重量的一种方法，假借指重量的多少，也就是说所量的重量和这个数量的多少是比较科学的。

歌诀：

禾斗科，禾斗科。用斗量禾，计量科学。科学实践，实事求是。

## 壳 [ké][qiào] 殼

据《说文解字》、甲骨文史料考证，"壳"字最早的繁体字是一个"士"字下面一个"冖"，再过来一个"几"下面一个"又"，古代的"又"就是手的意思，最后简化成一个"士"，下面一个"冖"。繁体字的"壳"左半部像帷帐一样覆盖物体，又像房子一样保护着人，引申为覆盖在物体表面上坚硬的皮，如"贝壳"。这个字也读壳（qiào），比如"地壳"，这是一个多音字。今天讲"壳"对我们有人生的启迪，不能光有坚硬的外表，还要有内在的实质。

歌诀：

士 + 冖→壳。士冖壳，士冖壳。物体的硬皮，蛋壳的壳。

## 昆 [kūn]

据《说文解字》、甲骨文史料考证，最早是这样写的：两个人在大地上站着，沐浴着阳光，这就是比肩，共同沐浴阳光。后来逐渐简化成下面一个对比的"比"。"昆"字是由"日"和"比"构成的，指相同之意。这就是说，两个人在共同沐浴着阳光。1. 会意，从日从比。2. 后，然后。3. 哥哥，胞兄。4. 子嗣，后代，子孙。5. 昆山，古代传说中产玉之山。6. 众多，诸多。7. 姓氏。

歌诀：

日加比，构成昆，日比昆，日比昆，日头挂在天空，人所共戴，相同的昆。

## 刻 [kè]

据《说文解字》、甲骨文、金文史料考证，就是用刀刻东西的"刻"。这个字最早左面画了一只猪，就是"亥"，"亥"就是十二地支的"亥"，就是猪的意思。右面画了一把刀。后来逐渐简化成一个"刻"，右面一把刀，这就是刻。"刻"是指用刀子雕琢东西。因为传说猪这种动物，它吃饱没事儿了，喜欢用嘴拱地，方言叫作毁，说地被猪给毁了。而刻是用刀不断地去琢物的意思，不断地去雕刻。所以，猪和刀合成刻，可以引申为刻骨铭心，就是说用刀去刻，可以使记忆加深，有了很深的这种印记。

歌诀：

亥加刀，构成刻，亥刀刻，亥刀刻，猪嘴拱地，如雕如琢，雕刻的刻。

## 肯 [kěn]

据《说文解字》、甲骨文、金文史料考证，"肯"字最早在甲骨文中是这样写的：上面是一个"止"，下面是一个"月"。后来就演化成简体字的"止"加"月"。"肯"字主要是人的脚骨，后面有一个大筋，就是骨肉相连的地方。这是非常关键、重要的部位。古代战争中擅长肉搏的人懂得攻击对手的懒筋，一旦打中，这个人就全身动弹不得，这就是关键的地方。"止"就是指脚上的那一部分。"肯"字就是指关键之处，也指意愿，许可，中肯，肯定，首肯。

歌诀：

止加月，构成肯，止月肯，止月肯，止表脚骨，月即是肉。骨肉紧连，肯定的肯。

## 孔 [kǒng]

据《说文解字》、甲骨文、金文史料考证，"孔"字最早在甲骨文中是这样写的，左面是一个子，代表一个婴儿，在吮吸乳液。"孔"字像婴儿在吮吸乳汁的情景，引申为小孔、孔穴、毛孔、气孔等。1. 小洞，窟窿。2. 通达。3. 量词，常用于窑洞，油井等的物体。4. 副词，很，非常，孔多。5. 姓氏。

歌诀：

子竖弯钩构成孔，小孩吃奶叫哺乳。
吮吸入孔子吃奶，墙上打孔装空调。

## 款 [kuǎn]

据《说文解字》、甲骨文史料考证，款字是古人意识到有灾祸要来临的时候不知如何避免，祈求鬼神给予明示，也就是祷告的意思。"欠"字是醒悟之意。这个字的意思是要诚恳地去祷告神灵。如款待、款留，假借为存款、贷款。这个字在甲骨文或者金文上往往是有地位的人，比如古代的家族首长或者部落首领，每年开春的时候一定要为他所管辖的地方的人民去祈祷。大家常常听说，在以前，春天来了，要去求雨，比如在河边建一些龙王庙，因为古时候是靠天吃饭的，传说龙王是负责管理雨水的，所以就盖一个龙王庙，大家都宰杀牛羊，准备一些祭品，跪下向神灵祈求风调雨顺，五谷丰登。这个"款"的意思就是酋长预感到今年要有灾祸，比如旱灾或者蝗虫，他就要带领族人提前禳灾。"款"字右边的欠字就表示非常虔诚。

歌诀：

士加示，再加欠，构成款，求神免灾，款待的款。

## 康 [kāng]

据《说文解字》、甲骨文、金文史料考证，最早造字的人看到了木栏围成的一个圈，里面放着几把兵器，就像是一个篮子，里面插着叉、矛、盾等，古代就画成这个样子，这就是康的原型。古人非常聪明，说若要健康，你要用武器来武装你自己，有了这个东西，比如有了火，就可以吓跑野兽。或者在门口摆放一些兵器，别人就不敢入侵，这才能有一个健康的身体。这就是"康"字的出处。后来就逐渐演化成现在的这个"康"字。榔槺，指器物长大、笨重，用起来不方便。鲩鱇鱼，传说能发出像老人咳嗽的声音，俗称老头儿鱼。

歌诀：

有米是谷糠，有心慨而慷，有木是榔槺，有鱼是鲩鱇。

## 亢 [kàng][háng]

据《说文解字》、金文、甲骨文史料考证，这个字最早是一个人昂首挺胸看天的样子。是一种骄傲自满的样子。在甲骨文中它是一点一横，是屋顶的样子，下面这个几实际上是一个人的脖子。最后演化成一点一横一个几。1.高，高亢。2.傲慢，高傲。3.极，很，过度。4.星宿名，二十八星宿之一。

歌诀：

苏杭树木旺，北方多火烷，土葬挖土坑，月下亦肮脏。

有口吭一声，筏舟去远航，舟运合金钪，浪来手抵抗。

## 可 [kě]

据《说文解字》、甲骨文、金文史料考证，古人发现人的嘴"啊～～"这样张开的样子，就是这个字的出处。现在"可"字主要作为声旁与其他部首组合成形声字。1. 允许：许可。2. 可以。3. 值得，应该。4. 适合。5. 副词：表示估计，相当于大约；表示强调，相当于真，的确；表示转折，相当于却；表示反问，相当于"岂"；表示疑问，起加强疑问语气的作用。

歌诀：

我有一个好哥哥，哥哥天生爱唱歌，总是张口乐呵呵，高歌号子哎哟呵。

哥哥老师他姓柯，他教哥哥画莲荷，莲荷长满一小河，百舸争流在大河。

再话人生路坎坷，不怕艰难学孟轲，劳累过度染沉疴，治病需要诃子药。

老师要求很苛刻，阿姨教他别碰磕，绘画制成珂罗版，制版需要元素钶。

我去问他是为何，菏泽运来美石砢。

## 匡 [kuāng]

据《说文解字》、甲骨文、金文史料考证，最早就是我们竹子编织的那个"筐"。在甲骨文中是怎么写的呢？在甲骨文中却不是一个筐，而是画了一个以前的窗子的半个，有窗子和中间的花朵，中国的好多字都是会意而成的。"匡"字在现代都是作为形声字和其他汉字搭配应用。

歌诀：

竹筐用竹编，有言防诓骗；（筐 kuāng，诓 kuāng）

用木做镜框，眼眶目上看。（框 kuàng，眶 kuàng）

## 亏 [kuī]

据《说文解字》、甲骨文、金文史料考证，"亏"是口出气之形，上加"一"特指气不足。古人认为，人活在一口气，气不足就认为是亏虚不足。引申指损失，亏本。1. 受损失：缺损。2. 缺欠，短缺。3. 使用受损失。4. 幸而，幸亏。5. 反说。表示讥讽或斥责。

歌诀：
亏表气不足，上横特指出。亏下口出气，气亏人不舒。

## 克 [kè] 尅

据《说文解字》、甲骨文、金文史料考证，"克"在古代像猛兽被斧击中后，张开口嘶叫的样子，以此表示"战胜"的意思，如攻克，引申指制服，如以柔克刚。1.表示实现某种动作行为,相当于能。2.量词。3.战胜,攻取。4.制服,抑制。5.消减。6.限定,约定。7.消化食物。

歌诀：

石斧砸头上，猛兽把嘴张，本义指战胜，以柔能克刚。

## 考 [kǎo]

据《说文解字》、甲骨文、金文等史料考证，我们通过两个方面重点解释一下这个"考"：

第一，"考"的来源。

最早甲骨文的这个"考"和孝道的"孝"一样都是老字头，孝道的"孝"下面是一个"子"，考试的"考"下面是一个"丂"字的异体字。今天讲考试的"考"，我们的古圣先贤的那个时代是耕猎时代，既要打猎又要耕种，那个时候的考试不是现在的考试。那个时候的部落首领，为了考验孩子是否长大了。成人了，当自己的儿子进入十六岁青春期的时候，父亲就让儿子把自己背一背，试着背一下，看能不能背动，衡量孩子是不是成熟了、长大了。只要能背动父亲就说明这个儿子成丁了，算为一个男丁。再一个考是考他背上父亲能行走多少步，目的是考验一下这个男孩子是否长大，是否真正成熟。还要考他的担当、责任心。为什么老字的头下面一个"丂"？"丂"就是当时的仓颉造字受到一定的启发，所以与"孝"是同体字。现在人们说的两句非常好，就是人一生你只要"吃"两个字你干啥事情就没有做不成的：一个就是"亏"字，敢于吃亏的人就能干成事儿；另一个就是"苦"字，就是能吃苦的人才有干成事业的基垫。这是考试的"考"字的来源。

第二点，现代的科举制度和考试的基点。现代的考试是说你通过高考，进入了一个更高的学习的平台，能使自己不断成熟、有担当。是你在十二年学习的知识的积淀和智慧转换的过程。在咱们国学经验谈的时候就有这么一句话说：读小学是学一些基础的知识，具体的知识；读大学是把简单的知识进行变通、转化的过程，是提高人分析问题、解决问题、处理问题能力的过程。

歌诀：

老加子组成孝，老加丂演变考。古代考子背老，现代考去深造。

勘 [kān]

勘 勘 勘

据甲骨文、《说文解字》、金文史料考证，"勘"字最早在甲骨文中是这样写的：一个"目"，下面一个"匹"，整个左边是一个"甚"，就是校对文字的时候非常细致认真。这边过来是一个"力"字。后来就演化成了现在的一个甚加力。古代把校对的人叫作校对使，在校对文章的时候不能出任何差错，所以必须细心尽力，又因为甚有过分的意思，要达到勘的要求，必须分外细致和周密。后来就引申为勘误、勘察等。

歌诀：
甚加力，构成勘，甚力勘，甚力勘，细心尽力，勘误的勘。

# L

## 辣 [là]

据《说文解字》、甲骨文、金文史料考证，"辣"字左边是一个辛。人们都知道，比如患有风湿性的一些病，或者皮肤病，或者乙肝，医生会不让吃辛辣的食物，因为辛辣的食品刺激性比较大，容易刺激身体内的病灶，造成疾病加重。"辣"这个字就是左边一个"辛"，右边一个"束"。束是"刺"的变形字，有刺的意思，比如把某个人用针扎一下，这个人神经受到刺激，马上会做出反应。所以辣有刺激的意思，如辛辣，火辣等。

歌诀：

辛和束，构成辣，辛加束，就是辣。
生病禁忌食辛辣，长寿之人食清淡。

## 嫘 [léi]

据《说文解字》、甲骨文史料考证，"嫘"字最早在甲骨文中是一个"累"，后来因为这个人是一个女性，就加了一个"女"。"累"字上面最早是有三个"田"，下面是一个"糸"。相传黄帝的原配夫人嫘祖用

了许多的心思发明了养蚕业。上面是"田"，下面是"糸"。这个字寄托了人们对嫘祖的感谢和怀念。"累"字还读作三声，是累计的意思。

歌诀：

田加糸，构成累，女加累，构成嫘。
养蚕缫丝，嫘祖的嫘。

## 来 [lái] 來

据《说文解字》、甲骨文、金文史料考证，这个字最早在甲骨文中是这样的，它实际上是麦穗长出了头，就是粮食的样子。下面是粮食的根部。人们看见了粮食丰收的样子，会意成了"来"字。后来就写了一个"木"，中间加了两个"人"，就是"来"字。它的意思粮食丰收了，多少人来进行收割。最后就逐渐简化成现在这个字。

歌诀：

俫儿去蓬莱，路过涞水边，刚来邛崃界，桩树遍地栽。
金属铼稀有，贝赉赐朋友，俫儿为何睐，想把客招徕。

## 赖 [lài] 賴

据《说文解字》、甲骨文、金文史料

考证，"赖"这个字的出处是：最早古圣先贤在造字时，看见了"荆棘"，就是长满刺的荆条上沾满了一些贝壳的卵。就像蜘蛛的网粘住了贝壳，风吹不走，也拿不走。就是说赖在上面了。这就是"赖"的本意。在甲骨文中"赖"画了一根荆条，右边一个贝壳。今天讲到这个"赖"字，引申讲一下"懒"字，如果加上一个竖心旁，就是"懒"字，有心则懒。有一幅漫画：画了一个长跪不起的人，两个膝盖下面又长出了许多的树根。这幅漫画表现的是一个就像癞皮狗的人，就像扎了根一样，老是不动。有句俗语说得非常好："勉强成习惯，习惯成自然。"比如说一个爱睡懒觉的人，一天懒，两天懒，三天懒。久而久之，"懒"就成了习惯。也就是说赖字习惯了加上心就成了"懒"。在这里告诉年轻人，千万不要养成"懒惰"的习惯。

歌诀：

有病生赖疮，竹在籁头上；（赖 lài，籁 lài）。

人懒心自知，水獭反犬旁。（懒 lǎn，獭 tǎ）。

## 兰 [lán] 蘭

据《说文解字》、甲骨文、金文史料考证，这个"兰"最早在甲骨文中的写法是花园的围栏上长出了几朵兰草。繁体字的兰是一个草字头，下面是一个繁体字的"门"，里面是一个请柬的"柬"，后来中间简化成了这个样子。上面两点，下面三横。加上一个火字旁是灿烂的"烂"，加上一个木字旁是栏杆的"栏"，加上一个提手旁是阻拦的"拦"。说到兰，它是梅兰竹菊四君子之首。凡是爱养兰草的人，都是有君子风范的。画兰草的时候，主要的笔画不过五笔。画兰草的时候和画凤凰的眼睛一样，是一笔挨一笔，为什么说"兰不过五"呢？五笔就是"九五之尊"，是君子风范。漂亮的兰花是洁白的，给人一种桀骜不驯的感觉，有君子风范。

歌诀：

有火真灿烂，有木成栏杆。（烂 làn，栏 lán）。

有手去阻拦，兰花真鲜艳。（拦 lán，兰 lán）。

## 阑 [lán] 闌

据《说文解字》、甲骨文、金文史料考证，这个字的来历是非常有意思的，怎样有意思呢？在甲骨文中是一个大门里面套了一个小门，就是一个房子里面有一个小房子，小房子上面是日月，日月同辉，下面又是一个间。门里面有一个月，在最下端，像肠胃一样。后来逐渐简化成一个门里面一个请柬的"柬"字。也就是说阑尾是五脏的最下端。这就是"阑"字的出处和来历。这个"阑"字在汉字中为形声字，常和其他字搭配使用。襕衣，古时候上下衣相连的服装。谰言，诬陷、诋毁之言。镧（lán）锕（ā）是放射性金属元素。

歌诀：

有衣是襕衣，文采称斑斓；（襕 lán，斓 lán）

诬陷出谰言，有水起波澜；（谰 lán，澜 lán）

元素有镧锕，五字都读阑。（镧 lán，阑 lán）

## 览 [lǎn] 覽

据《说文解字》、甲骨文、金文史料考证，这个字的出处非常有意思。"览"字在甲骨文中是这样写的，左上角是一个"臣"，"臣"最早就是一只眼睛，右上角是"人"字下一个横目。就是像木工一只眼睛闭上，一只眼睛睁着，吊线的样子。下面一个看见的"见"字。最早其实是一个大臣，弯着腰看地上的东西的样子会意而成。就是"浏览"。

歌诀：

有丝是钢缆，有木种橄榄；（缆 lǎn，榄 lǎn）

有手大包揽，三字都读览（揽 lǎn，览 lǎn）

## 劳 [láo] 勞

据《说文解字》、甲骨文史料考证，"劳"字在甲骨文中是这样写的：上面两个"火"字，下面一个秃宝盖儿，就是与房子有关。下面是一个"力"字，就是用力辛勤地劳动。后来就演化成草字头了。"劳"字最早是人们搭个梯子，把草放在房子上晾干，因为牛羊等牲畜要吃这个草。这个字指的就是劳作。用力劳作也有辛勤的意思。所以劳字从草，从力，从秃宝盖儿。这个字也表示繁忙。为什么要写两个火呢？是一种假借，形容人们心情紧迫，就像房子着火了一样，是奋力扑救的样子。

歌诀：

草加秃宝盖儿，再加一个力，共同组成劳，用力劳作，劳有所获。

## 雷 [léi]

据《说文解字》、甲骨文史料考证，最早"雷"在甲骨文中是这样写的：上面画了一些雨点，下面有几朵云，这朵云带的是正离子，那朵云带的是负离子。在下雨时，几朵云相交之时，就产生了电，这个电不但能发光而且还有巨大的声音。就和我们的电线一样，一根是阳线，而另一根是阴线；正负相撞是就会产生火花。两朵云相撞时，产生的电就是"雷"。这就是"雷"的出处。

歌诀：

有木是檑木，用手去擂鼓；（檑 léi，擂 léi）

有石是石礌，金旁镭元素；（礌 léi，镭 léi）

花草有花蕾，五字要记住。（蕾 lěi）

## 累 [lèi][lěi] 纍

据《说文解字》、甲骨文、金文史料考证，"累"就是疲惫不堪的累，今天很"累"。它的出处是什么呢？在甲骨文中最早是这样写的：上面画了一个田字，下面是一螺线，用一个纸筒上面一圈一圈地缠满了丝线，就是"累"。就是说家外有男人耕田，家内有女人纺线织布，就是一个完整的家，这样的家是很累的，但很充实，也是很幸福的，所以"累"字的出处就是上面一个"田"，下面一个"系"字。嫘祖，缫（sāo）丝始祖。

歌诀：

有虫是螺丝，手抱一摞纸；（螺 luó，摞 luò）

嫘祖缫丝女，驴马生骡子。（嫘 léi，骡 luó）

## 连 [lián] 連

据《说文解字》、甲骨文、金文史料考证，"连"这个字的出处是在战国时期，在甲骨文中是这样写的：那个时候打仗的战车有两匹马拉的、三匹马拉的、五匹马拉的，有牛和大象拉的。最高首领、指挥官坐在战车上，上面固定了一个棚子，那个时候车轮（轱辘）是木头做的。一个走字后面一辆车。后来逐渐简化为现在这个样子。这就是"连"的出处。再后来引申为连队、连长、连接等。现在常和其他偏旁部首作为形声字应用。加上个三点水是水波涟涟的"涟"，加个草字头是莲花的"莲"，加上个鱼字边是鲢鱼的"鲢"，加上个金字边是金项链的"链"。

歌诀：

水波涟涟，莲种草边；（涟 lián 莲 lián）
鱼养鲢鱼，颈戴金链。（鲢 lián 链 liàn）

## 良 [liáng]

据《说文解字》、甲骨文、金文史料考证，这个"良"字的出处就是一个盛粮食的器皿，在甲骨文中是怎么写的呢？就是一个像鼎一样的器具，上面有两个耳，里面装满上好的粮食。在古时，农作物丰收后，要把饱满的粮食选出来，称作"良"运到宫里进贡。后来就简化为一点下面一个"艮"。古代农民都是靠天吃饭，天下了雨，农民把种子撒到了地里，这样就能生产出粮食来。这就是"良"的出处。现在"良"作为形声字，一般和其他汉字偏旁搭配在汉字中应用。

歌诀：

女是亲娘，有米是食粮；（娘 niáng，粮 liáng）

有酉把酒酿，有犬变成狼。（酿 niàng，狼 láng）

有水就起浪，有足是踉跄；（浪 làng，踉 liàng）

有月天明朗，有玉声琅琅。（朗 lǎng，琅 láng）

城（右耳）有好儿郎，加广成走廊。（郎 láng，廊 láng）

有木做榔头，有虫是蟑螂。（榔 láng，螂 láng）

## 力 [lì]

据《说文解字》、甲骨文、金文史料考证，这个字的出处非常有意思，它与古时候的耕种有关系。"力"字在甲骨文中是这样写的：就是画了一个耕地的犁。好多农村长大的孩子都知道，铁犁上面安装了一米多长的木柄，后面有弯曲的手柄。在耕地时用手扶着手柄。"力"实际上是犁地的犁的样子会意而成的。后来逐渐简

化演变成刀出头就是"力"。这就是"力"的出处。这个"力"今天作为形声字在和其他汉字的偏旁部首搭配应用。加厂就是挂历的"历"，加走就是"边"，三个力上加草字头就是荔枝的"荔"。力加个月是肋骨的"肋"。

歌诀：

有厂印挂历，走之到门边；（历 lì，边 biān）

草边荔枝树，肋骨肉月现。（荔 lì，肋 lèi）

## 立 [lì]

立 立

据《说文解字》、甲骨文、金文史料考证，这个"立"字的出处非常有意思。我们的古圣先贤在造字时把"立"会意成在大地上站立的人。是一个人两只手和两只脚都分开站立的样子。下面一横就是大地。在甲骨文中就画了一个人站立的样子，下面加了一横。后来就简化成这个样子。这就是"立"的出处。

歌诀：

水旁人哭泣，米旁是米粒；（泣 qì，粒 lì）

尘土是垃圾，用手拉东西。（垃 lā，拉 lā）

丽 [lì] 麗

麗　丽　丽

据《说文解字》、甲骨文、金文史料考证，"丽"字的出处是，我们的古圣先贤在造字时看见了一只梅花鹿。鹿身上的花纹是非常美丽的，不但有鹿茸，而且还有鹿角，鹿茸不但美丽而且是名贵的滋补品。在甲骨文中就是在上面画了一个美丽的鹿茸，下面画了一头鹿，最早上面是两横，中间是月亮的"月"，实质上是鹿吃草的样子。鹿早上一般是不出来的，下午和晚上出来吃草，所以是"月"字。繁体字就是丽字下面画了一个"鹿"字，最后不断简化成现在这个样子了。这就是"丽"字的出处。它是非常有意思的。

歌诀：

有人结伉俪，姓郦主城（右耳是"邑"）里；（俪lì，郦lì）

耳闻鹂鸟鸣，身骑黑马骊。（鹂lì，骊lì）

栗 [lì]

栗　栗　栗

据《说文解字》、甲骨文、金文史料考证，最早我们的古圣先贤在造字时看见了一棵树上结了很多果实。在甲骨文中"栗"字是这样写的：画了一棵树，树上结了好多果实（板栗），在太阳光的照射下，闪闪发亮，那为什么后来简化字简化成一个西字下面一个木字呢？由于农耕社会时期，是靠天吃饭，春耕时皇帝带头祭祀天地，祈求风调雨顺，五谷丰登。那时人们把颗粒大一点儿的粮食撒到地里，天下了雨后生根发芽结果。经过耕种，这个板栗颗粒大，味道香，产量高。这就是"栗"的出处。

歌诀：

人旁傈僳族，有病寒冷溧；（傈lì，溧lì）

溧水在江苏，木上结板栗。（溧lì，栗lì）

两 [liǎng] 两

两　两　两

根据《说文解字》以及甲骨文、金文等历史文献的深入考证，"两"字的起源蕴含着一段颇富意趣的故事。山顶洞人时期，我们的先贤在创制文字之际，观察到洞口矗立着两块状似人形的石头，其上涂抹着醒目的红色。更早之时，洞口还燃有一堆熊熊篝火，使得野兽望而生畏，不敢侵扰。正是基于这样的生活场景，古人匠心独运，创造出了"两"这一汉字。

歌诀：

有人使伎俩，有鬼是魍魉；（俩liǎng，魉liǎng）

家有一辆车，口喊一英啢。（辆liàng，啢liǎng）

燎 [liáo][liǎo]

据《说文解字》、甲骨文、金文史料考证，这个字就是星星之火，可以燎原的"燎"。这个"燎"的出处是什么呢？我们的古圣先贤在造字时发现了一个器皿上面架了一堆柴，点着燃烧，被风一吹，火苗跳跃的样子有高、有低，像山，所以在旁边加了一个火字旁。这就是"燎"字的出处。我们的古圣先贤因此会意造出了这个"燎"。"燎"字在甲骨文中是这样写的，上面画了一个山，这个山是因为器皿上堆柴成山，是象形的，火焰有高有低，像山的样子，下面一器皿下有三个足，后面又加了一个火字旁。经过不断简化就形成了这个"燎"。

歌诀：

燎把火去掉，组字真不少；（燎 liáo，燎 liǎo）

有口声嘹亮，有丝云缭绕；（嘹 liáo，缭 liáo）

犬兽长獠牙，用金做镣铐；（獠 liáo，镣 liào）

用手撩门帘，有水变潦草。（撩 liāo，潦 liáo 潦 lǎo）

鲁 [lǔ] 魯

据《说文解字》、甲骨文、金文史料

考证，鲁的出处是一个姓氏。

歌诀：

有口打呼噜，有木做船橹；（噜 lū，橹 lǔ）

有手把袖撸，有金金属镥。（撸 lū，镥 lǔ）

列 [liè]

据《说文解字》、甲骨文、金文史料考证，"列"最早指用刀去对付歹徒，后来演变为排列、引审为列队、排列等。

歌诀：

人把例题解，冰旁风凛冽。

有口别咧嘴，有衣已破裂。

走之打趔趄，有火真热烈。

林 [lín]

据《说文解字》、甲骨文、金文史料考证，森林的"林"是双木林。我们的古圣先贤在造字时首先看见了远处是两行树木，以一个木代表一行树。两行树就用两个木组成"林"。说双木是林，三木是森。由此会意成林。在甲骨文中"林"是怎么写的呢？甲骨文中的木是上面有几个树枝，下面是几个树根，林就是画了两棵树，最后就逐渐简化为现在这个"林"。

歌诀：

有水，日晒雨淋；（淋 lín）

有玉，美玉成琳；（琳 lín）

有雨，天降甘霖；（霖 lín）

三撇，文质彬彬；（彬 bīn）

有示，下令查禁；（禁 jìn）

有火，莫把林焚。（焚 fén）

## 录 [lù] 録

据《说文解字》、甲骨文、金文史料考证，最早"录"是南方人用来过滤食品的工具。在上面打上几个眼儿，把酒、菜、食品、煮好的饭滤出来，将汤料过滤出来所用的工具。最早我们的古圣先贤在造字时看见了这个器皿，就突发奇想，造出了这个"录"。在甲骨文中"录"是画了一个柄，里面是一些食物，下面有好多眼儿，把食品滤出来的样子。这就是"录"字的出处。现在作为形声字和其他汉字搭配应用。

歌诀：

石做碌碡，农忙所用。便有"忙碌"。（碌 liù，碌 lù）禄，祭祀神灵，求神保佑，赐予（禄 lù）。

录本滤袋，绳扎口袋，便加绞丝，借表绿色用（绿 lǜ）。萝菉，草本植物，故加草头；（菉 lù）。氯气，一种气体，气加头顶；（氯 lǜ）。渌用水旁，表示水清；（渌 lù）睩用眼目，眼珠转动；（睩 lù）。醁用酉旁，醁醁美酒；（醁 lù）逯某走之，把录讲明（逯 lù）

## 令 [lìng][líng]

据《说文解字》、甲骨文、金文史料考证，命令的"令"的出处是，我们的古圣先贤在造字时看见了一座房子，就是一个人下面一横，就是房屋的意思，人盘坐在房屋前面的屋檐下面。在甲骨文中就是这样：这个"人"字是个屋顶，人盘坐在屋檐下面进行指挥，发号施令。后来逐渐演变成指挥战斗的司令和指挥官坐在一个战车上发号施令，这就是命令的"令"。这个字的出处是非常有意思的。

歌诀：

女孩叫小玲，孤苦又伶仃；（玲 líng，伶 líng）

虽然年龄小，上课爱聆听；（龄 líng，聆 líng）

学习她领先，不怕热和冷；（领 lǐng，冷 lěng）

常常拎菜篮，挖菜上秦岭；（拎 līn，岭 líng）

羚羊满山跑，穿越柏木柃；（羚 líng，柃 líng）

采药叫茯苓，装饰用鸟翎；（苓 líng，翎 líng）

白蛉是害虫，装入小瓦瓴；（蛉 líng，瓴 líng）

气温到零下，可怜受寒冷；（零 líng，怜 lián）

邻里是图圈，处处装电铃。（邻 lín，铃 líng）

了 [le][liǎo] 瞭

歌诀：

有病去治疗，走之说宋辽；（疗 liáo，辽 liáo）

了字组字少，一看就明了。（了 le，了 liǎo）

世人都晓神仙好，唯有功名忘不了；

古今将相在何方？荒冢一堆草没了。

世人都晓神仙好，只有金银忘不了；

终朝只恨聚无多，聚到多时眼闭了。

世人都晓神仙好，只有娇妻忘不了！

君生日日说恩情，君死又随人去了。

磷 [lín]

据《说文解字》、甲骨文、金文史料考证，我们的古圣先贤在造"磷"字时看见了一堆磷火，逆风而行，下面是一堆骨头在燃烧。这个骨头就是"夕"，就是人死后的肉体和骨头，和一个牛的变形字。于是在甲骨文中是在上面画了三个火，下面画两节骨头。现在这个磷把石字边去掉。作为形声字和其他汉字搭配在汉字中应用。麒麟（qí lín），古代传说中的一种动物。遴选，慎重地选择。辚辚，车行走时的声音。膦，有机化合物的一类。

歌诀：

去石来表音，有鹿是麒麟；（麟 lín）

走之去遴选，行车车辚辚；（遴 lín，辚 lín）

波光粼粼处，鱼鳞在鱼身；（粼 lín，鳞 lín）

山石多嶙峋，七字都读磷；（嶙 lín，磷 lín）

只有月旁膦，读作吝字音。（膦 lìn）

仑 [lún] 侖

据《说文解字》、甲骨文、金文史料记载，这个仑的出处是这样的：我们的古圣先贤在造字时看见了看见了一位圣贤两腿盘坐，拿的是一个竹简，给大家讲经说法，讲礼仪、讲人伦道德的样子。于是古圣先贤就造出了这个字。甲骨文中是这样写的：画了一个人，中间画了一个丁字表示人的躯体，下面是两手捧着竹简给大家讲人伦道德、讲礼仪。后来逐渐就简化成人字下面一把匕首。这个仑的出处就是这样的。

歌诀：

有人讲人伦，有丝是涤纶；（伦 lún 纶 lún）

有水莫沉沦，有言多理论；（沦 lún 论 lùn）

右手抡刀枪，有车车轮滚；（抡 lūn 轮 lún）

有口勿囫囵，七字都读仑。（囵 lún 仑 lún）

## 虑 [lǜ] 慮

据《说文解字》、甲骨文、金文史料记载，这个虑的出处非常有意思。这个字最早在甲骨文中是怎么造的呢？它的出处是什么呢？有一个部落的首领，那个时候是射猎时代，还没有耕种，不种粮食，就是拿着石头、箭或者武器出去狩猎。当时村子里有一个大虫（老虎），时时危害人们的生命安全。那时部落的人们居住的还不是窑洞，是"地窝子"，就是把地挖一个大坑，上面放一些树枝，抹上一层泥，避风挡雨、乘凉、取暖。这就是人类最早的房屋。大虫会把人们的小孩咬死或吃掉。因此，首领不断地思考，如何把这个大虫干掉，让它不再危害人们的生命安全。甲骨文中下面画了一个心，上面画了两个官字头，就是说用头脑思考，排除忧患。最后逐渐演变为上面是虎字头。这就是虑的来历和出处。

歌诀：

有心去思虑，变力成俘虏；（虑lǜ 虏lǔ）

有水去过滤，掳掠把手出。（滤lǜ 掳lǔ）

## 联 [lián] 聯

据《说文解字》、甲骨文、金文史料记载，联在甲骨文中是这样写的：一个耳字旁，中间是一个脸颊，画了一个象形字，基本上是画了一个人头。后来繁体字是耳字加一个丝，下面是一个卯。卯最早也是一个门户的含义。最后逐渐简化成了一个耳加一个关。繁体字的联是由耳、丝、卯构成的，指耳朵连着人的脸颊，因丝有连续不绝之意，耳与脸颊是相连的，所以由耳、丝、卯会意而成，意指结合、连接。简化字的联是由耳和关构成的，就是关联的意思，最后引申为关联、连接。

歌诀：

耳加关，构成联，耳关联，耳关联，耳朵联的是脸，联结的联。

## 历 [lì] 歷、曆

据《说文解字》、甲骨文、金文史料记载，历在甲骨文中是这样写的：上面一个树林的林，下面是一个止步的止。后来从甲骨文演化而来，就成了一个厂字，下面一个双禾的变形，再下面是一个止。最后就简化成直接一个厂，下面一个力。历字从厂，从止，力的变形字就是止。历字表示脚步走过山崖峭壁，从树木草地中走过，本意是指经过，如经历、来历、学历、历史。

歌诀：

厂加力，构成历，厂力历，厂力历，厂过山崖，历史的历。

离 [lí] 離

離 离 离

据《说文解字》、甲骨文、金文史料记载，离字在甲骨文中是这样写的：上面一个鸟，下面一个鹰。这个鸟要离开了，要飞走了，展翅飞翔了，会意为离开。后来繁体字就是一个离。离字字形就像一把有长柄的网，将一只鸟网住，本意为捕鸟并将鸟从网中取出，指离别，离开。

歌诀：

离隹離，离隹離，取出网中的鸟，离开的离。

另 [lìng]

吕 另 另

据《说文解字》、甲骨文史料记载，在甲骨文中，这个字是画了一个口，下面是一个人用力地干活，后来逐渐简化成口加力。口是指人说话的器官，力指人的体力劳动，或者指智力的能力，是一个人工作的能力，由此便可独立地营生，比如经商，第一要有说话的能力，第二要有力气，第三要有智商。这就是说口加力，具备了这两个条件，就可以独立营生。引申为另外、单独。

歌诀：

口加力，构成另，口力另，口力另，有口有力，独立营生，另外的另。

路 [lù]

跆 路 路

据《说文解字》、甲骨文史料记载，在甲骨文中这个路字直接是画了一条弯弯曲曲的一些路，还有一个叫"足"，它是从"足"、从"各"，左边是一个足下的"足"，右边是一个各自的"各"，它的含义就是各自走各自的。每个人的人生之路各不相同。我们认为方向比速度重要，这句话非常重要。我们在走路的时候，比如我们要去北方，要是方向搞错了，如果走的是去南方的路，你走得再快，也是背道而驰。所以这个"路"对自己的定位非常重要。各自走各自的路就是一个"足"。俗话说：千里之行，始于足下。就是说人走路，走一千里路都要用自己脚去走。各人走各人的路，让他人去评说吧。这一句话非常好，因为好多人在开始走的时候，不知道这个路是能够走出来的。世间本无路，走的人多了才有路。就是说原来是没有路的，走路的人多了就形成了路。就是说我们每个人的人生道路要靠自己的脚去走，首先给自己定好方位、方向，然后用自己的脚一步一步，脚踏实地地去走，不能指望别人。

歌诀：

足加各、构成路，足和各，就是路。千里之路在于行，目标确定艰苦走。

最终目标会达到，人生毅力少不了。

## 劣 [liè]

据《说文解字》、甲骨文史料记载，这个字是从"少"、从"力"，一个"少"字底下一个"力"。这个字表示差人一等，是因为比别人少出了力。因为人生的优劣不是先天决定的，而是后天形成的。汉字中的这个"劣"字的构成是从"少"、从"力"，就是你比别人少出了力，就是"劣"，就比别人差。不是本质的差，而是后天的懈怠、懒惰，不肯比别人多出力，这样的结果，就是劣。你付出得多，得到的就多。不是有个成语叫作"天道酬勤"吗？只要你辛勤地去努力耕耘，你就会得到报酬的。这个我在几十年的人生努力拼搏中深有体会。

歌诀：
少和力、构成劣，少力劣、少力劣。
产品少力是劣质，懒人耍滑少出力。
优胜劣汰是关键，天道酬勤要耕耘。

## 略 [lüè]

据《说文解字》、甲骨文、金文史料记载，这个略是从田、从各。田加各，读作略。略字本意是指地界，就是各耕各的田地。每个人耕种自己的田地，而不相互侵略。这个字本身的含义就包含两个团队不相合的意思，所以会意成是由田和各构成，有了战略之意。

歌诀：
田和各，构成略，田各略，田各略。
割人田地就是略，侵占别人更可恶。
再强也勿去侵略，侵略别人是罪恶。

## 留 [liú]

据《说文解字》、甲骨文史料记载，最早在甲骨文中是这样写的：我们在讲卯的时候讲了，卯是两扇门，就是把门打开的含义，咱们讲点卯，卯时人们就要上班，点一下到了没有，到了多少人。下面是一个田。最后逐渐简化成这样，卯和田。从田从卯构成留，田卯留，开门见田，留下定居，留下的留。留字是从卯从田，卯是开门的含义，田是田地，合起来就是开门见田地，即人停留，不让别人离去，又引申为保留，再引申为遗留等。

歌诀：
卯下田，构成留；卯和田，就是留。
开门见田是好地，留下定居好耕田。

## 李 [lǐ]

据《说文解字》、甲骨文史料记载，这个字在甲骨文中，上面是一个树木的木字，树木下面扎根，上面发枝丫，下面一个子，最后逐渐简化成这样。李字是由木和子构成的，由于李子树结果甚多，所以李是由木和子构成的。是会意字。比如，我们有个成语叫"桃李满天下"。因为李子比较多，就是兴旺的含义。

歌诀：

从木从子构成李，木子李，木子李，李树子多，姓李的李。

## 类 [lèi] 類

据《说文解字》、甲骨文史料记载，类最早在甲骨文中是这样写的：这个米字，实质上是画了一个十字，两面加着垒起来，右边一个页字，下面是一个大字，大代表一个人。后来逐渐简化成米加大。类字是形形相通的，许多相近的事物的总和，就是一个类。引申为类别，有句古语说得非常好，物以类聚，人以群分。

歌诀：

米加大，构成类，米大类，米大类，米分大小，类别的类。

## 吏 [lì]

据《说文解字》、甲骨文史料记载，最早吏字是这样写的：一个十字下面一个口，

表示一个人在为百姓做事，最下面是一个手。最后逐渐简化成了现在这样一横下面一个史。吏字是从一、从史，一是指执法如一，就是执法非常公平，一样对待。史是中正、公正的意思。当官的官吏就是要执法如一，要公平。为什么要史呢，当官的做事要公平正义，要能经得住历史的检验。

歌诀：

一加史，构成吏，一史吏，一史吏，公正执法，官吏的吏。

## 礼 [lǐ] 禮

据《说文解字》、甲骨文史料记载，礼字最早在甲骨文中是这样写的：上面好像画了一个器皿，就是一个盘子，下面是一个座子。上面放了两串珠宝。后来逐渐演化成两个丰字，丰收了就是说有了宝贝了。最后就简化成今天的这个礼字。古代的礼字字形像一个礼器。用于祭祀神灵，以使赐福。简化字的礼可以理解为祭祀时弯腰行礼的样子。周礼上说人和人之间要有礼。敬别人者，如敬自己。你常常礼敬别人，等于你在尊敬自己。

歌诀：

礻加竖弯钩，构成礼，两串珠玉，放入礼器，礼貌的礼。

## 泪 [lèi] 淚

瀙 泪 泪

据《说文解字》、甲骨文史料记载，泪字最早在甲骨文中是这样写的：左边是一个水，右边是一个人的眼睛。后来繁体字是三点水右面一个户，下面一个大。最后简化成三点水加一个目。泪字是由水加目构成的，指眼睛中流出的水。古代大部分的字都是象形会意而成的，比如我们以前分享过的看字，就是一只手放在眼睛上方。

歌诀：

水加目，构成泪，水目泪，水目泪，目中流水就是泪，眼泪的泪。

## 聊 [liáo]

聊 聊 聊

据《说文解字》、甲骨文史料记载，聊字最早在甲骨文中是这样写的：左边是一个阜字，是高处的城池，右面是两个门扇儿，我们在讲卯的时候就提到过，这里面有一些关于点卯的学问，是日出而作，日落而息，早上把门户打开，就要点卯。后来逐渐变成一个耳字旁加一个卯，就是聊字。两个门碰在一起的声音很清脆，传到人的耳朵里，就形容聊天。因为卯字字形像两扇门相对的样子，两门相碰必然会发出声音，所以聊是耳鸣的意思。假借指闲聊。

歌诀：

耳加卯，构成聊，耳卯聊，耳卯聊，两门相碰，发出声音，聊天的聊。

## 垒 [lěi] 壘儡 [lěi]

壘 垒 垒

据《说文解字》、甲骨文史料记载，垒字最早在篆文上是画了三个田，下面一个土，就是田地上面有不同的石头，垒起来，就是古代用石头垒的墙。而傀儡的儡是几个相似的石头垒起来，旁边是一个人。最后这个垒是三个石头下面一个土。最后就演化为三个允字头下面一个土。这两个垒最初是一个字，指古代军营中用土块筑起的防御工事，所以垒是石，也就是田，加土构成。又因为工事用许多相似的石头垒成，所以儡字是由壘字加上人构成，就是傀儡的儡。

歌诀：

土加田，构成垒，人加田，构成儡，三田土，构成壘，土上垒石，堡垒的垒，人加壘，傀儡的儡。

## 柳 [liǔ]

柳 柳 柳

据《说文解字》、甲骨文史料记载，柳字最早在篆文上是这样写的：上面一个木，下面是两扇门，就是卯。后来异体字

把木移到左边了，把卯移到右边，形成了
这个柳字。篆体柳字的下面部分代表柳树
的枝条非常细长，后来演变成右边的卯。
卯就是两扇门，古人一般在门前栽柳树，
开门见柳，越过越富有。

歌诀：
木加卯，构成柳，木卯柳，木卯柳，
树枝细长，柳树的柳。

## 卢 [lú] 盧

据史料《说文解字》、甲骨文记载，
卢在甲骨文中是这么写的：上面是虎字
头，中间有一个炉灶，逐渐演变成这个字，
最后简化成这个字，甲骨文卢字下面是一
个火炉形，上部是虎字头，在金文里加了
一个田，再加了一个器皿的皿，表示假借，
就是装饭的器皿，中间有个田，田就是田
里面结出来的果实，装在器皿里面，就是
煮饭的含义。现用作姓，也是个组字量较
大的声旁字，这个字主要是声旁字，茅庐，
庐就是起居的地方，它是一个形声字，所
以这个卢今天不断地简化，中国姓卢的大
都在河南省，还有一部分在福建、浙江
一带。

歌诀：
卢本火炉状，如今形变样。虎头加尸
上，组字做声旁。

## 吕 [lǚ]

据《说文解字》、甲骨文、金文史料
记载，吕像人（或动物）的两块脊骨。吕
的本义是指脊骨。借用古代音乐十二律中
的阴律，总称"六吕"，后用作姓氏。1.脊
骨。2.我国古代十二音律中六种阴律的总
称。3.姓氏。4.象形。

歌诀：
两口竖着放，就是吕字样，吕本指脊
骨，今用姓氏上。

## 娄 [lóu] 婁

据《说文解字》甲骨文、金文史料记载，
"娄"像一个女子顶着一个米字形的竹篓。
古文字娄有中空的意思。1.（方）身体虚
弱。2.某种瓜类。3.（娄子）乱子；纠纷。
4.二十八星宿之一。5.姓氏。6.物体在空
中自然下落的现象。

歌诀：
竹编盛物器，娄中有空义，今娄字变
形，女子顶筐米。

## 耒 [lěi]

据《说文解字》、甲骨文、金文史料记载,耒(lěi)像古代用于掘地松土的农具耜(sì)的形状。上部的一横是耜柄,下部是耜头。用"耒"组成的字,大都分和农事有关。1.古代的一种农具,形状像木叉。2.古代翻土农具耜上的曲柄。3.耒是汉字的部首之一,从耒的字都与原始农具或耕作有关。

歌诀:

耜是农具形,横竖为把柄,撇捺表耒刃,脚踏在下横。

## 罗 [luó] 羅

据《说文解字》、甲骨文、金文史料记载,罗字上面是一张网、下面是一只鸟的形象,表示一张网捉住"鸟",简化字下部变成夕阳的夕。罗的本义是"捕鸟的网",引申为搜罗、收集等义,另外,罗字还可以用作名词,指罗网,如"天罗地网"等。1.捕鸟的网。2.搜集:招来。3.包括。4.排列。5.轻软而显纹的丝制品。6.一种器具。用来过滤流质或筛细粉末。7.用罗筛筛东西。

歌诀:

罗本捕鸟网,四字像网张,简化字罗形,网在夕字上。

## 六 [liù] 陆

据《说文解字》、甲骨文、金文史料记载,六是庐的本字,字形像房子的侧视图,由于音近,假借表示数目字六。人们常用"一只家鼠跳上案,两只老鼠向上看"这个字谜记六字的字形。"六"也像手势语,上部的点和横是手腕和手背,下部的一撇和一点像分别伸出的拇指和小指,六的形状像物架上拴着两溜东西,我们把一撇一点下面两点叫"六字头"。

歌诀:

六本房侧视,六是庐本字,假借数字六,房层成数词。

## 里 [lǐ] 裏

据《说文解字》、甲骨文、金文史料记载,简化的里字从田从土。本义指居民聚居的地方,即乡里,引申为居民单位。秦代时二十五家为一"里"。从此,里又是长度单位。简化字里又作里外的里。1.人所居住的地方。2.古乡。3.古代户籍管理的组织。4.市制长度单位,150丈等于一市里,合500米。5.衣服被褥的内层。

歌诀:

里表田边土,里便田土组,乡里和邻里,均关居住处。

## 龙 [lóng] 龍

据《说文解字》、甲骨文、金文史料记载，简化字的龙形似龙在云中翻腾，一横是云，撇和在下角的部分是弯曲的身躯，右上角的点是传说中龙吐的珠。用龙组成的字（包括繁体）大都与龙有关。龙具有很强的进取精神。各种艺术中龙的形象，大多是飞龙、腾龙或奔龙，朝气蓬勃，奋发向上，威武不屈。神话传说中的龙，大多数是一往无前、势不可挡、无所畏惧的。

歌诀：

巨龙腾云中，云层是一横，一点表龙珠，头身乙表明。

## 鹿 [lù]

据《说文解字》、甲骨文、金文史料记载，鹿字像一只头朝左的鹿，头上有鹿角、长颈，身下长有善于奔跑的腿。用鹿组成的字大都与鹿科动物有关。1. 鹿象征爱情：古代的婚嫁礼仪中，男方会给女方赠送两张鹿皮，寓意着爱情永恒，表示对女方的承诺。2. 富裕：鹿和禄同音；有着福禄双全的含义。3. 一帆风顺：鹿谐音是路，将其送给远行的朋友，可以表示祝福。

歌诀：

学鹿把鹿瞧，鹿上是头角，长撇像鹿身，比像长腿跑。

## 卵 [luǎn]

据《说文解字》、甲骨文、金文史料记载，卵像两个卵排放的样子。古文字卵，就像有透明薄膜包裹着的鱼子。卵的本义指鱼子，引申指雌性生殖细胞，也指动物的蛋。昆虫学上特指受精卵，是昆虫生活周期的第一个阶段。1. 象形：小篆字形像卵。本义是卵子，特指蛋。2. 成熟的雌性生殖细胞，一般呈球形或卵圆形；含有大量的营养物质。3. 睾丸的俗称。4. 指动物发育的第一个阶段。

歌诀：

两卵并列放，就是卵字样，卵本是鱼子，薄膜包卵上。

## 老 [lǎo]

据《说文解字》、甲骨文、金文史料记载，老字像一个面朝左的老人的形状。上部是头，头上长着长长的头发，中间的一长画是老人的驼背和足，向左下伸出的一笔是臂，手下挂着拐杖，楷书老字的十，指头发，一撇是手拄的拐杖，当中一长横，为胳膊。匕字像老人的腿，古时称七十岁的为"老"。老的本义是指年岁大的人，又延伸指陈旧。

歌诀：

老如老年样，十发撇为杖，一横为胳膊，弯腿匕首状。

## 卤 [lǔ] 鹵、滷

据《说文解字》、甲骨文、金文史料记载，卤字是一种碱地所生的天然盐。甲骨文卤字像盛盐的容器之形，其中的小点代表盐粒。1. 卤素。2. 盐碱地。3. 盐卤。制盐时剩下的黑色汁液，味苦有毒。4. 以食盐为基本原料加多种调味品对食品进行煮制。5. 饮料浓汁或食品汤羹。

歌诀：

卤本天然盐，加工要提炼，放在容器里，用时才方便。

## 乐 [lè][yuè] 樂

据《说文解字》、甲骨文、金文史料记载，《论语》曰："学而时习之，不亦说乎？有朋自远方来，不亦乐乎？人不知而不愠，不亦君子乎？"——《学而》。乐，是汉语一级字，读作 lè、yuè，最早见于甲骨文，其本义是一种弦乐器，引申指愉悦、使……愉悦等。

歌诀：

石旁瓦砾多，有火光闪烁；（砾 lì 烁 shuò）

众口能铄金，人生要快乐。（铄 shuò 乐 lè）。

## 凌 [líng]

据《说文解字》、甲骨文、金文史料记载，我们的古圣先贤最早发现一种叶子带刺的草。于是就造出了"凌"这个字。

歌诀：

去丷来表声，加草成菱形；有冰是冰凌，木旁是木棱；左耳皇帝陵，有丝绫罗轻。

## 流 [liú]

据《说文解字》、甲骨文、金文史料记载，流最早是在水边。1. 液体的流动。2. 像水那样流动不定。3. 传播。4. 指江河的流水。

歌诀：

流字取水边，有石是硫酸；有王琉璃瓦，木梳来装扮；有足就疏散，草长蔬菜园。

利 [lì]

利 利 利

据《说文解字》、甲骨文、金文史料记载：1. 锋利；锐利（跟"钝"相对）。2. 顺利；便利。3. 利益（跟"害""弊"相对）。4. 利润；利息。5. 使有利。6. 吉祥。

歌诀：

梨花开时百鸟啼，百鸟啼时把地犁；

种田除草都伶俐，又到山上打猞猁；

早上喝茶采茉莉，下午海中捉蛤蜊；

生吃不利于身体，不讲卫生拉癞痢；

黎明百姓去耕地，辛苦种田有利益。

# M

## 马 [mǎ] 馬

象 马 马

据《说文解字》史料记载,甲骨文中马是象形字,就画了一个马,这个马是倒立的,上面马头、马嘴、马耳都有,右边是马鬃,四个蹄子就像一横,还有马身、马尾,繁体字的马下面是四点水,就表示马的四个蹄子,最后经过多次简化就简化成现在这个字。成语上说马到成功。我们要提倡龙马精神,要敢于创造、敢于拼搏,要走出去,好多跑业务的人说业务是跑出来的,要不断地去拼搏,跑出去做业务、谈业务。

歌诀:

马字马侧行,马上头和鬃,中间是身尾,四蹄变一横。

## 明 [míng]

明 明 明

据《说文解字》、甲骨文、金文史料记载,日和月组成明,明的来历就是我们,人文始祖伏羲当年在画卦之前仰观天象,俯察地理,取了天的阴阳就是太阳和月亮、人的阴阳就是男和女、地的阴阳就是山和水。今天讲这个明就是明亮的含义,《易经》是研究日月天地变化的规律的哲学,明是从这个地方来的,后来引申为明白、明亮,就是说没有隐蔽,说这个人比较明白事理,这就是引申的含义。

歌诀:

日月相推故为易,日月相出就是明;日为阳来月为阴,公历阴历要分清。

## 民 [mín]

民 民 民

据《说文解字》记载,甲骨文中人民的民是这样写的:民这个地方实质上是个眼睛,在上古时期,民指的是奴隶,在奴隶社会,它形象地画了一个眼睛,就是用针刺它,就是说奴隶主为了让奴隶屈服,让奴隶老老实实为他干活,利用一种酷刑,把奴隶的眼睛刺瞎,让他老老实实、规规矩矩地去给他们干活,这就是奴隶,后来这个民就变成了老百姓。古代不但把奴隶的眼睛刺伤,还要给他们戴脚镣手铐,这个民字的这一钩是脚上戴的脚镣或者手铐,这就是一个变化。

歌诀:

用锥刺眼睛,就是民字形,民本指奴隶,后指老百姓。

## 貌 [mào]

据《说文解字》、甲骨文史料记载，容貌的"貌"在甲骨文中是这样写的：左面是一个"豸"，右面是一个"白"，下面一个儿童的"儿"，最后逐渐简化成这样的"貌"。"貌"是从豸从白从儿构成的。凡是与豸字搭配的字都是与犬科有关系的，豺、狼、豹这一类都是有豸字偏旁的字。古时候豸指的是没有脚的一种虫子。貌字字形像一个头面凸出的人形，指人的面貌，加上"豸"字旁，意思是面貌像豹子身上的花纹显而易见，是突显的意思，有个成语叫作貌若天仙等。

歌诀：

豸白儿，构成貌；豸白儿，就是貌。看人先看貌，不以貌取人。

## 莽 [mǎng]

据《说文解字》、甲骨文、金文史料记载，这个莽最早在甲骨文中是这样写的：中间一个犬字，就是一只狗，上下是草。最后简化成了这样。莽字字形像一只犬从草丛中蹿出来，本意是指草丛中出来一只犬，如苍莽、鲁莽，后来引申为不精细、大、粗略的意思，冒失的意思。有一句成语说草莽英雄，就是说匹夫之勇，这个人特别鲁莽，有勇无谋，这就是草莽。

歌诀：

草加犬，再加草，构成莽，草犬莽，草犬莽，犬从草丛中出来冲撞，莽撞的莽。

## 玫 [méi]

据《说文解字》、甲骨文史料记载，在甲骨文中，这个玫是这样写的：左面是一块玉，右面是一个斜文，在甲骨文中斜文的篆体和隶书相近。但在金文中有所不同。现在简化成左边一个王，右边一个反文。玫指的是美玉、美珠，因为文有华美之意，古代的文有花纹之意，就是比较美丽的纹路，比如古代造的一些丝绸，上面有美丽的花纹。所以玫字是由玉和文会意而成的。凡是这个字出现的时候，就是形容美丽漂亮。因为玉上面也有美丽的花纹，再加上文，它成了玫瑰，互相衬托，让人非常喜爱。后来人们不断地引申，比如求爱的信物，谈对象的时候在情人节送一朵玫瑰。这就是玫引申的意思。

歌诀：

玉加文，构成玫，玉文玫，玉文玫，华美之玉，玫瑰的玫。

## 觅 [mì] 覓

据《说文解字》、甲骨文、金文史料

考证，觅字最早在甲骨文中是这样写的：左边画了一个爪牙的爪，右边画一个头和眼睛，形象地比喻看见的样子。后来演化为繁体字的觅，就是爱字头下面一个见，最后简化成现在的觅。觅字是由爪和眼组成的，爪就是手，眼就是指看，就是见。去寻找，去发现，就是说寻寻觅觅。后来引申为人的思考。有人说一生要懂得三句话：第一，要懂得你是谁，准确地认知自己，给自己定位；第二，要知道你从何处而来；第三，要知道你要到哪里去。一生能把这三句话悟清楚，人就活清醒了。这就是觅字引申出来的道理。就是说我们在找东西的时候要用眼睛看，要用手去找。这就是寻寻觅觅，手眼并用的含义。

歌诀：

爪加见，构成觅，爪见觅，爪见觅，手眼并用，寻找东西，寻觅的觅。

## 枚 [méi]

据《说文解字》、甲骨文、金文史料记载，枚字最早在甲骨文中是这样写的：一个木加一个反文，实际上画的是古代一个人拿着斧子砍树木的枝条的样子。最后就简化成现在的木字旁加一个反文。枚字字形像手持一把斧子，在砍树干上的枝条的样子，本意是指树上的枝干，引申为量词，如一枚勋章。古人造这个字的初衷是，在雇人砍树的时候，树上会留下一个一个的截面，用这些面的数量来计算酬劳，你

砍了多少枚，他砍了多少枚。人们在刻章的时候，在平整的那一面上用刀篆刻，这就成为一枚印章。这就是枚字的来历。

歌诀：

木加反文构成枚，木和文，构成枚，持斧砍树，一枚的枚。

## 命 [mìng]

据《说文解字》、甲骨文、金文史料记载，甲骨文的命和令是一个字，金文在令字中加了一个口，表示用口发命令。今天我们要用《易经》的观点和唯物辩证法的观点解读一下命。命字上面是一个人，就是说人生下来就一定要勤奋努力，这会影响你命运的百分之七十。下面这个一，我们读过《易经》的都知道一画开天，一虽然是一横，很简单的一个字，实际上它大于天地。它是天地之分，是天地之交，也就是阴阳之交。所以说人的命除了百分之七十的努力之外还要抓住天时地利，这就是天人合一。下面的叩怎么解释呢？就是你不仅要不断地努力，还要有德行，叩就是一个人做人做事的德行。为什么勤奋的人很多，成功的人少，每个人都勤奋努力，好多人为什么怀才不遇呢？这就是命运的哲理之说。

歌诀：

令加口，构成命，令口命，令口命，口发令，就是命，生命的命。

## 亩 [mǔ] 畞

据《说文解字》、甲骨文、金文史料记载，亩字最早在甲骨文中是这样写的：它是一个高字头，一点一横，下面就画了一个田地。繁体字是右边是有一个久。现在演化成一点一横加一个田。繁体字的亩是石加田加久构成的。土地面积的单位是石，石的异体字就是一点一横，就是界线，是在丈量土地的时候，画了一个界线，在分田的时候，在两块田地之间有一个田埂，为了人们长期用这个埂，栽了一块界石，以此石为界，东边是张家的田，西边是李家的田。亩是面积的含义，田地测定后，是永久不变的。

歌诀：

石加田，构成亩，石田亩，石田亩，石为界线，田为田地，田地有界，划分为亩。

## 卖 [mài] 賣

据《说文解字》、甲骨文、金文史料记载，卖字最早在甲骨文中是这样写的：上面是一个十字，下面是一个宝贝的贝。繁体字的卖，上面一个士，中间一个四，下面一个贝。简体字的卖是十字下面一个买。卖字是指出售货物换取的金钱，所以由出和买构成，后来这个出变成了士，简化字又把士变成了十字。如卖货，出卖。

歌诀：

士加买，构成卖，士买卖，士买卖，本意是出，出卖的卖。

## 冒 [mào]

据《说文解字》、甲骨文、金文史料记载，冒字在甲骨文中就是上面画了一个帽子，下面画了一个眼睛，这就是冒。帽字就是在冒旁边加一个巾，表示帽子。冒字的上部是指帽子，是一个月字，下部是目。帽子要戴在眼睛之上，用布做成的帽。假借为冒充，冒进，冒汗等。

歌诀：

月加目，构成冒，巾加冒，构成帽，月目冒，巾冒帽，月是帽子，目是眼睛，冒的本意是帽子。

## 脉 [mài][mò]

据《说文解字》、甲骨文史料记载，脉字在甲骨文中是这样写的：左边是一个月，也就是肉，即我们的胳膊。把脉的时候就是在摸胳膊上血管的走向。右边是一个派的省形，意思是身体上血管的支流。后来逐渐演化成了一个月字加一个永。繁体字的脉字字形右边的永是派的省形，表示支流的汇合，派就是河水的支流。人体内的血管像河水一样，有许多的支流，所以脉是由月和永组成的。脉字还读作 mò，含情脉脉。这是一字两音。

歌诀：

月加永，构成脉，月永脉，月永脉，血脉时时通，身体没疾病。

## 冥 [míng]

据《说文解字》、甲骨文史料记载，冥字最早在甲骨文中是这样写的，一个秃宝盖，下面一个日，就是说太阳下山了，落到草丛中去了，光线比较昏暗了，下面是一个象形的卯字，就像两个门扇。当天气昏暗了、太阳落山了，我们要关门。卯字最早就代表两扇大门，因为我们是日出而作，日落而息。后来这个字就演化成了这个样子。冥字指昏暗，因秃宝盖有覆盖之意，日被覆盖了，就是昏暗。又因为日代表十，十日为一旬，一月有上旬中旬下旬，月亮是十六日始亏，没有月亮就是昏暗了，所以冥字是由秃宝盖、月、六构成的会意字。另一种解释是秃宝盖和莫字的省形，莫字的意思是太阳落到草丛中去了，天气昏暗了，就是冥。

歌诀：

秃宝盖加日加六构成冥，秃宝盖，日六冥，冥字指幽暗，月亏晦明。

## 麻 [má]

据《说文解字》、甲骨文、金文史料记载，麻就是古代用麻搓绳子的"麻"。这个麻的出处是什么呢？因为当时没有货币，麻、羊皮、鹿皮、粮食等是用来交换的贵重物品。一张羊皮才能兑换两束麻。那个时候麻绳用量很大，好多的竹简都是用麻绳穿起来的。在结绳记事时代，大事大结，一个人打了三头鹿，就给他的绳子上打上三个大结。小事小结，就是说一个人打了三只兔子，就给绳子上打上三个小结。都是用麻绳打结的。所以那个时代麻是相当贵重的，是作为货币来流通的。甲骨文中是上面一个广字，广最早是指房子。因为制造麻是非常复杂的。麻是要在离水比较近的地方耕种，古代人都是靠天吃饭，产量都比较低，所以价格都比较昂贵。麻丰收后，是麻秆，还要放在水里浸泡，叫"耮麻"。泡到一定时候，把它捞出来，剥下来的皮就是"麻"。这是麻的出处。广下面是好多木头，甲骨文中的木上有枝，下有根。就是房子下面立了好多麻秆。后来就逐渐简化成现在这个样子。

歌诀：

石在麻下成磨，鬼在麻下成魔；（磨 mó 魔 mó）。

手在麻下摩挲，修女也叫嬷嬷；（摩 mā 嬷 mó）。

草头却长蘑菇，麻痹总会出错；（蘑 mó 麻 má）。

种米却长糜子，非麻风靡全国。（糜 mí 靡 mí）。

## 满 [mǎn] 满

满 满 满

据《说文解字》、甲骨文、金文史料记载，这个满字的出处非常有意思。我们的古圣先贤在造字时发现，人们在河里打上来的水，都满了。那个时候，水桶都是木条一个一个相切而成的。水桶里的水太满了，不断向外流，就用马勺（葫芦做的）往外舀。就是水溢出来了，太满了，满则溢。这个字的出处是这样的。甲骨文中是这样写的：右边是画了一个木桶，上面有手柄（就是桶栓），左边是一些水流出来了。这是甲骨文中满的出处。后来逐渐简化为现在这个样子。

歌诀：

老人心愤懑，足步总蹒跚；（懑 mèn 蹒 pán）。

有水总会满，有目却隐瞒；（满 mǎn 瞒 mán）。

螨虫听此言，再不敢欺瞒。（螨 mǎn 瞒 mán）。

## 眉 [méi]

眉 眉 眉

据《说文解字》、甲骨文、金文史料记载，这个字的出处是，古圣先贤在造字时突然发现，有个人眉目清秀，眉在古代不是单纯指眉毛，而是指明亮的眼睛和清秀的眉毛。甲骨文中是这样写的：左面画了一个倒立的眉毛，右面画了一个邪的目（就是眼睛），这就形成了眉，后来就逐渐简化为现在这个"眉"。这就是眉的出处和来历。现在眉都是作为形声字和其他字搭配应用的。

歌诀：

陕西省眉县，一女抛媚眼；（眉 méi 媚 mèi）。

来到峨嵋山，鹛鸟声婉转；（嵋 méi 鹛 méi）。

走进木门楣，猸子她当犬；（楣 méi 猸 méi）。

走到湄水边，又把镅发现。（湄 méi 镅 méi）。

## 每 [měi]

每 每 每

据《说文解字》、甲骨文、金文史料记载，每这个字的出处和来历非常有意思。我们的古圣先贤在造字时看见一位孕妇走路走不动了，坐在一块大石头上休息时用手擦腿的样子。于是我们的古圣先贤在想，为人之母，十月怀胎是多么不易啊！所以突发奇想，就造出了这个"每"字。所以这个字上面是一个人，下面是一个母字。甲骨文中是画了一根拐杖和一个孕妇，腹部比较大，好像走不动了，用拐杖拄着起来的样子。后来逐渐简化为人下面一个母字。现在这个字经常其他汉字搭配作为形声字应用。

歌诀：

有人受欺侮，繁事如丝捆；（侮 wǔ 繁 fán）

阴雨天发霉，有日也隐晦；（霉 méi 晦 huì）

常听教诲言，有心没后悔；（诲 huì 悔 huǐ）

木上开红梅，地上种草莓；（梅 méi 莓 méi）

有手很敏捷，酉放蛋白酶；（敏 mǐn 酶 méi）

心如大海水，能活一百岁。（海 hǎi）

## 卯 [mǎo]

据《说文解字》、甲骨文、金文史料记载，这个卯的出处非常有意思。在古时候的人有日出而作、日落而息的生活习惯。那个时候是没有钟表的，就是以日出、日落来衡量自己的作息时间。卯时就是太阳出来的时间，人们就出去劳作，所以就形成点卯之说，就是每个部落的首领把大家集合起来，有的出去狩猎，有的去放牧，有的去耕种。这个卯与门和户有关系。这个卯，就是把两扇门打开的含义。甲骨文中是这样写的，画了两扇门扇。后来就简化成现在这个样子了。有个成语叫"寅吃

卯粮"，就是今天吃明天的饭。说明那个时候生产资料比较匮乏。卯酉时就是太阳上升的时间和太阳落山的时间。这就是卯字的出处。现在这个字都是以形声字和其他汉字搭配使用的。

歌诀：

有草是茆草，有山过山峁；（茆 máo 峁 mǎo）

有金做铆钉，有耳听闲聊；（铆 mǎo 聊 liáo）

有贝做外贸，有水到泖桥。（贸 mào 泖 mǎo）

## 末 [mò]

据《说文解字》、甲骨文、金文史料记载，这个字的来历是非常有意思的。我们的古圣先贤在造这个字时，发现在沙漠地带，有一棵大树，在刮大风时，树梢在动。这个树梢就是末尾的末。于是古圣先贤就苦思冥想造出了这个字"末"。现在这个末大都是作为形声字和其他汉字搭配使用的。妹喜，夏桀的一个妃子，长得非常漂亮。

歌诀：

有禾厉并秣马，有水泡沫唾沫；（秣 mò 沫 mò）

有草茉莉花香，有手涂涂抹抹；（茉 mò 抹 mǒ）

有衣穿袜子，有女妹喜唱歌。（袜 wà 妹 mèi）

莫 [mò][mù]

据《说文解字》、甲骨文、金文史料记载，草字头下面一个曰，再下面一个大字的莫。这个字的出处是什么呢？我们的古圣先贤在造字时发现，在大漠草原上草长得非常茂盛。太阳刚出来时，太阳照射出四面都是草。甲骨文中是在上面画了两棵草，草字头，在甲骨文中也是两个山字，中间画了一个太阳，前面画了两棵草。后来逐渐变为了大字。这是莫的出处和来历，现在这个莫大多数是以形声字和其他汉字搭配使用的。

歌诀：

（一）

战士守卫大漠，不怕辛苦寂寞；（漠 mò 寞 mò）

起早摸黑站岗，饮食雪水冷馍；（摸 mō 馍 mó）

英雄事迹幕幕，令人心中美慕；（幕 mù 慕 mù）

为国尽忠楷模，英雄墓碑高竖。（模 mó 墓 mù）

（二）

有虫就是蛤蟆，月月去做面膜；（蟆 má 膜 mó）

有马蓦然回首，有手摸着临摹；（蓦 mò 摸 mō 摹 mó）

有力前去招募，日暮草丛里落。（募 mù 暮 mù）

面 [miàn] 麵

据《说文解字》、甲骨文、金文史料记载，我们的古圣先贤在造这个字的时候看见了一个美女的脸面。面字上边的一横表示额头，下面的外框是脸庞。里面的自字是鼻子。面字是指脸面，面孔，又指物体的外表、表面。借指粉末状的物质，如面粉等。

歌诀：

面字是脸样，鼻子在中央，

一横表额头，外框是脸庞。

目 [mù]

据《说文解字》、甲骨文、金文史料记载，我们的古圣先贤最早在造这个字的时候，首先看见的就是眼睛。目字像一只非常逼真的眼睛之形。周围是眼眶，中间是眼珠。目的本意是指眼睛，后来引申为动词"看"。甲骨文中是直接画了一个眼睛。后来逐渐演变，演化为现在的这个目字。

歌诀：

目是眼睛样，眼眶竖着放，

两横是眼珠，外面是眼眶。

## 木 [mù]

据《说文解字》、甲骨文、金文史料记载，我们的古圣先贤在大沙漠里走访时，在自然界不断地求索。据说人类造字最早有三种说法：一种是从八卦中的符号引申而来，我们的古圣先贤在大沙漠中发现一棵很大的树，把它放倒，用来盖房子时发现，树枝有多茂盛，根就有多深。根据木头上的各种纹样和图案造字。所以有一句话说得非常好："树冠发迹不忘根。"根据这棵树的样子就造出了这个字。第二种是"仓颉说"，也就是仓颉在当仓库保管员时造的字。第三种是从生活实践中大家不断总结而会意出好多字。甲骨文中"木"字是画了一竖，上面有一些树枝，下面画了一些树根。这就是木字的出处和来历，后来直接写成了一横一竖，一撇一捺的"木"。现在木字作为偏旁和其他汉字搭配使用。

歌诀：

加水去沐浴，霖霂是小雨；（沐 mù 霂 mù）。

有耶是椰树，有戒做机械。（椰 yē 械 xiè）。

## 孟 [mèng]

据《说文解字》、甲骨文、金文史料记载，孟字是由子和皿组成的，指的是一个盆子里放一个婴儿，有人在给这个婴儿洗澡。婴儿一出生，首先放在器皿中给洗干净，引申为第一，比如孟春、孟冬。1.旧时兄弟姐妹排行中的老大。2.每个季度的第一个月，孟春。3.孟浪：鲁莽。4.姓氏。

歌诀：

子加皿，构成孟，子皿孟，子皿孟，盆中洗婴儿，姓孟的孟。

## 穆 [mù]

据《说文解字》、甲骨文史料记载，这个字最早在甲骨文中是这样写的：右边是一个禾苗的禾，左边上面是一个白，代表粮食、谷穗，头低下来了。最早的本意就是一株禾苗，长得非常饱满，成熟了，头低下来了，这就是穆。穆字字形像一株庄稼，禾穗成熟的样子，谷粒也开始落下了。本意是成熟的庄稼，假借为肃穆。

歌诀：

禾加白，加小加撇，构成穆。禾白小撇组成穆，禾穗饱满，成熟的穆，庄严肃穆。

## 牡 [mǔ]

据《说文解字》、甲骨文记载，甲骨

文中是这样写的：它是一个牛，以前甲骨文中就画了一个牛头的形状，右边这一横是土地的意思，从土地里冒出来一个东西，就是一个植物。古代的"牡"是由牛和土而组成，从牛从土，它是一个植物的雄性，比如，牡丹是雄性的代表，假借公牛。这个字我们在讲《易经》的时候讲坤卦的爻辞当中有这么一句话：牝马之贞。牝马就是牛字加一个匕首的匕，牝马指的是母马，今天的这个牡丹的牡指的是雄性，与牝字是相对的。我们讲坤卦的时候说牝马之贞，就是说牝马先迷而后得主，就是说开始比较迷茫，最后又找到了它跟随的主人。"牡"这个字最原始的意思是牛在吃草，它的本意是草，春天草木在地上是育育生发之象，就是从地上就长出来了，就是牡丹的"牡"。

歌诀：

牛土牡，牛土牡。牧牛是公牛，牡丹花王后。做人要牛气，做事要霸气。

### 矛 [máo]

据《说文解字》、甲骨文史料记载，古代矛是一个打仗用的兵器，尖端是锋利的刃，装有长柄。字形上有锋利矛头，下有手抓柄的兵器形状，象形，金文字形，是古代用来刺杀敌人的进攻性武器。

歌诀：

矛上为矛顶，横钩是红缨，竖钩是矛把，一撇插矛用。

### 毛 [máo]

据《说文解字》、甲骨文史料记载，毛字像一根羽毛的形状，上面的撇是毛的尖，中间的两横像众毛丛生旁出，竖弯钩是毛的茎管，毛的本义是鸟的羽毛，引申为人和植物表皮上的丝状物。用毛组成的字大都与毛发有关。1. 动植物表皮所生的丝状物；鸟类的羽毛。2. 人的须发。3. 物体上长的绒状霉菌。4. 粗糙的，未加工的。5. 粗略，大约。6. 不纯净的。7. 引申为小；粗率；发怒、发火；惊慌。8. 姓氏。

歌诀：

学毛把已肩，一撇是毛尖，横表毛丛生，毛茎毛中间。

### 母 [mǔ]

据《说文解字》、甲骨文史料记载，母字像面朝左跪着的一个妇女的形象。胸前的两点像人的乳房。母是哺乳的妇女。母的本义是母亲。1. 亲属中的长辈女子。2. 禽兽中的雌性，跟公相对。3. 螺母：指一凸一凹或一大一小配套的两件东西。4. 最初的或能生产出其他事物的东西。5. 坤卦为母。

歌诀：

母本女人样，两点表乳房，为书写方便，两点上下放。

## 皿 [mǐn]

据《说文解字》、甲骨文史料记载，皿字像一个盛食物或饮料的容器的剖面图。本义指盛东西的器具，如器皿。主要是指碗、碟、杯、盆之类。象形。小篆字形。像碗、盆之类的食器。

歌诀：

客器剖面看，就把皿型见，你瞧盆盘盏，都和皿有关。

## 黾 [miǎn][mǐn] 黽

据《说文解字》、甲骨文史料记载，黾字像巨首大腹，四足蛙形。黾是蛙类的总称，用黾组成的字多属蛙、龟类等四足爬行的动物。黾还读 mǐn，如黾勉。努力、勉励。同"渑"。渑池。地名,在河南一带。象形。甲骨文字形。像蛙形。本义是蛙的一种。

歌诀：

黾字像青蛙，头大腹也大，黾是结总称，口下把电加。

## 苗 [miáo]

据《说文解字》、甲骨文史料记载，苗字像草生于田中之形。本义指初生的植物。苗字由初生之义，引申为泛指事物的预兆，又指后代。1. 初生植物的秧苗。2. 专指某些蔬菜的嫩茎和嫩叶。3. 子孙后代。4. 事物初生的迹象。5. 露出地面的矿物。6. 某些初生的动物。7. 形状像苗的东西。8. 有免疫力的抗生素。9. 姓氏。10. 会意。从田从艹。田里生长出的形状像草的东西。11. 同本义；泛指初生的植物。12. 指禾谷之实。13. 事物的开端；事物的预兆。

歌诀：

草田合成苗，苗像田中草，苗含初生义，苗头是预兆。

## 某 [mǒu]

据《说文解字》、甲骨文史料记载，某是梅的本字,因梅子味酸甜,所以从甘从木，本义指梅子，假借指一定的人、地、事物，如某地、某人，又指代自己。1. 代词。代替不明确指出的时间、地点、人物、事件等。2. 象形，金文字形。像木上结了一个果实，本是梅的形象。3. 指不明、不定说明的人物或事物。4. 指代失传的或忘记的人名或时、地等。

歌诀：

某字本是梅，梅是酸甜味，某即木加甘，某某指代谁。

## 米 [mǐ]

米 米 米

据《说文解字》、甲骨文史料记载，米字像一禾本植物果穗的形状，两个小点和撇捺是籽实排列在穗周围的样子。用米做意符的字，大都与粮食有关。1. 去壳的粮食作物的籽实，特指稻米。2. 泛指去了壳的籽粒。3. 像米粒形状的东西。4. 法定计算长度的单位。一米等于100厘米。5. 象形。甲骨文字形。像米粒琐碎纵横之状。6. 同本义。7. 姓氏。8. 喻极少或极小的量，犹点滴。

歌诀：

禾穗脱掉皮，掉出米粒粒，木表禾之穗，木上点是米。

## 麦 [mài] 麥来 [lái] 來

麥 麦 麦

据《说文解字》、甲骨文史料记载，麦的字形像一棵麦子的样子，下端像根的形状。用麦字做意符的字，大都与麦有关。甲骨文的"来"字也是麦子的形状，来的下面是小麦。1. 麦子。一年生或二年生草本植物，籽实用来磨面粉，也可以用来制

糖或酿酒，是重要的粮食作物。2. 姓氏。3. 形声。甲骨文字形。"麦"是汉字的一个部首。4. 同本义。

歌诀：

麦字像麦样，三横表麦芒，下端表根须，麦穗竖中央。

## 么 [me] 麼 [yāo]

麼 么 么

据《说文解字》、甲骨文史料记载，么字像一小束丝的样子，表示小，又用作语气词。如什么、那么，么在做姓氏时读yāo。1. 词的后缀。附着在某些指示代词、疑问代词或副词后面。2. 歌词中的衬词。要么战胜困难，要么被困难战胜。3. 姓氏。

歌诀：

一小束麻丝，就是个么字，本意指小小，又做语气词。

## 门 [mén] 門

門 门 门

据《说文解字》、甲骨文史料记载，门字像两扇门的形状。现门字像家的门框加门铃，用门组成的字大都与门有关。1. 建筑物或交通工具等的出入口；有时指门扇。2. 器物上打开或关闭的部分。3. 起开关作用或像门的东西。4. 特指人身体的孔窍。5. 家族和家庭；门风。6. 学术、思想或宗教上的派别。

7.特指老师或师父的门庭。8.泛指一般事物的类别。专门。9.途径：诀窍。

歌诀：

两扇门形状，就是门字样，间化门字样，门上门铃响。

曼 [màn]

据《说文解字》、甲骨文史料记载，曼字像用手把帽子拉长，遮住脸、耳，剩下是眼睛的样子。1.长；远。蔓延。2.柔美：轻歌曼舞。3.形声。小篆字形，从又，冒声。又是手。4.细润。

歌诀：

曼本戴帽样，因在帽下方，又手曰为帽，今曼做声旁。

免 [miǎn]

据《说文解字》、甲骨文史料记载，免字是会意字。金文字形，下面是人。上面是人头戴帽形，是冠冕的本字。假借免除，避免。去掉；避开；不要；不可；免开尊口。

歌诀：

一日天色晚，有女已分娩，喝完鲩鱼汤，母给子"加冕"；勉励其努力，并把小手挽。

注：加冕，把皇冠戴在君主头上。这里用"加冕"是选取语。

谬 [miù] 謬

据《说文解字》、甲骨文史料记载，1.错误，差错；2.谦辞。谬繁体字：謬（miù）；谬的拼音：miù；谬的异体字：繆。（1）谬误；差错。（2）用为谦词。（3）背戾，乖违。（4）诈伪；装假。（5）通"缪"。缠缚。

歌诀：

广东廖姓人，言出均谬论；酉杯盛醪酒，女友嫪来斟；

绸缪如丝情，戈却杀戮人；寥寥无人屋，终身将抱恨。

蒙 [méng] 濛、懞、曚

据《说文解字》、甲骨文史料加载，1.蒙昧；2.遮盖；3.承受，遭受；4.形容雨点细小；5.忠厚的样子；6."蒙眬"的"蒙"。（mēng）1.欺哄。2.随便胡猜。3.昏迷。（měng）蒙古族。

歌诀：

日旁天曚眬，月旁月朦胧；水旁雨濛濛，目旁眼矇眬；有犬称作獴，树木种柠檬；蠓虫爱吸血，幕像巾帡幪。

# N

## 耐 [nài]

据《说文解字》、甲骨文史料记载，耐字最早在甲骨文中是这样写的：左边画得像一个而一样，右边是一把刀。人手持着一把刀，就是一个寸。后来逐渐演化成现在的耐字。耐字是由而和寸构成的。而指的是胡须，寸指的是法度、刑罚。假借指耐心、忍耐。古代有一种刑罚是剃去鬓毛和胡须，说人的头发都是受之父母，比如说你触犯了法律，有一种刑罚叫作割发，就是把头发割掉，就等于给你上刑了，也算是一种法外施恩。还有一种刑罚叫作凌迟，就是用网把人缠起来，然后在每个网眼上割肉，割到遍体鳞伤。

歌诀：

而加寸，构成耐，而寸耐，而寸耐，犯罪剃须，忍耐的耐。

## 那 [nà]

据《说文解字》、甲骨文、金文史料记载，在很早时期有一座城堡，上面岗楼里的人，指着城堡说话的样子。"那里是大兵。"这个那字的出处是这样的。所以甲骨文中是右面画了一个邑（耳朵旁），这个邑我们多次讲过，邑是低凹的城池，是右耳。左"耳"高出的城池，叫"阜"。左边是画了一些城墙，又画了一个搭着的梯子一样的东西。以前的梯子是独柱形的。是一个立柱，在上面左右扎上横档，就是木梯。后来逐渐简化为现在的那字。那这个字现在大都是和其他汉字搭配在一起使用的。

歌诀：

有女名娜娜，挪用顺手拿；（娜 nà 挪 nuó）。

那娜多音字，那年看哪吒。（哪 né）。

## 聂 [niè] 聶

据《说文解字》、甲骨文、金文史料记载，这个聂字的出处和来历非常有意思。我们的古圣先贤在造这个字时发现了一个人在唱歌。当时杂音比较大，听不清楚。就像我们现在在公共场所接电话，杂音太大听不清。把一只耳朵按住，才能听清。当时，听歌的人也按住了一只耳朵，在听唱歌。这个聂的出处就是一个人在唱歌，另一个人按住了一只耳朵听唱歌的样子。甲骨文中画了三只耳朵。两个人四只耳朵，按住了一只，就剩余三只耳朵。后来又简化为耳朵下面两只手（又）。这就是聂字的来历和出处。现在这个聂字大都是以形声字和其他汉字部首搭配使用的。

歌诀：

轻步蹑足走，嗫嚅说话难；（蹑 niè 嗫 niè）

金属做成镊，颞骨头（页）上见；（镊 niè 颞 niè）

有心人慑服，有手摄影展。（慑 shè 摄 shè）

## 农 [nóng] 農

据《说文解字》、甲骨文、金文史料记载，这个农字的出处是非常有意思的。我们的古圣先贤在造这个字时发现了什么呢？在耕猎时代，人们还没有衣服穿。防晒和防雨就编一个斗笠，身上要么是用树叶穿起来做衣服，要么是用树皮穿起来作为衣服。看到了这种现象，古人圣贤才造出了农耕的农字。甲骨文中上面画了两个木，就是串起来的斗笠，下面画了一个尸体，上面披了一些树叶。农民的农的繁体字大家都知道，上面是一个曲，下面是一个辰字。最后就逐渐简化为现在这个样子了。这是农民的农字的来历和出处。现在这个农字是以形声字和其他偏旁搭配使用的。

歌诀：

有水趣味浓，有口咕哝哝；（浓 nóng 哝 nóng）

有禾花秾丽，有月化了脓。（秾 nóng 脓 nóng）

## 奴 [nú]

据《说文解字》、甲骨文、金文史料记载，这个"奴"字的出处和来历是非常有意思的。我们的古圣先贤在造这个字时，看到了大户人家（有钱人家）所雇用的奴婢，在地上跪着干活时，女主人还用手在她头上打。古圣先贤看见了打奴婢的样子，于是造出了这个字。这就是奴字的出处和来历。甲骨文中是画了一个女人跪着的样子，上面还画了一只手。后来就逐渐演变为女字右边一个又（手）字。这个字在汉字中一般都是以形声字和其他偏旁搭配使用的。

歌诀：

有马驽马劣，有弓是强弩；（驽 nú 弩 nǔ）

胬肉是肉瘤，心里直发怒；（胬 nǔ 怒 nù）

人生应努力，有子为妻孥。（努 nǔ 孥 nú）

注：弩，强弓。妻孥，是妻子和儿女。胬肉，眼球结膜增生而凸起的肉状物。

## 年 [nián] 秊

据甲骨文史料记载，年字最早在甲骨文中是这样写的：这也是一个象形字，好像是一个人，人背了一个背篓，就是说脊背上背着一些丰收的果实，丰收了，快快乐乐地回家，这就是年，经过多次简化最后就简化成了现在这个年字。古代说过年，咱们一年到头了、丰收了要进行庆贺，过年要吃好东西。但是这个年在古代是一种凶兽，传说三十晚上要抓百姓。古代社会的一些部落民众为了过年，做了好多好吃的，比如，酒、肉来麻痹这个年，做一些祭祀品，放在桌子上祭奠，这个年酒喝醉了，吃饱睡觉了，这个年就过去了，这是一种传说，这就是年。

歌诀：

背上背庄稼，高兴回到家，本义指丰收，新年新变化。

## 女 [nǚ]

据《说文解字》记载，甲骨文中是女人的女，就是一个跪坐的女人。女人的女是一个象形字，后来经不断引申和简化，把女就写成一个女人。那时候是农耕社会，男耕女织，女人为了织布，就盘坐着，两腿交叉，这就成了现在的这个女，它像盘坐的一个妇女，席地而坐，后来女字渐渐由跪变立，但仍然是屈腿弯腰的一种姿势，后来又变成一个盘坐的妇女，做着针线活一种的姿态。

歌诀：

女人盘腿坐，做着针线活。一横是双臂，两腿交叉着。

## 努 [nǔ]

据《说文解字》、甲骨文、金文史料记载，这个字在甲骨文中是这样写的，是个奴隶的奴下面加一个力，就是一个女字加一个手字，它是从奴从力。古代封建社会，奴役一般是女仆，所以一个女字加一个手字，就是助手。

歌诀：

女又力、构成努；奴和力，就是努。出业绩，要努力；要成功，须努力。

## 尼 [ní]

据《说文解字》、甲骨文、金文史料记载，这个尼姑的尼的出处和来历非常有意思，我们的古圣先贤在造字时看到了什么呢？最早看见了一个女子的丈夫死了，这个女人就跪在尸体的旁边啼哭不止。于是我们的古圣先贤对啼哭的样子进行苦思冥想，才造出了这个字。甲骨文中是画了一个尸体的样子，下面跪了一个人形。后来就逐渐简化为一个尸下面一个匕首的匕。一般泛指死了丈夫独守空房的女子或者出了家的女子，称尼姑。古代尼是泛称，这就是尼的出处和来历。

歌诀：

虽坐水泥地，日下多亲昵；（泥 ní 昵 nì）

口出呢喃语，有心别忸怩；（呢 ní 怩 ní）

风光真旖旎，去炼金属铌。（旎 ní 铌 ní）

## 牛 [niú]

牛 牛 牛

据《说文解字》、甲骨文中记载，牛字是这样写的：一个牛头，上面的两个属于牛角，下面这两个是牛的耳朵，这一竖是牛的脸的瘦形的样子，经过多少次简化就是中午的午字出头。这个牛字咱们大家都非常清楚，很简单。今天我们要讲牛是什么含义呢？牛是动物里最勤劳的。在农耕时期，人们利用牛耕地、拉车、运输，它为人类付出了很多很多。现在一些建功立业、敢于创业的人都被称作为牛人。那么牛字的来历为什么是午字出头呢？就是古时候人们说这个牛是比较勤劳的，太阳已经过午了牛还没有休息，进行着繁忙的耕种工作。今天讲这个牛字目的是说做人要勤劳，天下人只要勤劳都有饭吃，不要偷懒，这才有真正的价值。我们作为团队的一员，某一个人非常勤劳，就会受到团队的爱戴和敬仰，所以大家要勤劳，要忠于职守，要干好自己的本职工作，勤奋向上。

歌诀：

写牛看牛头，牛面竖中有。撇横牛角弯，两耳下横瞅。

## 能 [néng] 熊 [xióng]

龍 能 能

据《说文解字》、甲骨文、金文史料记载，能是熊的本字，左上是头，左下像龇着牙的大嘴，右边的像腿形。因为熊以力大无穷著称，故能字引申出能力、才能等义，后能多用引申义，在能下加水（四点水），另造了一个字，来代替它的本义，这大概因为为熊一旦发起脾气便像烈火燃烧起来一样。

歌诀：

能像熊侧形，左头右脚撑，因熊有能时，便表能不能。

## 内 [nèi]

内 内 内

据《说文解字》、甲骨文、金文史料记载，内字由门（变形）和人组成，指从外进入门里面，本义指里面、里头，如内部、内容、国内，引申为内弟。1. 里面；里头。2. 称妻子或妻子方面的亲属。3. 指内部或内脏。4. 指心里。5. 指皇宫。6. 指某一群体或某一物体的中间。7. 室，内室，房室。8. 古代称妻妾。

歌诀：

从外入门里，就是内本义，外框是个门，门内人变形。

## 乃 [nǎi]

据《说文解字》、甲骨文、金文史料记载，甲骨文乃字像一条绳子。本义指你，你的。1. 才。2. 是，为。3. 竟。4. 于是，就。5. 你，你的：乃父。6. 乃情：竭诚。7. 便乃：连词，于是。8. 焉乃。9. 乃诚，诚意：忠诚。

歌诀：

乃像一条绳，绳成乃字形，乃本你之义，借表是字用。

## 鸟 [niǎo] 鳥

据《说文解字》、甲骨文、金文史料记载，古文字鸟像一只面朝左站立的鸟形。小篆画鸟点睛，更加传神。用鸟做意符的字，大都与鸟雀有关。脊椎动物的一类，卵生，体温恒定，全身羽毛覆盖，胸部有龙骨突起，骨多空隙。内有气体，前肢变双翼，多数能飞，后肢能行走。

歌诀：

学鸟看鸟形，点是鸟眼睛，鸟爪变成横，撇像鸟嘴鸣。

## 南 [nán]

据《说文解字》、甲骨文、金文史料记载，南像一种钟形乐器，上端有纽可以悬接，后被假借表示南方的南。1. 四个基本方位之一。2. 指我国的南方。3. 象形。4. 南面。5. 官爵名，通"男"。6.《诗经》中《周南》。7. 姓氏。

歌诀：

南像一乐钟，南下钟之形，南上有横木，一撇是系绳。

## 难 [nán][nàn] 難

据《说文解字》、甲骨文、金文史料记载，难这个字最早是用手去抓一只鸟。感觉很不容易，因此说"难"。于是，古圣先贤就造出了这个字。

歌诀：

骗人装傩神，能治瘫病人；（傩 nuó 瘫 tān）

动手就摆摊，哪知水滩深。（摊 tān 滩 tān）

## 囊 [náng]

据《说文解字》、甲骨文、金文史料记载，囊有以下含义：1. 袋子；2. 像袋子的东西；3. 用袋子装。

歌诀：

人种食品馕，有口别嘟囔；有手别乱攘，防备鼻子齉。

## 脑 [nǎo] 腦

据《说文解字》、甲骨文、金文史料记载，脑有以下几种含义：1. 人体中管全身知觉、运动、思维、记忆等活动的器官，是神经系统的主要部分，动物的脑只有管全身感觉、运动的作用；2. 指头部，脑壳；3. 指思维、记忆力等；4. 指像脑或脑髓的白色物质。

歌诀：

你有玉玛瑙，心里还烦恼；脑用肉月旁，土上大山垴。

注：山垴，小山丘。

## 宁 [níng][nìng] 寧

据《说文解字》、甲骨文、金文史料记载，宁有以下几种含义 1. 安宁、安定；2. 使安定；3. 探望，省视；4. 南京市的别称，南京曾为江宁府治，故名。5. 连词。宁可。6. 副词。岂；难道。7.（nìng）姓。

歌诀：

母口常叮咛，水地多泥泞；反犬多狰狞，木上摘柠檬。

伸手用力拧，家（宝盖）盼儿安宁。

## P

### 谱 [pǔ] 譜

譜 谱 谱

据《说文解字》、甲骨文史料记载，它在甲骨文中是这样写的：古代甲骨文中的"言"是一点下面一个人头形和脸形，"言"者，我们在讲言的时候说过的，舍下面的口是舍态，用口讲话的意思。"普"实质上是在平地上建一座房子，下面"日"是太阳照射过来，阳光普照的意思。这个字经过简化慢慢地就成现在的"谱"字。言+普，谱，指记载事物的类别，以备咨询的书册，因"普"有遍及全体的意思，而"谱"要求类别分明并遍及全体，所以"谱"字由"言"和"普"会意而成。又如，家谱、乐谱、五线谱等。

歌诀：
言加普，构成谱；言和普，就是谱。
县有志；墓有碑；家有谱，人有德。

### 频 [pín] 頻

頻 频 频

据《说文解字》、甲骨文史料记载，频字最早在甲骨文中是这样写的，左边一个步字，右边一个页字。页是顶头的意思。后来逐渐演化成这样的篆体。频字是由步和页组成的，人走的路太多，疲惫不堪，紧蹙眉头，引申为频繁。濒字是由水和频构成的，因古人常常沿水而居。古圣先贤虽然不懂风水，但是他们知道沿河沿水这样的地方是宜居的。走到哪里，有山，有土地，能耕种，能吃上淡水，就不必再为了水而紧皱眉头。有些地方的人为了吃水要走很远的路去背水。

歌诀：
步加页，构成频，水加频，构成濒，
走路太多，眉头紧蹙，频繁的频。濒水过河，
濒临的濒。

### 聘 [pìn]

聘 聘 聘

据《说文解字》、甲骨文、金文史料记载，聘字最早在甲骨文中是这样写的：左边一个耳字边，上面是一个由，下面是一个丂（亏字缺一横就是丂）。最后演化成现在的这个聘字。古代要为一个职务聘请人，首先要耳朵伸长，要听这个人的言行，由是由来的意思，这个人从头到尾说了些什么，他的言行是什么。下面一个丂，也就是亏字缺一横，含义就是看一下这个人是否善于吃苦，是否有才学，是否善于吃亏。了解了这些信息和情况之后，才能最后决定聘用这个人。还有一个意思是，因为这个丂指侠义之士，因为敢于吃亏的

人都有侠肝义胆。探听的时候必须知道对方的才学和智慧，是否仗义，所以聘是由耳由由万几个字会意而成的。

歌诀：

耳加由，再加万，构成聘，耳由万，构成聘，耳朵伸长，探听消息，聘请的聘。

## 盘 [pán] 盤

据《说文解字》、甲骨文史料考证，"盘"字最早在甲骨文中是这样写的：上面是舟字头，像是一个般。下面是一个器皿，在祭祀时盛放祭品。最后就逐渐演化成上面一个舟下面一个皿。古代有盘古开天辟地的传说，另外还有盘古氏，可能是最初制造陶器的人。陶盘可以盛放谷物，也可以煮食物。由于盘古氏发明了陶盘，大大提高了先民们的生活水平，不用再直接烤猎物或者吃生肉，降低了发生疾病的概率，整个人类发展发生了一次大的飞跃。

歌诀：

般加皿，构成盘，舟加皿，构成盘，般皿盘，般皿盘，陶器成盘，盘古的盘。

## 爿 [pán] 爿

据《说文解字》、甲骨文、金文史料考证，爿就是壮士的"壮"字把士去掉。"爿"

（pán）：这个字的来历是非常有意思的，出处是什么呢？古代有一种刑罚叫"车裂"，"爿"是连接两个刑具的东西。有一种刑具叫"头珈锁"，相当于手铐。戴在颈项和手腕上。这个连接的东西就是"爿"。这是"爿"字的出处和来历。在甲骨文中"爿"字是怎么写的呢？在甲骨文中画一竖两横，头上有铆钉一样，套上之后卡住了，环环相扣。这就是"爿"，后来逐渐简化为两点一竖。"爿"字现在直接作为某个字的部首和其他汉字搭配使用。

歌诀：

阿女爱梳妆，着衣爱军装；（妆 zhuāng，装 zhuāng）

虎虎士气壮，训犬得奖状。（壮 zhuàng，奖 jiǎng，状 zhuàng）

## 朋 [péng]

据《说文解字》、甲骨文、金文史料考证，我们的古圣先贤在造字时发现，部落时代的人在外出打猎时，一个部落有几个帐篷，一个帐篷里挂了几道绳子，甲、乙各一道，甲打猎的数和乙打猎的数各记在自己的绳子上（结绳记事）。比如，甲打了三头鹿，就在绳子上打三个大结，乙打了三只兔子，就在乙的这道绳子上打三个小结。在同一个帐篷里居住的人就叫朋。在甲骨文中"朋"字是画了一个横档，又画了两个竖档，竖档上又画了三个小横档。后来就逐渐简化为两个"月"字。有了文字后"月"字就成了肘和大腿，含义是肉。这就逐渐成为在一个帐篷里、绳子上绑的肉。所记的就是朋友的朋。这是"朋"字的来历和出处。现在"朋"字大都是以形声字和其他部首搭配进行使用。水堋，是古代用来分水的堤坝。

歌诀：

一鸟叫大鹏，衔木搭凉棚；（鹏 péng，棚 péng）

口啄响嘣嘣，造好放石硼；（嘣 bēng，硼 péng）

忽然大山崩，足伤往前蹦；（崩 bēng，蹦 bèng）

丝绳做绷带，逃到土水堋。（绷 bēng，绷 běng，堋 péng）

## 彭 [péng][bāng]

据《说文解字》、甲骨文、金文史料考证，这个彭姓的"彭"的出处和来历是非常有意思的。我们的古圣先贤在造字时发现，在作战的时候，首先必须擂鼓。就是用木棒子在做好的鼓（有羊皮或牛皮做的）上打，助军威，鼓士气。用木棒不断地敲鼓而发出声音的样子，就是最早的"彭"。在甲骨文中画了一个圆形的鼓，上面是敲打的样子，下面有一个鼓架子，旁边三撇是发出的声音。我们古代的绘画艺术就是这样来的，比如漫画中一些说的话，在口旁边，就画一个引申号，说的声音，画三撇表示。这就是绘画语言。三撇是打

战鼓的时候所发出的声音。于是，后来的"彭"字，就是上面一个士，中间一个鼓，下面一个鼓架，右面的三撇是发出的音。这就是"彭"的出处和来历。"彭"字现在和其他部首取舍搭配进行使用。

歌诀：

有水就澎湃，有口香嘭嘭；（澎 péng，嘭 pēng）

有月肚膨胀，河海蟛蜞生。（膨 péng，蟛 péng）

## 皮 [pí]

据《说文解字》、甲骨文、金文史料考证，这个"皮"字的来历和出处是非常有意思的。我们的古圣先贤最早在造这个字时发现了什么？发现人们在打完猎之后，比如打了一头鹿，就在绳子上打上一个大结，然后就要用刀剥皮。古圣先贤看到了人们用刀剥皮的样子，就突发奇想，于是就造出了这个"皮"字。这是皮字的出处和来历。"皮"在甲骨文中是怎样写的呢？画了一只手拿了一把弯刀在剥皮的样子。下面的又字，最早就是手。后来就逐渐简化为现在这样的"皮"。"皮"字现在大都是作为形声字和其他汉字部首搭配使用。陂，指黄陂县，在湖北。

歌诀：

水急波浪多，水边土山坡；（波 bō，坡 pō）

两人到彼岸，陂县石碰破；（彼 bǐ，陂 pí，陂 bēi，陂 pō，破 pò）

有病就疲乏，足跛不好说；（疲 pí，跛 bǒ）

把衣当被用，手披衣躺着；（被 bèi，披 pī）

水女阿婆过，头（页）化颇多；（婆 pó，颇 pō）

蓝中有金铍，玻璃玉易破；（铍 pī，铍 pí，破 pò）

竹其怕颠簸，水草菠菜活。（簸 bǒ，簸 bò，菠 bō）

## 平 [píng]

据《说文解字》、甲骨文、金文史料考证，平安的"平"这个字的来历是非常有意思的。我们的古圣先贤在造这个字的时候，看到了物与物之间的兑换。用天平称重量等同的物。那个时候有一个支架，两面放两个树枝编成的箩筐。羊皮或鹿皮、鹿肉等，只要两边差不多就成交。就是说平了。后面的天平就是由此典故引申而来的。这就是"平"字的出处和来历。在甲骨文中"平"字是画了一个杠子，两面挂的东西，下面是一个丁字。就是支点。后来逐渐简化为现在这样的"平"。"平"这个字一般都是作为形声字和其他部首搭配应用。

歌诀：

黄土高原王家坪，致富念的苹果经；（坪 píng，苹 píng）

不怕抨击有智勇，怦然心动巧经营；（抨 pēng，怦 pēng）

苹果颜色如红萍，摘下苹果用秤称；（苹 píng，萍 píng，秤 chèng，秤 chēng）

噼噼砰砰鞭炮响，全县评比第一名；（砰 pēng，评 píng）

纹枰论道称棋圣，平民干成大事情。（枰 píng，平 píng）

## 派 [pài] 永 [yǒng]

据《说文解字》、甲骨文、金文史料考证，"派"在甲骨文中是和"永"相联系的，都与水有关，"派"是一条河分成许多支流，是分派的"派"，引申为派出机构。"派"还读 [pā] 如派司。1. 水的支流。2. 泛指分支。3. 流派：指立场，见解和作风、习气相同的一些人。4. 作风：风度。5. 分配。6. 流遣：安排。7. 指责别人的过失。8. 量词：同数词"一"连用。用于景色、气象、声音、语言等。9. 一种西式带馅儿的点心。

歌诀：
一条大河旁，小沙在流淌，
派表分流量，永表水流长。

片 [piàn][piān] 爿 [pán]

片 片 片

据《说文解字》、甲骨文、金文史料考证，古时"片"字像一木中分为二，左为"爿"，右为"片"，指破开的木板。"片"引申为平薄的东西，如刀片；假借指少的，零星的，不全的，比如片断。1.扁平而薄的东西。2.单：两方中的一方。3.零星的，简短的。4.刨开：分开。5.用刀横割成薄片。6.量词。7.整体的一部分。8.指电影、电视剧等。

歌诀：

木头破两半，左爿右为片，爿义本是床，片指薄木板。

匹 [pǐ]

匹 匹 匹

据《说文解字》、甲骨文、金文史料考证，"匹"像折叠好的一沓布的样子，指计算布匹的单位，是布织出来后把整卷分开的计量词。古代以四丈为匹，现代则以五十尺或二百尺不等为一匹。假借指相当，相配，比得上，如匹敌；又假借指单独，如匹夫之勇、单枪匹马。1.量词：用于整卷的布、绸等。用于骡马。2.比得上，相当。3.单独的。4.会意。据金文，像以山崖的凹凸不平来比喻布的褶皱。本义：中国古代计算布帛的单位。5.志同道合的人：伴侣、配偶。6.匹敌。对手。

歌诀：

四丈为一匹，匹像布叠起，匹字四缺竖，借表单独义。

璞 [pú]

璞 璞 璞

据《说文解字》、甲骨文、金文史料考证，"璞"的含义如下：1.含玉的石头。也指没有琢磨的玉。2.纯朴的（天真）。3.形声，从玉。蕴藏有玉的石头。4.甲骨文的璞字，像人在山洞中手持工具开采玉石而盛于筐内，本义是指开采出来未加工的玉石。

歌诀：

去玉加人旁,顺水到濮阳;张口（噗嗤）扑哧笑,足蹼拨水忙。

票 [piào][piāo]

票 票 票

据《说文解字》、甲骨文、金文史料考证，"票"的含义如下：1.可做凭据的纸片。2.纸币。3.被匪徒绑架以勒索钱财的人质。4.业余戏曲爱好者的表演。"票"也发 piāo 音，1.古同"飘"，随风摆动、飞扬。

歌诀：

我目一瞟，所见不少；风吹旗飘，水泊船漂；鱼有鱼鳔，虫有螵蛸；葫芦瓜瓢，真丝缥缈；马有黄骠，见月长膘；金雇保镖，剽窃用刀；女旁是嫖，车站卖票。

## 丕 [pī]

据《说文解字》、甲骨文、金文史料考证，"丕"字最早是指胚芽（植物的初芽），后来衍生到大，就是说再没有比它大的种子。胚胎，初期发育的生物体。

歌诀：

邳城（右耳）建筑工，胚胎一月整；忙时脱土坯，张口"呸"一声。

## 旁 [páng]

据《说文解字》、甲骨文、金文史料考证，"旁"字的含义是：1.广泛；普遍。2.边；侧。3.其他的；别的。4.汉字的偏旁。5.（páng）姓。bàng，古同"傍"，靠，靠近；贴近。牛蒡是一种植物。耪地。耕作。

歌诀：

滂沱洪水涨，海浪激船榜；气势正磅礴，螃蟹成虫样；石重好多磅，月下用膀扛；用来把地耪，有草叫牛蒡；光荣上木榜，奖金发英镑；有人傍门旁，言语多诽谤。

# Q

## 瞿 [qú]

据《说文解字》、甲骨文、金文史料考证，这个"瞿"字的来历、出处是非常有意思的。我们的古圣先贤发现有一种鸟叫猫头鹰，它有一个特点，一般白天在树上待着不动，到晚上才出来觅食，主要吃老鼠，古圣先贤看到了猫头鹰的眼睛比较厉害，就想到了"瞿"。上面两个"目"比较大，下面一个"隹"，代表"鸟"。其在甲骨文中是怎么写的呢？上面就画了两个眼睛，下面是一只鸟啊，这个"隹"是鸟的身躯，上面是羽毛，最下面是尾巴，"瞿"字现在都是与其他偏旁搭配使用。

歌诀：

通衢，行四面八方路；（衢 qú）清癯，病中面容瘦；（癯 qú）

木欋，木制四齿耙子；（欋 qú）矍铄，老人精神抖擞；（矍 jué）

攫取，攫取须得有手。（攫 jué）

## 取 [qǔ]

据《说文解字》、甲骨文、金文史料考证，这个"取"字的出处和来历是非常有意思的。我们的古圣先贤再造这个字时看到了什么呢？看到了在战争年代，有个奖罚制度，哪位将士杀敌勇猛，所杀的敌人较多，就要把所杀敌人的耳朵割一只，男左女右。以耳朵的多少来奖励勇士。为了保卫部落，鼓励将士的士气，以此制度来鼓励勇士勇猛杀敌。古圣先贤看到了这种现象，于是就造出了这个"取"字。这是"取"字的出处和来历。其在甲骨文中是一只手拿刀（板斧）割耳朵的样子，就是耳朵和又（手）。后来逐渐简化，演变为现在的"取"字。

歌诀：

哥娶王家女，步骤马上叙（娶 qǔ，骤 zhòu）。

众家来相聚，走之添情趣（聚 jù，趣 qù）。

## 去 [qù]

据《说文解字》、甲骨文、金文史料考证，这个字的来历是非常有意思的。我们的古圣先贤在造这个字时看见了什么？看见了一个人送儿子从洞门口走出去劳作、打猎。我们的古圣先贤看到这种景象，于是就造出了这个"去"字。后来就引申为老人故去了。所以，其在甲骨文中是上面画了一个人，下面画了一个洞口。最后就演变、引申为土加人，就是说人入土之义。这是"去"字的出处和来历。"去"

现在大都是作为形声字和其他汉字部首搭配进行使用。

歌诀：

强贼力抢劫，人心多胆怯；（劫 jié，怯 qiè）

硬耳人退却，祭祀（示）以祛邪；（却 què，祛 qū）

月却伸开脚，衣祛把贼截。（脚 jiǎo，祛 qū）

## 全 [quán]

全 全 全

据《说文解字》、甲骨文、金文史料考证，这个"全"字的出处和来历非常有意思。我们的古圣先贤最早在造这个字的时候看到了什么呢？看见了大户人家的"门"，就是诸侯将相的"门"，就是大宅门。门的上面有"人"字形的屋脊。下面三横是"王"，王就是王府。"门"上面还有两个门闩，我们的古圣先贤看到了大宅门之后，就想到了"全"这个字。这就是"全"字的出处和来历。这个字的甲骨文是怎么写的？就是画了一个大宅门，"人"就是大宅门的屋顶，"王"就是两扇门关着，门上还有门钉，王侯将相家的门上有门钉。下面"s"形人代表门闩，门闩的旁边还有两个兽头，表示辟邪。后来就逐渐简化成"全"这个字。现在，"全"字大都是和其他偏旁搭配使用。

歌诀：

木门有门（栓）闩，牛得用手拴；（栓 shuān，拴 shuān）

病好叫痊愈，乙醛草酉添。（痊 quán，醛 quán）

## 雀 [què][qiǎo][qiāo]

雀 雀 雀

据《说文解字》、甲骨文、金文史料考证，这个字是一字两音，还有一个音读（qiǎo），兰州话读（雀儿）（qiǎo er）。"雀"这个字的出处和来历是非常有意思的。人们把所有长翅膀的翎毛类都称为"雀"如，白色的鸽子、大鸟、麻雀、鹰等。当时用箭射中了雀。我们的古圣先贤看到了这种景象，于是就造出了这个字。其在甲骨文中是画了一个小字，下面画了一个鸟形。懂画画的朋友都知道：画鸟有个歌诀："翎毛先画嘴，眼照上唇安；腮侯背上走，续续画翅膀；斜插一尾巴，最后画爪爪。"后来逐渐简化、演变为"少"字下面一个"佳"字的变形。佳是指鸟的翅膀。这就是"雀"字的出处和来历。现在"雀"字都是作为形声字和其他汉字部首搭配在一起使用。注解：商榷，商量。催，常用作人名。

歌诀：

鸟雀构成鹤，鹤边变形雀；（雀 què，雀 qiǎoer，鹤 hè）

有木好商榷，加人人名催。（榷 què，催 cuī）

夋 [qūn]

据《说文解字》、甲骨文、金文史料考证，"夋"就是俊秀的俊把人字边去掉的后的部分。"夋"这个字的出处和来历是非常有意思的。我们的古圣先贤在造这个字时看见了什么呢？用一首诗来形容一下："横看成岭侧成峰，远近高低各不同。"就是看到了这个山脉，于是就造出了这个字。这就是"夋"这个字的出处和来历。其在甲骨文中是画了一个田地的田，后面画了重重叠加的山脉，中间画了一条通往山间的小路。最后逐渐简化，演变成现在的"夋"。"夋"这个字一般都是和其他汉字的部首搭配在一起使用。狻猊（suān ní），传说中的一种猛兽。

歌诀：

（一）

有人很英俊，骑着骏马奔；（俊 jùn，骏 jùn）

越山山险峻，蹚河河水浚；（峻 jùn，浚 jùn）

立交桥竣工，木梭般过人。（竣 jùn，梭 suō）

（二）

口言教唆犯，狻猊快如犬；（唆 suō，狻 suān）

怙恶不悛心，好像酉酒酸；（悛 quān，酸 suān）

馂食是剩饭，懒得睃一眼；（馂 jùn，睃 suō）

火烧也是焌，畯官管农田。（焌 jùn，畯 jùn）

蔷 [qiáng] 蔷 [sè]

据《说文解字》、甲骨文、金文史料考证，"蔷"这个字的出处和来历是非常有意思的。我们的古圣先贤在造这个字时发现了什么呢？发现了农人在两个石头上面担了一个石板，上面摆了一些不太好的蚕丝在晒。把这些桑蚕丝晒干后制作丝制品，其他非常小的用来做灯绳。就是说一点也不敢浪费。古圣先贤看到了这种现象，就造出了这个字。其在甲骨文中是画了一个油灯的火苗，下面有两个器具，连成一体。这里面有一个典故：以前有一个吝蔷的庄主，在即将病故的时候，已经说不出话了。还用手示意下人把油灯的火苗往小了压一下，怕多费一点灯油。通过这个典故不断引申最后就演变为丧字头下面加一个"回"字。就是说人生命都到了尽头了，还怕耗费灯油。这就是"蔷"字的出处和来历。现在这个字大都是和其他汉字的偏旁部首搭配在一起使用。

歌诀：

嫱女官不大，禾田去庄稼；（嫱 qiáng）

草坪栽蔷薇，用土把墙打；（蔷 qiáng，墙 qiáng）

木做船帆樯，吝蔷害了她。（樯 qiáng，蔷 sè）

千 [qiān] 韆

据《说文解字》、甲骨文、金文史料考证，这个"千"字的来历和出处是非常有意思的。我们的古圣先贤在造字时发现了什么呢？发现了农人在量地时手里拿了一个尺杆，就是一个棒子。拿着棒子一下一下地量地亩。还有一个工具是角尺，一翻一翻地丈量。我们的古圣先贤看到了农人手拿尺杆的形象，突发奇想，造出了"千"这个字。那么，千户侯、万户侯就是凭借土地的多少来封分的。就是说古代给当官的发放俸禄，是以土地多少而定的。其在甲骨文中是画了一个人戴了一个斗笠，手拿了一个尺杆，这就是"千"。后来就直接写成了现在的"千"字。"千"字现在都是以形声字和量词与其他汉字部首搭配应用。翩跹（piān xiān），形容轻轻地跳舞。

歌诀：

足走舞蹁跹，走之家搬迁；（跹 xiān，迁 qiān）

左耳是阡陌，歹旁把敌歼；（阡 qiān，歼 jiān）

有心得忏悔，有金是钢钎；（忏 chàn，钎 qiān）

有丝纤维长，有手取牙扦。（纤 xiān，纤 qiàn，扦 qiān）

启 [qǐ] 啓

据《说文解字》、甲骨文史料考证，"启"字最早在甲骨文中是这样写的：它是一个门扇儿，旁边是一只手，就是把这个门打开的意思。后来"启"字的繁体字上面是一个门户的户，右边是一个反文，下边一个口。最后简化成直接一个户，下面一个口。"启"字是由户和口组成，指用口去开导、启发受教者打开心灵的窗户。启迪，启发。

歌诀：

户加口，构成启，户口启，户口启，用口开导，启迪心灵。

妻 [qī]

据《说文解字》史料考证，在甲骨文中"妻"字是这样写的：左面画了一个女人站立，留了个长发，右面是一个手，手去抚摸女人的头发，这个字在甲骨文中的本义是这样的，后来经过简化就写成了妻子的"妻"现在的样子。在封建礼教社会，女人留的长发只有丈夫才能抚摸，男女有别，男女授受不亲，其他的男人不能摸这个女人的头发。

歌诀：

女手妻，女手妻，女人长发，丈夫手摸。妻子的妻。

## 犬 [quǎn]

据《说文解字》考证，"犬"还是象形字，在甲文上就画了这么一个犬，画了一个竖起来的耳，立起来的犬，大概就像人站着，但是它的尾巴是蜷起来的，它是象形字。民间有这么一个寓言，大家听一听，说"儿不嫌娘丑，狗不嫌家穷"，就是说这家把剩汤剩饭给它，狗也不嫌你家穷。说儿不嫌娘丑，就是说儿再厉害、再伟大，但是儿子也不嫌娘丑，这是根。现在人们把狗当作一种宠物去养，且特别爱护狗，给它洗澡。狗，可以护家，可以使人开心，给人解闷。

歌诀：

良贝真狼狈，交骨就狡猾。老师成狮子，犬和猿猴耍。

## 确 [què] 確

据《说文解字》、甲骨文记载，"确"是这样写的：一个石头过来一个尖角的角，就是牛角的角，说"石角确，石角确（确字是由石和角组成）"。它在上古时期的来源就是契约，古代的契约丈量地，就是用尖的那个石头（咱们叫石界），把石头砍尖以后就像钉子一样钉到那个地方叫作小庄（就是契约的这个庄）。再说石头，古代没有写东西的笔，就是把石头磨尖以后做成钉子的形状，在竹板上画横，最早的甲骨文在龟甲上刻一些字。石头非常坚硬，比较硬的东西就是比较固定、坚固的含义。确就是确定，我们现在用确定，点击一下"确定"，就是把这个事定死。古代没有铁器，还是用石器的时候就是用石头给它钉在下面。我们今天讲确定的"确"，就是要一言九鼎，我们做事，确定了的事情一定要完成，一定要讲究诚信，做企业没有一定的诚信就会失败，功亏一篑，导致失败。

歌诀：

石角确，石角确；石和角，就是确。绝落石上就确定，铁板钉钉是九鼎。

## 钦 [qīn] 欽

据《说文解字》、甲骨文史料考证，在甲骨文中这个字是这样写的：在甲骨文中它是一个金，旁边是一个欠，金为什么这儿多了一点，就是表示玉器，是金银珠宝之义。一个金加欠构成一个"钦"。这个字是从金从欠，咱们都知道黄金非常贵重，就是敬重的含义，那么加了一个欠怎么成了钦呢？古代的钦差大臣按照皇帝的旨意下到地方来巡查暗访，他对下面的官员和老百姓都毕恭毕敬，把自己看得很小，欠字就是恭敬对方，把自己看得小的含义，要这样去处事为官。我们今天讲"钦"也就是这个含义，不管我们做人做事也好，当领导也罢，执行公务也罢，对人要以礼相待，对人要恭敬，把自己看小一些。

歌诀：

金欠钦，金欠钦；金和欠，组成钦。恭敬敬重就钦佩；钦差大臣是皇命。

## 乾 [qián][gān] 漧

据《说文解字》、甲骨文考证，在甲骨文中"乾"字是这样写的：左边是"翰"林院的翰字把羽毛的羽去掉，右边是一个"乞"字，最后不断地简化成朝阳的"朝"字把"月"字换成气球的"气"，这就是"乾"。这个"乾"在说文解字里是郁郁生发的意思，有植物茂盛，向上生长的含义，因"乞"像植物弯曲向上生长的样子，所以就把翰墨的"翰"字羽省去形状，和气球的"气"组合。当然，人们都知道，在《易经》中"乾"是为"天"，是为"父亲"，是为"阳"，乾卦的爻辞，卦义是说"天行健，君子以自强不息"，这句话就是说作为"乾"的话要阳刚独断，所以每个人要占卦问事业，你得到这个乾卦，就要自强不息地去奋斗、去坚持、去努力。

歌诀：

翰＋乞→乾，翰乞乾，翰乞乾；天行健君子之行。

地势坤君子厚德，阳光照射草日生，乾坤互动万物生。

## 穷 [qióng] 窮

据《说文解字》、甲骨文考证，"穷"字在甲骨文中是这样写的：是一个宝盖头，宝盖头就是房子，房子里面有一个鞠躬尽瘁的"躬"，指的是人的身体，后来不断地简化成现在这样，简化成一个"穴"字下面一个"力"。这个字的含义是这样的，繁体字的"窮"它是穴字下面一个躬，鞠躬尽瘁的躬，躬代表一个人的身体，就是说一个人的身体掉到洞穴了，有力使不出来，所以就比较穷途末路，就是无路可走，非常穷，也就是穷困潦倒的穷。后来的简化字是一个"穴"字下面一个"力"，会意成人掉到洞穴里面，身体没办法使出力气了。

歌诀：

穴＋力→穷，穴力穷，穴力穷。因在穴里无力动，有力不出是穷途。

## 契 [qì][qiè]

据《说文解字》、甲骨文、金文史料考证，契约的"契"是这样写的：最早在甲骨文中是丰收的丰，过来一个刀，这是最早的契约的"契"。这个字是从丰从刀从大构成契，丰刀大构成契，就是在竹木上刻字，书契的"契"，是用刀在竹板上刻痕，丰代表植物丰收，是木的变形字，就是在竹板上刻字，刻划痕，就是用两块木板并在一起刻上一些字。契约是说合到一起作为凭证，古代的合约、契约就是从这里来的。古时候没有文字，怎么办？分地界的时候，给你划的地界，就是在这个地界上钉一个木桩，木桩上用石头刻个划痕，这就是地界，最后就形成了契约。契约就是两个竹板同时刻上一样的东西，一式二份，你拿上一片竹板，他拿上一片竹板，这个划痕对到一起就证明它是一刀刻下的，这就是契约的"契"。

歌诀：

丰刀大，构成契；丰刀大，就是契。田上栽石是地界；买卖田地叫地契。

## 缺 [quē]

缺缺

据《说文解字》、甲骨文考证，这个缺是由缶加夬组成的。因为夬指的是坛子缺一个口，缺失一点，有缺损之意，缺指的是瓦和缶、器具破而不全，就是坛子上一不小心打掉一个缺口，残缺着一点。六十四卦中有卦叫作泽天夬，这个夬卦是六十四卦的第四十三卦，它是下乾为上兑，兑上缺，兑为泽，夬这个卦的含义就是排除、阻隔之象，就是把阻隔的一些东西排除掉，是水满成灾之象，就是说水满则溢。

歌诀：

缶加夬，构成缺，器具缺损，缺点的缺。

## 庆 [qìng] 慶

庆庆

据《说文解字》、甲骨文史料考证，"庆"字最早在甲骨文中是这样写的：上面画了个山，下面画了一头鹿，用刀把鹿皮割开后，就露出了鹿的五脏六腑。逐渐演化成"鹿"字加心再加爱字底，后来简化成了现在的庆，广字加个大。古代的"庆"字是由鹿和心组成的，古人在祝贺别人的时候，比如这一个部落打了一头鹿，古代的鹿肉是最珍贵的礼品，一般向皇宫里进贡，就是拿多少鹿皮、多少块鹿肉，或者鹿茸，来进贡。现在人们互相馈赠礼品的时候还是喜欢鹿茸。所以，别人家有喜事，我们去庆祝的时候，给他带点鹿皮、鹿肉、鹿茸，鹿一身是宝。简化字"庆"是由一个广和一个大组成的，我们就理解为好多人共同欢庆。比如，国庆、普天同庆，就是许多人共同庆祝的样子。

歌诀：

广加大，构成庆，广大庆，广大庆，手拿鹿皮，真心祝贺，庆祝的庆。

## 酋 [qiú]

酋酋酋

据《说文解字》、甲骨文史料考证，"酋"字最早在甲骨文中是这样写的：上面一个"八"字，下面是一个"酉"。我们以前多次讲过，"酉"字就是装酒的器皿。古代一般都是陶罐，里面装酒或者食品。为什么"酋"字这样写？因为古代的酋长是比较无私的，比较公平，把酉里面装的东西给大家平分，比如丰收的果实、祭品或者猎物，给大家分得非常公平，这就是酋长，他的威望比较高。八含分意。掌酒官把酒分给大家，所以"酋"字是八和酉会意而成的。酋长就是这个掌酒官。当然，后来他不仅掌握酒，还担任部落中公平分配的长者，既德高望重，又大公无私，这就叫酋长。

歌诀：

八加酉，构成酋，八酉酋，八酉酋，酋字由八和酉组成，本意是掌酒官。

## 黔 [qián]

据《说文解字》、甲骨文史料考证，"黔"字最早在甲骨文中是这样写的：一个黑，下面是一个火，旁边一个今。"黔"本来是黑色的意思，即在犯人的脸上刺字和涂墨。小篆"黔"字里的"今"字像刺刻、涂墨的刀。

歌诀：

黑加今，构成黔，刺脸涂墨，黔首的黔。

## 秦 [qín]

据《说文解字》、甲骨文史料考证，"秦"字最早在甲骨文中是这样写的：上面是几个人拿着镰刀，下面是长着的禾苗，在收割的样子。会意字是奉字下面一个禾。后来逐渐简化成现在这样的春字头下面加一个禾。"秦"字的字形像两只手举着锤在春禾。"秦"字上半部是"奉"字的省形，古代的渭河流域农业发达，所以称为秦地，秦国即发源于此。

歌诀：

奉加禾，构成秦，奉禾秦，奉禾秦，举锤春禾，秦国的秦。

## 弃 [qì] 棄

据《说文解字》、甲骨文史料考证，"弃"最早在甲骨文中是这样写的：上面画了一个钩子，就是玄字头，下面是两只手。意思是像簸箕一样把东西往外抛。繁体字中是这样写的，最后就演化成今天这样的"弃"字。"弃"字的字形像双手抛弃簸箕中的婴儿的样子。据《史记·周公本纪》记载，后稷的母亲因为踩了巨人的足迹而怀孕，生下的孩子长相难看，以为不祥，于是抛弃了他。但是，后稷没有死，得到了马牛飞鸟的保护，后稷没有挨饿受冻，母亲认为神在保佑他，就将他养大成人，取名为弃。实际上，应该是后稷的母亲不是正常的婚姻怀孕，但是后稷后来成名了，于是有人杜撰了这样的神话。

歌诀：

子加箕，再加手，构成弃，子箕手，构成弃，箕中弃子，抛弃的弃。

## 其 [qí][jī]

据《说文解字》、甲骨文、金文史料考证，这个"其"的出处是非常有意思的。我们的古圣先贤在造字时，看到了农民手拿着簸箕在簸粮食时的景象。苦思冥想，就造出了这个"其"字。这是"其"字的出处和来历。这个字在甲骨文中是画了一个簸箕的形状，左下角和右下角画了两只手（又），就是用簸箕簸粮食的样子。后来就逐渐简化为现在的"其"字。现在"其"字大都是以形声字和其他汉字部首搭配起来应用的。綦，很，极之义。

歌诀：

人生如棋盘，志向似红旗；（棋 qí，旗 qí）

学习打基础，手指有斗箕；（基 jī，箕 jī，箕 jī）

不做欺心事，不贪美玉琪；（欺 qī，琪 qí）

希望要綦切，成功更可期。（綦 qí，期 qī）

## 奇 [qí]

据《说文解字》、甲骨文、金文史料考证，古时候，还没有家具、桌凳之说。那个时候，人们把好多的木棒垒成支架，人站上去观看，有站岗、放哨之意。看看外面的族群是否来侵犯他们的财产和牛羊，这样就站得高，高瞻才能远瞩。古圣先贤看到这种现象，苦思冥想，说这种现象真奇特。于是就造出了这个"奇"字。这就是"奇"字的出处和来历。"奇"字在甲骨文中是画了一个人，下面是几个木棒垒成的支架。后来就逐渐简化为大、可。这个奇在汉字中大都是以形声字和其他汉字部首搭配进行使用的。

歌诀：

人生立奇志，不坐安乐椅；（奇 qí，奇 jī，椅 yǐ，椅 yī）。

敢走崎岖路，不倚强势力；（崎 qí，倚 yǐ）

骑马创天下，不羡玉美琦；（骑 qí，琦 qí）

著文寄豪情，文章多绮丽；（寄 jì，绮 qǐ）

犄角非畸形，奇人创奇迹。（犄 jī，畸 jī，奇 qí，奇 jī）

耆 [qí]

耆 耆 耆

据《说文解字》、甲骨文、金文史料考证，这个耆字的出处和来历是非常有意思的。我们的古圣先贤在造"耆"时发现一位老人（古代是教书先生），他拄着拐杖拿着书，在太阳出来之后去讲学。看到这个景象，于是就造出了这个字。现在称六十甲子以上的老教师为"老耆"也可以称"耆老"。因为六十甲子是一个轮回。耄耋之年是指八九十岁的老人。这是"耆"字的出处和来历。"耆"在甲骨文中是画了一位老人拄着拐杖拿着书的样子。后来就简化为老字下面一个日字。耆现在是以形声字和其他汉字的部首搭配起来进行使用。古代六十岁以上的老师称为耆。髟（biāo），表示长毛，是个部首字。鬐，马鬃。

歌诀：

有口嗜酒，有鱼鱼鳍；（嗜 shì，鳍 qí）

有草蓍草，有髟马鬐。（蓍 shī，鬐 qí）

乞 [qǐ]

乞 乞 乞

据《说文解字》、甲骨文、金文史料考证，这个乞丐的"乞"字的出处是非常有意思的。我们的古圣先贤在造这个字时，看见了什么呢？最早看见了一个池塘，池塘里的沼气大家可能都知道，就是池塘里

的水和草经过长期污化，当水有波浪时，就产生一种气泡，咕嘟、咕嘟地往上冒。这种气体用火链（当时的取火工具）能打着。这就是"乞"字，我们的古圣先贤看到这种现象，才造出了这个"乞"字。这是"乞"字的出处和来历。其在甲骨文中是画了水面上的波浪，上面画了几个气泡。后来就逐渐演变为一个人字下面一个"乙"字，就是现在的"乞"字。那么，又怎么成了乞丐了呢？我们有个古语说得好："人不可能靠喝西北风生活。"就是说人要吃五谷杂粮，吃东西。在《易经》五行上说：东属木、西属金、南属火、北属水。水和火不能用篮子装，所以我们常常说是买东西，而不是买南北。这样就嫁接为乞丐。不能靠西北风，所以人要勤劳动，不能等着喝西北风，等待的懒人就是乞丐。现在，"乞"是以形声字和其他汉字部首搭配进行使用。

歌诀：

有山山屹立，有言钱收讫；（屹 yì，讫 qì）

有病长疙瘩，把饭吃口里。（疙 gē，吃 chī）

金 [qiān] 佥

佥 金 金

据《说文解字》、甲骨文、金文史料考证，就是"签"字把竹字头去掉。我们的古圣先贤在造这个字时发现了什么呢？

发现了两张小孩在一个房屋下牙牙学语的脸庞。古圣先贤看到了这种现象，苦思冥想，就造出了这个"亼"字。其在甲骨文中是画了一个屋檐的人字架，下面画了两个小孩的头，也就是脸。后来就逐渐简化为现在的"亼"。这就是"亼"字的来历和出处。现在"亼"都是以形声字和其他汉字部首搭配进行使用。

歌诀：

古代赵高的一段故事分享给大家：

赵高内心藏奸险，口蜜腹剑把权篡；（险 xiǎn，剑 jiàn）

指鹿为马验忠奸，二世吓得变了脸；（验 yàn，脸 liǎn）

不少大臣闭眼睑，赵高气焰没收敛；（睑 jiǎn，敛 liǎn）

要逼二世把字签，善恶忠奸受检验；（签 qiān，检 jiǎn，验 yàn）

俭朴农民揭竿起，手中拿着锋利剑；（俭 jiǎn，剑 jiàn）

捡起铁锹闹起义，吓死赵高尸难殓。（捡 jiǎn，殓 liàn）

## 前 [qián]

$$\boxed{\text{肖 \quad 前 \quad 前}}$$

据《说文解字》、甲骨文、金文史料考证，前进的"前"字的出处是非常有意思的。我们的古圣先贤在造这个字时，参考了《刻舟求剑》的故事。这个成语故事大家都知道。古圣先贤看到了这种现象，苦思冥想，

造出了这个"前"字。这是前进的"前"字的出处和来历。大家看一下，"前"字在甲骨文中是画了一叶小舟，上面画了一个人拿了一把剑，指剑掉下去的地方。后来逐渐简化为现在这样的"前"。现在"前"字一般都是以形声字和其他汉字搭配进行使用。

歌诀：

羽底人姓翦，用火把药煎；（翦 jiǎn，煎 jiān）

用刀去裁剪，用竹做弓箭。（剪 jiǎn，箭 jiàn）

## 乔 [qiáo] 喬

$$\boxed{\text{喬 \quad 乔 \quad 乔}}$$

据《说文解字》、甲骨文、金文史料考证，最早我们的古圣先贤在造这个字时看见了一座独木桥，下面有两个柱子。桥由两个柱子撑着，水里还有倒影。我们的古圣先贤看到了这种景象，于是就造出了这个"乔"字。这就是"乔"字的出处和来历。"乔"字在甲骨文中是画了一个弓形的乔，有两个支架在撑着，后面还有一个太阳，人在上面行走。大家都知道，最早桥梁的"桥"是没有木字边。后来就逐渐演变、引申为现在的"乔"字。"乔"现在大都是作为形声字和其他汉字部首搭配在一起使用。

歌诀：

一女名阿娇，此人是华侨；（娇 jiāo，侨 qiáo）

披矢含矫情，轿车她不要；（矫 jiǎo，轿 jiáo，轿 jiào）

皮革做马鞒，骑马太骄傲；（鞒 qiáo，骄 jiāo）

越过独木桥，但见荞麦草。（桥 qiáo，荞 qiáo）

## 侵 [qīn]

据《说文解字》、甲骨文、金文史料考证，"侵"这个字的出处和来历是非常有意思的。我们的古圣先贤在造这个字时，最早看见了一头牛身上所驮的一个麻袋里装的东西偏离了中心，也就是倾斜了。古圣先贤看到了这种现象，就苦思冥想，才造出了"侵"这个字。它与倾斜的倾最早是一个字。倾斜的"倾"是后来演变而来的。这是"侵"字的出处和来历。其在甲骨文中是画了一个牛头，牛背上驮了一些东西倾斜了，快掉下来的样子，后来逐渐演变为现在这个"侵"字。现在，这个"侵"字作为形声字和其他汉字部首搭配在一起进行使用。侵晨，黎明。骎骎，形容马跑得很快的样子。比喻事业前进得很快，如祖国建设骎骎而上。

歌诀：

侵晨人起身，家"宀"人床上（丬）寝；（侵 qīn，寝 qǐn）

水盆把衣浸，瞧见马骎骎。（浸 jìn，骎 qīn）

## 秋 [qiū] 鞦、鞧

据《说文解字》、甲骨文、金文史料考证，因为盛夏季节一过，马上秋天就要来了，秋天的"秋"字的出处和来历是非常有意思的。当时我们的古圣先贤造这个字的时候看到了什么呢？人类在农耕社会，种下了好多好多的粮食，秋天进行收割，节气到了小暑。"小暑见个（麦捆），大暑见摞。"大暑是收割最忙碌的季节。所以古圣先贤见到了收小麦的景象，一捆一捆的粮食，就想到了秋天不敢见火呀，如果见火怕就把粮食烧了。《易经》中有"元亨利贞"，就是春夏秋冬，春种夏忙秋收冬藏。所以"秋"字就成这样了。其在甲骨文中画了一捆一捆的粮食，忙碌劳动的景象就叫火，这就是"秋"的来历。

歌诀：

有心就发愁，心愁如手揪。（愁 chóu，揪 jiū）

手拿金属锹，鱼塘瞧泥鳅。（锹 qiāo，鳅 qiū）

什么口啾啾，举目往上瞅。（啾 jiū，瞅 chǒu）

原来岛秃鹜，皮革鞧千游。（鹜 wù，鞧 qiū）

## 区 [qū][ōu] 區

區 区 区

据《说文解字》、甲骨文、金文史料考证，这个"区"字的来历和出处是非常有意思的。我们的古圣先贤在造这个字的时候看到了什么呢？他们在城楼上看到在城下划了几个区，比如东区、西区。这些区域的部队在训练的时候点卯，东区有多少士兵，西区有多少士兵。所以古圣先贤看到了在城下点兵的景象，于是乎就造出了"区"。在甲骨文中是这样写的，就是画了一座城墙，画了三个口。为什么要画三个口呢？因为口代表人口。现在这个"区"字主要和其他偏旁搭配使用。

歌诀：

革命有先驱，不怕路崎岖。（驱 qū，岖 qū）

驱除狗强盗，不惜捐身躯。（驱 qū，躯 qū）

老妪她姓区，心里把气怄（妪 yù，区 ōu，怄 òu）

水边去沤肥，瞧见鸟海鸥。（沤 òu，鸥 ōu）

瓯江找瓦器，见用殳殴斗。（瓯 ōu，殴 ōu）

木船森中枢，欠债去欧洲。（枢 shū，欧 ōu）

老妪心高兴，出言把歌讴。（妪 yù，讴 ōu）

## 祈 [qí]

祈 祈 祈

据《说文解字》、甲骨文史料考证，"祈"字最早在甲骨文中是这样写的：一个示，这边画了三点，就是古代在作战之前，把作战用的长矛、斧子大刀都堆放在一起，下面摆放上牛头、羊头，就是在出征之前进行祈祷的含义。这就是"祈"字的来历。"祈"字本意是打仗前祷告、祈祷，祈求能够在作战中取得胜利，所以是礻字旁，又因为斤是作战中用的武器，比如大斧，所以由礻和斤组成祈字。

歌诀：

示加斤，构成祈，示斤祈，示斤祈，战前祈祷，祈求的祈。

## 欠 [qiàn]

欠 欠 欠

据《说文解字》、甲骨文、金文史料考证，"欠"就像一个跪坐的人，嘴巴大张，是打哈欠的形象。"欠"的本义是打哈欠，自身的含义是人体内缺乏氧气，嘴张大，呼吸新鲜空气的样子。引申指不足。以"欠"为部首构成的字大多与口或出气有关。1.疲倦时张口出气。2.身体稍微前伸或向上抬起。3.不够，缺乏。4.借而未还；应给未给。5.象形。甲骨文字形像人张着口打哈欠。

歌诀：

人打哈欠样，喷气在人上，引申为欠缺，组字为欠旁。

## 求 [qiú]

据《说文解字》、甲骨文、金文史料考证，在早期"求"像手拿钩子在水中捞取东西的样子，本义是指求得、追求、探求、要求，古有刻舟求剑之成语。引申指恳请、需要等。1.寻找。2.贪图，追求。3.探求，探索。4.请求，求索。5.要求，责求。6.需求，需要。

歌诀：

水中捞东西，就是求本义，求上手和钩，其余是水滴。

## 禽 [qín]

据《说文解字》、甲骨文、金文史料考证，"禽"是"擒"的本义字，古字形像一把捕捉鸟类的长柄网具。本义是捕捉，此义被"擒"取代。引申指鸟类，如飞禽、家禽等。1.鸟类，飞禽。2.鸟兽的总称。3.象形。本义是走兽。4.同本义：走兽总名。5.鸟类的总称。6.捕捉鸟兽。7.捕获。8.战胜。

歌诀：

捕鸟长柄网，就是禽字样，本义指捕捉，今作禽类讲。

## 青 [qīng]

据《说文解字》、甲骨文、金文史料考证，"青"字由丹（朱砂的颜色）构成，炼丹时炉火的火色是青色的，又指蓝色，如青天。还指黑色，如青丝（黑发）。引申为年轻等。1.绿色；青苔。2.蓝色；青天。3.青色物；丹青。4.黑色；青丝。5.指黑眼珠。6.年轻；青年。7.指青年人。8.青海省的简称。

歌诀：

生丹合成青，炼丹炉比生。
青的大炉色，引申表年轻。

## 旗 [qí]

据《说文解字》、甲骨文、金文史料考证，"旗"字像一面旗。"旗"为帅集合士卒的特殊称谓，旗的本义指旗子，如旗杆、旗手、军旗等，又指清代军队的组织和属于满族的，如旗人、旗袍等。1.旗子；国旗。2.清代满族军队组织或户口编制。八旗。3.属于满族的，叫旗人。4.内蒙古自治区的行政区划单位。相当于县。5.泛指各种旗帜。6.标识；标志。7.假借为"箕"，箕宿，二十八星宿之一。寿于旗翼。8.号令。

歌诀：

方旁表旗形，其表旗子声。

其上是旗带，旗袍把旗用。

## 七 [qī] 柒

据《说文解字》、甲骨文、金文史料考证，七像在物上画个十字，是切的本义字，为了避免和"十"字相混，把竖画下端改为了曲笔，后来"七"被假借作数字七，加刀字旁另造"切"字。1. 数词；6 加 1 的和。2. 序数第七。3. 旧俗人死后，每七天一祭祀。叫作"一七"。共七七四十九为止。4. 指事；画一纪数。5. 同本义。七，阳之正也。6. 七次，如诸葛亮七擒孟获。

歌诀：

七是切物状，横竖力痕样，为和十区别，弯钩七下放。

## 丘 [qiū]

据《说文解字》、甲骨文、金文史料考证，丘是平顶的土山形，上面的撇表示平顶，较平，中间是山体，下面的一横是地面。丘是小山，如丘陵、沙丘。1. 小山；土堆。丘陵。2. 量词；用于由田埂隔成的水田。一块叫一丘。3. 会意兼指事。甲骨文字形，像地面上并立两个小土峰。本义：自然形

成的小土山。4. 泛指山。5. 坟墓。6. 废墟。7. 荒凉的乡里。8. 社区地域。9. 姓氏。

歌诀：

丘本小山形，横撇山坡平，中间表山体，大地一片横。

## 气 [qì] 氣

据《说文解字》、甲骨文、金文史料考证，古代最早气是水蒸气的形象，像大气层的蒸气层腾起，气流飘浮的样子，上面的一撇表示气连着天（向上飘），下面的斜沟表示气接着地（向地下生），气的本义是云气，泛指一切气体，用"气"做意符的字大都与气体有关。

歌诀：

气为蒸气状，三横似烟样。

撇指上连天，斜钩接地气。

## 强 [qiáng][qiǎng][jiàng] 强彊

据《说文解字》、甲骨文、金文史料考证，"强"字有如下含义：1. 弓有力。2. 健壮；使健壮。3. 强大；使强大。4. 使用强力。5. 强者。6. 坚定；刚毅。7. 横暴。8. 程度高。9. 好；优越。10. 有余。发 qiǎng 音时含义为硬要、迫使、勉强。发 jiàng 音时指态度强（qiáng）硬；执拗。

歌诀：

牛的脾气犟，褪褓是衣囊；锥是金钱串，糨糊米糊状。

## 切 [qiē] 砌 [qì][qiè]

切 切 切

据《说文解字》、甲骨文、金文史料考证，"切"字有如下含义：1.用刀把物品分成若干部分；分割。2.使断开；隔断。3.几何学术语。直线与弧线或两条弧线相接于一点。发qiè音时的含义如下：1.密合；贴近。2.中医诊断方法之一。以手摸脉诊断病情。3.反切的简称。反切是我国一种传统的一种注音方法。

歌诀：

用水把茶沏，用石把屋砌；窃贼洞穴藏，双人查彻底。

## 且 [qiě][jū]

且 且 且

据《说文解字》、甲骨文、金文史料考证，"且"是传承字，并非什么繁体字或简化字，繁体字和简化字写法一样。"且"的繁体字为"且"；有两个读音，分别为 qiě 和 jū。1.且（qiě）（1）表示进一层：既高～大。尚～。况～。（2）表示暂时：苟～偷安。姑～。（3）表示将要，将近：城～拔矣。年～九十。（4）一面这样，一面那样：～走～说。（5）表示经久：这双鞋～穿呢！（6）文言发语词，用在句首，与"夫"相似：～说。（7）姓。2.且（jū）（1）文言助词，用在句末，与"啊"相似。（2）多的样子。（3）农历六月的别称。（4）敬慎的样子："有萋有～。"（5）古同"趄"，趑趄。组词：且（qiě），权且，并且，况且，姑且，尚且。造句：我一路上鞍马劳顿，权且歇息一下。代表们认真讨论并且一致通过了决议。

歌诀：

炭疽病人瘦，虫蛆草野有；沮丧泪水流，趄着身子走；大口咀嚼药，狙击犬暗留。

# R

## 辱 [rǔ]

据《说文解字》、甲骨文、金文史料考证，辱字是一个辰，下面一个寸。从辰，从寸。古人是日出而作，日落而息，早晨卯时就要起来劳作，到了辰时，就已经耽误了时辰，"辱"字是"辰"字下面一个"寸"，就是说耽误了农时，会意为耻辱。因为你的收成很少，这就是辱。

"辱"这个字的出处和来历是非常有意思的。我们的古圣先贤在造这个字时看到了什么景象呢？看到了小河的那一边有农人在耕作。古代人们一般都是日出而作，日落而息。在小河（小溪）的旁边，好多农人在辛勤地耕作。而在小河另一边的树下有一个懒汉，就是懒惰的人坐在大树下乘凉休息。我们的古圣先贤看到了这种景象，于是乎就造出了这个"辱"字。那个时代以勤劳为荣，以懒惰为耻。"辱"字在甲骨文中是画了一条小溪旁边有好多农作物，农人在耕作，小溪的这边有一个懒人在袖手旁观，下面是一个手字。古代甲骨文的"寸"字、"又"字都是手的变形字。后来逐渐引申、演变为"辰"字下面加一个"寸"字的"辱"。这就是"辱"字的出处和来历。耨，除草的农具。草蓐，是用蓐草编成的席子，分娩时坐在上面，古时候还把孩子生下来叫落草。溽暑，多水闷热。

歌诀：

有耒（lěi），耨草农具；蓐草，旁边一女；（耨 nòu，蓐 hāo）

分娩，坐在草蓐；将衣，当成被褥；（蓐 rù，褥 rù）

有丝，繁文缛字；多水，闷成溽暑。（缛 rù，溽 rù）

辰和寸，构成辱；辰下寸，就是辱。失农时，苗非长。做错事，人受辱。

## 刃 [rèn]

据《说文解字》考证，就是刀字左边有一点这个字，它是象形字，它是一个菜刀上面点了一点，人们为了解这个菜刀快不快，用大拇指轻轻地划一下，就能知道这个刀的锋刃利不利。后来不断地简化，演变成现在这样。这里要解释的是"发轫"这两个字，发是发展的发，"轫"是车字边过来一个刃，这个轫原指车下轮子的那个枕木，叫作轫，发轫就是把车下面支的那个木头取下来，让车继续前进，就表示我们的事业刚刚开始。我们今天重点讲的是刀字上面一点，下面一个心，能忍的忍，常言说得好"退一步海阔天空，忍一时风平浪静"，这个"忍"字人们都知道，很简单，但是做起来非常难，因为每个人有不同的性格，就是说能做到这个"忍"字的人，就像刀子插到心脏上，所以我们做事一定要忍一忍，让一让，不要急躁。

歌诀：

心上隐刀刃，有心须能忍。事业刚发轫，全靠志坚韧。同登万仞山，丝线做缝纫。

## 融 [róng]

据《说文解字》、甲骨文史料记载考证，"融"这个字在甲骨文中是这样写的：一个鬲，另一面就是一个虫。这个字也是会意字，古代的虫就是画了几只羊啊、牛啊的动物，汉字中一旦有虫出现的时候它必然与动物有关。这个字是从鬲，从虫，鬲在古代指的是大铁锅，虫指的是动物，就是打猎所得的虫子放到锅里，然后加上水下面加热，就成了融化的含义，最后就简化成这个"融"。这个字引申为融化、融通、金融。我们今天讲的"融"，就是一些新人到新的团队里要尽快和大家融为一体，要培养新人适应环境的能力，就是融入大家庭、融入大团队，因为一个人的才华、能力是有限的。所以，干事业需要团队。

歌诀：

鬲虫融，鬲虫融。鬲和虫，就是融。锅里煮肉，融化的融。

## 冗 [rǒng]

据《说文解字》、甲骨文史料考证，这个"冗"在甲骨文中是这样写的：秃宝盖也是指房子，咱们讲宝盖的时候就讲过，凡是宝盖或秃宝盖都与房子有关，甲骨文中是一个秃宝盖下面一个卑躬屈膝的人，它象征着"人在屋檐下不得不低头"，凡是与几有关系的，几与人和儿有关系，它是字体在简化当中的演变。"冗"指多余的，古代人主要从事田间劳动，而人（几）在屋檐下，即无事可做，显得闲散多余，这个字的本义引申为冗杂、繁杂的。

歌诀：

秃宝盖 + 几→冗，秃宝盖和几，组成冗。人在屋檐下，无事可做，冗余的冗。

## 染 [rǎn]

据《说文解字》、甲骨文史料考证，"染"这个字在甲骨文中是这样写的：古代甲骨文中的"水"就像是流淌的河水，上面是一个"九"，下面是一个"木"，甲骨文中的"木"是这样写的，下面就好像是木头扎的根，上面是木头发的枝芽，后来逐渐简化，上面简化成三点水，一个九，下面是一个木。就是在有颜色的水中，反复地漂染，进行浸泡，布和帛着色的过程就叫染。"染"字是由"水""九""木"构成的，因古代染料多从植物中提取，又因为要反复在水中浸泡、漂染，所以"染"字是由"水""九""木"会意而成的，就是说把古代的布和帛放在热水中，这个"九"就是次数比较多的意思，就是反复地浸泡，会意成"染"。本义是指使布、帛着色的过程，如染色、染料，染色的过程叫作"染"。

歌诀：

水九木，构成染；水九木，就是染。布匹制造要用木，布匹上色就是染。

## 乳 [rǔ]

据《说文解字》、甲骨文、金文史料考证，"乳"字最早在甲骨文中是这样写的：画了一个母亲，双手抱着一个婴儿，在哺乳喂奶的样子。后来逐渐演化成这样一个爱字头，下面一个子，右面是个竖弯钩。"乳"字的字形像一个母亲双臂抱着一个婴儿喂奶的样子，本意是哺乳。我们常常认为黄河、长江是母亲河，河水就是乳汁，因为人都有感恩之心。为什么母爱是最伟大的爱，又为什么把祖国比作母亲？因为母亲对自己子女的教育和抚养是无私的奉献。

歌诀：

爪加子，再加人，构成乳，爪子人，构成乳，怀抱婴儿，母亲哺乳。

## 如 [rú]

据《说文解字》、甲骨文、金文史料考证，"如"字最早在甲骨文中是这样的形状：画了一个妇女跪着的样子，上面一个口。"如"字是由女和口组成的。口表示命令，古代女子在家从父，出嫁从夫。丈夫下口令女人要遵循，这就是三从四德，是封建礼教的一种糟粕意识。"如"字就是说如意、顺从等。"如"字的出处和来历是非常有意思的。我们的古圣先贤在造这个字时看到了什么呢？看到了一位端庄秀丽的贵族妇女。在家族里是首领，很有威望，一言九鼎，只要张口说话，事情必成，而且很如意。当时，我们的古圣先贤看到了女人说话的这种景象，于是就造出了这个"如"字。在甲骨文里是画了一个女人在盘坐的样子。为什么像个女性呢？这是美化了，是体现母亲的慈爱之心，与性别没有关系。画了一个女人讲话，右上侧画了一个口字，这就是如意的"如"字的出处和来历。甘肃的地图也是一个如意形，如意也就是从这里来的。现在"如"字大都是和其他汉字的偏旁部首搭配在一起使用。

歌诀：

女加口，构成如，女口如，女口如，口指命令，女从夫命，如意的如。

有草，含辛茹苦；有心，就要宽恕；（茹 rú，恕 shù）

有丝，丝棉成絮；金旁，元素有铷。（絮 xù，铷 rú）

## 壬 [rén]

据《说文解字》、甲骨文、金文史料考证，一撇下面一个战士的士字就是"壬"。这个壬字的出处和来历是非常有意思的。在农耕社会时期，我们的古圣先贤在搞社会调查时发现，最基层的人们也有一派新气象。就是说，部落的人们吃饱了、喝好了，文学艺术也不断在产生。在打仗胜利后，穿着宽袖的衣服在跳舞庆祝的样子，一撇下面一个战士的士字。于是就造出了这个"壬"字。这是"壬"字的出处和来历。"壬"字在甲骨文中是画了一个战士在跳舞的样子，后面就会意为一撇下面一个战士的士字的"壬"。现在，"壬"字一般都是和汉字的其他部首搭配在一起进行使用。莊，白苏草，一年生草本植物，嫩叶和籽可以食用。衽衽，衣襟。纴，纺织。

歌诀：
（一）
女子妊娠，食物烹饪；（妊 rèn，饪 rèn）
莊草可食，结好衣衽。（莊 rèn，衽 rèn）
（二）
人有任务，赁金付贝；（任 rèn，任 rén，赁 lìn）
任凭几人，水爪淫秽。（凭 píng，淫 yín）

## 人 [rén]

据《说文解字》、甲骨文、金文史料考证，"人"这个字最早的出处和来历是非常有意思的。我们的古圣先贤在造这个字时看见了什么？看见了人站着在劳作的动作，那个时候最下层的人们，都是卑躬屈膝的。古圣先贤看见了这个动作，于是就造出了这个"人"字。在甲骨文中是画了一个人的"S"的体形，因为人的脊椎都是"S"形的，也是最美的，下面画了一双手。后来逐渐演变、引申为一撇一捺的人。人体的构造是很科学的，人上面是天，下面是地，人夹在中间，左不得，右不得，上不得，下不得，于是就构成"天人地"三才之道。人两手撑开与身高等同，是四方形。加一为大，加二为天。所以，做人一定要有规矩和方圆。要踏踏实实做人，认认真真做事。现在"人"字大多数时作为偏旁部首和其他汉字搭配在一起使用。人做形旁和部首时写作"亻"和"彳"（chì）。习惯称为"单人旁"和"双人旁"；傻字去"人"读"miǎn"，代替"傻"字的右半边。本指是脑盖，这里是指头脑简单。

歌诀：
加又是仅仅，加夒是傻人；（仅 jǐn，傻 shǎ）
加可是何人，加癶是俊才。

荣 [róng] 榮

荣 荣

据《说文解字》、甲骨文、金文史料考证，光荣的"荣"字的出处和来历是非常有意思的。我们的古圣先贤在造这个字时发现了什么呢？在开始的时候看见了一盆花，在夜幕降临时，太阳照射到这盆花（万年青）上面。花的叶子像玉米叶子，果食是圆形的。在太阳照射下，闪闪发光，就像冒火花似的。这种花特别美丽，首领就将此花奖励给有功的将士。古圣先贤看到了这种现象，于是就造出了这个"荣"字。大家都知道繁体字的"榮"。上面的草字头是两个火字，原因就是当时就像冒火花。"荣"字在甲骨文中是画了一片草地上面长着两棵花草，上面结着果实，远处画了一个太阳。后来就逐渐演变为两个树枝上面几个点，就引申为"榮"字。再后来直接简化为上面是草字头，中间一个秃宝盖，下面一个木，就是现在的"荣"。秃宝盖的含义就是搬到家里成了盆景。这就是"荣"字的出处和来历。现在"荣"字是作为形声字和其他汉字部首增减变化搭配在一起使用。华蓥，指华蓥山，在四川。一灯荧然，是指灯光微弱的样子。

歌诀：
（一）
草木茂为荣，加山山峥嵘；（荣 róng，嵘 róng）
潆溪水流清，蝾螈是昆虫。（潆 yíng，蝾 róng）

（二）
吕布出塞营，前往土坟茔；（营 yíng，茔 yíng）
相伴萤火虫，见鸟是黄莺；（萤 yíng，莺 yīng）
华蓥观金星，如玉般晶莹。（蓥 yíng，莹 yíng）
荥阳城外水，洄濚整县城；（荥 xíng，濚 yíng）
一灯荧然时，往事丝怀萦。（荧 yíng，萦 yíng）

容 [róng]

容 容

据《说文解字》、甲骨文、金文史料考证，"容"字的出处和来历是非常有意思的。我们的古圣先贤在造这个容字时看见了什么？看见了一个房子（窑洞）里摆放了一个盛满粮食的器皿。在那个射猎、农耕时代，人们把打猎获取的肉食（羊肉、牛肉、兔肉等）和剩余的粮食都储存在仓库里备用，就有了库之说。在门上摆上树枝和花篮，挂上红的绳子或者红色的皮条。古圣先贤看到了器皿里装的余粮，闪闪发亮的景象，人们非常自足，喜形于色，脸上带着一片笑容。于是就造出了这个"容"字。这就是"容"字的出处和来历。"荣"字在甲骨文中是画了一个洞门，中间画了一个器皿。后来逐渐演变为一个门里面画了一个谷字，代表五谷，所以后来有了成语"五谷丰登"。现在这个"容"字大都是作为形声字和其他汉字搭配在一起使用。

歌诀：

有火能熔化，草头芙蓉花；（熔 róng，蓉 róng）

有水能溶解，榕树把木加。（溶 róng，榕 róng）

## 柔 [róu]

据《说文解字》、甲骨文、金文史料考证，"柔"这个字的出处和来历是非常有意思的。我们的古圣先贤在造这个字时发现了什么？发现了春天的柳树，在春风荡漾的时候，柳树的枝条，随着春风悠然而动，枝条柔软，弹性十足，美丽动人。所以就造出了这个温柔的"柔"字。在好多的古诗里，把弯弯的柳条形容为美丽的少女。因为少女的身躯都是S形的，美丽无比。所以引申为温柔。这就是"柔"字的出处和来历。"柔"字在甲骨文中是画了一个木上面有好多枝条随着春风飘荡。后面就逐渐引申、演变为木上面一个矛字。这是引申而来的，古代打仗用的矛一般是用弹性十足的柳木等，头上加一铁器，在刺杀时非常有力。矛下面一个木字就是"柔"。我们说，以柔克刚就是这个道理。这个柔的含义是比较深的。别看柳枝是非常柔软的，但它可以克刚。这是由甲骨文演变引申而来的。现在"柔"大都是作为形声字和其他汉字部首搭配使用。

歌诀：

有草把皮鞣，有手揉一揉；（鞣 róu，揉 róu）

有足受蹂躏，糙米混杂糅。（蹂 róu，糅 róu）

## 入 [rù]

据《说文解字》、甲骨文、金文史料考证，甲骨文中的"入"字，像草木的两个根进入地下的样子，本义指进入，引申指参加，如入学、入伙等。而"入"字在甲骨文中则是侧面行走的人形。两者绝不相同。1. 由外到内；进入。2. 使入。3. 参加某种组织；入会。4. 收进的钱财；进项；入账。5. 合乎；合于；入理。6. 到达某种程度或境地。入境。7. 入声。古代汉语中的第四声。平上去入。

歌诀：

一撇又一捺，草木入地下，本义是进入，引申为参加。

## 日 [rì]

据《说文解字》、甲骨文、金文史料考证，"日"字像太阳的形状。外面像太阳的轮廓，里面的一横像云彩，也像太阳的影子，"日"的本义是太阳。用日做意符的字大都与太阳有关。1. 离地球最近的恒星（称太阳）。2. 白天。与黑夜相对。3. 天，一昼夜。4. 某一天：纪念日。5. 计算工作时间单位，通常以八小时或六小时为一个工作日。6. 时候：春日。7. 每天；日记；日益。

歌诀：

太阳天上挂，云彩飘向它。圆日变方形，云彩一横划。天圆地方象，人杰地灵真。

## 肉 [ròu]

据《说文解字》、甲骨文、金文史料考证，早先的"肉"字就像一块肉的形状。"肉"字在甲骨文中就是画了一块肉，字形似月。上面的斜线像肉的纹理，作为偏旁，肉旁和月旁常常混同起来，只有从字义和字源上才能推断。今天讲到"肉"这个字，我翻了好多资料，是先有月还是先有肉。这在《说文解字》上有明确的表示，最早先有月，日月星辰的月。读《易经》的人都知道，"日月相推故为易"。上面画了一个圆圈为太阳，下面画了一个月牙为月亮。也就是说，日和月运转的规律就是《周易》的"易"。先有月亮的"月"字，后来人们假借肉为月，肉上面的纹样折子就是月字的两横。后面说肉，我们古圣先贤在月光下吃肉、吟诗作对的时候突然发现肉也是弯的，和月亮相似。

最后就成了肉为月字旁。这是肉、月的演化过程。所以，二者在汉字中常常混同起来用，说月就是肉，肉就是月。

歌诀：

肉块像半月，肉中纹理多。

肉月原通用，溯源辨对错。

## 仁 [rén]

据《说文解字》、甲骨文史料考证，"仁"这个字最早在甲骨文中是这样写的：一个人在走路，右面是一个二。最早的时候人们认为，一个人在走路或做事的时候，心中有另一个人，就是两个人以上，他不是只考虑自己，心里有别人，就是仁慈的人。后来逐渐演化成了一个人加一个二。仁是由人和二构成的，指人和人要相亲相爱，待人和待己要一样，如仁义、仁爱。在国学上，有仁义的人都比较脆弱，因为他心比较善良，比较软。

歌诀：

人加二，构成仁，人二仁，人二仁，自己以外，还有他人。

只有自己，就是不仁。就是说一个人做事，如果是心里只想自己，不想别人，这个人就是不仁的人。

# S

## 寺 [sì]

据《说文解字》、甲骨文、金文史料考证，我们的古圣先贤在造这个字的时候看见了在夜幕降临的时候，一座寺院的屋顶上又立了一层小屋，再上面是淡淡的月光。看到了这种景象，于是乎就造出了"寺"这个字，这就是"寺"字的出处和来历。我们看看在甲骨文中是怎么写的，在屋顶上画了一个小屋，下面的这个"寸"代表"手"，用双手建造了寺院。后来就简化成"土"字下面一个"寸"，代表"万丈高楼平地起"，代表巨大的寺院是由一砖一瓦一木组成的。现在"寺"主要是和其他部首组成形声字进行使用。

歌诀：

牛的脾气特别犟，我手持鞭特响亮。（特 tè，持 chí）

它存心有恃无恐，竟和我对峙山上。（恃 shì，峙 zhì）

两人巳竹下等待，想在广庤仓储粮。（等 děng，待 dài）

谁料竟得痔疮病，小寺侍候病人忙。（痔 zhì，侍 shì）

以心言构写诗章，见诗庙人来人往。（诗 shī）

## 叟 [sǒu]

据《说文解字》、甲骨文、金文史料考证，"叟"字的出处非常有意思。古圣先贤造字的时候，在夜间看见人手拿着一个火把，就是火炬，一边巡逻，一边喊着，比如打更的人喊小心火烛，最早拿的是火把，后来有了灯就拿灯。这个人就是一个老叟，古人就造了"叟"这个字。大家看看甲骨文中是怎么写的：画了一个屋顶，下面是一只手，举了一个火把，在燃烧。后来就逐渐演变成一个"又"字上面这样子。现在这个字大多是和其他字搭配组成形声字使用的。

歌诀：

一艘轮船江上游，发现走私用手搜；
突遇狂风冷飕飕，船舱站有瘦病叟；
一女大嫂忙搀扶，发现老人食发馊。

## 肃 [sù] 肅

据《说文解字》、甲骨文、金文史料考证，这个字的出处非常有意思。古人造字的时候，有了毛笔，看到圣贤拿着毛笔，上面画了一个毛笔，下面画了一方砚台，就造出了这个字。古时没有纸张，没有毛笔，古人就把棍子削尖，做成笔头，摆一个沙盘，把沙子弄平整，用这个笔在沙盘上练，这是另一说。古人看到这样的景象就造出了"肃"字。我们看看在甲骨文中它是怎么写的，就是一只手，拿了一个笔，下面实际是一个沙盘，就是笔尖在沙盘上左右画的样子。后来就逐渐演化成了"肃"字。

歌诀：

有口是虎啸，有草很萧条，有水很潇洒，有竹吹竹箫。

## 隋 [suí]

隋 隋 隋

据《说文解字》、甲骨文、金文史料考证，这个"隋"字的出处和来历是非常有意思的。古时候，走夜路时都带上一个随从，或者三个一群，四个一帮。在路上不胆怯。我们的古圣先贤看到了这种景象，于是乎就造出了这个"隋"字。后来，古圣先贤在走水路坐船时说，我们给这个字加个走字底。起初，这两个字是一个字的意思。所以，凡是有走字底的字都与水有关。这是"隋"字的出处和来历。我们看看在甲骨文中"隋"字是怎么写的，是画了一个耳朵，和人走有月亮的路。就是会意说走夜路一定要耳聪目明，还要有随从帮手。后来逐渐演变、简化为现在这个"隋"字。现在，这个"隋"字大都是和其他部首搭配在一起使用。"隋"和"坠"是一个字，字形像一个人或物从土山上坠下来。隋朝的隋字右边的"有"字夹着一个"工"字。故说："隋朝有夹工。"

歌诀：

走之是随从，有木椭圆形；（随 suí，椭 tuǒ）

有土往下堕，隋朝有夹工；（堕 duò，隋 suí）

加骨成骨髓，懒惰事难成。（髓 suǐ，惰 duò）

## 遂 [suì][suí]

遂 遂 遂

据《说文解字》、甲骨文、金文史料考证，"遂"这个字的来历是非常有意思的。我们的古圣先贤在造这个字的时候看到了什么呢？在那个狩猎的时代，比如射羊、马、猪等，发现有一个又大又胖的动物叫"猪"，就是彖猪，"彖"就是彖猪的"彖"。它的牙齿非常坚硬，能咬断钢铁。所以，《易经》上的卦辞就叫"彖辞"，意思是铁口直断。我们的圣贤看到了人们在尾随野猪狩猎时的景象，就造出了"遂"这个字。它在甲骨文中怎么写的呢？左边画了一个"走"字，右边是一个"彖"字，后来就演变成现在这个"遂"字。现在"遂"这个字大都是和其他的偏旁搭配，组成形声字进行使用的。

歌诀：

燧石能取火，隧道在山坡；（左耳），（燧 suì，隧 suì）

禾穟通禾穗，深邃洞穴多。（穟 suì，邃 suì）

唢 [suǒ] 唢

唢 唢 唢

据《说文解字》、甲骨文、金文史料考证，这个"唢"字的来历是非常有意思的。我们的古圣先贤在一个凉亭坐着构思，突然从远处传来了很好听的声音，是一位老者拿着一个东西吹出来的。这位古圣先贤就走近老者问，你这是什么乐器？这个老者说是"唢呐"，并且把唢呐的构造介绍了一下。唢呐由三部分构成：第一部分是一个小麦秆，第二部分是小秆穿到一个铜管里，第三部分是一个喇叭头。这位古圣先贤就根据唢呐的组成造出了"唢"这个字。这就是"唢"字的来历和出处。我们看看甲骨文中是怎么写的？左面画了一个口，右上面是一个小秆，右下面是一个喇叭形人头。后来就简化成了"唢"。现在，"唢"主要是和一些字搭配使用。

歌诀：

王说琐事烦，乘车来索县；（琐 suǒ，索 suǒ）。

见锁加金边，口吹唢呐玩。（锁 suǒ，唢 suǒ）。

扫 [sǎo] 掃

掃 扫 扫

据《说文解字》、甲骨文、金文史料考证，这个字最早在甲骨文中是这样写的：

对面有一个人，拿着一把扫帚，正在打扫卫生的样子。后来就简化成现在的这个"扫"字。"帚"字的字形是一把扫帚，故"扫"字右边是一把扫帚，左边是手，是两手握着一个扫帚站着的人的样子，指打扫卫生过程，今天讲到"扫"，我突然想到，一句名言：扫帚不到，垃圾不会自己走掉。引申为坏的东西不批判，不会自己改正。

歌诀：

手加帚，构成扫，手帚扫，手帚扫，手拿扫帚，扫除的扫。

守 [shǒu]

守 守 守

据《说文解字》、甲骨文史料考证，"守"的上面是一个宝盖儿，就是屋顶的意思。里面是一个拳头，就是屋里有人在守望。最后是一个宝盖下面一个寸。这个"寸"字是由拳头演化而来的。宝盖头和寸组成了"守"，"寸"是手之义。"守"字像屋里有一只手，它的本意是守望、保护，是坚守的意思。家里有人，就是守望。古代房屋内只要有人，就是守望。它是个会意字。

歌诀：

宝盖加寸构成手，宝盖儿寸，构成手，屋里有手，守望的守。

斯 [sī]

斯 斯 斯

据《说文解字》、甲骨文、金文史料考证，"斯"字从斤从其。"斯"字由其和斤组成，"其"就是古代的簸箕，"斤"就是大斧子，用斧子把簸箕劈开，"斯"字最早是劈开之义。本意是劈开，"斯"后假借做指示代词，表示此、这样、这个、这里。后虚化为连词，表示就、于是，有句话说"生于斯长于斯"。

歌诀：

斤其斯，斤其斯，斧子劈砍，斯文的斯。

寿 [shòu] 壽

寿 寿 寿

据《说文解字》、甲骨文史料考证，"寿"的写法特别多，今天我们只讲一种。首先我们看"寿"字在甲骨文中是怎么写的：是老字头，下面是寸，实际上是一个S形。这就相当于一个太极图。古圣先贤在造字的时候非常有学问，认为寿上面是一个老字头，下面是一个太极，无论饮食、健康、体育劳动，一定要阴阳平衡。繁体字是这样写的：一个战士的士，下面一横钩，下面一个工，下面一横，一个口一个寸。最后简化成一个老字头加了一横，下面一个寸。最早的"寿"指的是老年人，所以是老字头，简化字是由"丰"字变形而成的。我们想要健康长寿，必须懂得阴阳平衡，要劳逸结合。

歌诀：

老加寸，构成寿，老寸寿，老寸寿，年纪已大，老人长寿。

世 [shì]

世 世 世

据《说文解字》、甲骨文史料考证，这个字最早在甲骨文中好像是一棵树上长了三根枝干，就是春夏秋冬的含义。最后逐渐简化成了廿加十。"世"字是由二十加十组成的，也就是三十，古人认为三十年为一世，言下之意，九十岁的人，三十岁之前还在不断地学习和成长，三十岁到六十岁这三十年创造了很多的价值，就为人生一世，六十岁以后为老年阶段。民间还有一句话说得非常好："三十年河东，三十年河西。"也是三十年为一世。古代仓颉造字时，就认为人这一世是起起伏伏、上上下下的。

歌诀：

廿加十，构成世，三十年为一世。世代的世。

夙 [sù]

夙 夙 夙

据《说文解字》、甲骨文、金文史料考证，"夙"从几，从歹。在甲骨文里"夙"字上面是一个月，下面就是一个人在双手

用力地干活。就是辛勤忙碌的意思。意思
就是太阳没有出来的时候人借着月光在干
活儿。古代"夙"字左上字形为月,下面
为一个扬起双手去劳作的人。天不亮就干
活,多么辛劳啊!夙的本意是指早晨。

歌诀:

几加歹,构成夙,月下干活,夙愿
的夙。

## 士 [shì]

土 士 士

据《说文解字》、甲骨文史料考证,"士"
最早在甲骨文中是这样:就是一个人站在
一个小土堆上面,这就是"士"。为什么
是一个"十"字呢?因为人站起来双臂伸
直,长度约等于身高,就是一个"十"字,
所以人站在土堆上,就是一个"士"。"士"
字由十和一构成,看到一就知道有十,聪
明、能够办事的人,就是"士"。"士"的
解释实际上有三个:最早"士"指的是士
绅,有地位的人;第二个解释是打仗以一
当十的人;第三个解释是战士的士。古时
候打仗,谁的力气大,以一当十,一个人
能打败十个人,就是"士"。

歌诀:

十加一,构成士,十一士,十一士,
闻一知十战事急,战士个个是勇士。

## 属 [shǔ][zhǔ] 屬

屬 属 属

据《说文解字》、甲骨文史料考证,
这个字在甲骨文中是这样写的,画了一个
尸字头,下面是象形图画,是一个"蜀"。
古代的"属"字,就好像尾巴连接着身体。
又来源于一种细小的虫子,它走的时候身
体有褶皱,通过连续的起伏来移动,所以
有连续之意。最后就省了形,会意而成"属"
字。在简化字中,理解为人手抓了虫子,
为其所属,就是属于我的了。假借指亲属、
军属。

歌诀:

尸加禹,构成属,尸禹属,尸禹属,
尾连身体,比较紧密,亲属的属。

## 思 [sī][sāi]

思 思 思

据《说文解字》、甲骨文史料考证,
在仓颉造字的时候是这样的:是一个田地
的"田",底下是一个心,我们说篆体字
是画的,那么伏羲氏创造文字的时候是人
文史,古代是结绳记事,结绳记事的时候
就划田地,契约的"契"这个字就有与之
关系,契约的"契"就是说,这个地方是
地就是拿石头在木板上画字,就是刻,在
刻的时候要把这个"心"记住,这是这一
块地界,它是那一块地界,划地界的意思。

咱们今天要讲思想的"思"则告诫人们，我们要有一颗纯净善良的心田，心正，则人正，人如果心上天天想着恶事、坏事，就愁眉苦脸的，可以说是诡计多端，心田不正，你人就不正；说人的言行一致，有思想代表你的心里有这个田地，心里有心田，有好的想法，你的表情上就阳光灿烂，这就叫"思"。

歌诀：

田加心、构成思，田和心、就是思。
要耕田，必用心。做大事、多思虑。

## 盛 [shèng]

盛　盛　盛

据《说文解字》、甲骨文、金文史料考证，我们的部落首领为了射猎和对方的部落进行厮杀，发生了流血事件。"盛"字上面一个成，成字左边的这个是我们的族人。上古时期，我们的族人背着一些猎物，右面是一个干戈的"戈"，比如说拿的大铲、茅，进行了战争抢夺，最后下面是一个血字底，经过流血事件获得了一些战利品，这就是"盛"字的来历。我们今天讲的"盛"主要指一些做大做强的企业一定要防患于未然，不能掉以轻心，根据《易经》的平衡原理、和谐原理而论，说"盛极必衰、衰极必盛"，它是太极思维的相互转化过程，告诫我们做企业做到一定程度要懂得收，要收得住。

歌诀：

成加皿、构成盛，成下皿，就是盛。
要兴盛，必先苦；盛极衰、满则溢。

## 算 [suàn]

算　算　算

据《说文解字》甲骨、金文史料考证，这个"算"它是一个木桶，中间是一个梯子，就是一个木桶，木桶上面插了好多竹签，下面这是一个桌子，你看这是平的，这是两个桌子腿，就是说古代一张桌上摆上一个竹筒，上面插几个竹签，这称作"算"，算命先生的"算"，也就是算卦的"算"。这个算中间是个贝，是个宝贝的"贝"字，就是说宝贝的贝怎么算。甲骨文中怎么算有宝贝，说你这个柜子里面有多少宝贝、多少钱，用竹签插进去，抽出来的竹签一算，就知道柜子里面有没有东西，有没有钱，有多少钱，就能算出来。这个字的来源是人们摆放了一张桌子，上面放了个木筒，木筒上插着竹签，叫作抽签算卦，占卜，这就是算字的出处。算，为古代的计数工具，比如结绳记事，大事大结，小事小结。例如，部落首领打了四头鹿，就在上面这个绳子上打四个大结，这就是大事大结。又有另一个部落成员，打了三个兔子，就打三个小结，这就是结绳记事。我们在计算的时候就把这个疙瘩数一数。那个时候还没有文字，仓颉造字的时候和算卦的"算"字组合，利用形象思维，下面画了双手，意思是手持竹制器具运算的状态。

歌诀：

竹加具，构成算，竹具算，竹具算，
竹做器具，算盘的算。

要成事，必先谋，要谋划，就要算。

死 [sǐ]

据《说文解字》考证，这个字指生命
的结束。"死"字在甲骨文中是这样写的：
歹字的半个就是说人死了他的骨头僵硬
了，这个地方是骨骼，右边又是一个人跪
着哀悼死者。后来经过不断简化就变成了
一个歹，右面是一个匕首的匕，歹就是说
人死了尸体僵硬不能动了，匕首就代表一
个人在跪着哭悼死者。这个"死"的含义
就是生命的结束。但是，我们今天讲的"死"
它是双重含义，我认为人生命的结束是一
种生命体的结束，他是一个本能的生命结
束了。"死"的第二层是人的名誉的死亡，
有些历史上的名人虽然已经死去了，但是
他们所做的事都流传于后世，比如儒家学
派的圣人孔夫子，虽然死了两千多年了，
他的骨骼已经变成灰烬，但是他的名誉永
远流传于后世，这说明他在生前所做的一
些有意义的事是非常有价值的，在传承过
程中留下了他做的一些有意义的事、有价
值的事。

歌诀：

歹是死人骨，匕表人跪苦，歹匕合成
死，死亡命结束。

鼠 [shǔ]

据《说文解字》史料考证，鼠最早是
象形字，在甲骨文中它是画了一个老鼠的
形状，上面突出，老鼠的特性是突出牙齿，
用来咀嚼食物，所以这个臼就突出它的牙
齿，这个就是老鼠的形状。在上古时期皇
帝之前，据说群雄四起，这个部落和那个
部落互相争战，因为那是游牧民族，游牧
民族住的是帐篷，夜间，有一个部落为了
把这个部落的王烧死，就围了一堆火，把
用油浸泡过的绳子一直引到帐篷的脚下。
据传说那个时候的晚上，老鼠闻见用油浸
泡过的绳子，就来嚼咬，把绳子咬断了，
火着到那个地方就中断了，就救了这个大
王的命，大王发现老鼠是他的救命恩人，
于是他胜利之后就封老鼠，说老鼠这个动
物哪个地方有食品它都可以吃，就封"它"
为十二生肖的第一位。后来还有其他传说，
我们这里只讲这么一种说法。

歌诀：

造鼠突出牙，鼠头白牙大。四爪在左
下，斜钩身尾巴。

煞 [shà][shā]

据《说文解字》、甲骨文考证，煞字
是这样写的：一个急过来一个攵，下面四

点，就是急＋夊＋火，所有含有四点水的字都属于火，火焰往上升。比如，说把一个人恭维得过度了，他虔诚地说"您折'煞'我也"，这个"煞"的本义指杀死，同"杀"，因"急"（省形），因为这件事情比较急，就是省了形状，指又快又猛，这个夊在古代没有画全，凡是夊旁的字就有反对、打击、摧毁之意，而火表示急迫之义，所以合起来表示急迫、猛烈地摧毁。杀死敌人的必然是紧迫猛烈的，所以"煞"是由急、夊、火构成的，最后会意成煞，说折煞我也，这个字还读煞（shà），如煞气等。

歌诀：

急夊火，构成煞，煞指杀死，煞住的煞。

## 升 [shēng] 昇

据《说文解字》、甲骨文史料考证，在甲骨文中它是这样写的，上面好像画了一个上字，下面就是这样的，当然繁体字是一个日下面一个上升的升，最后就简化成这样。这是个计量工具，也就是计量单位，就是说一斗要装十升，以前讲"斗"的时候讲过这个字，就是说一个大斗里面装十升，它是一个计量单位，"升"的四面都是梯形，象征着往上升，下面小上面大，它是一个容量单位，假借为升迁、上升、升官，这是会意而成的。升的本义是计量单位，它是一个计量的器皿，一斗装十升，最后就假借为升。

歌诀：

斗＋横→升，斗横升，斗横升。一斗装十升，从下往上升。

## 岁 [suì] 歲

据《说文解字》、甲骨文史料考证，"岁"字在甲骨文中是这样写的：是一把斧头的形状，斧头在砍物体，它也是会意字。"岁"是一个简化字，古代的"岁"像一把斧头把物体砍断。古时候是农业社会，农民种庄稼，农耕时代一年一茬庄稼，到秋天就收割一次，所以收割一次就代表一年，一年一岁，它是岁月的意思，最后引申为年月或者岁月，比如压岁钱等。我们讲"岁"，就是告诫大家要想一下去年过生日的时候所许的愿望今年实现了没有。十年前我们的梦想或者理想十年后回忆起来，那时候的想法和理想是否有一点可笑？所以我们今天讲"岁"就是说，随着年龄的增长，每年有一个梦，到年底要总结，看这个梦实现了没有。国家有五年计划，我们每个人都应该有一年计划、五年计划或十年计划。

歌诀：

山＋夕＝岁，山夕岁，山夕岁。一年是一岁，年龄是岁数。

## 所 [suǒ]

欣 **所** 所

据《说文解字》、甲骨文史料考证"所"这个字在甲骨文中是门户的意思，是个门户的半扇门，右是一个斤斤计较的"斤"，实质上就是门旁边立了一个斧子。是指门旁如果立一把斧子，说明里面有人居住，这是住所之义，金文上的"所"字是由"户"（门）和"斤"（大斧）组成的，在古代农耕时期一般都夜不闭户，就是说晚上睡觉的时候不关门，也不上锁。在农耕时代人们上山要砍柴，门旁边立着斧子，一看就知道这家有人居住。人们夜间行路或者白天行路，进去讨口饭吃，借口水喝，他就随时敲门而入。这就是"所"字的由来，后来就假借所以、所有，最早它是由住所而产生的。

歌诀：

户 + 斤 = 所，户斤所，户斤所。门旁有斧，人有住所。

## 瞬 [shùn]

瞵 **瞬** 瞬

据《说文解字》、甲骨文史料考证，"瞬"指一眨眼的时间。瞬是由"目"和"舜"构成的，从目，从舜。后面逐渐简化成这样，目 + 舜构成"瞬"，指一眨眼的时间，瞬息万变的"瞬"。因为瞬指的是木槿，一种朝

生夕死的蔓草，生命较短。所以，"瞬"由"目"和"舜"会意而成。有个成语叫昙花一现，木槿花开的时间比昙花还短，在瞬间，一眨眼的工夫，一开就谢了，所以它是由木槿花会意而成的。今天讲"瞬"的含义，是变化莫测，瞬息万变，就是说人在生活的大环境中要与时俱进，紧跟形势不掉队，才能找到人生最佳的坐标，使自己发挥出最大的能量。

歌诀：

目 + 舜构成"瞬"，一眨眼的时间，瞬息万变的"瞬"。

## 虽 [suī] 雖

雜 **虽** 虽

据《说文解字》、甲骨文、金文史料考证，"虽"字在金文中是这样写的：左面就像一只蜥蜴一样，蜥蜴是什么呢？蜥蜴是虫，后面就简化成现在的"虽"，虽然的"虽"。这个字从口，从虫，因为蜥蜴的形状就像蛇形，口比较大，所以口就放在上面，下面是一个蛇形。"虽"字由"口"和"虫"组成，指大蜥蜴，蜥蜴口大，所以上部是"口"字，又由于蜥蜴身似蛇，所以下部是"虫"字，假借指虽然、虽则。这就是这个字的来历。

歌诀：

口虫虽，口虫虽，虽就像大蜥蜴，口大身似蛇，虽然的"虽"。

甚 [shèn]

昆 甚 甚

据《说文解字》、甲骨文、金文史料考证，"甚"字甲骨文和金文中是这样写的：是一个"L"形，上面一个日一个横，最后逐渐简化成现在的"甚"。甚从甘，从勺，甘+勺构成甚，它是指勺中的食物甘甜，过于喜爱。在金文中这个字就是一个"L"形，上面是一个"旦"字的形状，"甚"字字形上部显示一种甘甜的味道，就是勺子中的食物品尝起来非常香甜、甘甜，下部是一个盛着食物的大勺（反写），本义指过于喜爱，如"太甚""甚嚣尘上"。

歌诀：

甚是从甘从勺，甘+勺构成甚。祭祀礼仪心必诚，甚嚣尘上不马虎。

师 [shī] 師

師 师 师

据《说文解字》、甲骨文资料考证，"师"字在甲骨文中是这样写的：旁边这个阜字像字母 B，旁边是个"不"字。最后逐渐演变，左边是一个阜，右边是一个匝。以前我们在讲"阜"这个字的时候，说"阜"是一个土山丘，上面建的城池叫"阜"。朝右的耳朵旁是邑，是低洼的城池。阜是高大的城池。最后逐渐简化成这样。古代军队常围着小山（阜）驻军，匝，驻扎部队，

形成一个师、一个团，一圈一圈。师的本意是军队，所以，师字是由阜和匝共同组成的，匝把框字省了形，后简化成现在的这个"师"字。最后由军队的师引申为老师的师。

歌诀：

阜加匝，构成师，阜匝师，阜匝师，围山驻军，老师的师。

送 [sòng]

誵 送 送

据《说文解字》、甲骨文、金文史料考证，"送"字最早在甲骨文中是这样写的：左边是一个走字，右面是几个人，下面是一个足字，两只手拿着一个火种。就是"走"字再加火种的意思。后来逐渐简化成今天的"送"。"送"字是走之旁加关，关就是火种。比如，咱们奥运圣火用火炬传递火种。古代为什么要送火种呢？因为远古时期生产力低下，那时候火象征着吉祥。比如，山顶洞人晚上为了防止野兽入侵或者敌人的侵入，在山洞口点一堆火，各种野兽就不敢进来了。因为火是红色的，后来就逐渐演变成用红色，可以挂一块红布，或者红旗。"送"字是个会意字，比如朋友要走的时候，就把自己心爱的东西送给他，表示两个人之间深厚的情谊。

歌诀：

走加关，构成送，走关送，走关送，珍贵的火种，传递的送，欢送的送。

## 晒 [shài] 曬

曬 晒 晒

据《说文解字》、甲骨文史料考证，"晒"字在甲骨文中是这样写的：左边画了一个太阳，右边像是一个美丽的"丽"字，就是比较华丽，下面是一个"鹿"字。最早晒指的是晒鹿肉而不是衣服。把鹿肉挂起来，挂在树干上，下面生起火来烧，或者用太阳去晒。最后就简化成一个日再加上一个"西"字。"晒"字是指在阳光下取暖或使物干燥，因为过午的太阳稍偏西，这个时候太阳的能量是非常大的，这个时候容易晒干东西。所以晒字最后会意简化成一个日加一个西。

歌诀：

日加西，构成晒，日西晒，日西晒，太阳偏西，晾晒东西。

## 湿 [shī] 濕

濕 湿 湿

据《说文解字》、甲骨文史料考证，"湿"字在甲骨文中是这样写的：左边画的是水，右边是一条绳子，上面挂着织物，后来就简化成了一个日，下面是一个业。"湿"字是由水和显构成的，显是指在太阳下晒丝。就是丝在太阳下晒的时候有水滴下来的意思。引申为湿度、湿气、湿润等。

歌诀：

水加显，构成湿，水显湿，水显湿，晒丝滴水，潮湿的湿。

## 粟 [lì]

㮚 粟 粟

据《说文解字》、甲骨文史料考证，"粟"字最早是这样写的：上面是画了一些碎的小东西，好像丝绸之类的，像米一样小的东西。最后把它简化成西和米。在甲骨文中，我们看到粮食的谷穗，它的头低下去，就说明这个粮食是比较饱满的。所以做人还是要和粮食一样，和谷穗一样，要懂得谦虚，越是有内涵，越是低调。

歌诀：

西加米，构成粟，西米粟，西米粟，谷穗饱满，粟米的粟。

## 树 [shù] 樹

樹 树 树

据《说文解字》、甲骨文史料考证，"树"字是画了一棵树在发芽的姿势，上面有枝叶，下面有根，再下面是一个豆。右边实际是一只手，繁体字是木字加一个"十"字下面是一个"豆"，右边一个"寸"。最后就简化成现在这样的木加对。本意是用两只手把树苗扶住，在下面培土，就是手持树苗栽树的样子。繁体字的树是木加豆，再加寸，是一种种植树木的方法。古人经过不断实践摸索，发现栽树有两种方法：一种就是先把树苗培育好，栽下去，用手扶住，在下面培土；还有一种就是豆的含义，就是种种子，把它放到土里，然后浇水，它就可以生根发芽。这两种方法就融进了树这个字里。

歌诀：

木加对，构成树，木对树，木对树，
两手相对，扶着树苗，栽树的树。

## 兽 [shòu] 獸

据《说文解字》、甲骨文史料考证，"兽"字最早在甲骨文中是这样写的：上面画了一个单，就是两个兽头。旁边画了一个犬，就是一条狗。繁体字就是左面一个兽字，右面一个犬字。最后就简化成现在的这个"兽"。古代的"兽"字是一个兽一个犬，"单"字就代表一把武器，还有网。狩猎的人一是用网，二是用矛。狩猎的时候就带着武器、网和猎狗，狩猎的对象就是兽。比如，野兽，禽兽。这是一个会意字。

歌诀：

单加口，构成兽，单口兽，单口兽，
手拿武器，带着猎狗，捕捉野兽。

## 孰 [shú] 熟 [shú][shóu]

据《说文解字》、甲骨文史料考证，"孰"字最早在甲骨文中是一个高字头，下面一个日，就是指官宦人家，有钱可以享受生活。右边加了一个丸，就是煮肉做成的丸子。后来就简化成了"享"字加一个"丸"。"孰"字下面加一个火就成了熟。用于祭祀祖先，后面加火变成了熟。有一句话说"是可忍孰不可忍"，"是"字是这个字的本义。孰字的本义还是熟。

歌诀：

享加丸，构成孰，孰加火，构成熟，
锅煮肉丸，煮熟的熟。

## 宋 [sòng]

据《说文解字》、甲骨文、金文史料考证，"宋"字在甲骨文中是这样写的：一个房子，就是一个宝盖头，下面堆放了一些木材，是家的意思，最后就成了"宋"字。"宋"字是由宝盖和木组成的，指的是盖房离不开木料。"宋"的本意就是居住，宋朝、宋代、宋氏人，"宋"字最早的意思就是居住。就是说搭建一个棚子，下面烧柴火，用卖房子的流行语说，这个地方宜居、宜住、宜生活，说的是人文环境。这就是"宋"字的来历，它的本意是居住，假借为姓氏。

歌诀：

宝盖木,构成宋,盖房用木,姓宋的宋。

## 庶 [shù]

据《说文解字》、甲骨文、金文史料考证,"庶"字最早在甲骨文中是这样写的:一个房子,下面有火,这个火是石头的火,这个石其实是个变形字,就相当于现在的木炭、煤炭。"庶"是指古代人在屋里燃烧石头煮饭,所以"庶"字是由广、石、火会意而成的。古人燃烧的火石,可能就是现在的木炭或煤炭。最后这个字被假借为众多之意,如庶民、富庶之地等。

歌诀：

广加火,再加石,构成庶,广石火,构成庶,燃石而煮,庶民的庶。

## 朔 [shuò]

据《说文解字》、甲骨文史料考证,"朔"字最早在甲骨文中是这样写的:半字翘起来,右边是一个月亮,后来就简化成了现在的"朔"字。一般朔指的是初一,望指的是十五。初一,月球运行到地球和太阳之间,在地球上看不到月亮,这种月相叫作朔,这一天就是初一。

歌诀：

递加月,构成朔,农历初一,朔日的朔。

## 剩 [shèng]

据《说文解字》、甲骨文史料考证,"剩"字最早在甲骨文中是这样写的:它是一个禾,加北,再加刀。"剩"字本意是多余的,因为古代是在山上种粮食,中原地带属于北半球,山南面的庄稼容易成熟,因为光合作用比较充足,山的北面,也就是阴面,它的温度、光合作用的情况差一些,所以山北面的庄稼一般成熟得比较晚。当时的农人在收割庄稼的时候先把山南面的庄稼收完,山北面的庄稼就剩下了,等过一段时间庄稼成熟了再收。这就是剩余的含义。

歌诀：

禾加北,再加刀,构成剩,禾北刀,构成剩,刀割庄稼,没有割完的就是剩。

## 赦 [shè]

据《说文解字》、甲骨文史料考证,"赦"字在甲骨文中是这样写的:左边下面是一个"火"字,上面画一个人形,它是空空如也的意思。后来就演化成一个赤加一个反文。"赦"的意思是舍弃,因舍弃要用手,反文旁实际上是手的变形字。又因为舍弃有使其空静的含义，而赤也有空静之意，因为火把东西燃烧完了，所以就有空空如也的意思。所以，赦字由赤和反文会意而成，假借为赦免。

歌诀：

赤加反文构成赦，赤反文，组成赦，赦指舍弃，赦免的赦。

## 式 [shì]

据《说文解字》、甲骨文史料考证，这个字最早在甲骨文中是这样写的：一个弋，加一个工。后来逐渐演化成现在的"式"字。"式"是指样子、规矩、法度。因为工有规矩的意思。那么，"弋"字为什么要加这一撇呢，因为兵器就是在木棒上加一些铁制器物，而"弋"就是木棒的意思。木棒有了距离，就叫作筹码。弋还有一个含义，就是射箭的时候在箭上系上绳子，这样箭在射出去以后还可以回收，这也叫筹码。式有准确可信的含义。

歌诀：

工加弋，构成式，工弋式，工弋式，叫作筹码，方式的式。

## 燧 [suì]

据《说文解字》、甲骨文史料考证，燧是指火，实际上是钻木取火的意思，过来一个遂。后来就逐渐简化成"燧"字。火的使用改变了人类吃生食、易生病的状况。以前我们讲过山顶洞人为了防御外敌入侵，出门或者休息的时候会在洞口燃一堆火。燧人氏发明了钻木取火，用棉花或者易燃的东西去把火引燃，钻木取火也是我们中华民族的重大发明之一，为我们带来了光明和热量。因此，燧人氏被称为中华民族的三皇之一。当然，传说只是口口相传，关于三皇五帝的说法很多，有伏羲、女娲、黄帝、神农，还有颛顼等。

歌诀：

火加遂，构成燧，火遂燧，火遂燧，钻木取火，燧人的燧。

## 舜 [shùn]

据《说文解字》、甲骨文、金文史料考证，舜字最早在甲骨文中是这样写的：一个爱字头，"爱"是上下两个人互相拥抱的含义，下面是个"舛"。后来逐渐简化成现在的舜。"舜"字是爱字头，说明他以仁爱为首。下半部分是舞蹈的意思，"舛"像两只脚来回跳舞的。舜帝幼年母亲病故，继母对他百般虐待，还把他赶出家门。后来，舜做了尧的女婿，父亲深感内疚，失声痛哭，舜用舌头为父亲舔去泪水，竟然使得父亲失明二十年的双目复明。舜还把人与人的关系分为五类，制定了五条道德准则，主张仁、亲、和、恤、信，并以此教化人民。

歌诀：

爱加舜，构成舜，爱舜舜，爱舜舜，爱者舜脚仁义舜，后母虐待不怨恨，为父舔泪眼复明，天下孝子第一人，人伦关系分五类，制定五点化万民。

## 舌 [shé]

据《说文解字》、甲骨文、金文史料考证，我们的古圣先贤在造这个字的时候，看见了一条蛇，它伸出来的舌头是双叉形状的，特别长。蛇的舌头咝咝地吐出来，喷毒液，像射箭一样。古圣先贤看见了蛇的舌头，于是乎就造出了舌头的"舌"字。起初在甲骨文中是画了一个舌头，就像从蛇口里吐出来双叉的形状。后来就逐渐演变、简化为现在的"舌"。"舌"字的下面是嘴的象形，从嘴中伸出来并带有液体的东西，就是人或动物的舌头。

歌诀：

舌字千加口，口里伸舌头。口上竖为舌，撇横唾液流。

## 声 [shēng] 聲

据《说文解字》、甲骨文史料考证，这个字的出处非常有意思，和乐器有关。古圣先贤非常聪明，最早的乐器是干什么的呢？就是打仗的时候用来助威的。这个乐器是把尸体上面的骨骼截下来，然后磨平，上面蒙上一层羊皮或者鹿皮。那个时候没有金属，就拿石头或者木棒敲一敲，这就是声字。我们看这个字形，这里就是一个战士，给尸体的骨骼上蒙上一层鹿皮或者羊皮，然后用棒子去打。下面是耳朵的意思。这就是"声"字的演变过程。现在声字是作为形声字搭配使用。注：謦欬，借指谈笑；罄，意为"空""尽"，如"罄竹难书"，即把竹子用完了都书写不完。

歌诀：

石做乐器磬，缶罄空义生；馨表气味香，謦欬言笑声。

## 塞 [sāi][sè]

据《说文解字》、甲骨文、金文史料考证，塞这个字的出处和来历是非常有意思的。我们的古圣先贤在造这个字时看到了什么呢？看到了农耕时代人们要取暖，就用石板垒成火炕，并在炕头留下一个小洞，往里面塞一些燃料，石板就逐渐变热了，晚上睡在炕上是很热乎的。最后在洞口塞一块石头，用来保温。古圣先贤看到了填炕的过程，于是就造出了这个"塞"字。在甲骨文中是画了一个房子形，（我多次讲过，凡是有宝盖的字都与房子有关）在里面填充了好多东西，下面画了两只手在填一块土（石头）。后面就逐渐演变、引申为现在的"塞"字。塞这个字现在大都是和其他部首搭配的变形在一起应用。注：噻唑（sāi zuò），是一种药物。

歌诀：

去土变声旁，有木扎营寨；（寨 zhài）

有口是噻唑，钱贝怎比赛。（噻 sāi，赛 sài）

## 杀 [shā] 殺

据《说文解字》、甲骨文、金文史料考证，"杀"这个字的出处和来历是非常有意思的。那时是狩猎时代，我们的古圣先贤在造这个字时，看到了一支很长很长的箭，刺到一只豺狼身上，豺狼就倒下了，鲜血直流，刺杀成功了。看到了这种景象，于是就造出了这个"杀"字。在甲骨文中是画了一支箭刺中了一只动物，后来就逐渐演变为"人"字的变形字下面还有一个"木"字。繁体字大家都知道，右边还有一个"殳"字。"殳"就是作战的士兵。最后就简化为现在的"杀"字。这是"杀"字的出处和来历。"杀"字现在大都是和

汉字的其他部首搭配在一起使用。注：铩，古代的一种长矛；脎，是一种有机化合物。

歌诀：

造铩有金属，立刀把车刹；（铩 shā，刹 shā，刹 chà）

木上把人杀，有月生成脎。（杀 shā，脎 sà）

## 山 [shān]

山 山 山

据《说文解字》、甲骨文、金文史料考证，大山的"山"的来历和出处是非常有意思的。我们的古圣先贤在造这个字时，看见了山、川、河、流。这是大地的阴阳，山是坚硬的，不变的；水是柔软的，是变化的。山为阳，水为阴。天的阴阳是日和月。日是阳，月是阴。给人的感觉是太阳是不变的，为阳；月有阴晴圆缺，是可变的，为阴。人的阴阳是男和女。男是阳，女为阴。那么，天的阴阳是日月，人的阴阳是男女，地的阴阳是山水。这就是"天人地"，为三才之道。古圣先贤看到了山，最早"山"是象形字，就是画了几个山尖子。这就是"山"的出处和来历。在甲骨文中是画了一个山的形状，后来就逐渐变形成现在的"山"。"山"字现在大多和其他汉字的部首搭配在一起使用。

歌诀：

有人欲成仙，乘舟小舢板；（仙 xiān，舢 shān）

遇水到汕头，遇火金灿灿；（汕shàn，灿càn）

偶得疝气病，走之人搭赸；（疝shàn，赸shàn）

人皆讪笑言，他便退回山。（讪shàn，山shān）

## 善 [shàn]

善 善 善

据《说文解字》、甲骨文、金文史料考证，"善"字的出处和来历是非常有意思的。我们的古圣先贤在造这个字时看到了什么呢？看到一只羊陷了下去，只露出了一个头在水面上，垂死挣扎着。在太阳光的照射下显得非常凄惨。有人眼睛看见了这个羊头，准备去营救这只羊，看到了这个举动，于是就造出了这个字。在甲骨文中"善"字是画了一个羊头，下面画了一只眼睛。就是说看见羊在垂死挣扎，奄奄一息。人们采取了善举去营救羊，才有了这个"善"字。后面逐渐演变为现在的这个"善"字。这是"善"字的出处和来历。中国的汉字是非常有意思的，说羊大为美。羊肉是非常膻的，鱼肉是非常腥的。所以鱼和羊组合就是鲜字。现在"善"这个字大多都是和其他部首搭配在一起使用。注：鄯善，新疆的一个县；缮补，打补丁。

歌诀：

新疆鄯善县，缮补用丝线；（鄯shàn，善shàn 缮shàn）

墡土白而黏，昆明有蟮蟮；（墡shàn，蟮shàn）

吃鱼有黄鳝，膳食换月边。（鳝shàn，膳shàn）

## 擅 [shàn]

擅 擅 擅

据《说文解字》、甲骨文、金文史料考证，擅字的出处和来历是非常有意思的。我们的古圣先贤在造这个字时看到了什么呢？看到了古代官员过堂审案的过程。官员手持惊堂木，啪，升——堂。看到了这种景象，于是就造出了这个字。在甲骨文中"擅"字是画了一个官字头穿着官服，中间一个回，是反复论证的含义。下面一个旦，是吉祥的含义。旁边画了一个手，表示要过堂审案。后面不断简化演变为现在的"擅"。这是"擅"字的出处和来历。现在"擅"字一般都是和汉字的其他部首搭配，把提手变换进行使用。嬗变，演变。亶为禀（bǐng）的变形，是指装满粮食的仓库，有把粮食集于一处之意。擅是把权事独揽于一身，所以擅是由手和亶组成的。

歌诀：

一女会嬗变，擅长手揽权；（嬗shàn，擅shàn）

使人头（页）发颤，肉月味道鲜；（颤chàn，膻shān）

亶指粮仓满，檀木木质坚。（亶dǎn，亶dàn，檀tán）

## 商 [shāng]

商　商　商

据《说文解字》、甲骨文、金文史料考证，"商"这个字的出处和来历是非常有意思的。我们的古圣先贤在造"商"这个字时看到了什么呢？那个时候还没有货币之说。所谓的商就是物与物的兑换，如你拿几张羊皮兑换他的几匹丝绸，几匹丝绸兑换鹿肉、马肉、牛肉、兔子等。形成一种商业贸易。我们的古圣先贤最早看见一只花瓶摆在一个平台上，这个器皿也就是一个陶罐（也就是陶器、陶瓷）。可以酿酒，装食品，装东西兑换。看到了这个陶罐也就造出了这个"商"字。这也就是陶瓷是中国的代名词，也是商业的代名词的原因。在甲骨文中是"商"字桌台上面画了一个器皿（葫芦形，也就是肚禄坛）。后来就逐渐简化、演变为现在的这个"商"字。这是"商"字的出处和来历。在这个商业非常兴盛的社会里，部分商人自私自利，不诚信，这是商人之大忌，请记住，商以诚信为本。"商"这个字现在一般都是和其他汉字的部首搭配在一起使用。

歌诀：

王女是嫡系，药水打点滴；（嫡 dí，滴 dī）

张口爱嘀咕，随手摘东西；（嘀 dí，摘 zhāi）

出言贬谪人，用金做箭镝；（谪 zhé，镝 dí，镝 dī）

木门樀樀响，足旁蹢是蹄。（樀 dī，蹢 dí）

## 尚 [shàng]

尚　尚　尚

据《说文解字》、甲骨文、金文史料考证，"尚"这个字的出处和来历是非常有意思的。我们的古圣先贤在造这个字时，在傍晚时看见了天上的月亮，照在了一个房子上，房子的墙上有个窗户能看见亮光，上面的对面还有一个影子，可看到上面有两个月亮，墙上一个窗户在发亮。看到了这种景象，于是就造出了这个尚字。其实是赏月的景象。在甲骨文中"尚"字是画了一个月牙，再加了一个对称的月牙，下面画了一个门中间开了一个口，就是窗户。后来逐渐简化为现在的"尚"，这是"尚"字的出处和来历。现在这个"尚"大都是和汉字的其他部首搭配在一起使用。

歌诀：

神女嫦娥讲，她叫水下淌；（嫦 cháng，淌 tǎng）

将土放正堂，木要植海棠；（堂 táng，棠 táng）

用耒"lěi"把地耥，丝绳绱鞋帮；（耥 tǎng，绱 shàng）

床上把身躺，用针缝衣裳；（躺 tǎng，裳 shāng）

衣穿毛大氅，围巾要平常；（氅 chǎng，常 cháng）

有钱（贝）多赏赐，教儿热爱党；（赏 shǎng，党 dǎng）

说着伸手掌，反手（攵）把门敞；（掌 zhǎng，敞 chǎng）

月下拍胸膛，有心不惝恍；（膛 táng，惝 tǎng）

乘云把果尝，不用人赔偿；（尝 cháng，偿 cháng）

有心走一趟，两人去徜徉。（趟 tàng，徜 cháng）

把酒细斟酌，"哎哟口味好"。（酌 zhuó，哟 yo）

## 勺 [sháo]

据《说文解字》、甲骨文、金文史料考证，"勺"字的出处是非常有意思的。我们的古圣先贤在造这个字的时候看到了什么呢？民间有一句话说，看着葫芦画瓢。勺子的"勺"最早就是一个葫芦一截两半，在大石头上磨得非常光滑，然后把里面的籽挖掉。再给它穿一个木棍（把子），就成了勺子。我们的古圣先贤看到了做勺子的过程，就造了"勺"这个字。在甲骨文中"勺"是这么写的，一个葫芦的一半，穿一个把子，就是"勺"。这个字现在一般是和其他部首搭配使用的。

歌诀：

勺女做媒妁，今勺有绝招：（妁 shuò，勺 sháo）

能变豸成豹，指草成芍药；（豹 bào，芍 sháo 药 yào）

逢火光灼灼，遇金把鱼钓；（灼 zhuó，钓 diào）

见丝就约会，把木变成杓；（约 yuē，杓 sháo）

## 少 [shǎo][shào]

据《说文解字》、甲骨文、金文史料考证，"少"这个字的出处和来历是非常有意思的。我们的古圣先贤在造这个字时看到了什么呢？看到了天象，"日月相推故为易"。太阳东升西降，是不变的，属阳。月亮有阴晴圆缺，是变化的，属阴。古圣先贤发现月亮上有少数小黑点。于是就造出了这个"少"字。在甲骨文中"少"字最早是画了一个月亮上的阴影，上面有少数的点，后来就演变为小字下面一撇这个"少"字。这就是"少"字的出处和来历。今天讲到这个"少"字，它与妙有关系。在《易经》上有个少阴就是指少女，少阳是指小男孩。那么，"少"字现在一般都是以形声字和其他汉字的部首、偏旁搭配在一起使用。

歌诀：

（一）

一女很美妙，张口不吵闹；（妙 miào，吵 chǎo）

有手抄生字，有金挣钞票；（抄 chāo，钞 chāo）

有目眼睛眇，加水水淼淼；（眇 miǎo，淼 miǎo）

有禾争分秒，有火把菜炒。（秒 miǎo，炒 chǎo）

（二）

有石是砂浆，有丝去纺纱；（砂 shā，纱 shā）

有水去洗沙，有鱼大白鲨；（沙 shā，鲨 shā）

有女姿婆娑，有衣穿袈裟。（娑 suō，裟 shā）

## 申 [shēn]

甲 申 申

据《说文解字》、甲骨文、金文史料考证，申字的出处和来历是非常有意思的。我们的古圣先贤在造这个字时看到了什么呢？看见了天上的雷鸣闪电，我在讲天象原理时讲到，当一朵云和另一朵云相交时，一朵带的是正电，而另一朵云带的是负电，正负相交就产生了雷电。古圣先贤看到了雷电发生的过程，就造出了这个"申"字。在甲骨文中"申"字是画了正负的火花，中间一竖是闪的电光。后来就逐渐演变为曰字中间一竖的"申"字。这就是"申"字的出处和来历。现在，"申"字一般都是作为形声字和其他汉字的部首搭配在一起使用。

歌诀：

邻女王二婶，病重口呻吟；（婶 shěn，呻 shēn）

祭祀（礻）求神灵，伸手有一人；（神 shén，伸 shēn）

肿肿害人病，法院把案审；（肿 shèn，审 shěn）

正义伸张日，正气满乾坤；（伸 shēn，坤 kūn）

家中吃抻面，气死老豪绅；（抻 chēn，绅 shēn）

和珅大贪官，非金属有砷。（珅 shēn，砷 shēn）

## 深 [shēn]

据《说文解字》、甲骨文、金文史料考证，"深"字的来历是非常有意思的。我们的古圣先贤在造这个字时看到了什么呢？看到了一个人手拿一根木棒在悬崖上探谷里的水深不深，看到这种现象后，古人突发奇想，就造出了这个深水的"深"字。"深"字在甲骨文中是画了一些水，再画了一个穴字，下面是一个根棒，意思是用木棒探洞穴里的水是深还是浅。后来就不断演变为现在的"深"字。这就是"深"字的出处和来历。现在"深"这个字一般把水换为汉字中的其他部首使用。深、探、琛三个字右边的声旁字由穴木组成，含有从外到内距离大之义。距离大就是深。深、探、琛三字均含深义。

歌诀：

有水水很深，深处手探寻；（深 shēn，探 tàn）

琛玉得深藏，深意字中存。（琛 chēn）

## 沈 [shěn][chén] 瀋

据《说文解字》、甲骨文、金文史料考证，"沈"这个字的来历是非常有意思的。古圣先贤在造这个字的时候看到江水不断流淌，在江水上面有一个拱形的桥，桥下有个小筏子，上面坐了几个人，水在慢慢流淌，从桥的下面经过。这就是"沈"字的出处和来历。"沈"字在甲骨文中是画了江河的渠道，下面放了一个一个木，就是以前的筏子是用木头连在一起，顺水流淌。后来就演变成三点水再加一个冘。"沈"字除了作为姓氏以外，现在大多数是作为形声字出现。

歌诀：

水边有人姓沈，对人心存热忱，耳闻事不耽误，木给铁轨做枕。

眼见虎视眈眈，摘目让它成冘。

## 生 [shēng]

据《说文解字》、甲骨文、金文史料考证，古圣先贤在造字的时候，看到农作物在地下，发芽、生根，然后长出叶子，不断地成长，这就叫生出来了。生过豆芽菜的人都知道，它在水里浸泡的时候，首先发的是芽儿，然后才长出根。这就是"生"字的出处。"生"字最早在甲骨文中是一横，就是地面。后来就逐渐简化、演变成了从土壤里出来，就是"土"字，旁边出来一个芽儿。"生"字现在多是作为部首出现在其他形声字中。葳蕤，形容枝叶茂盛。

歌诀：

人生需努力，要有好性情，胜利不骄傲，愿为国牺牲，旌旗打到底，史册留姓名，笙是管乐器，送给小外甥，葳蕤草中行，外甥把气生。

## 十 [shí] 拾

据《说文解字》、甲骨文史料考证，古圣先贤在造这个字的时候，看到一个人在钓鱼，钓鱼的鱼竿上有一个漂，这个东西如果沉入了水面，就说明鱼咬钩了。古人看到这个景象，就造了这个字，一横是水面，一竖是渔漂。数字有零到九，最后是十，十是满，满则溢。在甲骨文中，这个字就是水面上竖了一个竹竿。现在"十"字是和其他偏旁搭配使用的。廿，是两个十，即二十。

歌诀：

加人是什字，加一变成士，士有心成志，士加寸成寺；

廿是两个十，三十是一世，有口简化叶，有水变成汁。

## 石 [shí][dàn]

厂 石 石

据《说文解字》、甲骨文史料考证，这个字是一字两音，咱们知道它还读dàn，是粮食的度量单位。古圣先贤在大树下发现了一块石头，坐在上面休息，这就是"石"字的出处。在甲骨文中，这个字是一个靠背，是一个厂字，就是一棵树。下面是一个口，口指的就是石座。后来就逐渐简化成这个"石"字。我们来讲一点古人造字的秘诀。造字是很有趣的，有形声字、象形字等，还有异体字，画人笑，眉开眼弯嘴上翘，画人哭，眉垂眼掉口下落。所以在书法中，口字怎么写好看呢？就是口字两边往上翘。

歌诀：

碎用石卒成，有石碍事情；逢咸变成碱，遇水装水泵；

把石仔细看，横撇下加口，石上是山崖，崖下是石头。

石来石相碰，更使石坚硬。

## 史 [shǐ]

屮 史 史

据《说文解字》、甲骨文、金文史料考证，我们的古圣先贤在造这个字的时候，发现了好多竹简，一个人在竹简上写东西，就是记录历史。古圣先贤看到了这种景象，

于是乎就造出了"史"这个字。那么，在甲骨文中这个字是怎么写的呢？一个口，代表口述，一竖撇代表"笔"，指用笔记录下来。这就是"史"。现在"史"字都是和其他偏旁搭配使用。事由史和手组成。

歌诀：

一人当大使，马车他驾驶；（使 shǐ，驶 shǐ），一史变成吏，吏手记大事。（吏 lì，事 shì）

## 市 [shì]

巿 市 市

据《说文解字》、甲骨文史料考证，"市"（拼音：shì）是汉语一级通用规范汉字，此字始见于商代甲骨文。"市"本义指集中进行交易的场所，即市场，引申特指市司、管理市场的官吏，进而引申指人口密集、工商业及文化发达的城镇，今为行政区划单位。又可做动词，指前往市场去做买卖，引申泛指做交易。买卖货物离不开衡量货物的大小、轻重、多少、等级等，于是又引申为度量衡单位，指属于市制的。1.市场：买或卖；做交易。2.市义。3.市场交易的价格；组词：行市。4.城镇；组词：市郊。5.行政区划单位，有直辖市和省自治区等；组词：北京市。6.属于市制的（度量衡单位）组词：市斤。

歌诀：

市市不一样，市字点在上；（市 shì）有金合金铈，柿在木上长。（铈 shì，柿 shì）

手 [shǒu]

据《说文解字》、甲骨文史料考证，这个字非常简单，但是出处也很有意思。古人观察人手，是有骨线，它和树枝是一样的，和植物的生长规律有一致性。于是就造出了"手"这个字。植物是有左侧右侧之分的。"手"字在甲骨文中是先画了竹竿，然后画了手指。后来就逐渐演化成现在这个样子。在汉字的偏旁中，我们用的是提手，在给人取名的时候，凡是遇见特殊部首，比如提手旁，就是按手计算笔画，遇见三点水就是按水字计算。

歌诀：

提手旁，表动作；挖一挖，托一托；拽一拽，拓一拓；撒一撒，捏一捏；

拆一拆，撮一撮。提手旁，勤动手，携孩子，掷石子；抛绳子，接果子；

摆桌子，捻捻子；撑柱子，撵兔子，抓鬼子，擒贼子。

是 [shì]

据《说文解字》、甲骨文、金文史料考证，"是"的出处是非常有意思的。我们的古圣先贤在造这个字时看到了什么呢？古时候还没有钟表，人们有日出而作、日落而息的劳作习惯。那么，人们拿什么来计算时间呢？就是把一个磨盘放置

45度角，中心插一根针。在太阳照射下，人们用针在磨盘上的影子的角度来衡量时间，到正午的时候针的投影几乎为零。有个说法：犯人行刑一般时间是午时三刻。人们看到了这种计时间的状况和方法，于是就造出了这个"是"字。这就是"是"字的出处和来历。我们来看看在甲骨文中它是怎么写的，是画了一个圆盘，中间一点就是指太阳和针，下面画了一横代表平台，又画了一个止，也就是针的投影。后来不断演变为现在的"是"。就是"日"字下面一个走之底，意思是太阳走的时间。这是"是"字的简化、演变的过程。"是"是个肯定词，现在大都是和其他字作为偏旁搭配来进行使用。

歌诀：

是页遇难题，钥匙交给匕；（题 tí，匙 chí，匙 shi）

土说我筑堤，手把东西提；（堤 dī，提 tí）

鹈鴂杜鹃鸟，鳀鱼在海里。（鳀 tí，鳀 tí）

注：鹈鴂（tí jué）古书上指杜鹃鸟。

殳 [shū]

据《说文解字》、甲骨文、金文史料考证，"殳"字的来历和出处是非常有意思的。我们的古圣先贤在造这个字时看见了什么呢？看见了一个人拿了长矛，要出去打仗，于是乎就造出了这个字。这就是

"殳"字的出处和来历。那么,我们看看"殳"在甲骨文中是怎么写的:就是一个木杆,上面绑了一些红布条,就像红缨枪,下面是一只手着,后来不断地演变,就成了一个"几"字,下面一个"又","又"就表示"手"。现在的这个"殳"都是和其他偏旁搭配,组成形声字进行使用的。注:豙(yì)气盛。

歌诀:

两人服役早,投篮手巧妙;(役 yì,投 tóu)

不得瘟疫病,扬言设备好;(疫 yì,设 shè)

月月做股票,殷勤又周到;(股 gǔ,殷 yīn)

有豙志坚毅,水来淹没了。(毅 yì,没 mò)

## 水 [shuǐ]

据《说文解字》、甲骨文史料考证,古人看见江河、小溪里面的水,或者天上要下雨,就在树上刻了水流的样子,比如伏羲氏要告诉大家一些情况,就刻了一些水滴,像天上下雨的样子,中间弯弯曲曲的,这就是"水"字的来历。甲骨文中的"水"字就是这样弯弯曲曲的,就是天上要下雨了。后来就逐渐演化成现在这个样子。我们知道做人如玉,上善若水。水有个特点,哪里低就去哪里,它不争高,但是可以聚成海。所以,做人一定要低调再低调,发

扬水的精神。

歌诀:

有气是汽车,有贵是溃散;有拜心澎湃,有旋水打漩;

有奚是小溪,有巷香港远;有宰是残滓,有衮滚一边;

有闰润心田,有替把水潜;有弱就溺爱,有于是淤斑;

涩的声符涩,有匚去汇款;有骨就是滑,有带滞不前;

有世就排泄,雨漏不晴天;有条是涤纶,有刷就开涮;

有聿入迷津,有忝把水添。

## 佘 [shé] 余 [yú] 餘

据《说文解字》、甲骨文、金文史料考证,"佘"这个字的出处和来历是非常有意思的。我们的古圣先贤在造这个字时看到了什么呢? 看见了贵族在一个很长的走廊上,上面是一个屋檐,从侧面看是人从中间走了出来。于是乎就造出了"佘"这个字。这就是"佘"这个字的出处和来历。我们看看"佘"字在甲骨文中是怎么写的:在甲骨文中是画了一个屋顶,一个贵族(如部落的首领)从凉亭里走出来发号施令。后来就逐渐简化、引申为人下面一个指示的"示"字。"佘"这个字一般和其他汉字部首搭配在一起使用,主要用作姓氏。传说一将士立下了赫赫战功,打败了好多敌军,当时的首领就赐这个家族为

佘姓。"余"和"佘"本是同形字，现在"佘"字仅用作姓氏。萘，一种化合物。

歌诀：

有贝不赊账，一来真无奈；（赊 shē，奈 nài）

有手写捺捺，有草化合萘。（捺 nà，萘 nài）

## 叔 [shū]

据《说文解字》、甲骨文、金文史料考证，"叔"这个字的来历是非常有意思的。我们的古圣先贤在造这个字时看见了什么呢？看见了一个年长的人（长辈）手拿禾苗，准备插秧的样子，前面水里还有几个脚印。后面的又最早是手之义。于是乎就造出了这个"叔"字。"叔"字在甲骨文中是画了手拿秧苗，前面有三个点是脚印。后来逐渐演变为现在的"叔"字。这就是"叔"字的出处和来历。现在，"叔"字大都是以形声字和其他部首搭配在一起使用的。

歌诀：

淑女水灵灵，嫌家（宀）太寂静；（淑 shū，寂 jì）

避开监督目，花椒树（木）莫碰。（督 dū，椒 jiāo）

## 术 [shù][zhú] 術

据《说文解字》、甲骨文、金文史料考证，"术"字的来历和出处是非常有意思的。我们的古圣先贤在造这个字时看见了什么呢？看见了一个十字路，远处有山，近处有树。有向左的，有向右的，有向前的，也有向后的，来路分明。于是乎就造出了这个"术"字。我们看甲骨文中是画了一条小路，上面拐了一个弯，繁体字大家都知道，一个双人旁中间一个"术"，后面是指示的"示"少了两点（術）。后来就逐渐简化演变为现在的"术"字。这就是"术"字的演变过程，也是它的来历和出处。"术"字现在大都是作为形声字和其他部首搭配在一起使用。注：秫，是高粱。

歌诀：

心怵心恐惧，述说走着去；（怵 xì，述 shù）

淌水过沭河，瞧见秫禾绿。（沭 shù，秫 shú）

## 率 [lǜ][shuài]

据《说文解字》、甲骨文、金文史料考证，这个字是一字两音。一个读音是shuài，另一个读音是lǜ，就是圆周率的率。这个字的出处和来历是非常有意思的。我们的古圣先贤在造这个字时看见了什么呢？看见了人们在拔草时用手抓住了一把草，用力时草上的锯齿把手刺破了，手指流出了血。于是乎就造出了这个"率"字。那么，率就是有多大的概率，是引申来的。这就是"率"字的出处和来历。在甲骨文中是画了一只手抓住了一把草苗，两边有两点。后来不断演变、简化为现在的"率"字。"率"字现在大都是作为形声字和其他部首搭配在一起使用。

歌诀：

有虫是蟋蟀,用手把盆摔。（蟀 shuài，摔 shuāi）

有月就是膟，用纟还是绿。（膟 lǜ，绿 lǜ）

司 [sī]

据《说文解字》、甲骨文、金文史料考证，"司"字最早是土司之义。"司"这个字的出处和来历是非常有意思的。我们的古圣先贤在造这个字时看见了什么呢？看见了当时的土司在风雨来临或者外敌来临时，双手放在嘴巴两侧来喊话的样子，就是发号施令。于是乎，就造出了"司"这个字。这就是"司"字的出处和来历。"司"字在甲骨文中是画了一只手，下面画了一口，后来不断演变为现在这个"司"字。这个"司"大都是作为形声字和其他部首搭配在一起使用。古代"司"字像人手放在嘴上的呼叫状，表示大声、吆喝、

发号施令的意思。本义指主持。掌管，引申为经营、操作；作为官职或行政组织名称，如古代有司马、司徒、司空等七十二司。司是分开管理国家事务的地方，也有发号施令以告四方之义。

歌诀：

有人伺机逃，词义以言表；（伺 sì，伺 cì，词 cí）

祠堂求后嗣，有食饲养鸟。（祠 cí，嗣 sì，饲 sì）

手拢嘴巳边，喊人把事干，嘴在司中见，手在嘴上边。

丝 [sī] 絲

据《说文解字》、甲骨文、金文史料考证，"丝"这个字的出处和来历是非常有意思的。我们的古圣先贤在造这个字时看到，桑农在养蚕的时候，蚕在吐完丝之后用蚕茧把自己包起来。有个成语"作茧自缚"大家都知道。我们古圣先贤看见了两排蚕茧。于是乎就造出了这个"丝"字。"丝"字在甲骨文中是画了两排蚕茧，后来逐渐简化为现在的样子。这就是"丝"字的出处和来历。"丝"字现在大都是和其他部首搭配起来使用。

歌诀：

统一头绪,（统 tǒng，绪 xù）

绳子绑缠;（绳 shéng，绑 bǎng，缠 chán）

丝绒缩水，（丝 sī，绒 róng，缩 suō，缩 sù）

束系细线；（系 xì，系 jì，细 xì，线 xiàn）

徽商纸宣。（徽 huī，纸 zhǐ）

丝像两丝拧，丝连一长横，称作绞丝旁，多表丝麻用。

## 身 [shēn]

据《说文解字》、甲骨文、金文史料考证，"身"就是身体的身。我们的古圣先贤最早在造"身"这个字的时候看见了什么呢？看见的是一个孕妇，所以在甲骨文中就是画了一个孕妇的侧身。上面是人头，左上角一撇是手，横折勾代表人的躯体和腿脚，中间画了一个弧形是腹部增大了，最早的肚子里是一点，表示婴儿。后来就逐渐演变成现在的身体的"身"字，这就是身体的"身"的出处和来历。"身"字就像怀孕妇女侧面的身体，腹部凸出，是怀孕的样子。身字的本意是妊娠，后来引申为躯体。到现在好多北方的老年人就将怀孕了，说成有了身子。这就是"身"字的出处和来历。"身"这个字现在都是和其他偏旁部首搭配在一起使用。

歌诀：

身本指身孕，身像孕妇身。胎儿做两横，身体是引申。

## 首 [shǒu]

据《说文解字》、甲骨文、金文史料考证，"首"就是首脑的首。我们的古圣先贤在造这个字的时候看见了什么呢？看见了一个人头，这个人头上的头发扎了两个鬏鬏。"首"字最早是指人头的样子。本意是人和其他动物头部，由头的意义引申为首领、首脑、开始、第一、最高等含义。

歌诀：

首为人头颅，头上两发鬏。目字代脸盘，一撇是额头。

## 受 [shòu]

据《说文解字》、甲骨文、金文史料考证，甲骨文中的"受"字是一只手把盘子(饭)交到另一个人手里。表示给予(授)和接受。前一个意思由后期的授所取代。"受"现在仅指接受。如领受、受益，引申招难受，经受等。1. 受贿；贪污受贿。2. 受洗；接受洗礼。3. 遭受；遭受打击。4. 受理；接受办理。5. 经受；经受考验。6. 接纳别人的东西。

歌诀：

受字本是授，爪又都是手。中间是盘子，现义表接受。

尸 [shī]

据《说文解字》、甲骨文、金文史料考证，"尸"本义是指人的尸体，以"尸"为结构的字大都与身体有关。"尸"字有时指人，户口上一点的含义，就是说人死了，人口缺了一点，就变成了尸体的"尸"字。1.人或动物死后的躯体。2.空占着（职位）。3.象形。小篆；尸像卧着的人形。本义是祭祀时代表死者的受祭的人。4.神主牌，以木为本。5.陈尸示众。6.姓氏。7.立神像或神主。8.引申为担任；承担。

歌诀：
尸是尸体形，尸体尸义明，户上少一点，就把尸写成。

束 [shù]

据《说文解字》、甲骨文、金文史料考证，古代在甲骨文中"束"字像用绳子捆着一些树枝，木表示树枝，口表示捆绑，又有一把、一捆义。1.捆缚。2.聚集成条形的东西。3.量词。用于捆在一起的东西。4.限制；控制。5.会意。在木上加圈。像用绳索把木材捆起来。本义是捆绑。6.收拾，整理。7.搁置。束书不观。8.姓氏。

歌诀：
束像一捆柴，把它捆起来。

本义是捆绑，束束要分开。
本义是进入，引申为参加。

私 [sī]

据《说文解字》、甲骨文、金文史料考证，自私的私，原作厶（sī）在古代，民田曰厶，合在一起叫"公"，分开加个禾叫"私"。也可以理解为圈在自己怀里的东西。1.属于个人的；非官方或集体的。2.只为自己的，私心。3.个人的事和财产。4.私密，不公开的。5.非法的或非法之物。6.偏爱。7.副词，偷偷地；私访。8.中国古代女子称姊妹之夫为私。9.男女阴部。

歌诀：
私本谷类名，又做自私用，厶加禾字旁，本义更分明。

舍 [shè][shě] 捨

据《说文解字》、甲骨文、金文史料考证，舍的本义是"客馆"，"人"字像大屋顶，"干"字像大梁和大柱，"口"字像基石。舍还做舍弃用，这时"舍"读 shě。1.房屋；住所。2.旅馆，客舍。3.谦称自己的亲属。（一般用于比自己辈分低或年纪小的人）舍弟。4.谦称自己的家；寒舍。5.饲养家畜的窝、棚、圈。鸡舍。6.象形。

小篆字形，上端像屋顶，下端像建筑物的基础。中间是招徕顾客的幌子，本义是客舍。7.营寨；营房。8.公子，少爷。

歌诀：

舍像客馆形，人是大屋顶，干是梁柱撑，口当基石用。

## 桑 [sāng]

据《说文解字》、甲骨文、金文史料考证，甲骨文中的"桑"字像棵枝繁叶茂的桑树，小篆演变成"木"上三个"又"字，本义指桑树。1.桑树。落叶乔木或灌木，叶子边缘锯齿状；分裂或不分裂。果实为聚花果，味道甘甜。叶子可喂蚕，果实可生吃或酿酒。枝皮可造纸，叶、果、枝、皮都可做药材。2.桑叶，采桑。3.姓氏。

歌诀：

木上枝叶繁，桑叶能养蚕，三又是枝叶，木字在下边。

## 氏 [shì]

据《说文解字》、甲骨文、金文史料考证，"氏"是树根、树杈的形状。"氏"后来引申为姓氏。也指对名人、专家的称呼，如神农氏。氏比氐（dī）少一点。1.姓。2.旧时放在已婚妇女的姓后（或姓前再加夫姓）作为称呼。3.加在远古传说人物，国名后作为称呼。伏羲氏。4.加在名人、专家的姓后作为称呼。5.象形，甲骨文字形像物体欲倾倒而将其支撑住的样子。是"支"字的本体字。

歌诀：

氏像树根伸，氏义本是根，引申为姓氏，氏氐点区分。

## 黍 [shǔ]

据《说文解字》、甲骨文、金文史料考证，黍子又名黄米。黍的穗是散开的，同别的稻谷不同。古人常用黄米酿米酒，所以，加一个"人"和"水"字，用黍做意符的字大都与黍有关。1.黍子。一年草本植物，其籽煮熟后有黏性，可以酿酒、做糕等。2.黍的籽实。杀鸡为黍。3.形声。从禾，雨省声，本义：植物名。亦称"稷""穈子"。4.古代专指一种籽实叫黍子的一年生草本植物。5.古时建立度量衡的依据。6.穈稷一类草本植物。7.黄米做的饭。

歌诀：

禾米水中入，字形状是黍，加水酿米酒，组字关五谷。

## 食 [shí][sì]

据《说文解字》、甲骨文、金文史料考证，"食"字下边是一个豆形的容器，里面装满食物，上边是一个器盖。"食"的本义是食物，引申为动词吃，用食做偏旁组成的字大都与吃和食物有关。1.饭食。2.粮食。3.食物；面食。4.吃；食肉。5.特指吃饭；食堂。6.饲料；猪食。7.供食用或调味用的。8.受；享受；自食其果。9.日月亏损或完全不见的现象；日食。

歌诀：
食本豆形器，食物盛豆里，今食人加良，粮食食引义。

## 矢 [shǐ]

据《说文解字》、甲骨文、金文史料考证，古"矢"字是箭的形状。上端是箭头，中间的一竖是箭杆，下端有固结羽的箭尾。用"矢"组成的字大多与箭有关。1.箭。弓矢。2.发誓；约势。矢愿。3.象形.甲骨文字形。像镝括羽之形.本义是箭。4.同本义.以竹为箭，以木为矢。5.古代投壶用的筹码.主人奉矢。6.几何学名词。弧弦之半径。7.通屎。人或动物排出的粪便。

歌诀：
矢为箭名称，矢形像箭形，矢上为箭头，箭后有羽翎。

## 索 [suǒ]

据《说文解字》、甲骨文、金文史料考证，"索"字像织布用的工具、线圈的样子，上端可以看出绳头的一些股叉。下面是两只手，表示搓绳索的样子，隶书后演变成现在的字形。本义是指粗绳，如绳索；假借指搜索、索取、索然无味等。1.《说文》：草有茎叶可做绳索。2.《小尔雅》：大者谓之索，小者谓之绳。3.《急就篇》：索，总谓切捻之令紧者也。4.引申为不假思索。5.科学家积极探索生命的起源。

歌诀：
草皮搓成绳，就是索字形，绳头有股叉，绳是手搓成。

## 伞 [sǎn] 伞

据《说文解字》、甲骨文、金文史料考证，繁体楷书中的"伞"字是一把张开的伞的形象。上面的伞盖是一个"人"字，伞架和伞柄是两边各两个"人"字相叠组成。简化字"伞"是一把打开的伞的样子，上面的"人"字是伞盖,中间的点和"十"字是伞撑架和柄把。1. 遮挡雨水或阳光的用具。用布、油纸、塑料等制成。2. 形状像伞的东西:灯伞。

歌诀:

简化伞字形,人字做伞顶,两点和十字,伞撑和伞柄。

## 上 [shàng][shǎng]

据《说文解字》、甲骨文、金文史料考证,"上"字是在长横的上方加一短横,以表示位置在上的意思。后来在横上加了一竖,表示在上的方向,也是为了和二字区别开来。1. 上面,高处。2. 处于高处的,上端。3. 古时指国君、皇上。4. 地位、职别、辈分高的,上级。5. 时间或顺序在前的,上联。6. 等级或质量高的,上品。7. 从低处到高处,上车。8. 向前进,一拥而上。9. 呈献,奉上。10. 去往,上街。11. 登台,上演。

歌诀:

物上横上放,就表方位上,上横指代物,一竖指上方。

## 三 [sān] 叁

据《说文解字》、甲骨文、金文史料

考证,甲骨文中的"三"是把三根长短相同的算筹平放在一起,表示数目字"三",二加一的和。在古人看来,凡事不过三,此三又表示多次、多数,如三令五申、三思而行,《易经》上说三生万物。1. 数词;序数第三,三月。2. 表示多数或多次;三番五次。3. 三倍。4. 指历九宫的第三宫,即东方震位。5. 指君、父、师三尊。6. 指天、地、人三才。7. 三皇:伏羲氏、神农氏、轩辕黄帝。

歌诀:

二上把一添,就是数字三,引申为多次,写三看长短。

## 四 [sì] 肆

据《说文解字》、甲骨文、金文史料考证,"四"是一个数目字,古文字中的"四"字,是用四横来表示的。小篆的"四"字,像人鼻孔中发出来的声气,"四"用作形符叫"四字头"。1. 数字四本身就是一个偶数,所以很多时候,它们都代表着成双成对之义。2. 埃及人用四个简单的现象来描述物质所必需的四种元素的作用。3.《易经》上说:无极生太极,太极生两仪,两仪生四象,四象生八卦。4. 数字四代表物质的坚固性,即物质的组成和构造。

歌诀:

四横就是四,四表数目字。四做"四字头",用在组字时。

# T

## 团 [tuán] 團、糰

据《说文解字》、甲骨文史料考证，团结的"团"是周围一个圆团，最早时它里面是一个砖，是一横，下面有一个田，再下面是一个寸，实质上是砖的意思，封建礼教社会的团是什么？是大量耕种田地，是圈地，到处圈地成为地主，这叫团。后面就一个口字形把这些围住，就和秦始皇修长城时打边墙一样，我把这个地方圈起来就成了我的地盘，下面就是一个"砖"，它指的是四周人才聚集，后来引申为一种凝聚力。现在我们讲一个人要干一些事，必须有强大的团队精神，讲的就是团队。古代我们打仗以一当十，就是说打仗了，我一个人能打倒十个人，它是以一当十，现在是以十当一，就是说现在我们搞营销、搞团队、搞企业每个人的口径要一致，企业的宣传形象必须有一口，每个成功的品牌就是用一句话能代表这个公司；一张图，一个企业的形象就是一张图；还有一片影，通过一个简短的视频就能知道这个公司形象。达到一张口、一句话、一张图、一片影，这就是打造品牌团队的唯一根据。

歌诀：

口才团，口才团，口和才就是团。人才聚拢力量大，团结一心国强大。

## 条 [tiáo] 條

据《说文解字》、甲骨文史料考证，"条"字来源于柳条、树枝、枝干，井井有条，条例的"条"，繁字体的"条"是由一个攸和木组成，最后就变成了"文"字，下面一个木，文木条。细长的树枝，枝条和柳条。"条"字是整齐之义，就像李白的好多诗都与柳条有关，描写的风景非常优雅，后来会意成咱们的人文环境，如井井有条。这个字会意是条理比较清晰，不能乱。

歌诀：

文木条，文木条。文和木就是条。加木是树枝，枝条和柳条。

加人就是條，见水就洗涤。

## 头 [tóu][tou] 頭

据《说文解字》、甲骨文史料考证，"头"就是我们每个人的头，头颅的"头"。在甲骨文中这个头颅的"头"是这样写的：左面画了一个斗，就像量粮食的斗，右边一个页字，繁体字是一个豆加这个页字，逐渐简化成现在这样，就是现在的"头"。斗大头，就是豆加大构成头。脑大似斗，就是说在古人的想象当中这个人的脑袋大得就跟斗一样，头脑的"头"，就是脑袋大得像斗一样。繁体的"头"字由"豆"和"页"构成，因"豆"的样子像"斗"，简化字头由"大"构成，也可以理解为人（大），长着两只眼睛的地方，会意成为"头"。

歌诀：

豆和页，构成头；斗大头，斗大头。有危险、先抱头。

## 突 [tū]

据《说文解字》、甲骨文史料考证，这个字上面是一个洞穴的"穴"字，下面是一个"犬"，就是说一个犬从洞穴里冲出来。这就是"突然"。最后逐渐简化成一个"穴"，下面一个"犬"。古时候，"突"字的字形像一只犬猛地从洞里冲出来，本义指突然，假借指突出。比如，有"突出的贡献"。在某个行业取得了优异成绩、取得辉煌成绩的人，叫突出。这个字是褒贬各异。

歌诀：

穴加犬，构成突，穴犬突，穴犬突，狗冲出洞，突然的突。

## 替 [tì]

据《说文解字》、甲骨文、金文史料考证，"替"在甲骨文中是这样写的：两个夫，这样好像画了一个人的身体，有力气的人叫作丈夫。下面是一个"日"，是嘴的意思。夫加夫，再加日，构成替，夫夫日，构成替，两人打哈欠，疲惫不堪要更替。人站岗的时候，疲惫了，两个人都张嘴打哈欠，两个士兵都疲惫不堪了，这个时候就要换岗，就是替换的意思。古文"替"是由两个"欠"字和"口"组成的，像两个人张口打哈欠，本义是疲惫，引申为代替、更换、更替。

歌诀：

夫加夫，再加日，构成替。夫夫日，就是替。报加急，马要替。马不替，会误事。

## 退 [tuì]

据《说文解字》、甲骨文、金文史料考证，"退"字是由走之旁加"艮"字组成的。"艮"字我们以前讲过，就是大山的意思，就是说人被大山挡住了去路，回头了，就是退回来了。会意为向后移动的人。古代在造字是"艮"字为山，就是走到山下，被山挡住了去路，又回来了，就是向后移动。后来就假借为后退、倒退、逃跑等。

歌诀：

走加艮，构成退，走艮退，走艮退，向后移动，退步的退。

## 屉 [tì]

据《说文解字》、甲骨文史料考证，"屉"字最早在甲骨文中是这样写的：一个尸体的"尸"，下面一个世，就是说人是否在世。繁体字是一个尸，下面一个双人，一个世。最后逐渐演化成一个尸和一个世。屉字最早就是我们在骑马的时候马鞍上的垫子，尸像弯脚的人，人骑在马上要有垫子，马鞍与垫子在一起，所以屉字是由尸和世构成的。引申为抽屉。

歌诀：

尸加世，构成屉，尸世屉，尸世屉，古屉字是鞍垫义，今天转义为抽屉。

## 徒 [tú]

据《说文解字》、甲骨文史料考证，"徒"字最早在甲骨文中是这样写的：两个人并排行走，上面画着流下的一些汗水，两个人共同抬着个东西在徒步行走。后来逐渐演化成双人旁加一个走。"徒"字字形上半部分是"土"字，下半部分是止，就是脚，就是说脚在土上行走。假借为囚徒。比如，古代把一个人判刑，流放到很远的地方，要徒步行走很远的路。后引申为学徒。引申为跟人行走的人。

歌诀：

双人加走构成徒，双人走，构成徒，脚走土上，徒步的徒。

## 讨 [tǎo] 討

据《说文解字》、甲骨文史料考证，"讨"字最早在甲骨文中是这样写的：左面是一个"言"字，就是开口讲话的含义，右边是一个"寸"字。繁体字的"讨"是这样。最后就简化成言字旁加一个寸。"讨"字是由言和寸组成的，指伸手张口向人讨要，这就是讨。

歌诀：

言加寸，构成讨。言寸讨，言寸讨，出言伸手，讨饭的讨。

## 塌 [tā]

据《说文解字》、甲骨文、金文史料考证，"塌"字的出处非常有意思。古人在造字的时候，看见人们设陷阱捕捉动物，比如挖了大坑，象猪等野兽掉到坑里，它就上不来了。陷阱上面轻轻放了一些树枝，再撒上一些土。动物一不小心就掉进这个陷阱里了。看到这个景象之后就造出了这个字。掉进去的时候尘土飞扬，所以下面是羽字，意思是尘土遮住了太阳。我们看看在甲骨文中它是怎么写的，是画了一个土，上面这个月实际是一个大人，不小心踩进去塌陷了，尘土飞上来了。后来就逐渐简化成"塌"字。这个字现在可以调换不同部首形成不同的形声字。塌，因凹陷而倒坍。"塌"字右半边是声旁，字形像尘土四处飞扬。

歌诀：

土房容易塌，去掉左半拉，加足乱踩踏，两脚水漯漯，走之多邋遢，回家卧床榻。

## 台、臺、颱、檯 [tái]

据《说文解字》甲骨文、金文史料考证，"台"这个字的出处是非常有意思的。我们的古代先贤在造这个字的时候看到了城楼的城门洞子上面建了一个岗楼，站岗的岗楼，这就是"台"的出处和来历。我们看看"台"在甲骨文中是怎么写的，在甲骨文中是上面画了一个城门洞的样子，下面是一个像问号的样子。"台"现在大都是和其他部首组成形声字进行使用的。

歌诀：

（一）

人若心懈怠，手都不想抬；（怠 dài，抬 tái）

冰咋能冶炼，胎非月月怀；（冶 yě，胎 tāi）

歹人非殆尽，如草长青苔。（殆 dài，苔 tái）

（二）

人从女娲始，心旷神怡时；（始 shǐ，怡 yí）

高粱饴食之，贻贝她也吃；（饴 yí，贻 yí）

贻笑大方后，她用竹鞭笞；（贻 yí，笞 chī）

江苏有盱眙，水患定要治。（眙 yí，治 zhì）

## 太 [tài]

据《说文解字》、甲骨文、金文史料考证，这个"太"字的来历和出处是非常有意思的。我们的古圣先贤在造这个字的时候看到了什么呢？看见了一个人在那儿站着，两只胳膊分开，两条腿也分开，像个"大"字的形状，这就是"大"，结果突然发现是个男人。古代基本没有衣服穿，就在身上生殖器的地方挂了些树叶，这就不是"大"了，而是"太"，于是乎就造出了"太"这个字。我们看看"太"在甲骨文中是怎么写的，在甲骨文中是画了一个人体的样子，后来就简化成了一个大，下面一点。现在"太"这个字大都是和其他部首搭配，组成形声字进行使用的。酞，有机化合物。

歌诀：

有心是心态，米皮水淘汰；（态 tài，汰

tài）。钛造合金钢，酉中也盛酞。（钛 tài，酞 tài）。

## 覃 [qín][tán]

据《说文解字》、甲骨文、金文史料考证，这个字是一字两音，"tán" 和 "qín"。这个字的出处和来历是非常有意思的。我们的古圣先贤在造这个字的时候看到了什么呢？看到了一个宝贝。就是在祭祀的时候摆了一个桌子，在供桌上摆上好多的祭祀品。祭祀品往往是用华丽的陶罐盛装的。在祭祀完之后，这些食品就分给有功的将士，当时分了两个姓，一个是"谭"姓，一个是"覃"（qín）姓。并且把装食品的陶罐也一起赐给他们。这就是"谭"（tán）和"覃"（qín）姓的来历和出处。我们看看"覃"在甲骨文中怎么写的：就是一张桌子上面摆了一个陶罐，里面装的东西，"西"就代表东西，后面就简化成了一个"西"下面一个"早"。现在"覃"大都是和其他部首搭配，组成形声字进行使用的。

歌诀：
谭字亦通言，潭水似绸缎；（谭 tán，潭 tán）

酒浓称酉醰，覃思心里边；（醰 tán，覃 tán）

覃谭镡是姓，看字别错念。（镡 tán）

## 唐 [táng]

据《说文解字》、甲骨文、金文史料考证，我们的古圣先贤在造这个字的时候看到了什么呢？古圣先贤造房子有三种形式：第一种就是地窝子；第二种就是山顶洞；第三种就是树屋。现在到东南亚、马来西亚去还能看到树上的宾馆，就是把几棵大树用木板连起来，再用席子篱笆围起来，夏天特别凉快。我去的时候就住过这种宾馆，叫作林中宾馆。最早，大唐的"唐"就是在平地上竖上几个大桩，在桩上建房子，并用茅草把它围起来，免受豺狼虎豹的袭击。我们的古圣先贤看到了这种现象，就造出了"唐"这个字。我们看看"唐"在甲骨文中是怎么写的，下面是一个"口"字，就是说下面能通风流水，上面就扎了一个茅屋的形状，这就是"唐"字的来历和出处。现在"唐"大都是和其他部首组成形声字进行使用的。

歌诀：
唐朝唐明皇，临潼修澡塘；（唐 táng，塘 táng）

搪瓷塘池边，奶糖嘴里放；（搪 táng，糖 táng）

池水像溏便，荒唐不荒唐。（溏 táng，唐 táng）

堂 [táng]

据《说文解字》、甲骨文、金文史料考证，这个"堂"字的来历和出处是非常有意思的。我们的古圣先贤在造这个字的时候看到了什么呢？百家姓中每个姓都有一个堂号。就拿我们吴姓来说，最早就有一个堂号叫"三让堂"。有个成语叫"登堂入室"，我们到别人家去做客，一般都只是到客厅，只有关系特别好的朋友才到书房，就叫"登堂入室"。我们的古圣先贤看到了这种现象，于是乎就造出了"堂"这个字。我们看看"堂"在甲骨文中是怎么写的，古代大家庭刚进门都有个匾，让有地位的书法家题上字，挂到上面，就叫"堂"。

歌诀：

我是虫螳螂，睡的金镗床；（螳 táng，镗 táng）

用木做门樘，虫皆瞠目望。（樘 táng，瞠 chēng）

陶 [táo] 匋 [táo] 萄 [táo]

据《说文解字》、甲骨文、金文史料考证上，"陶"这个字的来历和出处是非常有意思的。我们的古圣先贤在造这个字的时候看到了什么呢？在彩陶社会，制陶

的人叫陶民，陶民都有一个转的磨盘，将泥放在磨盘上转，就成了陶罐。看到这种现象，于是就造出了"陶"字。我们看看在甲骨文中"陶"是怎么写的，左"阝"旁叫阜，高处城池的地方，右边是一个瓦罐，后来就演变成现在的这个"陶"。现在"陶"主要是不断地把"阝"进行替换，组成新的字进行使用的。绹是绳索。金文"萄"字像人持杵捣泥做陶之形。"勹"像手掬泥制作陶器的样子。其本指制陶，又指陶器，后来，"萄"被"陶"取代。"萄"成了一个声符字。"陶"可以理解为山（阜），指取土制陶。1. 指葡萄。2. 酒窖里储存了许多百年葡萄酒。3. 国家：葡萄牙。4. 藤蔓缠绕的葡萄架。

歌诀：

匋字本是陶，缶把陶器表；勹像手掬状，掬泥制作陶。

取"阝"把声表，字音还是匋；（匋 táo）

山坡把陶烧，草边种葡萄；（陶 táo，萄 táo）

用水把米淘，儿口哭号啕；（淘 táo，啕 táo）

手在衣袋掏，掏也绳索绹。（掏 tāo，绹 táo）

忝 [tiǎn]

据《说文解字》、甲骨文、金文史料考证，这个"忝"字的出处和来历是非常有意思的。我们的古圣先贤在造这个字的时候看到了

什么呢？看到了人们在烈日下，跪在地上求雨，心非常诚，在祷告上天普降甘霖寸雨。看到了这种现象，于是就造出了"忝"这个字。意思是：上面有天，下面有心，很诚意的样子，上不愧天的意思。唐朝李商隐的一首诗，叫《筹笔驿》，其中有两句是："管乐有才原不忝，关张无命欲何如？"意思是：管仲乐毅有才，最终成就了齐桓公的霸业，而且关羽张飞也很能干，却不得善终。李商隐用这句话来表达自己不得志的心情。现在"忝"字都是和其他偏旁组成形声字进行使用的。

歌诀：

天赐有个忝，用舌舔一舔；（忝 tiǎn，舔 tiǎn）

用手掭一掭，用水添一点。（掭 tiàn，添 tiān）

## 廷 [tíng]

据《说文解字》、甲骨文、金文史料考证，"廷"字的出处和来历是非常有意思的。我们的古圣先贤在造这个字的时候，看见了部落的"王"坐在高高的宝座上，宝座上覆盖了一层虎皮，有时候是牛皮或鹿皮，在和大家商量部落的大事。古圣先贤看到了这种情况，于是乎就造出了"廷"这个字。这就是"廷"字的出处和来历。"廷"在甲骨文中是怎么写的呢？在甲骨文中画了一个"王"字，下面画了一个木板，后

来就演变成了"廷"。现在，"廷"主要是和其他的偏旁组成形声字进行使用的。

歌诀：

浪吼如雷霆，稳稳坐飞艇；（霆 tíng，艇 tǐng）

挺胸向前行，低头去朝廷；（挺 tǐng，廷 tíng）

捉只小蜻蜓，准备回家庭。（蜓 tíng，庭 tíng）

## 童 [tóng]

据《说文解字》、甲骨文、金文史料考证，这个"童"字的来历和出处是非常有意思的。当时我们的古圣先贤看见了什么呢？看见了一位男主人正在虐待一位女童，把手绑在一起，正往她头上浇水的样子。古圣先贤看到了这个现象，于是乎就造出了"童"这个字。后来就把奴婢统称为童。比如书童。"童"在甲骨文中是怎么写的呢？是画了一个女童跪在地上，有人在她头上浇水。后来就演变成了现在的"童"。也很像乾卦中的"潜龙勿用"。现在"童"主要是和其他偏旁搭配，组成形声字进行使用的。曈朦：不光亮的样子。曈曈：日出时光亮的样子。幢幢：形容影子摇晃的样子。艨艟：古代战船。憧憬：对未来抱有希望。

歌诀：

书童一人行，揉揉目瞳孔；（憧 tóng，

瞳 tóng）

　　望月月朦朦，望日日瞳瞳；（朣 tóng，瞳 tóng）

　　影像巾幢幢，见舟有艟艟；（幢 chuáng，艟 chōng）

　　伸手到处撞，偶然碰树橦；（撞 zhuàng，橦 tóng）

　　水边找潼关，憧憬在心中。（潼 tóng，憧 chōng）

## 彖 [tuàn]

彖　彖　彖

　　据《说文解字》、甲骨文、金文史料考证，"彖"字的出处是非常有意思的。我们的古圣先贤在造这个字是看见人们射中了一只彖猪。当时彖猪咬断了箭尾。彖猪牙齿非常坚硬，可以咬断钢铁。这就是"彖"字的出处和来历。在甲骨文中"彖"是画了一只毛长的野猪（彖猪）。后来不断演变简化为现在的"彖"字。"彖"字现在都是和其他汉字搭配在一起进行使用的。古"彖"字指长着长而尖毛的猪（豕 shǐ）。

　　歌诀：

　　声旁用个彖，加竹写小篆；（彖 tuàn，篆 zhuàn）

　　加丝结姻缘，加木成木椽。（缘 yuán，椽 chuán）

## 屯 [tún][zhūn]

屯　屯　屯

　　据《说文解字》、甲骨文、金文史料考证，这个字是一字两音，还有一个音是 zhūn，是困难的意思。"屯"这个字的来历和出处是非常有意思的。我们的古圣先贤在造这个字的时候看到了什么呢？他们发现把种子撒在地里，屯集，经过雨水和太阳的照射，就发芽了，长出地面的样子叫"屯"。人们经常用竹笋在地下生长很慢，然后一朝出土，快速生长的现象来比喻人生做事刚开始默默地付出。屯卦的含义是什么呢？"屯"字一横代表地平线。上面是"坎"卦，下面是"震"卦。叫"水雷屯"。说明万物生长要有三个条件。第一：土壤。第二：要有水。第三：要有太阳。屯卦就是描写禾苗的生长。要让人们不断韬光养晦。这也是"屯"字的来历和出处。"屯"字在甲骨文中是怎么写的呢？上面画一个地平线，下面是禾苗的形状，还有一个震仰盂的形状。后来就演变成了"屯"。现在，"屯"字主要是和其他偏旁搭配组成形声字进行使用的。

　　歌诀：

　　小丽目打盹，绸衣丝很纯；（盹 dǔn，纯 chún）

　　心头忽顿悟，清水莫混沌；（顿 dùn，沌 dùn，沌 zhuàn）

　　有金莫迟钝，口框把粮囤；（钝 dùn，囤 tún，囤 dùn）

　　口问是几吨，火再把肉炖。（吨 dūn，

炖 dùn ）

## 它 [tā]

据《说文解字》、甲骨文、金文史料考证,这个"它"字的来历是非常有意思的,我们的古圣先贤在造这个字的时候看见了什么呢? 看见了一条蛇,在夏日天气热的时候,它的能动性特别强,头抬得特别高,盘了一个"S"形,这就是"它"字的来历和出处。这个"它"和"他、她"有什么区别呢? 其实最早就是这一个"它",后来在学习外语的时候,才有了"他"和"她",这就是"它"字的来历和出处。那么在甲骨文中是怎么写的呢? 就是画了一个屋顶,下面画了一条蛇,后来就简化成了"它"。为什么下面是一个"匕"字呢? 因为被蛇咬了之后,就和被刀子割了一样。现在都是和其他部首搭配,组成形声字进行使用的。砣通铊,扡通拖。酡然,酒后脸红的样子。貀,旱獭。

歌诀：
它悄悄对我说：它原来是一条蛇。( 它 tā 蛇 shé )
魔法特别多,指木成梁柁。( 柁 tuó )
点铊金元素,指水水滂沱。( 铊 tā 沱 tuó )
点土泥坨坨,指石成秤砣。( 坨 tuó 砣 tuó )
点鼠成鼠貀,指马成骆驼。( 貀 tuó 驼 tuó )
点鸟成鸵鸟,指虫成蟒蛇。( 鸵 tuó

蛇 shé )
陀螺上山坡,用手向上舵。( 陀 tuó 舵 duò )
酒后脸酡然,足下不蹉跎。( 酡 tuó 跎 tuó )

## 同 [tóng][tòng]

据《说文解字》、甲骨文、金文史料考证,"同"字指共同进入一门,用口代表人,另外,"同"上部是个凡字,表示大都的意思;下面是个口,表示说话的意思,大家都发出一样的声音,众口同声,本义指共同,相同,引申指一样;又指和、跟;假借小街巷,如小胡同（ tòng ）。1. 相同;一样。2. 同前。3. 副词;表示不同的施事者共同发出某一动作或处在相同的情况,相当于一同,一起。4. 姓氏。5. 会意。重复。本义;聚集。5. 参与;一起干事。6. 共一个。7. 齐一;统一。

歌诀：
口花凡字中,就是一个同。
凡表大都义,众口同一声。

## 天 [tiān]

据《说文解字》、甲骨文、金文史料考证,"天"是"颠"的本字,本义指头顶,"一"

指位置，"大"是正面站着的人。人的头顶上面就是天空，所以借以表示天。1. 天空；天边。2. 位置在顶部或高处的。3. 古人指世界的主宰者，天公。4. 古人或宗教指神、佛、仙人所居住的地方，天国。5. 自然界；自来就有的；天才。6. 天命。7. 气候，天气；天旱。8. 季节；时令。春天。9. 一昼夜的时间；有时专指白天，今天。

歌诀：

伸臂叉腿站，横是头顶颠，

哪里去找天，人朝头顶商。

## 田 [tián]

田本指猎场，又像田地样，今田表田地，农田一方方。

据《说文解字》、甲骨文、金文史料考证，早先"田"字的字形很不统一，但外面都有大口框，里面被分割成一方一方，"田"的本义是猎场,后来表示农田。用"田"做意符的字大都和农田及打猎有关。1. 耕种的土地，农田。2. 有矿产可开采的地带，煤田。3. 打猎。后作畋。4. 姓氏。5. 象形。小篆认为巷陌纵横或沟浍四通的统一块块农田。田还是汉字中的一个部首。6. 后作"佃"。耕作。

歌诀：

田本指猎场，又像田地样，今田表田地，农田一方方。

## 誊 [téng] 腾

据《说文解字》、甲骨文、金文史料考证，古圣先贤照着底稿抄写原文，故造出了这个字。誊写。最早繁体字左边有月旁，表示俯案抄写文章。

歌诀：

马在月下奔腾，鱼在月下鱼螣；虫在月下螣蛇，水在月下滕姓；

头上加草草藤，誊写你把言用。

## 土 [tǔ]

据《说文解字》、甲骨文、金文史料考证，"土"字有如下含义：1. 土壤；2. 土地；3. 本国的，本地的；4. 出自民间的，民间沿用的；5. 过时，不合潮流的（跟"洋"相对）；6. 粗制的鸦片（外观像泥）。

歌诀：

百花吐艳春色好，杜鹃枝头声声叫；一杯美酒喝下肚，别墅牡丹太美了。

## 兔 [tù]

据《说文解字》等史料考证，"兔"像兔子的特点，它就画了一只兔子。"兔"

字上面这个刀耳像兔子的头，这是兔子的两个耳朵，下面这个儿是兔子的两条腿，比较长，这一点为兔子的尾巴，这个倒日像兔子的眼睛。我们今天讲"兔"主要是给大家讲一个故事。在殷纣王时期，纣王听信谗言，把姬昌（就是周文王）囚禁到羑里，就是河南安阳汤阴有个地方叫羑里，这是第一监狱，在囚禁的时候纣王就发现，这个周文王对《周易》八卦非常精通，就把他的儿子抓来杀了之后，做成肉饼，想看看这个人是不是真正有本事，对《周易》的解读是不是很神奇。纣王当时让人把姬昌的儿子杀了之后做成肉饼给他吃，如果

他吃了这个肉饼，就说明他这个人没有能力，就把他放了，如果他知道是用他儿子的肉做的肉饼，就把他杀了。当时殷纣王做了肉饼送给姬昌以后，他明知是用自己儿子的肉做的肉饼，也只能痛哭流涕，含泪咽下。最后周文王免了一劫，回周朝的时候，恶心地吐出来的东西就变为一团青烟，化成了几只兔子，直接飞往月球，就是月亮上的玉兔。

歌诀：
刀耳兔头顶，短尾一点明。儿表兔腿长，倒日像眼睛。

# W

## 胃 [wèi]

胃 胃 胃

据《说文解字》、甲骨文、金文史料考证，我们的古圣先贤在造"胃"这个字的时候，看见人们打猎回来，在解剖羊、猪的肚子，就是"胃"。"胃"字上部是个胃囊的形象，其中的"十"字代表胃中待消化的食物，下部写成月（肉），表示胃是人的身体器官。在甲骨文中"胃"就是画了一个胃囊，下面画了一个月，后来就逐渐演化为现在的"田"字下面加"月"字的"胃"。这就是"胃"字的演变、简化过程。

歌诀：

胃像食物袋，美食往里塞。

肉月胃下放，田表胃形态。

## 万 [wàn][mò] 萬

萬 万 万

据《说文解字》、甲骨文、金文史料考证，其实这个字还有一个读音，读 mò，就是万厉，指与玳瑁、水母有关的水生物。"万"字最早表示蝎子，就是五毒之首的那个蝎子。我们的古圣先贤看到蝎子的前面有两个钳子，后面还有八只脚，身上的脚比较多，就用万形容多。这就是"万"字的来历。"万"字在甲骨文中怎么写的呢？上面是草字头，最早草字头是两只手各拿了一把刀之义。"禺"字代表蝎子的身体，最后就演变成了"万"。这就是"万"字在甲骨文中的来历和出处。现在，"万"主要是和其他的偏旁组成形声字进行使用的。

歌诀：

万字本是蝎，厂里严厉些。（万 wàn，厉 lì）

鼓励人努力，蛎虫把毒解。（励 lì，蛎 lì）

## 网 [wǎng] 網

据《说文解字》、甲骨文、金文史料考证，"网"字的出处和来历是非常有意思的。我们的古圣先贤在造这个字的时候看到了什么呢？看到了黄昏时候有一条大蟒蛇，它身上的鳞片在太阳的照射下，闪闪发亮，就像刚捞出水的"网"一样，于是乎就造出了"网"这个字。古时人们用结绳记事，用丝线织成网打鱼，用灶具煮着吃，就产生了鲍羲氏，因为之前都是烤着吃。所以，伏羲氏也叫鲍羲氏。这就是"网"字的来历和出处。我们看看"网"在甲骨文中是怎么写的呢？先画了几片鳞甲，就是蟒蛇身上的鳞片，后来就演变成了"网"。现在是网络时代，我建议读者朋友们，对网络和手机要定时定量，不要成天沉迷在网络中。现在，"网"字主要是和其他偏旁组成形声字进行使用的。

歌诀：

有心很惘惘，有车是车辋。（惘 wǎng，辋 wǎng）

有鬼是魍魉，魍魉同蝄蜽。（魍 wǎng，蝄 wǎng）

## 危 [wēi]

据《说文解字》、甲骨文、金文史料考证，"危"这个字的来历和出处是非常有意思的。我们的古圣先贤在造这个字的时候看到了什么呢？看到了一个悬崖上面有几个孩子在玩耍，忽然有两个孩子从上面掉了下来，并且下面还有水。上面的孩子伸出手去拉下面的孩子。古圣先贤看到了这种现象，于是乎就造出了"危"。这就是"危"字的出处来历。"危"在甲骨中是怎么写的呢？在甲骨文中是先画了一个悬崖，上面一个小孩在伸出手救下面的孩子。后来就演变成了"危"。

歌诀：

足下跪人言，其言多诡辩；（跪 guì，诡 guǐ）

干脆一月满，去做木桅杆。（脆 cuì，桅 wéi）

## 韦 [wéi] 韋

据《说文解字》、甲骨文、金文史料考证，这个"韦"字的来历和出处是非常有意思的。我们的古圣先贤在造这个字的时候看到了什么呢？看到了男耕女织的时代，女人在家里织布、绕线。把线一圈一圈地绕在竹筒上，就叫韦。"韦"字的繁体字就是一个竹筒。古圣先贤看到了这种现象，于是乎就造出了"韦"。"韦"在甲骨文中是怎么写的呢？是先画了一个竹筒，把线绕在竹筒上，就是"韦"。后来织布织得最好的这个部落的首领，就姓"韦"了。这就是韦姓的来历。

歌诀：

做人志向的雄伟，胸怀古今贯经纬；（伟 wěi，纬 wěi）

不学芦苇要明炜，不让小人来包围；（苇 wěi，炜 wěi，围 wéi）

违心事情不做，该忌讳时则忌讳；（违 wéi，讳 huì）

不再科举去入闱，不冒天下之大不韪；（闱 wéi，韪 wěi）

与人交往不设帏，为人诚信最瑰玮。（帏 wéi，玮 wěi）

## 微 [wēi]

据《说文解字》、甲骨文、金文史料考

证，"微"字的出处是非常有意思的。我们的古圣先贤是非常聪明的，在造这个字时，看见了一位少女在风吹动下头发微微地飘动起来，看到了她用手将头发微微地捋顺的微妙景象。于是乎，就造出了这个"微"字。"微"在甲骨文中是画了一个少女，右面画了用手捋头发的样子，《诗经》上说"窈窕淑女，君子好逑"。就是说女子表达爱情是比较微妙的，所以就变成了双人旁，山是指男性的阳刚之气，下面几字就表明"一女百家求，九十九家打回头"的风俗，后面的文是要文雅婉转的含义。后来就逐渐演变简化为现在的这个"微"字。这就是"微"字的来历和出处。"微"现在大都是加减部首和其他汉字搭配组成形声字进行使用的。

歌诀：

微风真微妙，蔷薇花开了；（微 wēi，薇 wēi）

去人换水溦雨少，读微莫忘了；（溦 wēi，微 wēi）

去几加上丝，安徽黄山好。（徽 huī）

## 委 [wěi][wēi]

据《说文解字》、甲骨文、金文史料考证，这个"委"字的出处和来历是非常有意思的。我们的古圣先贤在造这个字时看见了什么呢？看见了天太热不下雨，庄稼枯萎了，一位妇女跪着求天下雨抹泪的样子，于是乎，就造出了这个"委"字。"委"在甲骨文中是画了一个女人身体跪着，旁边画了一个禾苗叶子枯萎了。后来就会意为现在的禾下一女的"委"字。最早"委"和"萎"是一个字。"萎"是汉字精细化时加的草字头。这就是"委"字的出处和来历，以及演变的过程。现在，"委"大都是和汉字的其他偏旁组字使用的。

歌诀：

走之逶迤，出言推诿；（逶 wēi，诿 wěi）

鬼边姓魏，高山巍巍；（魏 wèi，巍 wēi）

秋草萎缩，病得阳痿；（萎 wěi，痿 wěi）

打击倭寇，抗敌扬威。（倭 wō）

## 未 [wèi]

据《说文解字》、甲骨文、金文史料考证，"未"字的出处和来历是非常有意思的。我们的古圣先贤在造这个字时看见了胡杨林，就是我们在《三国演义》里所看到的怪兽滩。就是怪兽滩胡杨林中的古树，它上面没有几片叶子，枯木逢春，长得身态奇异，好似怪兽。兔子、羊爬到上面吃树叶，在太阳的照射下，看上去非常诡异。于是乎，就造出了"未"这个字。"未"也是树梢之义，也就是树枝枝头。那么，在十二生肖中为什么和羊联系在一起呢？因为马、牛、羊、兔都是食草动物。所以，

"未"就和羊有了联系。这就是"未"字的出处和来历。我们看在甲骨文"未"中是画了一棵怪树的样子，后来就演变为现在的"未"。实质上就是死木的枝干，没有多少叶子。在时间上，下午一至三点就是未时。现在这个字大都是和其他汉字部首搭配在一起使用的。

歌诀：

阿女妹妹，口多美味；（妹 mèi，味 wèi）

一日愚昧，家床难寐。（昧 mèi，寐 mèi）

## 畏 [wèi]

据《说文解字》、甲骨文、金文史料考证，我们的古圣先贤在走夜路时，突然对面走来了一位部落的首领，头上戴着羽毛冠，手持武器。在月光的照射下，非常魁梧，威风凛凛。所以，就有了一种敬畏感。于是乎，就造出了这个"畏"字。"畏"字在甲骨文中是画了一个头冠，身着长袍，旁边露出了一把刀。下面是足在行走的样子，后变为"田"字下一横，下面是"足"和衣字底。会意是管田地的人，部落的首领。最后就演变为现在的"畏"字。这就是"畏"字的出处和来历。现在，"畏"大都是和其他汉字的偏旁搭配在一起进行使用的。猥亵（wěi xiè），下流的言行。

歌诀：

煨汤得有火，依偎人爱着；（煨 wēi，偎 wèi）

猥亵如猪狗，喂饭口里搁。（猥 wěi，喂 wèi）

## 尉 [wèi][yùn][yù]

据《说文解字》、甲骨文、金文史料考证，这个字还有一个读音 yùn，就是早期的熨斗。我们的古圣先贤在造这个字时，看见了一位部落的首领在战争时，大雨倾盆，把衣服淋湿了，下面的人用铁器、兵器熨衣服时的景象，于是就造出了这个字。我们现在的烤箱就是在"尉"的思路上造出来的。"尉"和"熨"字最早是一个字。看在甲骨文中"尉"是画了一只手拿了一块铁器在熨衣服。后来就逐渐演变简化为一个"尸"字下一个"示"，右边的寸最早是手。现在，"尉"这个字大都是和其他部首搭配在一起使用。早先的熨衣服是用火烧的。

歌诀：

蔚本草茂盛，安慰到心中；（蔚 wèi，慰 wèi）

太尉要衣平，熨斗用火烘。（尉 wèi，熨 yùn）

温 [wēn]

**溫 温 温**

据《说文解字》、甲骨文、金文史料考证,我们的古圣先贤在造这字时看到了什么呢?看到了在三伏天,天气非常热,将地上木盆里的水晒热了,所以小孩站在木盆里洗浴(戏耍)。古圣先贤看到了这种景象,于是乎就造出了这个"温"字。因此"温"字是与水有关的。所以,它是三点水与太阳与器皿(木盆)组成的。在甲骨文中"温"是画了一个子,站在器皿上。后来逐渐演变为现在的"温"字。这就是"温"字的出处和来历。现在这个字都是和其他部首搭配调换组成形声字进行使用。

歌诀:

去水做声旁,瘟病早预防;(瘟 wēn)

愠色自心出,草下蕴宝藏。(愠 yùn,蕴 yùn)

乌 [wū] 烏

**烏 乌 乌**

据《说文解字》、甲骨文、金文史料考证,我们的古圣先贤在造这个字时看见了一只乌鸦,像鸟非鸟,看不清它的嘴、眼睛等,只看见一只黑色的乌。于是乎就造出了这个"乌"字。鸟缺一点就是乌。今天讲到"乌",我有一个小故事和大家分享一下。有一天乌鸦去井边喝水,就告诉青蛙说:我到这个村子去,这个村子的村民打我,捣我的窝,我又到那个村子去,那个村子的村民也打我,同样捣我的窝。在这时又飞来了一只喜鹊,青蛙指着喜鹊对乌鸦说,你看喜鹊的声音多好听。大家都喜欢。青蛙告诉他,如果你不改变你的声音,再换一个村子,还是同样的结果。这个故事启迪我们要改变自己,适应环境。做人也一样,每个人都有自己的缺点和毛病。我们要认识到,虽然我们不能扭转乾坤,但我们可以提高我们的处事交际能力,化敌为友,使自己适应环境,幸福快乐地工作和生活。现在的乌大都是和其他汉字的部首搭配在一起使用。

歌诀:

邬某城里住,城外有土坞;(邬 wū,坞 wù)

风似口呜呜,灯丝金属钨。(呜 wū,钨 wū)

屋 [wū]

**屋 屋 屋**

据《说文解字》、甲骨文、金文史料考证,房屋的"屋"字的出处和来历是这样的。我们的古圣先贤在造这个字时,看到了一个人死了,躺在床上,就是说停下了(就是尸体停止了)叫"至"。于是乎,就造出了这个"屋"字。所以这个字的结构在甲骨文中是画了一个屋顶,里面画了一个人死了,后来不断会意演变为"尸"字下面一个"至"字。这就是"屋"字的出处和来历。现在的"屋"大都是和其他汉字搭配在一起进行使用。

歌诀：

有巾运筹帷幄，有手已经掌握；（幄wò，握wò）

有口鸡叫喔喔，有齿不刷龌龊。（喔wō，龌wò）

## 五 [wǔ] 伍

据《说文解字》、甲骨文、金文史料考证，我们的古圣先贤在造这个字时看见了什么呢？看见了尺子，我们的古人是非常聪明的，他们将两把尺子，在一端打一个眼用铆钉连接起来，好似圆规，在量地时不断地翻来计数。看到这个尺子的角度可大可小，于是乎就造出了这个"五"字。这就是"五"字的出处和来历。在甲骨文"五"就是画了两把尺子交叉，后来就演变为现在的"五"。"五"现在大都是和其他部首搭配在一起应用的。

歌诀：

一二三四五，军队称队伍；（五wǔ，伍wǔ）

文言我称吾，加心人醒悟；（吾wú，悟wù）

加木梧桐树，加手把嘴捂；（梧wú，捂wǔ）

加鼠小鼯鼠，加日去会晤；（鼯wú，晤wù）

有口声唔唔，有火焐一焐；（唔wú，焐wù）

有牛相抵牾，睡醒称醒寤。（牾wǔ，寤wù）

有病生痦子，有齿多龃龉；（痦wù，龉yǔ）

有行变衙门，大口陷囹圄；（衙yá，圄yǔ）

反文乐器敔，有言是话语。（敔yǔ，语yǔ）

## 武 [wǔ]

据《说文解字》、甲骨文、金文史料考证，我们的古圣先贤在造这个字时看到了什么呢？人们是非常聪明的，奖罚制度是非常严明的，要是敌人被打败，有一种刑罚是割耳，还有一种刑罚是剁脚，来统计杀敌的数量。看见了剁脚的这种场景，就造出了这个武士的"武"字。这就是"武"字的出处和来历。"武"字在甲骨文中是画了一个兵器，下面一只剁下来的脚。后来就演变为"戈"字下面一个"止"（足）。就是武术的武。"武"字现在大都是和其他部首搭配起来进行使用。

歌诀：

人爱鸟鹉鹉，赋税钱贝付；（鹉wǔ，赋fù）

文质斌斌时，莫忘持戈武。（斌bīn，武wǔ）

## 勿 [wù]

据《说文解字》、甲骨文、金文史料考证,我们的古圣先贤在造这个字时看到了什么?看见了一把手锯,就是鲁班在造锯时,上山伐木时抓了一把草,不小心把手割破了。仔细一看,草叶上有齿,于是就发明了锯。看见了这个刀具,在割肉时对其他人说:勿动,勿动。于是乎,就造出了这个"勿"字。"勿"字在甲骨文中是画了一把刀,刃上有锯齿,后来就演变为现在的"勿"字。这就是"勿"字的出处和来历。"勿"字大都是和其他部首搭配在一起进行使用的。

歌诀:

一心人疏忽,二心人恍惚;(忽 hū,惚 hū)

无牛不是物,口吻是民俗;(物 wù,吻 wěn)

有刀别自刎,囫囵吞枣核;(刎 wěn,囫 hú)

加点真匆忙,草葱拌豆腐。(匆 cōng,葱 cōng)

## 戊 [wù]

据《说文解字》、甲骨文、金文史料考证,"戊"就是戊戌年的"戊",这个字在天干上五行属土。我们的古圣先贤在造这个字时看见了什么呢?看见了最早在城墙旁边立的武器"戈"。这个兵器是非常高大并且很重的,没有大力气的人是举不起来的,戈上面有一个横档,上面还有一个月牙斧。看见了这个"兵器",于是乎,就造出了这个"戊"字。就是戊土。有一句话说得非常好:兵来将挡,水来土掩。学过《易经》的人都知道,癸水最怕的是戊土。这就是"戊"字的出处和来历,在甲骨文中"戊"是画了一个主干上面有一个月牙形,后来就逐渐演变为现在的"戊"字。现在"戊"都是和其他汉字的部首搭配在一起使用。

歌诀:

加点成戍,加丁就成;(戍 shù,成 chéng)

加一成戌,加草茂盛。(戌 xū,戉 qu,茂 mào)

加走越行。(越 yuè)

## 位 [wèi]

据《说文解字》、甲骨文、金文史料考证,这个字从人从立而构成位置的"位",在甲骨文中这个字也是象形字,就是一个人在那个地方站着,人站的位置就是"位",后来经过多少次简化就成了现在这个样子。古代这个"位"是指朝臣在开会的时候所站的位置,这就是"位"字的来源。后来引申指一个人地位的高低,或工作的地方。我们今天讲"位"的主要含义是什么呢？要讲我们大学生毕业步入社会，要开始人生的职业生涯，一个人要找到人生的最佳坐标，必须要懂得你从哪里来，要到哪里去，你是谁。就是要找到自己的职业生涯定位，要选准行业，选准你最长的长板，我们要扬长避短，干我们擅长的事情。

歌诀：

人和立，构成位；人加立，就是位。在其位，谋其事。不在其位，不谋其事。

## 文 [wén]

据甲骨文和《说文解字》考证，文化的"文"是形声字。最早在远古时期，这个文化的"文"是怎么产生的呢？有三说。一说是在下雨的时候，古代不是没有衣服可穿吗，下雨把身子淋湿，淋了好多雨水，这时身体上的花纹，最后就成了文化的"文"。这是一说。还有一说是结绳说，就是说在结绳记事的时候，把几根绳子拧到一起产生了一种花纹，这叫文化的"文"。甲骨文中文化的"文"是这样写的：是一个人。还有一个八卦说，就是太极的洛书河图上面的一些内容，这个里面的汶水就是大汶河。那么文字是从什么时候产生的呢？自结绳记事而后仓颉造字就成了"文"字，对大约公元前14世纪殷商时期的甲骨文考证认为，那个时候的甲骨文是汉字

的第一种类型，直到今天各种文字发生了一些变体，比如说隶书字或者其他字等的变体字形，这就是文字的"文"的来历和它的意义。

歌诀：

雨雯似彩云，娃闵文进门。出口不吝啬，很有怜悯心。

丝线绣花纹，一丝也不紊；赶走毒蚊虫，火把饭菜炆。

一日到汶水，祭拜祖土坟。手把泪水抆，真是文化人。

## 务 [wù] 務

![image](务 務)

据《说文解字》、甲骨文史料考证，"务"最早在甲骨文中是这样写的：左面是一个人，用力推一个东西，这是手。就是推着一辆车，车上装着很多东西，用力推这个车。最后就简化成现在这个样子。左面这个人推的是一个矛，是工具的意思，就是指的车。最后就成了一个文加力构成务。文力务，全力从事，务必的务。就是全心全意为人民服务。反文是手之义，全力做事要用手，所以"务"字是由反文和力会意而成的。

歌诀：

文加力。构成务。文力务，文力务，全力从事，务必的务。

## 卫 [wèi] 衞

据《说文解字》、甲骨文史料考证，"卫"字最早在甲骨文中是这样写的：周围是人，中间是上，下面是下。后来，繁体字变成左边双人旁，右边示的异体字，中间是个韦。就是一个城池的样子。后来简化成止加口。古代的"卫"字中间是一座城池，周围是士兵巡逻行走的一种足迹。就是说在一个城池的周围，无论白昼和黑夜，都有卫兵站岗、巡逻的足迹。这就是"卫"。简化字的"卫"是一个"止"、一个"口"，就像一个人站在那里，拿着武器在站岗、放哨。

歌诀：

止口卫，止口卫，止加口，构成卫，城邑周围，卫兵巡逻，保卫的卫。

## 我 [wǒ]

据《说文解字》、甲骨文史料考证，我就是自己，为"戈"字部首。

歌诀：

有女名嫦娥，爱鸟白天鹅；喜游峨眉山，吟哦到俄国；爱捉虫蜍蛾，见食才知饿。

## 卧 [wò]

据《说文解字》、甲骨文史料考证，"卧"字最早在甲骨文中是这样写的：就是人侧身躺在床上。一个"臣"字，旁边是一个"人"，后来简化成一个"臣"，再加一个卜。"卧"字是由"人"和"臣"组成，指人侧身躺在床上，眼睛是竖着的。这个"臣"字在甲骨文中是画了一个眼睛，这个眼睛是竖着的、立着的。

歌诀：

臣加卜，构成卧，臣卜卧，臣卜卧，人躺床上，眼睛变向，卧床的卧。

## 雾 [wù] 霧

据《说文解字》、甲骨文、金文史料考证，"雾"字最早在甲骨文中是这样写的：就是一些小水滴，就像云层一样的，上面是一个雨，下面是一个矛的异体字，这边有一个"务"。后来简化成了雨字头下面一个务。"雾"字是指空气中飘浮不定的微小水滴，因其像蒙蒙细雨，又因"务"是指全力从事的事。雾的覆盖面广，迷雾茫茫，到处都是，有全面之意。所以这个字也是一个会意字。

歌诀：

雨加务，构成雾，雨务雾，雨务雾，水滴飘浮，漫山遍野，云雾的雾。

## 歪 [wāi]

据《说文解字》、甲骨文史料考证，"歪"字就是不正，就是斜的，意思很简单，大家都知道。"歪"字的篆书是这样写的，是一个木，栽树的时候树木斜了，没有扶正，就是说这个木头一直是斜的。下面是一个土坑，在培土的过程中要逐渐扶正，因为别人说这个树歪了。这就是这个字的来历。后来演变成了不正，就是说歪了，就是斜了之义。"歪"字是由"不"和"正"两部分组成的，表示倾斜。我们评论人有时会说这个人歪得很，就是说这个人不讲理。

歌诀：

不加正，构成歪，不正歪，不正歪，身体不正，歪斜的歪。

## 威 [wēi]

据《说文解字》、甲骨文史料考证，"威"字最早在甲骨文中是这样写的：画的是一个武器，是可以用来砍柴的工具，是一把大斧子，后来就逐渐演化成一个"戌"字下面一个"女"。就是威武之义。"威"字

是一把大斧，就是"戌"字的变形字，架在女子头上，意思就是要威胁对方，本意是威慑。

歌诀：

戌加女，构成威，戌女威，戌女威，俯向女子，威武的威。

## 宛 [wǎn]

据《说文解字》、甲骨文、金文史料考证，我们的古圣先贤在造这个字的时候看到了什么呢？看到了在沙漠上有一条蛇在行走，窜上窜下身体弯曲的样子。看到了这种现象，于是乎就造出了"宛"。这就是"宛"字的来历和出处。我们看看"宛"在甲骨文中怎么写的呢？在甲骨文中是先画了一座房子，就是宝盖，下面的"夕"字代表黄昏时候，一条蛇在行走，看见蛇的头或尾巴，后来就演变成了"宛"。又因为女性的身体上有很多 S 形，歌声也比较婉转好听，后来就加了个女字边，就是"婉"。现在，"宛"字主要是和其他偏旁搭配组成形声字进行使用的。

歌诀：

山路蛇（虫）行般蜿蜒，王琬女歌声婉转；（蜿 wān，琬 wǎn，婉 wǎn）

谁料她把豌豆种，豌豆盛满一石碗；（豌 wān，碗 wǎn）

多人心存着惋惜，她更是刀剜一般；（惋 wǎn，剜 wān）

一日来到花草苑，月下动了动手腕；
（苑 yuàn，腕 wàn）

不由心中生埋怨，鸳鸯鸟你在哪边？
（怨 yuàn，鸳 yuān）

## 王 [wáng][wàng]

王 王 王

据《说文解字》、甲骨文、金文史料考证，"王"字就像一个顶天立地的人，上面的横表示天，下面的横表示地，中间的"十"字表示伸开双臂站立的人。"王"是指德高望重、众望所归的人。俗话说，有德者属之，无德者失之，王如无道，必定灭亡。用"王"字做意符的字大多与玉石和玉器有关，称作斜玉旁。1. 君主制国家的最高统治者。国王。2. 汉代以后封建社会的最高封爵。亲王。3. 同类中的为首的。蜂王。4. 首领，头目。占山为王。5. 古代对祖父母辈的尊称。6. 姓氏。

歌诀：
头顶一个天，地踩脚下边，顶天立地人，王中伸臂站。

## 为 [wéi][wèi] 爲

爲 为 为

据《说文解字》、甲骨文、金文史料考证，甲骨文中的"为"是一只手牵着象，让它为人们干活的样子。本指会做事；引申指成为、变为，假借指为人所笑、为了等。为还读 wèi，如为何。1. 做；干。2. 表示某些动作行为，代替某些动词。为生。3. 当作；充当。能者为师。4. 变成，成为。5. 作为。6. 表示判断；相当于是。7. 介词；引进动物行为的实施者，常与所连用，相当于被。8. 语气词；常与何相对应。

歌诀：
一手牵着象，就是古为样，本指会做事，今当变成讲。

## 吴 [wú] 吳

吳 吳 吴

据《说文解字》、甲骨文、金文史料考证：金文中的"吴"字像人（大）用头顶陶器（口）之形。"吴"字是对制陶者的形象描绘。吴字的本义即指制陶人。大言者，"吴"字本义也。引申为凡大之偁。1. 周朝国名（？—公元前 473 年）。在今江苏、安徽、浙江一带，建都于吴（今江苏苏州）。2. 三国之一。孙权所建，在长江中下游、浙江、福建和两广地区。公元 280 年为晋所灭。3. 泛指我国东南一带地方。4. 姓氏，出自姬姓，仲庸后裔。

歌诀：
头顶一陶器，就是吴本义，吴下制陶人，陶器一口里。

舞 [wǔ]

据《说文解字》、甲骨文、金文史料考证，"舞"字最早像一个人拿着牛尾之类的东西在舞动。由于跳舞必须旋转，后加上了双脚形——舛（chuǎn），本义是跳舞。引申为舞动、飞舞等。1. 舞蹈，舞剧，跳舞。2. 手持某种东西跳舞；表演。3. 挥动；飘动。4. 玩弄，耍弄，舞弊。5. 形声。从舛（chuǎn），两足相背。古"舞"字像人手持牛尾而舞之形。本义：舞蹈。6. 钟的顶部。7. 摇动。8. 鼓舞，振奋。

歌诀：

手把牛尾摇，双脚把舞跳，舞字真形象，一人在舞蹈。

亡 [wáng]

据《说文解字》、甲骨文、金文史料考证，最早"亡"字像人逃亡隐藏的样子。"亡"有失去之义，也有灭亡之义。1. 逃跑，流亡。2. 失去，丢失，亡羊补牢。3. 死，亡故。4. 死去的。5. 灭亡，亡党，亡国。6. 会意。隐蔽，本义；逃离，出走。7. 外出，出门。8. 沉湎于宴饮。9. 通"忘"。10. 轻视。

歌诀：

亡字表逃亡，形是人隐藏，一点指人头，点下为遮挡。

无 [wú][mó] 無

据《说文解字》、甲骨文、金文史料考证，"无"是"天"字右下角弯曲，意思是天倾斜了，原来的平静没有了。传说，古代水神共工和火神祝融为争夺帝位而大战。结果共工战败，便发怒，把西北的天柱——不周山撞倒了。从此，日月经西运行，江河向东流泻，世界没有（无）了原来的平静。"无"还读 mó，如南无阿弥陀佛。

歌诀：

简化无字形，像天被撞斜，捺成竖弯钩，无别当天用。

瓦 [wǎ][wà]

据《说文解字》、甲骨文、金文史料考证，"瓦"字像屋顶的瓦仰俯交合的形状。古时候的瓦多呈"凹"形，像个"凹"字，用时一仰一俯，两两相错，成沟成棱。所以，古人把两瓦互俯仰交合的形状转 90 度，即成"瓦"字，用瓦组成的字多与陶制品有关。1. 用土烧制的器物，陶瓦。2. 用泥土烧制的瓦罐。3. 屋瓦。覆盖在屋上的建筑材料，琉璃瓦。4. 电力功率单位"瓦特"的简称。以每秒钟做出一焦耳的功为一瓦特。其缩写形式为"W"。是为纪念英国发明家瓦特而命名的。

歌诀：

两瓦相扣状，像是瓦字样，瓦中一小点，写时切莫忘。

## 窝 [wō] 窝

据《说文解字》、甲骨文、金文史料考证，"呙"是"窝"的本字。动物的窝是一个洞穴口，口内专供其居住、藏身，后加"穴"字表示窝。引申为鸟兽昆虫住的地方。窝是凹进去的地方。1. 鸟兽昆虫住的地方。狼窝。2. 人居住或聚集的地方，安乐窝。3. 指人或物体所在或所占的位置。4. 像窝的东西或地方。5. 凹陷的地方，酒窝。6. 折转；弯曲。7. 藏匿，窝赃。8. 待着。9. 情绪郁积得不到发泄。10. 量词：用于一胎所生或一次卵出的动物。

歌诀：

口内组成呙，本义是指窝，
口是洞穴口，呙富音别错。

## X

### 心 [xīn]

心心心

据《说文解字》、甲骨文、金文史料考证，我们的古圣先贤在造"心"这个字的时候，看见了动物的心。就是在打猎之后，把动物解剖之后，它的心还在怦怦地跳着。因为心在动物内脏的中央，所以它的形状是桃形，于是乎古圣先贤就造出了"心"这个字。"心"字像人和动物心脏的形状，卧钩表示心脏的外表，三点是从三个不同的方向通向心脏的血管。所以，甲骨文中是画了一个桃心里面有两点，后来就变成了三点，表示通往各个脏器的血管四通八达。心这个字，除了独体字而外，现在大多数都是和其他偏旁部首搭配在一起进行使用。使用时写为竖心旁"忄"，读作竖心旁。

歌诀：

心字像心脏，血管在点上。卧钩心外表，组字做偏旁。

### 徙 [xǐ]

徙徙徙

据《说文解字》、甲骨文、金文史料

考证，古"徙"字像两脚（止）在小道上走，指迁徙。因"止"指脚，"彳"指行走，所以"徙"字是会意而成的。

歌诀：

"彳"＋"止"—徙，彳止止，构成徙。两脚道上行，是迁徙的徙。

### 囟 [xìn]

据《说文解字》、甲骨文、金文史料考证，我们的古圣先贤造囟这个字的时候，看见了一个婴儿，婴儿在一岁左右头顶骨未合缝的地方特别软，是脆骨。这个地方叫囟门口。所以，家里有婴儿的，在抱的时候一定要保护好孩子囟门。就是这个字"囟"。一撇一个"口"字里面一个"×"。看见了婴儿的囟门，于是乎古圣先贤就造出了"囟"这个字。"囟"是囟门的样子。上面的一撇表示囟门的位置，里面的"×"是未合缝的头盖骨缝，外面的框是囟门的轮廓。"囟"做偏旁时有的写成"田"。在甲骨文中是画了一个婴儿的头盖骨，后来就逐渐演化为现在的"囟"。这是囟门的"囟"字的演变过程和出处。

歌诀：

囟字囟门样，囟门是个框。X像骨未合，一撇指头上。

## 西 [xī]

据《说文解字》、甲骨文、金文史料考证，我们的古圣先贤在造这个字时，看到了夕阳西下，太阳从西面慢慢地落了下去，这时太阳照到了树上的鸟窝。古代的人们没有钟表，都有"日出而作，日落而息"的习惯。就是说人要收工回家了，鸟就回窝了。为什么在上古时期，商贾的"贾"是"西"字下面一个"贝"字呢？因为西方为金，我们属于北半球，坐北朝南。左仓右库，一般西方为库之所在。古圣先贤看到了这一景象，于是乎就造出了这个"西"字。在甲骨文中"西"字是画了一个树枝，又画了一个鸟窝。就是归宿之义，这就是为什么人死了都说"驾鹤西去"。后边就逐渐简化演变为现在的"西"字。这就是"西"字的出处和来历，现在的"西"字除了定位方向而外，大都是和其他部首搭配在一起应用。舾装，安装在船上的锚、桅杆、梯、管路、电路等设备和安装的工作。

歌诀：

草头西子名茜，心里寂寞恓恓；（茜 qiàn，茜 xī，恓 xī）

见鸟西木栖息，舾装船上锚梯；（栖 qī，栖 xī，舾 xī）

粞米尽是米皮，牺牲牛祭天地；（粞 xī，牺 xī）

有水就去洒水，有石非金属硒。（洒 sǎ，硒 xī）

## 希 [xī]

据《说文解字》、甲骨文、金文史料考证，这个"希"字的出处是非常有意思的。我们的古圣先贤在造这个字时看到了什么呢？看到了席子，人们在编席子，所以有艺术的萌生，创造了染花布的图案，于是乎就造出了"希"这个字。这就是"希"字最早的出处和来历。在甲骨文中"希"字是画了一个大字，下面画了一条巾的样子，后来就逐渐演变为现在的"希"字。现在的希字大都是和其他部首搭配在一起应用。

歌诀：

郗某住城（右耳）里，防火造乙烯；（郗 xī，烯 xī）

唏嘘口叹气，气欠常欷歔；（唏 xī，欷 xī）

一日浠水畔，日露还未晞；（浠 xī，晞 xī）

目睎禾田里，禾苗种得稀。（睎 xī，稀 xī）

注：睎，瞭望。欷歔，因气欠而急促呼吸。晞，干。

## 昔 [xī]

据《说文解字》、甲骨文、金文史料考证，"昔"字的出处和来历是非常有意思的，我们的古圣先贤在造这个字时，看到了一个人投河自尽，在奄奄一息的时候只露出头，周围都是波浪。看到这种景象，于是乎就造出了这个"昔"字。这就是"昔"字的出处和来历。在甲骨文中是画了一个人头，周围都是波浪。后来就逐渐简化演变为现在的"昔"字。现在"昔"字大都和其他部首搭配在一起使用。

歌诀：

腊月那一天，有人来借钱；（腊 là，借 jiè）

筹措不能错，酉酒醋里掺；（措 cuò，错 cuò，醋 cù）

竹来有籍贯，虫往蜡里粘；（籍 jí，蜡 là）

心里直可惜，打猎找反犬。（惜 xī，猎 liè）

## 析 [xī]

据《说文解字》、甲骨文、金文史料考证，我们的古圣先贤在造这个字时，看见了人们在院子里劈柴，看见了一把斧子和一个树墩子。看到了这种景象就造出了这个"析"字。这就是"析"字的出处和来历。在甲骨文中"析"是画了一个木墩和一只板斧，后来就逐渐演变为一个"木"字右边一个"斤"，"斤"最早就是斧子。现在"斤"大都是和其他部首搭配使用。

歌诀：

雨水淅沥沥，爬虫是蜥蜴；（淅 xī，蜥 xī）

日初很清晰，日中变白皙。（晰 xī，皙 xī）

## 息 [xī]

据《说文解字》、甲骨文、金文史料考证，我们的古圣先贤在造这个字时，发现人们睡着了，呼吸还存在，就是说他在休息，于是就造出了这个息字。这是"息"字的出处和来历。在甲骨文中"息"是画了一个鼻子和他的人中部位，后来会意指心脏在跳，就在下面加了一个"心"，就成了现在的"息"字。现在这个"息"字大都是和其他部首搭配在一起进行使用。

歌诀：

有女做侄媳，夜晚灯火熄；（媳 xí，熄 xī）

鼻病长瘜肉，吓跑虫水螅。（瘜 xī，螅 xī）

## 喜 [xǐ]

据《说文解字》、甲骨文、金文史料考证，"喜"字的出处是这样的。我们的古圣贤看到了古代贵族家庭在娶媳妇时，门上头挂着吉祥的红灯笼。于是乎，就造出了这个"喜"字，所以"喜"是吉字头。这就是"喜"字的出处和来历。在甲骨文中"喜"是画了一个"吉"字，下面是门洞里面人张着嘴在嘻嘻哈哈地笑着。后来就演变为现在的"喜"字。现在"喜"字大都是和其他部首搭配在一起使用的。

歌诀：

朱熹火性急，晨光熹微里；（熹 xī）

祭祀（示）贺新禧，家女皆嬉戏；（禧 xǐ，嬉 xī）

张口笑嘻嘻，食鱼只食鱚；（嘻 xī，鱚 xǐ）

不食虫蟢子，家人皆乐僖；（蟢 xǐ，僖 xī）

嘻却口叹息，叹自心憘底。（嘻 xī，憘 xī）

注：熹，光明，天亮。多指早晨的阳光

## 下 [xià]

据《说文解字》、甲骨文、金文史料考证，"下"这个字的来历是非常有意义的。我们的古圣先贤在造这个字时，看到了人们在地里劳作。于是乎就造出了这个"下"字。在行书和草书上有时候写下为三点。今天讲到这个"下"字我有一点感悟，在下面生活的劳动人民满足感强，幸福感也就强，是很快乐的。有一句话说："高处不胜寒。"人一旦发展到一定的高度时，你的言行、所作所为一定要谨慎，言词一定要把握好度，否则下面的人就会对你有不同的看法。水聚下而成海，所以人要发扬水的精神。这里我感慨一下。在甲骨文里"下"是画了一个山洞口，下面就指人像水一样的在流动。后来就演变为下面为一个"卜"字。郑板桥说人要"难得糊涂"，就是说不知者不威。这就是"下"字的出处和来历。现在这个字大都是和其他部首搭配在一起应用的。

歌诀：

大鱼吃虫虾，张口把虾吓。（虾 xiā，吓 xià）

## 先 [xiān]

据《说文解字》、甲骨文、金文史料考证，"先"字的来历是非常有意思的。我们的古圣先贤在造这个字时看到了在一个下雪天，一个人在走路，因为下雪天看不见路，他走着走着发现前面有人走过的足迹，就是脚印，所以会意说我不是最先走这个路的人，在我前面还有人比我先走这条路。于是乎古圣先贤造出了这个"先"字。这就是"先"字的出处和来历。在甲骨文里"先"是画了一个人在走路，前面还画了一个足印。后来就逐渐演变为"牛"字头下面一个"儿"。就是现在的"先"字。现在这个"先"字大都和其他部首搭配在一起使用的。

歌诀：

宪法讲到家（宀），走之选人大；（宪 xiàn，选 xuǎn）

铣床切金属，清水洗拖把。（铣 xǐ，洗 xǐ）

## 咸 [xián] 鹹

咸 咸 咸

据《说文解字》、甲骨文、金文史料考证，咸这个字的来历是非常有意思的。我们的古圣先贤在造这个字时看见了人们手持兵器登高站岗放哨。一旦发现有敌军来侵时，有三种通知方式：一是用口喊话通知，相互传递；二是把火堆压灭，让浓烟滚滚；三是敲锣、打鼓、吹号、放鞭炮。我们的古圣先贤看到了一把兵器，旁边一个人用口喊话，来传递信息，于是乎就造出了这个"咸"字。其实最早"咸"和"喊"是一个字。这就是"咸"字的出处和来历。在甲骨文中"咸"字是画了一把兵器，旁边画了一个口字，后来就逐渐演变为现在的"咸"字。现在"咸"字大都是和其他部首搭配在一起应用的。

歌诀：

大爷他姓咸，志不减当年；（咸 xián，减 jiǎn）

常为民呐喊，挥手撼泰山；（喊 hǎn，撼 hàn）

民心皆感动，虽死心无憾。（感 gǎn，憾 hàn）

## 陷 [xiàn]

陷 陷 陷

据《说文解字》、甲骨文、金文史料考证，我们的古圣先贤在造这个字时，看见了人们在走路时不小心踏翻了一个陷阱，掉到陷阱里去了。看到了这种景象，就造出了陷阱的"陷"字。这就是"陷"字的出处和来历。在甲骨文中"陷"字是画了一个坑，又画了一个人掉了下去，后来就逐渐演变为现在的这个"陷"。现在"陷"字大多是和其他偏旁组合进行使用。

歌诀：

点火起火焰，口里讲谄言；（焰 yàn，谄 chǎn）

进门成阎王，食要吃肉馅。（阎 yán，馅 xiàn）

## 相 [xiāng][xiàng]

相 相 相

据《说文解字》、甲骨文、金文史料考证，我们的古圣先贤在造这个字时看到一棵古树发了新芽，长得非常大（就是古木逢春），仔细一观：在太阳照射下枝芽闪闪发亮，于是乎就造出了这个相，会意为栋梁之材。这就是"相"字的出处和来历。在甲骨文中"相"是在一根古木旁边画了一只眼睛。后来就演变为现在的"相"字。"相"现在大都是和其他部首搭配应用的。

歌诀：

我用竹做百宝箱，背上它去湘水旁；（箱 xiāng，湘 xāng）

一人默默心里想，一厢情愿住厂房；（想 xiǎng，厢 xiāng）

如果加上葙香草，能叫开水成雨霜。（葙 xiàng，霜 shuāng）

## 襄 [xiāng]

据《说文解字》、甲骨文、金文史料考证，这个字是一字两音，有 xiāng 和 náng 两个音。我们的古圣先贤在造这个字时看见了人们在地里挖东西。那个时候还没有口袋之说，所以把衣衫脱下来将东西包起来打上结，背回家，于是乎就造出了这个"襄"。所以是衣字底。这就是"襄"字最早的出处和来历。在甲骨文中"襄"字是画了一个人字，下面画了好多东西包起来的样子。后来就逐渐演变为现在的"襄"字。现在"襄"都是和其他部首搭配在一起使用的。

歌诀：

老人口嚷嚷，祭祀把灾禳；（嚷 rǎng，禳 ráng）

挥手攘奸邪，牌位把金镶；（攘 rǎng，镶 xiāng）

献瓜瓜有瓤，土壤长好粮；（瓤 ráng，壤 rǎng）

穰穰满稼禾，禳衣衣服脏；（穰 ráng，禳 ráng）

瀼水在重庆，草旁蘘荷长；（瀼 ràng，蘘 ráng）

言语要谦让（让），今让言加上。（讓 ràng，让 ràng）

## 享 [xiǎng]

据《说文解字》、甲骨文、金文史料考证，我们的古圣先贤在造这个"享"字的时候，发现了一个大家庭，四世同堂，儿孙满堂。在这样的大家庭内，各干其事，长幼有序，子孝孙贤。感慨道：这家的老人才是真正的享福。于是乎，就造出了这个"享"字。这就是"享"字的出处和来历。在甲骨文中"享"字是画了一人字，下面一个子字。后来就演变为现在"享"字。现在这个字大都是和其他部首搭配在一起使用的。

歌诀：

（一）

淳朴水边人，家养鸟鹌鹑；（淳 chún，鹑 chún）

言多谆谆语，用酉盛乙醇。（谆 zhūn，醇 chún）

（二）

点火就烹饪，口哼小曲顺；（烹 pēng，哼 hēng）

有月就膨脝，一亨享天伦。（脝 hēng，亨 hēng）

注：膨脝，即发胀。

象 [xiàng]

象 象 象

据《说文解字》、甲骨文、金文史料考证，我们的古圣先贤在造这个字时看见了一头大象在草地上用鼻子卷着吃草。于是乎就造出了大象的"象"字。这就是"象"字的出处和来历。在甲骨文中"象"字是画了一头象的样子，有鼻子、嘴巴、牙齿、腿和尾巴。后来就逐渐演变为现在"象"的样子。大象也是吉祥的代表，据传说有招财、聚财之意，好多银行、酒店、商铺的大门前都有立大象的习惯。现在的"象"都是和其他部首搭配在一起使用的。

歌诀：

大象鼻子长，人给象画像；（象 xiàng，像 xiàng）

橡树产橡胶，蟓虫吃蚕桑。（橡 xiàng，蟓 xiàng）

肖 [xiào][xiāo]

肖 肖 肖

据《说文解字》、甲骨文、金文史料考证，"肖"字的出处和来历是非常有意思的。我们的古圣先贤在造这个字时，看到了弯弯的月儿，上面好似一个婴儿，像婴儿怀胎十月的胎盘。所以生小孩叫坐月子，所以说，母亲是很伟大的，孕育婴儿要十月怀胎。这就有了生肖的"肖"字。

这就是生肖的"肖"字的出处和来历。在甲骨文中"肖"是画了一个月牙，上面是画了一个婴儿。后来就逐渐演变为现在的"肖"字。现在的"肖"字大都是和其他部首搭配在一起使用的。

歌诀：

山崖峭壁春来早，冰水已化雪已消；（峭 qiào，消 xiāo）

冰消雪化静悄悄，几枝寒梅花枝俏；（悄 qiāo，俏 qiào）

鲜红朝霞染树梢，峭壁山崖有芒硝；（梢 shāo，硝 xiāo）

山魈似鬼满山跑，稍有响声飞跑掉；（魈 xiāo，稍 shāo，稍 shào）

雄鹰展翅冲云霄，蓝天飞翔任逍遥；（霄 xiāo，逍 xiāo）

猎人削竹要用刀，笑看蓝天刀出鞘；（削 xiāo，鞘 qiào）

射伤雄鹰吹口哨，手提雄鹰往回捎；（哨 shào，捎 shāo）

取回雄鹰装水筲，睡上一觉到通宵；（筲 xiāo，宵 xiāo）

不屑动脑想卖掉，手提雄鹰坐船艄；（屑 xiè，艄 shāo）

扑杀飞禽言讥诮，眼目不睄金难销。（诮 qiào，睄 shào，瞧 qiáo，销 xiāo）

辛 [xīn]

辛 辛 辛

据《说文解字》、甲骨文、金文史料

考证，我们的古圣先贤造这个字时，看见了好多植物的生长，仔细做了研究。凡是果实辛辣的植物，枝干上都有刺。如，花椒，它的味道是非常辛辣的，看到了这种景象于是乎就造出了这个"辛"字。这就是"辛"字的出处和来历。在甲骨文中"辛"是画了一个丁字形的刺。后来就逐渐演变为现在的立下面加十字的"辛"字。"辛"现在大都是作为形声字和其他部首搭配在一起使用。

歌诀：

有马骍是红毛，有金变为铅锌；（骍xīng，锌xīn）

有木桑梓之地，有草学子莘莘。（梓zǐ，莘shēn，莘xīn）

星 [xīng]

据《说文解字》、甲骨文、金文史料考证，我们的古圣先贤在造这个字时，看见了天上的星斗，银灰色的月光照射到一棵结满果实的树上，果实闪闪发亮。于是乎就联想到天上的星星，就造出了"星"这个字。这就是"星"字的最早的出处和来历。在甲骨文中是画了好多的果实在发亮（"日"字），下面画了一棵树，后来就逐渐演变为现在的"日"下面一个"生"的"星"字。现在的"星"字是和其他部首搭配在一起使用的。

歌诀：

披星戴月行，头脑要清醒；（星xīng，醒xǐng）

血雨腥风时，不能假惺惺；（腥xīng，惺xīng）

猩猩抢了去，拿来戥子称。（猩xīng，戥děng）

注：戥子，和秤类似的计量工具。

讯 [xùn] 訊

据《说文解字》、甲骨文、金文史料考证，我们的古圣先贤在造这个"讯"字时看见了古代最早的刑罚。审犯人时有一个木桩，把犯人绑在木桩上，上面还有一个横棒，把两只手吊在横棒上，下面的两只脚也绑起来，进行拷打。在犯人想回答的时候就把他暂时放下来，手从背后绑住，让他跪着作答。跪着是怕犯人反抗。先贤看到了这种景象，于是乎就造出了这个"讯"字。在甲骨文中"讯"是画了一个"口"字，右边画了架子上面吊着的刑具，下面是一个人跪着。后面就把"口"字就逐渐演变为"言"字，再后来右边就变为"丑"字的变形字，也就是人跪着的样子。这是"讯"字演变过程。现在这个字都是和其他部首搭配在一起使用的。

歌诀：

有言去审讯，走之迅速奔；（讯xùn，迅xùn）

汛期多雨水，提早要防汛。（汛xùn）

枭 [xiāo] 梟

枭 梟 梟

据《说文解字》、甲骨文、金文史料考证，在甲骨文中"枭"字是这样写的：下面是一个木，木指的就是大树。就是在树上有特别大的一只鸟。画了一只飞鸟。后来就逐渐简化成了鸟字下面一个木，这就是枭雄的"枭"。"枭"字这个树上的鸟，指的是猫头鹰，大家都知道，它善于晚上出来觅食，吃蝙蝠、老鼠等。在老百姓心里，猫头鹰是一种恶鸟，所以要把它打死。还有一种鸟，它的父母老了，它就要帮老鸟觅食。然而猫头鹰却不这样做，据传说，它会用鸟喙去啄老鸟，是一种不孝的鸟。古代有这种传说。所以，老百姓认为它是一种恶鸟，就要把它打死挂在树上，以警示世人，就是说人要有孝道。引申为枭雄，就是比较强横而有野心的人。比如，三国里的曹操有句话叫"宁教我负天下人，休教天下人负我"。

歌诀：

鸟加木，构成枭，鸟木枭，鸟木枭，打死恶鸟，挂在树上，枭雄的枭。

协 [xié] 協

協 协 协

据《说文解字》、甲骨文史料考证，最早仓颉造字的时候这个字是这样的：在甲骨文中，上面是两个月字，指的是人的四肢，下面画了三个犁。因为农耕时代用三个牛犁地，这叫协作、协力。后来简化成了"十"字加三个力，三个力表示力气多，三就表示多。道德经中就有"道生一，一生二，二生三，三生万物"。后来就简化成了一个"十"字加上一个"办"。把两个力变成了点。协字字形右边的办，左右两点原来是力，一共三个力。现在表示建立团队必须齐心协力。古代打仗有以一当十之说，比如一个大将把十个人打败，但现在没有那样的战争了，不再用武力打，而是用战略战术。建立企业，打造品牌，要以十当一，就是说十个人对这个品牌的说法是一致的，不走样，这就叫协作，齐心协力。

歌诀：

十加办，构成协，十办协，十办协，十人用力，齐心协力。

兄 [xiōng]

兄 兄 兄

据《说文解字》、甲骨文史料考证，这个字在甲骨文中是这样写的，就是人上一个大嘴巴。后来逐渐演变成一个"口"和一个"儿"。这个字最早在周礼上指的是哥哥，是大声喊的意思，是指使兄弟干这干那、发布命令的意思，就是兄长。为什么人们称老大为兄长呢？"兄"这个字在周公那个时候就出现了，长兄为父，就是说你大哥给你命令的时候你要像遵从父亲的命令一样，这就体现了我们华夏民族对孝悌的一种敬畏感。

歌诀：

口加儿，构成兄。口儿兄，口儿兄，
人上大嘴巴，发布命令，兄弟的兄。

## 幸 [xìng]

据《说文解字》史料考证，甲骨文是
这样写的：最早它像中国结一样，穿了一
个钱，叫钱串子。这是原指甲骨文，它是
象形字，后来经过多次简化，说羊大为美，
就是说上面这个"土"实质上是大的意思，
下面是一个羊，它是幸福的"幸"。古代对
于犯了罪的人，用两个木夹把手梏上，现
在人们犯了罪用的是手铐，古代把夹手的
木头叫手梏，把这个梏解除了就幸福了，
就是说谁犯了错误了把这个手铐子去掉了，
这就叫幸福。

歌诀：

士和羊，构成幸；士得羊，就是幸。
要幸福，就努力；不努力，没幸福。

## 孝 [xiào]

据《说文解字》、甲骨文、金文史料
考证，它出自甲骨文，就是殷纣王时期的
甲骨文。"孝"字由上下两部分组成，在
甲骨文中是这样写的：它是一个"土"字，
把这一撇去掉了，就是说孩子背着一个父
亲，这就说明了父子之间的关系。甲骨文

中就是这样的，后来经过多少次简化就成
了这个样子，一个土加一撇，这一撇的含
义就是父亲已经老了，需要孩子的搀扶。
在甲骨文中，最早的本义是孩子在小的时
候需要父母遮风挡雨，子就在下面，被呵
护，让孩子茁壮成长，最后本义就成了孝，
就是说当父母老了的时候，要老有所依，
需要孩子的搀扶。今天讲"孝"就指的是
孝道，现在，好多孩子就不知道孝顺，所
以我告诫大家一定要尽孝道，"家有孝子
家必昌，国有净臣国必强"。这就是说我
们首先要在家庭中尽孝道，如果你和朋友
相处，发现这个人连他父母都不孝敬，你
最好不要和他交朋友，因为这个人如果连
生他、养育他、抚养他的父母都不孝敬的
话，能对你这个朋友好吗？

歌诀：

老和子，构成孝；子背老，就是孝。
要孝顺，必敬老。不敬老，没孝行。

## 腺 [xiàn]

据《说文解字》、甲骨文、金文史料
考证，"腺"这个字最早是乳腺，指人的
乳房，这个字是由月和泉构成的。古代"泉"
字的字形像水从山崖穴中流出的样子，指
水的源头。"腺"指生物体内分泌液汁的
地方，所以是月字旁，又因分泌液汁细长
而连续不断，所以用"泉"会意而成。月
指的是人体，乳汁分泌的地方，也就是源
头。今天讲"腺"就是要告诉大家母爱是

最伟大的，我们每个人都是由母亲的乳汁哺育的，所以我们长大成人要做孝子。

歌诀：

月+泉=腺；月泉腺，月泉腺；泉指水源头，加月人体腺；天热要出汗，汗水走汗腺。

## 虚 [xū]

据《说文解字》、甲骨文、金文史料考证，"虚"的繁体字最早在甲骨文中是这样写的：上面画了一个老虎的头，下面是一个土丘的"丘"，后来简化成一个虎字头下面一个"业"。就是说远处看山烟雾缭绕，上面这个山就像一个虎头，但半山腰有一些云雾缭绕，给人感觉很虚，下面好像又看到了山丘，中间断开，似虎非虎，给人的感觉是比较虚假的。古"虚"字是由"虎"和"丘"（业）构成的，后面在简化的过程中把这个土丘的"丘"变成了一个"业"，大意指大土丘，远看土丘像卧虎，其义是虚，本义是指虚假，所以用"虎"和"丘"（业）会意而成，假借指空或者"虚幻"或者"空虚"或者"虚怀若谷"等。这个虚就是有一点假，似真非真，由给人感觉很虚幻会意而成。

歌诀：

虎+业=虚；虎业虚，虎业虚；土丘似老虎，非真是虚假。

## 兴 [xīng] 興

据《说文解字》、甲骨文考证，"兴"最早在甲骨文中是这样写的：下面两只手，上面两个人背对着，中间一个环连接起来，繁体字是两只手中间一个"同"。以前在农耕时期或者狩猎时期，在年终都有个庆典会议，比如狩猎时期我们打来的羊、鹿，把所有的食物都放在盘子里，几个人把它举起来，进行一个篝火晚会，在一起庆祝庆祝，就是说四手举一盘，盘里盛的是丰盛的食物，这才能高兴，这也是会意字。那么为什么是"凡"呢？"凡"是四周为手，它是变形字，像共同举物的样子，指同力举起。小篆把这个"凡"改为"同"，因为在小篆中把这个"凡"改成了"同"，现在的兴是简化字，字形像两只手同举三个物体，假借指振兴、兴盛、兴旺、高兴等。

歌诀：

手+凡=兴；手凡兴，手凡兴；凡是大盘，四手举一盘，兴起的兴。

## 宣 [xuān]

据《说文解字》、甲骨文、金文等史料考证，它从宝盖、从亘，构成"宣"。在甲骨文中宣传的"宣"是这样写的：它是一个房子，是宫殿的意思。我们前面讲宝盖儿头的时候就讲过，凡是宝盖儿头都和房子有关系。下面是一个"亘"，"亘"指的是日月，天地日月构成时间和空间，宝盖、亘构成"宣"，宣传的"宣"。"宣"字是由宝盖头和"亘"字构成的，指帝王的大宫殿，所以宝盖头又因亘像容器环绕的样子，所以"宣"下部分就是"亘"字，指帝王的旨意由此发表、公布，引申为宣称、宣读、宣讲、宣传等。我们现在用的就是这个"宣"。

歌诀：

宝盖亘，构成宣；宝盖亘，就是宣。

## 项 [xiàng] 项

项 项 项

据《说文解字》甲骨文史料考证，"项"从"工"从"页"，工＋页构成"项"。"页"古代指的是头部，就是脖子，头部的后面为脖子的后部，也是项链的"项"。"项"最后慢慢简化就变成"项"。项，单指脖子后部。古代的"页"指人的头，因为"工"就像上下连接的样子，所以"项"由"页"和"工"会意而成，如项上人头。后来，人们在农业社会把植物籽撒在地里不断成长，长成枝叶、枝干，也是为"项"，即植物的"茎"。我们今天讲"项"就是要讲团队上下沟通的关系，领导与下属如果不能很好地沟通，导向出了问题，连接就不畅，上面的领导与下面的员工不很好地沟通，

就叫"项"，连接的过程也叫"项"。所以，我们大家要打造团队、创办企业等，和下面员工之间的连接、沟通，上下级的关系和思想一定要和谐，要多沟通，多交流。

歌诀：

工和页，构成项；工页项，工页项。要抬头，项必直。人正直，项必直。

## 熏 [xūn][xùn]

熏 熏 熏

据《说文解字》、甲骨文、金文史料考证，在甲骨文中，这个"熏"就是垒了一个炉灶，上面一个烟囱，下面架着火，在甲骨文中就是画了这么一个图案，最后逐渐简化成现在这样。古文字的熏，像熏黑烟囱的样子，上面是"千"，这个"千"是变形字，表示烟熏了多少次，黑是指烟囱变黑了。我们今天讲这个熏，不是单纯讲把烟囱熏黑了，而是重点讲熏陶。民间有这么一句话说得非常好：龙生龙凤生凤，老鼠生下会打洞。这句话说的就是从小言传身教，就是熏陶的意思。如果一个赌徒的孩子出生之后爸爸妈妈还是不断地玩赌、打牌，这个孩子是不是逐渐就学会了打牌？如果是一个书香门第，父母经常是写书法或者读一些书，是不是这个孩子对书法文学就感兴趣了？所以，我们讲到这个熏字，就要想到我们对孩子的教育一定要从小熏陶，要引导他做一些有意义的事儿。

歌诀：

千和黑，构成熏，千黑熏，千黑熏；腊肉香，必须熏。育良子，必熏陶。

## 需 [xū]

据《说文解字》、甲骨文史料考证，最早在甲骨文中"需"是这样写的：上面一个"雨"，下面是一个"而"。最后简化成了雨字头下面一个"而"。"需"字字形像雨下站一个人，一横是天的形状，人在天的下面站着。好比今天天在下雨，不能出去，要等到雨停了再出行。它是等待的意思。需的本意是等待，引申为迟疑。后来则用来表示需要。

歌诀：

雨加而，构成需，雨而需，雨而需，雨下站一人，需要的需。

## 婿 [xù]

据《说文解字》、甲骨文史料考证，最早在甲骨文中，这个"婿"是这样写的：左边是一个女人，在给站着的女人选丈夫。右边，上面是一个足，表示这个人身材的高低，下面是一个月字。后来就简化成现在的这个样子。"婿"指女子的丈夫，因为胥是有才智的意思，有才智方可选作女子的丈夫。所以"婿"字是由"女"和"胥"会意而成的。就是说这个"胥"代表有才智。古代的好多帝王将相、富贵豪门，给女儿选丈夫的形式非常多，要选择一个乘龙快婿，形式是非常多样的。我们都听说过唐代选择女婿是出对联、吟诗作对，还有比武招亲，等等。最终的目的是选择德才兼备的女婿。就是利用各种考试进行选择，给女子选择优秀的丈夫。

歌诀：

女加胥，构成婿。女胥婿，女胥婿，女子的丈夫，夫婿的婿。

## 秀 [xiù]

据《说文解字》、甲骨文、金文史料考证，我们的古圣先贤在造这个字时看见了粮食，就是谷穗子，古语有句话说得非常好："越饱满的谷穗子头越弯得低。"这也是和做人有关，越是知识渊博的人，平时越沉稳、越低调。古圣先贤看到了非常饱满的谷穗子，头弯得非常低，说这是非常优良、优秀的农作物。于是乎就造出了"秀"这个字。"秀"字就是指禾苗头弯得很低。这就是"秀"字的出处和来历。在甲骨文中"秀"是画了一株禾苗。下面是谷头弯下来了，后来就逐渐演变为现在的"秀"字。现在的"秀"字都是和汉字部首组成汉字使用的。

歌诀：

妈用丝线教苏绣，出言循循（xún）又善诱；（绣 xiù，诱 yòu）

走之道理讲得透，希望金针莫生锈；（透 tòu，锈 xiù）

草禾由人变良莠，莠上去草才优秀。（莠 yǒu，秀 xiù）

## 须、須、鬚 [xū]

据《说文解字》、甲骨文、金文史料考证，"须"也是胡须的"须"。我们的古圣先贤在造这个字时看到了德高望重的老人的胡须，于是乎就造出了胡须的"须"。这就是"须"字的出处和来历。在甲骨文中"须"是画了一位老人的下颌和胡须，后来就逐渐演变会意成现在的"须"字。现在"须"都是和其他部首搭配使用的。

歌诀：

须字去掉页，有木是木杉；（须 xū，杉 shān，杉 shā）。

有开把形变，衣衫产变彦。（形 xíng，衫 shān，彦 yàn）。

## 凶 [xiōng]

据《说文解字》、甲骨文、金文史料考证，我们的古圣先贤在造这个字时看见了看到了一种草，是有毒的草。比如，狗尾巴草、白狗刺草、砒霜草等有毒的草，于是乎联想到有毒的草不能食用。吃了是大凶的。才造出了"凶"这个字。在甲骨文中"凶"是画了一个坑，里面长出了几棵有毒的草，羊吃了羊就死了，人吃了人就死了。后来就逐渐演变为现在的"凶"字。这就是"凶"字的出处和来历。"凶"字现在都是和其他部首搭配在一起使用的。

歌诀：

见酉是酗酒，有水是汹涌；（酗 xù，汹 xiōng）

有勹（bāo）是匈奴，加月就挺胸。（匈 xiōng，胸 xiōng）

## 玄 [xuán]

据《说文解字》、甲骨文、金文史料考证，我们的古圣先贤在造这个字时，看见了在房梁上蜘蛛吐的丝线攀挂在半空中。于是乎就造出了这"玄"字。这是"玄"字最早的出处和来历。我们都知道故宫后面有个玄武门，在清康熙年间为了避讳玄烨的玄字，改为了"神武门"。现在"玄"字都是和其他部首搭配起来使用的。

歌诀：

阿勇靠舟舷，开弓拉弓弦；（舷 xián，弦 xián）

火性忙炫耀，瞬间目就眩。（炫 xuàn，眩 xuàn）

## 穴 [xué]

据《说文解字》、甲骨文、金文史料考证，我们的古圣先贤在造这个字时看见了最早的一种房屋：地窝子。就是在地下挖一个坑，在上面搭棚子，留一个洞穴。看见了洞穴之后于是乎就造出了"穴"这个字。这就是"穴"字的出处和来历。在甲骨文中"穴"是画了一个洞口，下面两点，就是黑乎乎的意思。后来就演变为现在的"穴"字。现在的"穴"都是和汉字的其他部首搭配在一起使用的。

歌诀：

屈隆进窟窿，就想看究竟；（窟 kū，窿 lóng，究 jiū）

拿规去窥探，力穷其深层。（窥 kuī，穷 qióng）

## 寻 [xún] 尋

据《说文解字》、甲骨文、金文史料考证，"寻"就是寻找的"寻"。我们古圣先贤在造这个字时，它与寻找和搜查有关系，看到了人在过城门的时候，两手撑开被检查的过程。于是乎就造出了"寻"这个字。繁体字大家都知道，是"归"字的右边中间一个"口"和"工"字，下面一只手（寸），就是说要询问，用手检查。

这是"寻"字最早的出处和来历。在甲骨文中"寻"字是上面一只手从头上往下搜，下面又是一只手。后来就逐渐简化演变为现在的"寻"。现在"寻"字是和其他部首搭配在一起使用的。

歌诀：

斟郡是座城（右耳），鲟鱼海越冬；（斟 xún，鲟 xún）

珣玉是美石，九江把浔称；（珣 xún，浔 xún）

口旁亦英噚，荨麻是草名。（噚 xún，荨 qián）

荨麻疹是病。荨读（xún）不读 qián。

注：斟郡，地名。

## 荀 [xún]

据《说文解字》、甲骨文、金文史料考证，古时"荀"就是把草字头去掉的旬字。我们的古圣先贤在造这字时发现了萤火虫，这是一种昆虫，飞时翅膀发出一种萤光。尤其在夜间，它是画着圆圈飞。古圣先贤看到了这种现象，于是乎就造出了这个"旬"。这就是"旬"字最早的出处和来历。在甲骨文中"旬"是画了昆虫飞时发出的一圈光影。后来就逐渐演变为现在的"旬"字。现在的"旬"都是和其他部首搭配在一起使用的。

歌诀：

种草一荀氏，询问郇城（右耳）市；（荀

xún，询 xún，郇 xún，郇 huán）。

城外山嶙峋，绚丽花如丝；（峋 xún，
绚 xuàn）

木有枸子木，玉有珣玉石；（枸 xún，
珣 xún）

双人不徇私，恂恂心诚实；（徇 xùn
恂 xún）

遭歹身殉职，洵实人仰之。（殉 xùn
洵 xún）

## 犀 [xī]

犀 犀 犀

据《说文解字》、甲骨文史料考证，"犀"
字最早在甲骨文中是这样写的，一个尸，
就是画了一个像牛一样的身体，下面一个
水，再下面一个牛，后来就演化成了由尸
水牛三部分组成。"犀"字是指犀牛，犀
牛像牛而不是牛，它的身体像牛，并且经
常在水里生活，所以犀字是由尸、水、牛
三部分组成的。尸代表身体。

歌诀：

尸加水，再加牛，构成犀，尸水牛，
构成犀，常在水中，形体似牛，犀牛的犀。

## 鞋 [xié]

鞋 鞋 鞋

据《说文解字》、甲骨文史料考证，"鞋"
字最早在甲骨文中是这样写的：画了一个

象形的革，右边是两个土，就是"圭"，
后来逐渐简化成了一个"革"加个"圭"。
古代鞋多是皮革制成的，又因为圭是上圆
下方，而鞋子的样子是前圆后方，所以"鞋"
字由革和圭会意而成。也可以理解为用皮
革制成，穿在脚上，踩在地上的服装。

歌诀：

革加圭，构成鞋，革圭鞋，革圭鞋，
皮革所做，形状是圭，踩在地上，鞋子的鞋。

## 蓄 [xù]

蓄 蓄 蓄

据《说文解字》、甲骨文、金文史料
记载，"蓄"字是上面一个草字头，下面
一个畜。古人常常储蓄一些谷物和草料，
用以饲养牲畜。甲骨文中字形，用竹竿搭
了一个骨架，在骨架上面堆了一些草，柱
子下面拴着的是牛，下面储备了一些草
料。现代汉字"蓄"就是一个草字头，下
面的一点一横叫作高字头，里面储藏了一
些草料，下面画了一个田。田字上方有一
个玄。古代的这个玄字，说是左青龙，右
白虎，前朱雀，后玄武。玄字就是储藏的
意思，背后要有仓库，这就是储藏的含义。
下面的这个畜，它是一字两音，做名词时
念 chù，做动词时念 xù，是个会意字。

歌诀：

草加畜，构成蓄，草畜蓄，草畜蓄，
储藏牧草，储蓄的蓄。

席 [xí]

席 席 席

据《说文解字》、甲骨文史料记载，"席"字最早在甲骨文中是这样写的：是庶民的庶的变形字，去掉了下面的火，上面铺了一块布，人坐在上面。古代认为坐在布上就是非常尊贵的人，这就是席位的席，有一席之地的席。后来人们就用竹子等小枝条编成一种席子，就是农村炕上铺的席子。席字是由庶和巾组成，庶有众意。古代的席用来接待宾客，客人坐在巾上，代表是贵客。后引申为主席，席位等。

歌诀：

庶加巾，构成席，客坐巾上，尊为上席，席子的席。

袖 [xiù]

袖 袖 袖

据《说文解字》、甲骨文史料记载，"袖"字最早在甲骨文中是这样写的：上面一个人，下面也是两个人字形，右边是一个袖筒，是手从这里出来的样子。后来就逐渐演化成现在的衣字旁的"袖"。袖子就是手从衣服里出来的地方。

歌诀：

衣加由，构成袖，衣由袖，衣由袖，手由此出，谓之袖。

刑 [xíng]

刑 刑 刑

据《说文解字》、甲骨文史料记载，"刑"最早在甲骨文中是这样写的：一个井，然后右边是一把刀。古代水井很重要，有时候两个部落会争夺水井，所以会派遣一个兵丁去守卫，如果有人偷水就抓起来，处以刑罚。另一说是刑像龟甲，犯罪分子会被拘束起来，行刑前要取下械具。刑也可以代表上刑的器具。"刑"本意是惩治，引申为法律的尊严。

歌诀：

开加刀，构成刑，开刀刑，开刀刑，打开器具，开刀行刑。

谢 [xiè] 謝

謝 谢 谢

据《说文解字》、甲骨文史料记载，"谢"字最早在甲骨文中是这样写的，中间好像是一个身体的身字，这边是讲话，或者敲锣，或者打一块铁，就是用语言的意思，右面是一个寸，就是形象地表示对人感谢或者送礼。后来就逐渐演化成繁体字的言、身、寸，最后简化成现在的这个谢谢的谢。谢的本义，古代就是卸官，辞去官职，解甲归田，就是把自己的官帽放下，把自己的盔甲放下，告老还乡，归隐田园。辞官必须讲清理由，古代在官场上行走，如果你不想干了，必须说明一些理由，谢其实是躬身的一种礼节，后来引申为感谢。

歌诀：

言加身加寸，构成谢，言身寸，构成谢，躬身躬手，表示感谢，谢谢的谢。

## 信 [xìn][shēn]

据《说文解字》、甲骨文史料记载，"信"字在甲骨文中是这么写的：左边是一个人在非常低调地行走，腰一躬，一抬头。后面是个言字，就是开口讲话。后来就逐渐简化成现在的人加言。儒家思想主张仁义礼智信，信是五德之一，教育我们做人做事一定要诚信。所以这个信字是由人加言构成。言，人说的话，就是大脑思想的体现，一个人说出的话要兑现，要靠人去做。指的是人说话、办事要诚信。如果你有诚信，人家就会给你点赞，给你竖大拇指。如果言而无信，人家就知道你究竟是个什么人。古代有一个孩子在村子里喊着"狼来了"，村里人信以为真，都跑出来，结果发现这个孩子在戏耍大家。过了几天狼真的来了，他又喊狼来了，但是大家都没有出来，这个孩子就被狼吃掉了。这个故事就说明了诚信的重要性。人一旦失去了诚信，信誉也就失去了。

歌诀：

人加言，构成信，人言信，人言信，说话诚信，言而有信。

## 献 [xiàn] 獻

据《说文解字》、甲骨文、金文史料记载，"献"字最早在甲骨文中是这样写的：一个虎字头，右边好像是一个狗的头，表示奉献，下面是一个炉灶。繁体字的献最后逐渐简化成现在这样。这个字的意思就是在国家或个人的祭祀活动中用一个大的容器把虎和犬进行烹调，作为一种献祭，供奉祖先和神灵。后来这个字就引申为贡献、奉献。我们要把青春献给党；要为实现中华民族伟大复兴的中国梦奉献自己的才智。

歌诀：

虎犬融，构成献，融捧虎犬，恭敬奉献。

## 血 [xuè][xiě]

据《说文解字》、甲骨文、金文史料记载，这个字是一字两音，还有一个音读（xiě），如血淋淋。据《说文解字》、甲骨文、金文史料记载，最早我们的古圣先贤在造这个字的时候，看见了古人在血祭。古代祭祀非常重要。就是把动物或者人的血液滴在器皿中，来祭祀天地，祭祀祖先。这是血字最早的出处和来历。上面的一撇是表示血液的血滴。下面是一个器皿。"血"在甲骨文中是画了一个酒杯形，两边有耳，下面画的是杯座，古代把酒杯叫爵，敬酒叫敬爵。里面滴了一滴血液。之后就逐渐演变简化成现在的血。

歌诀：

一撇入皿中，表示滴下形。古人常血祭，歃血表结盟。

## 学 [xué] 學

据《说文解字》、甲骨文、金文史料记载，"学"字最早的繁体字字形为上面的部分表示两位老师席地而坐，给学子演绎六爻八卦。下面的宝盖头是桌子，再下面的是学子，就是指学子在认真听老师演讲卦象。于是就造出了"學"这个字。最后不断演变简化为现在这个学字。这就是学字的由来。

歌诀：

学不习之难加深，习不实践难巩固。好好学习要习之，学不巩固用不通。

## 夏 [xià]

据《说文解字》、甲骨文、金文史料记载，"夏"字上部页字为人头页上横，撇是发髻，目是上面的眼，中间一撇是手臂，又是上的变形。夏指中原人，后泛指中国人，中国假借指夏朝；又假借指四季

中的第二季，夏季。夏有这几种意思。1. 夏季是一年中的第二季，在农历的四月至六月。2. 指中国；华夏。3. 朝代名。公元前 2070—公元前 1600 年，传说为禹所建，传到桀，为商汤所灭。4. 姓氏。

歌诀：

夏指华夏人，目下臂腿伸，目上束发髻，夏季热难忍。

## 习 [xí] 習

据《说文解字》、甲骨文、金文史料记载，习像鸟儿张翅膀练习飞翔的样子，简化字中的横折是一只翅膀的外形，里面的点和提表示羽毛，鸟飞一般在白天，故古习字是羽加白。"习"本义指鸟儿屡次飞翔，泛指学习、练习、复习，引申为通宵、鼓悉之义，又指习惯，惯常。1. 反复地学习；习题。2. 熟悉；习习焉不察。3. 习惯；习气。4. 副词；常，经常，习见。5. 姓氏。

歌诀：

小鸟习飞翔，两翅频频张，点提表羽毛，横折是翅膀。

## 向 [xiàng] 嚮

据《说文解字》、甲骨文、金文史料记载，"向"字像一座房子开了一个窗户，

古时候人们盖房子多坐北朝南，北墙上多开了一个窗户以和朝南的门形成空气对流。向的本义指"朝北的窗户"，引申指方位，又引申指"对着，朝着"，假借指"偏袒"如偏向。1. 偏爱；袒护。2. 介词。引申动作方向或对象。3. 对着；跟背相对。4. 方向；风向。5. 趋向；接近，临近、向午。6. 副词；从前，过去，从来，一向，向时。7. 姓氏。

歌诀：

房子开北窗，形义就是向，窗是向中口，外框便是房。

## 旬 [xún]

据《说文解字》、甲骨文、金文史料记载，古代最早旬字上叉为记号。表于由此开始，下为外步内曲，表示周而复始，指十天复始为一旬。1. 由单词或副词连缀而成，表示完整意义的语言单位，必须有代表人、事或物的主语，并有说明主语的谓语。2. 量词。用于言语或诗文。3. 会意。4. 语句；诗句。5. 中国古代行大礼时，由九宾中地位最低的士依次向上传话。6. 用于时间的计量。

歌诀：

十天为一旬，一月分均匀，旬便均加日，周而复始分。

## 乡 [xiāng] 鄉卿 [qīng]

据《说文解字》、甲骨文、金文史料记载，甲骨文的"乡"和"卿"字，字形都是两边跪着的人，中间是装食物的容器，本义指"两人对金"。"乡"字后来假借指县区以下的行政单位；乡镇，引申指乡土，故乡、乡村。1. 指城市以外的地区；农村，乡村。2. 家乡，自己的家庭世代居住的地方；乡音。3. 县或区以下的农村基层行政区划单位；乡长。4. 唐、宋至今县行政区划，所辖规模不同，如乡荐、乡科、乡贡。5. 姓氏。

歌诀：

两人对食状，就是乡字样，乡字本是食，假借县区乡。

## 行 [háng][hàng][héng][xíng]

据《说文解字》、甲骨文、金文史料记载，"行"字是一条东西南北贯穿的十字路。行的本义是路，引申为行走。用行旁（彳）组成的字大都与行动有关。"行"还读 háng，如银行。1. 道路。2. 行列，排；单行。3. 排行。4. 某些营业机构，商行。5. 行业；职业。6. 指某种行业的知识经验；内行。7. 量词，用于成行的东西。8. 军队编制；二十五人为一行。

歌诀：

行像十字路，路上行人走，行变双人旁，路在人后头。

## 夕 [xī]

据《说文解字》、甲骨文、金文史料记载，"夕"字像半月形，中间的一点，表示月亮的光，旦是表示太阳升起，夕是表示月亮升起。夕本义指傍晚，特指太阳落山的那一段时间，如夕阳引申指夜晚，如除夕、今夕等。1. 指山的西面。2. 傍晚的太阳。3. 比喻晚年。诗句："功业未及建，夕阳忽西流。""夕阳无限好，只是近黄昏。"

歌诀：

夕阳落草丛，新月升空中，夕像半月形，傍晚夕义明。

## 小 [xiǎo]

据《说文解字》、甲骨文、金文史料记载，"小"字像粒细微的沙粒，指"小的"后来为了好辨认，把中间的一点写成了一竖，像用一笔把物体一分为二之形，也含有变小之义。1. 在体积、面积、数量、力量、程度方面不及一般的或不及比较的对象的。2. 短时间的，小坐。3. 排行最末的。4. 年幼的。5. 妾，小老婆。6. 谦称，称自己或与自己有关的人或物，小子；对小辈的爱称。7. 副词，表示程度，相当于略微；小有名气。

歌诀：

要知物细小，就把沙粒瞧，小是三粒沙，中沙拉长了。

# Y

## 牙 [yá]

牙 牙

据《说文解字》、甲骨文、金文史料记载，我们的古圣先贤看到人们在吃烤羊腿的时候，牙在咀嚼肉的时候，不小心把肉筋卡到牙缝里去了。古圣先贤看到了这种景象，于是造出了"牙"这个字。这是最早牙字的来历。甲骨文中的牙字是上面画了一个上嘴唇，下面画了下颌和颈（脖子），里面画了上下牙。后来就简化演变为现在的牙。

歌诀：

满口是白牙，飞鸟叫乌鸦；（牙 yá 鸦 yā）

伢子人生病，家中人惊讶；（伢 yá 讶 yà）

蚜虫棉叶爬，人口直呀呀；（蚜 yá 呀 yā）

春天草发芽，青山好淡雅；（芽 yá 雅 yǎ）

右耳念作邪，不能念作牙。（邪 xié 牙 yá）

## 亚 [yà]

亚 亚

据《说文解字》、甲骨文、金文史料记载，我们的古圣先贤在造这个字时看见了城堡周围的城墙。相当于北京的四合院，四面都有房，四周都有墙。繁体字的"亞"，

大家都知道，就像医院门上的十字。古圣先贤看见了这个十字形的城堡，就造出了这个亚字。现在亚字大都是和其他部首搭配在一起使用的。垭，两山间的山口。桠，硬把东西送给或者卖给别人。

歌诀：

树上有桠杈，山涧有土垭；（桠 yā 垭 yā）

手拿物桠人，管中氩气加；（桠 yā 氩 yà）

学语口哑哑，嫁女成婚娅。（哑 yā 娅 yà）

## 焉 [yān]

焉 焉

据《说文解字》、甲骨文、金文史料记载，我们的古圣先贤在造这个"焉"字时，看见了一只大黄鸟，尾巴长，毛多是黄色，那个时候没有凤凰之说。古圣先贤看到了这个鸟，于是乎就造出了"焉"这个字。这是焉字的出处和来历。在甲骨文中是画了一只鸟，后来就演变为现在这个字。焉这个字现在大都是和其他部首搭配在一起使用的。

歌诀：

黄凤谓之焉，鄢氏住城（右耳）边；（焉 yān 鄢 yān）

见女笑嫣然，草木却发蔫。（嫣 yān 蔫 niān）

注：焉是金文字形，像一只长尾鸟。《禽经》："黄凤谓之焉。"

炎 [yán]

炎 炎 炎

据《说文解字》、甲骨文、金文史料记载，我们的古圣贤在夜间开篝火晚会时，看见了火燃烧得非常大，就是一层一层的，于是就造出了这个"炎"字。这是"炎"字最早的出处和来历。甲骨文中画了上下两堆火，后来就逐渐演变为现在的炎字了。现在的炎大都是和汉字的其他部首搭配在一起使用的。

歌诀：

加水颜色淡，用毛织地毯；（淡 dàn 毯 tǎn）

有气是氮气，有言善言谈；（氮 dàn 谈 tán）

病人爱吐痰，口把药吞啖。（痰 tán 啖 dàn）

也 [yě]

也 也 也

据《说文解字》、甲骨文、金文史料记载，我们的古圣先贤在造这个也字时，发现了两条蛇在嬉戏打闹，好是在恋爱的样子，相互缠在一起嬉戏。于是就造出了也这个字。甲骨文中是画了两条蛇在一起缠绕，后来就逐渐演变为现在的"也"字。这是也字最早的出处、来历及演变过程。现在也字大都是和汉字的其他部首搭配在一起使用的。

歌诀：

人旁是男他，有水成水池；（他 tā 池 chí）

女旁是女她，有弓就松弛；（她 tā 弛 chí）

有土地方大，有马就奔驰。（地 dì 驰 chí）

严 [yán] 嚴

嚴 严 严

据《说文解字》、甲骨文、金文史料记载，篆书是这么写的：上面是两个口字，中间是一个厂字，厂字下面一个是归去的归，右面又是一个九，九是代表九五之尊，下面是一个月，再下面是一个手，羞于出手的"手"，组合起来就是个敢字，含义是人要有规矩，上面是一个九，九是九五之尊，要尊重贵人、尊重领导、尊重师长，下面是月，古代的月是一个肉食，右边又是一个羞于出手的"手"，这就是说敢字的综合含义是不能大呼大叫，厂字是一个规矩，要尊重九五之尊，不能乱说乱动，做一个有规矩的人，这就是严肃的"严"、严格的"严"，简化字就是这样写的。

歌诀：

口厂敢、构成嚴；双口厂，再加敢，就是嚴。做领导、要威严。

引 [yǐn]

引 引 引

据《说文解字》、甲骨文、金文史料

记载，这个字是这样写的，左边一个弓箭的"弓"，右边是一竖，由说文解字得知：古时候人要背着弓箭到外面涉猎。右边的一竖就是说做人要勤劳，天天日出而作，日落而息，只要勤劳都有饭吃。引导的引，我认为这个字是能屈能伸，就是说一个人在社会当中生存发展，必须低头，必须屈服，懂得能屈能伸的人才能当领导，才能有自己的领导艺术，现在这个字告诫我们人生的道路是曲曲折折的，不可能一直走上坡路，也不可能一直走下坡路，所以说要适应自己生活的环境才能发展好自己！

歌诀：

弓加竖，构成引，弓竖引，弓竖引；育良儿，要引导。要做人，懂屈伸。

## 羊 [yáng]

羊 羊 羊

据《说文解字》、甲骨文、金文史料记载，羊最早在仓颉造字的时候是画了一个羊头，上面的部分在甲骨文中是指羊头上的弯角，这一竖是羊的身体，但是经过多次简化就成了这个"羊"字，说羊大为美，凡是在汉字中有羊字头的字都与美食有关。羊居十二生肖的第八位，羊是非常温顺的。我们今天讲羊的目的就是说羊以大为美，以温顺为美。比如，在一个团队里，我们情愿当抬轿子的人、辅佐他人的人，这就是羊的温顺精神。这样你在团队才能干更多、更好、更大的事情，你的事业才会蒸蒸日上。

歌诀：

学羊看羊样，羊角羊头上。羊常扬头走，因此羊读扬。

## 赢 [yíng]

赢 赢 赢

据《说文解字》史料记载，在甲骨文中它就是这样写的：上面是一个亡字，下面是一个口字，左边是一个月字，中间是一个贝字，右边是一个凡字，后来经过多次简化就成了一个由亡、口、月、贝、凡组成的字。这个字就是说输赢乃是轮回，民间传说中的"财聚人散，人聚财散"，就是说天下成功皆舍得，舍得舍得，有舍有得，赢也是一样，《红楼梦》的《好了歌》说得非常清楚，听着你好了好了，就是完了的意思。赢也是一样，当你赢了的时候往往就成了一个亡了，亡口，你自己就灭亡了，因为人是有贪欲的，当你恶贯满盈的时候你自己的生命就要终结，这就叫财聚人散，人聚财散，我们要懂得这个道理，就能在人世间生活得从容。

歌诀：

亡口月贝凡，输赢记心间；亡口月女凡，嬴政把权揽；亡口月虫凡，螺蠃飞上天。亡口月羊凡，羸弱缺锻炼；赢加三点水，沧瀛波浪翻。

## 音 [yīn]

据《说文解字》、甲骨文、金文史料记载，"音"是人发音的口形，这个音上面的横代表人的脸形，下面代表把舌头伸出来发音的一个过程。有这样一个故事，据说有一位音乐家，当弹了一曲子时，一个朋友就说："哇！多么巍峨的高山啊！"接着又弹了一曲说："哇！多么波澜壮阔的水啊！"这叫知音。我们今天讲知音难寻，就是说"朋友满天下，知己为几人"，可见知音是多么难寻啊！

歌诀：

黑夜光线黯然，有日咋说黑暗？出言不谙世事，有心惛然无言；口内嗓子发音，手往伤口处揞。

## 邑 [yì]

据《说文解字》、甲骨文、金文史料记载，"邑"字就是口字下面一个巴"邑"在甲骨文中是这样写的：上面是一个口，下面好像一个人在叩拜，巴是一个人叩拜的意思，后来简化成这个字。邑字上部的方框代表四面围墙的城池，下面一个席地而坐的人形，表示居住。邑字的本义是人们居住的地方。后来泛指一般的城市，大的城市叫作都，小的城池叫作邑。高的城

池叫作阜。还有一个就是古代对士大夫的封地也叫邑。邑多表示城邑，是城池的意思。今天我们讲邑的含义，就是每个人都要尊重我们的根，什么是我们的根？我们的出生地就是我们的根。什么是我们的本？父母就是我们的本。现在不是要讲乡愁吗？不管我们飞得有多高，干得有多成功，一定不要断根，不要忘本，就是不要忘记对父母的孝敬，也不要忘记对家乡的回报。

歌诀：

邑上口是城，巴像人坐形；邑表居住地，又当右耳用。

## 肙 [yuān]

据《说文解字》、甲骨文、金文史料记载，《康熙字典》原文【唐韵】乌悬切，音渊。【说文】小虫也。一曰空也。又挠也。《周礼·冬官考工记·庐人》刺兵欲无肙。【注】挠也。又【类篇】萦绢切，音睊。义同。亦作肙。考证:(《周礼·冬官考工记·庐人》剸兵欲无肙。）谨照原文剸兵改刺兵。

歌诀：

小女名娟娟，丝绢包捐款；手握款去捐，睊睊侧目看；见鸟有杜鹃，见水有涓涓；蜎虫却乱窜，狷急找反犬。注：狷急，性情急躁的样子。

## 壹 [yī]

据《说文解字》、甲骨文、金文史料记载，它是从壶从吉，它是由壶和吉而构成的，最后简化成现在这个字形。这个壶在古代是盛酒的器皿，一般说"壶中乾坤大"，人们在喝酒喝茶的时候能探讨人生，壶中乾坤大，壶一般是不漏的，在政令上指的是要执行政令的意思。再说这个字是比较吉祥的，人文始祖伏羲，他当年在观天察地的时候，仰观天象俯察地理的时候就是创造了卦，"一画开天"，就是这个一。壶和吉代表吉祥，最后假借一种专一、吉祥，也就是幸福的意思。

歌诀：

壶和吉，构成壹，一二三四五六七；填写钱数大写壹。

## 遗 [yí] 遗

据《说文解字》、甲骨文史料记载，这个字在甲骨文中是这样写的：左边是一个走，右边是一个贵重的贵，甲骨文中贵重的贵也是这样写的，最后简化成现在的字形。"遗"字是从走从贵。这个字有丢掉的含义，在走动的过程中贵重的东西遗失了，这就是遗，比如说，遗产、遗漏、漏掉，这就是遗。今天讲这个"遗"，我

们在学习和进步的过程中一定不能"遗"，就是说学东西的时候，该认真学习就认真学，"学而时习之，不亦乐乎"，就是说在学的过程中要不断地去习。

歌诀：

走贵遗，走贵遗。动中丢失，遗失的遗。

## 幽 [yōu]

据《说文解字》、甲骨文史料记载，"幽"在甲骨文中是这么写的：它像盘好的两盘丝，古代中国的丝绸是比较好的，上面是丝，那么丝绸怎么办呢？就拧成一把一把的，上面是两把丝，下面是火，后来就简化成现在的字形。这个字的含义是火苗非常弱小，就像丝绸那样细微，本义是微小的意思，火微小就是幽暗，引申为幽静、幽雅，这个字就是从"丝"从"火"，就是火苗的变化，指的是微小。

歌诀：

双丝又加火，组合构成幽。掌灯纺织布，桑农真辛苦。

## 夷 [yí]

据《说文解字》、甲骨文、金文史料记载，"夷"在甲骨文中是这样写的：它是一个大字，大字代表一个人，就是说一个人背了一

支弓箭，最后简化成了现在的"夷"，这个字从大从弓构成"夷"，身背大弓，夷人的"夷"。夷是由"大"和弓箭的"弓"组成，字形像一个人身上背着一张弓，指出去射箭和打猎。

歌诀：

大从弓构成"夷"，大弓夷，大弓夷，身背大弓，夷人的"夷"。

## 饮 [yǐn][yìn] 飲

据《说文解字》、甲骨文、金文史料记载，甲骨文中饮水的饮是这样写的，一个人下面是一个"酉"，就是一个"缸"，人面、人头、头低下到缸里喝水的样子，这就是"饮"。繁体字左边是一个"食"，右边是一个"欠"，这个饮最后就简化成现在这样的字形。它的意思就是"食"，人的肚子饿了，食和欠就是说肚子饿了以后就感觉到要吃饭、喝水。"饮"这个字是从食从欠构成的。食欠饮，食欠饮，就是说弯腰把水饮，缺食要饮，缺了食物要饮。古时候"饮"字字形右边就像一个弯着腰低着头张开大嘴伸着舌头的人形，左边像一个酒坛子，本义指喝，如"饮酒""饮水"，现在的"饮"由"食"和"欠"组成，可以理解为肚子饿了需要饮食。

歌诀：

食从欠构成"饮"。食欠饮，食欠饮，就是弯腰把水饮，缺食要饮，缺了食物要饮。

## 游 [yóu] 遊

据《说文解字》、甲骨文史料记载，游最早是游泳的游，在甲骨文中是这样写的：前面画了一面旗子，旁边是一个子字。在金文上直接写了一个 F 形，右边又画了个子字。经过多少次简化最后变成左边一个三点水，中间一个方，右边一个人和子。游这个字是从水、从旗、从子。水旗子构成游，人在水中游，水上只有头，头动如旗走，游泳的游。古代讲这个游字是人跟着旗子走的含义。因为古代没有泳池，游泳都是在一个大湖里游。为了防止溺水等事故发生，在人的头上、脖子上扎一个旗子，游的时候这个旗子忽闪忽闪的，岸上的人就能看见。古代的游字是人跟着旗子走之意。现在的游字形象是人在水中游泳，露出的头打着一个旗子游动，引申为旅游。现在外出旅游，一般领队的导游都打一个旗子，防止大家走散，这就是旅游的游。

歌诀：

水旗子构成游，人在水中游，水上只有头，头动如旗走，游泳的游。

## 浴 [yù]

据《说文解字》、甲骨文史料记载，最早在甲骨文中是这样写的：一个木盆，人站在这个木盆上洗澡的样子，拿着一条毛巾。后来逐渐简化成左边是三点水，右边是一个谷。浴字是由水和谷组成的，指用水洗澡，所以是水字旁。又因洗浴用具的样子是凹下去的，像山谷的形状，所以水加谷，组成浴。

歌诀：

水加谷，构成浴。水在谷，可成浴。盆内有洗浴，身体沐浴。

## 舆 [yú] 輿

据《说文解字》、甲骨文史料记载，最早在甲骨文中是这样写的：四面是四个手，中间加一个车，后来逐渐简化成这样：中间是一个车，像高兴的兴的繁体字，把中间的同换成一个车字，就是舆。舆是指车周围有四只手，表示合力修车，古代车是作战的主要工具，打仗时修车的人多和军队一起行动，这些人见多识广，在闲暇时常讲些战场上的所见所闻，所以舆就是修车、造车人的舆论。还有一个叫堪舆，堪舆就是驾上车去勘察地形，就是好多的人文环境学、城市规划学，规划一块地如何利用，每块地方造什么，就是规划，也叫堪舆。

歌诀：

四手加车构成舆，四手车，构成舆，修车人谈论的见闻，舆论的舆。

## 厌 [yàn] 厭

据《说文解字》、甲骨文史料记载，厌最早在甲骨文中是这样写的：一个厂字形，下面一个曰，曰下面一个月，右面是一个犬，最后简化成一个厂字下面一个犬。厌字字形像犬嘴里叼了一块肉，意思是饱了，引申为厌恶，吃不下去了，没有食欲了。这就是讨厌的厌。

歌诀：

厂加犬，构成厌，厂犬厌，厂犬厌，狗叼肉不吃，饱而厌食，讨厌的厌。

## 衍 [yǎn]

据《说文解字》、甲骨文、金文史料记载，这个字在甲骨文中是这样写的：行走的行，中间加水，后来演变成行的中间一个三点水。衍字是由行和水组成的，指水流归大海，引申指很多。比如说繁衍生息。1. 推广；发挥。2. 古籍在传抄过程中多出的字句；衍字。3. 低而平坦的土地。4. 沼泽。5. 孳生；繁衍。6. 会意。从行、从水。本义；水流入海。7. 水循河道流汇于海。8. 溢出，水满而出。9. 散开；分布等。

歌诀：

行加水，构成衍，行水衍，行水衍，水流入海，繁衍的衍。

## 义 [yì] 義

義 义 义

据《说文解字》、甲骨文史料记载，这个"义"字最早在甲骨文中是这样写的：一个羊头，羊头上有角，这个角是弯着的。下面是它拿的一个兵器。后来演化成一个羊头，下面一个我。最后简化成一个叉，上面加一点。义字字形为羊字头，下面为我。先民认为羊是非常善良的象征，古代打造团队的时候，比如桃园三结义，都是建立忠义堂，把羊举得高高的，为群众办事，这就是义。假借为义务，义气，定义。简化字的义是由叉和点组成的。义字的来源出处就是这样的。就是说人在做事的时候心里有羊一样的善良的精神，有一个善良的心，这就是忠义的义。

歌诀：

叉加点，构成义，羊加我，构成义，叉点义，羊我义，我手举羊，正义的义。

## 要 [yào][yāo] 腰

据《说文解字》、甲骨文史料记载，"要"字最早在篆书是这样写的：一个女人手叉腰，后来就变成一个西加女。比如，唐代女人以胖为美，当手叉腰的时候就体现出身体的臃肿，这就造出了这个字。要的本意是腰，字形就是一个女子双手叉腰，后

来加了一个月，而原来的要字就表示重要的意思，读作四声，比如要职。

歌诀：

西加女，构成要，月加要，构成腰，西女要，月要腰，

双手叉腰，要害的要，要前加月，弯腰的腰。

## 孕 [yùn]

原 孕 孕

据《说文解字》、甲骨文史料记载，"孕"字最早在甲骨文中是这样写的：画了一个女人的两只脚，头上有一条辫子。中间肚子里画了一个子。后来就逐渐演变成了乃加子。孕字字形像一个肚子里怀着小孩的妇女，本意指怀胎，如孕妇等。

歌诀：

乃加子，构成孕，乃子孕，乃子孕，腹中有子，孕妇的孕。

## 医 [yī] 醫

醫 医 医

据《说文解字》、甲骨文、金文史料记载，医字最早在甲骨文中是这样写的：一个三框，三面有边，里面是一个像弓箭一样的竹签类的东西，打仗用的一些器具。后来的繁体字就是三框里面一个矢，矢就代表箭。右边是一个殳，殳也是作战用的

武器。医字三框里面一个矢，就是说人受伤了，把箭头拔出来，进行疗伤。本意是拔出箭头，置于框中，后来逐渐引申为医生、医疗等。

歌诀：

三框加矢构成医，三框矢，构成医，拔矢疗伤，医生的医。

## 宴 [yàn]

宴

据《说文解字》、甲骨文史料记载，宝盖下面一个日，下面一个女人，最后简化成宝盖、日加女。宴是指安闲、安逸，由宝盖、日和女组成，宝盖就是指房屋。指的是家里有妇女的时候就会非常安逸，妇女一般擅长过日子。引申为宴客、宴请等。有宝、有日、有女，宝就是家里面有钱财，日就是太阳，也就是温暖，老婆孩子热炕头，宴字就是这样会意而成，意思是安逸。最后引申为宴请、宴客等。

歌诀：

宝加日，再加女，构成宴，宝日女，构成宴，妇女过日子，宴请的宴。

## 狱 [yù] 狱

狱

据《说文解字》、甲骨文史料记载，"狱"字最早在甲骨文中是这样写的：前面是一

个人拿着一把匕首，中间是一个人在说话的样子，右边又是一个人拿着一把匕首。就是说两个人拿着刀对峙，中间是言，在辩论，这就是狱。后来就逐渐演化成现在的狱字。狱字是由两个犬中间加一个言构成，将争讼比喻为两个狗相互咬仗，引申为牢狱、监狱。

歌诀：

犬加言，再加犬，构成狱，犬言犬，构成狱，两犬相吠，牢狱的狱。

## 冤 [yuān]

冤

据《说文解字》、甲骨文史料记载，"冤"字最早在甲骨文中是这样写的：一个秃宝盖，就像一个罩子，把一个兔子罩住，繁体字就是一个宝盖下面一个兔。现在简化成了一个秃宝盖，下面一个兔。冤字字形就像一个善良的兔子被一个罩子给困住，它是非常难受的，不能伸展。引申为冤屈、冤枉。

歌诀：

秃宝盖加兔，构成冤，兔子被罩，冤屈的冤。

## 禹 [yǔ]

禹

据《说文解字》、甲骨文史料记载，"禹"

字最早在甲骨文中是这样写的：一个人用手抓住了一条毒蛇。后来就演化成现在的字形。古代的禹字像一只手抓住一条毒蛇，这是为民除害的大禹的形象。大禹的父亲因为治水不力，被判刑死去。大禹继承父业，受命治水，历时八年。大禹为了治水，八年没有回过家，曾三过家门而不入，当时他的妻子等他回家，一直处于期盼中，化为望夫石，又叫夫归石。治水成功以后，大禹将中国划分为九州。当时治水的主要方法是分流和筑造堤坝。还铸造了九鼎，九州也成了神州的代名词。

歌诀：

手加虫，构成禹，手虫禹，手虫禹，手抓毒蛇，英雄大禹。

八年治水三不入，千秋伟业不休功。

地分九州铸九鼎，神州天地成一统。

## 羿 [yì]

据《说文解字》、甲骨文、金文史料记载，"羿"字最早在甲骨文中是这样写的：两个羽毛，下面是一张弓。后来逐渐简化成现在这个样子。古文的羿字是由羽字和弓字会意而成，指的是能飞得很快的带羽毛的箭。传说在尧帝时期天上有十个太阳，农作物都干枯了，人们难以生存。这时有一个人发明了一种箭，箭尾上带有三根羽毛，飞得非常快，他用这种箭射落了九个太阳，为民除了大害，人们便叫他后羿。

后羿射日的典故当然是我们口口相传的。古代流传的这些经典的故事，体现了我们的古圣先贤是非常有智慧的，它是形容一个人在做事的时候开动脑筋、勤奋耕耘的一种姿态，并不是后羿真的用箭射落了九个太阳。

歌诀：

羽加弓，构成羿，羽弓羿，羽弓羿，羿有羽箭，射落九日，人称后羿。

## 延 [yán]

据《说文解字》、甲骨文、金文史料记载，我们的古圣先贤在造这个字时，看见了水上有两块木筏，脚往上面踩时，不小心掉进水里了。延安地名的出处也有这样的典故。延与廷的区别是延上面是足止的意思；而廷上面是坐着王。这是延字最早的出处和来历。在甲骨文中，这个字的组成是，画两块木筏，旁边画了一个足。后来就逐渐演变为现在的延字。现在的延大都是和其他部首搭配使用的。

歌诀：

言说过圣诞，竹林办喜筵；（诞 dàn 筵 yán）

路像虫蜿蜒，闻香口水涎。（蜒 yán 涎 xián）

注：筵席，古人坐时铺的席子。

## 言 [yán]

据《说文解字》、甲骨文、金文史料记载，这个字非常简单，但非常有意义。古圣先贤在造这个字时看到的是一个人在讲话，吐出来气，表示其言谈举止，于是就造出了言这个字。这是言最早的出处和来历。这个字在甲骨文中是画了一个人的五官，上面画了额头、眼睛、鼻子、口。后来就逐渐演变为现在的言字。现在言大多数时都是以言字旁在汉字中应用。

歌诀：

有口去吊唁，有宜友谊多；（唁 yàn 谊 yì）

有戒常告诫，允许去认错。（诫 jiè 许 xǔ 认 rèn）

注：许字的声旁是午。

## 沿 [yán]

据《说文解字》、甲骨文、金文史料记载，我们的古圣先贤在造这个字时看到了河边有几个孩子在玩耍，一个不注意掉进水里，有几个儿童在大声喊人，看到这种情形，于是就造出了"沿"这个字。这是沿字最早的出处和来历。这个字在甲骨文中是左边画了水，旁边画了儿童，儿童下面画了一个大口。后来就演变为现在的"沿"字。

歌诀：

去水做声旁，组字只有三；船加舟字边，有金金属铅。（船 chuán 铅 qiān 铅 yán）

注：三个字指沿、船、铅。

## 奄 [yǎn][yān]

据《说文解字》、甲骨文、金文史料记载，我们的古圣先贤在造这个字时看见天变了，乌云滚滚，电闪雷鸣，天上出现了大闪电，于是就造出了这个"奄"字。这是奄字的出处和来历。这个字在甲骨文中是一个大字，下面画两朵云相撞产生了火花。后来就演变为现在的奄字。这个奄现在大都是和其他部首搭配在一起使用的。

歌诀：

鲁人自称俺，家靠崦嵫山；（俺 ǎn 崦 yān）

山上有广庵，有水无法淹；（庵 ān 淹 yān）

随手把门掩，门内把猪阉；（掩 yǎn 阉 yān）

养鸟有鹌鹑，月下把菜腌。（鹌 ān 腌 yān）

## 央 [yāng]

据《说文解字》、甲骨文、金文史料

记载，我们的古圣先贤在造这个央字时，看见了一个人担着两捆柴在行走，人在中央，于是就会意造出了"央"这个字。这是央字的最早的出处和来历。这个字在甲骨文中是一个人体，担了两捆柴，后来就逐渐演变为现在的"央"字。现在央字除了独体字外都是和其他部首搭配使用的。

歌诀：

泱大水相加，鸳鸯鸟成双；（泱 yāng 鸯 yāng）

日光成映像，禾田秧苗长；（映 yìng 秧 yāng）

草莽英雄者，皮革做马鞅；（英 yīng 鞅 yāng）

自大心怏怏，遇歹人遭殃。（怏 yāng 殃 yāng）

注：怏怏，形容不满意的神情，如怏怏不乐。

## 阳 [yáng] 陽

据《说文解字》、甲骨文、金文史料记载，我们的古圣先贤在造这个字时看到在傍晚时分将士在巡城时发现了太阳花正好面对着即将落山的太阳，看见了这种景象，于是造出了"阳"这个字。这是阳字最早的出处和来历。在甲骨文中是画了一个阜（城池），旁边画了一朵太阳花，后来就逐渐演变为现在的繁体字陽，最后简化为现在的阳字。现在的阳大部分都是和其他偏旁组成汉字进行使用的。

歌诀：

繁体阳字样，去阜做声旁；（陽 yáng）

有木是杨树，有月是肚肠；（杨 yáng 肠 cháng）

有病胃溃疡，举手受表扬；（疡 yáng 扬 yáng）

加申就舒畅，加水做成汤；（畅 chàng 汤 tāng）

水草里游荡，火烧水发烫；（荡 dàng 烫 tàng）

有土做麦场，火旺称作炀；（场 cháng 炀 yáng）

旸字表日出，申来心舒畅。（旸 yáng 畅 chàng）

## 夭 [yāo]

据《说文解字》、甲骨文、金文史料记载，我们的古圣先贤在造这个字时，看到了刑场，一个犯了罪的少年，正绑在刑架上马上要被砍头，替他感到惋惜。于是就造出了"夭"这个字。这是夭字的出处和来历。甲骨文中是画了一个刑架，上面绑了一个人，后来就演变为现在的夭字。一撇的会意是一刀砍去了头。现在夭大都是和其他部首搭配使用的。

歌诀：

一女她妖娆，足跃门槛跳；（妖 yāo 跃 yuè）

衣穿厚棉袄，沃土用水浇。（袄 ǎo 沃 wò）

## 幺 [yāo]

$$\text{(甲骨文)} \quad \text{幺} \quad \text{幺}$$

据《说文解字》、甲骨文、金文史料记载，我们的古圣先贤在造这个字时，看到了结绳记事。我们以前多次讲过，绞丝旁的字都与丝绳有关。古圣先贤看到了在墙上挂的打结的绳子，于是就造出了"幺"这个字。这是幺字的出处和来历。甲骨文中是画了打两个环子的丝绳，好似葫芦形，后来就演变为现在的"幺"字。这个幺字现在都是和其他部首搭配使用的。

歌诀：

有力却年幼，加手性子拗；（幼 yòu 拗 niù）

加黑黑黝黝，吆喝加个口。（黝 yǒu 吆 yāo）

注：幺的本意是一束小丝，指细小。

## 尧 [yáo] 堯

$$\text{(甲骨文)} \quad \text{尧} \quad \text{尧}$$

据《说文解字》、甲骨文、金文史料记载，我们的古圣先贤在造这个字时，看见了古代的城堡，士兵们穿着铠甲带着兵器在这个城堡（军营好似几层窑洞）里出入，于是就造出了这尧字，繁体字的"堯"大家都知道，是三堆土，下面是一个兀（wù）。这是尧字最早的出处和来历。甲骨文中是画了三个土堆，下面画了一个

人出入的样子。后来就逐渐演变为现在的"尧"字。现在尧字大都是和其他部首搭配使用的。

歌诀：

（一）

祖国富饶多美好，江山如画尽妖娆；（饶 ráo 娆 ráo）

黄山群峰云雾绕，西山枫叶似火烧；（绕 rào 烧 shāo）

太湖浇灌万顷田，万里长城天下晓；（浇 jiāo 晓 xiǎo）

翘首开创新世界，神州处处尽舜尧。（翘 qiáo 尧 yáo）

（二）

有人很侥幸，用足踩高跷，（侥 jiǎo 跷 qiāo）

骑马很骁勇，手把头来挠。（骁 xiāo 挠 náo）

## 窑 [yáo]

$$\text{(甲骨文)} \quad \text{窑} \quad \text{窑}$$

据《说文解字》、甲骨文、金文史料记载，我们的古圣先贤在造这个字时，看见了那时烧陶罐用的大窑，上面还冒着浓浓的黑烟，于是就造出了窑洞的窑字，这是窑字的出处和来历。甲骨文中是画了一个屋顶，里面画了几层垒好的陶罐，繁体字的窑最早是一个穴字下面一个羊羔的羔字。后来逐渐演变为现在的"窑"字。现在窑字大都是和其他部首搭配使用的。

歌诀：

奶手把我摇，出言吟民谣；（摇 yáo 谣 yáo）

家住在土窑，春放纸鹞鸟；（窑 yáo 鹞 yào）

俩人服徭役，走字路途遥；（徭 yáo 遥 yáo）

美玉配琼瑶，鳐鱼水性好。（瑶 yáo 鳐 yáo）

注：纸鹞鸟，指鹞鸟形的风筝。

## 舀 [yǎo]

据《说文解字》、甲骨文、金文史料记载，我们的古圣先贤在造这个舀字时，发现人们在河边挑水时，用葫芦瓢一瓢一瓢地往桶里舀水，于是就造出了"舀"这个字。这是舀字最早的出处和来历。甲骨文中是在上面画了一只手拿了一把瓢，下边画了一只桶，后来就逐渐演变为现在的舀字。舀字现在大都是和其他部首搭配使用的。

歌诀：

大水浪滔滔，双足跳舞蹈；（滔 tāo 蹈 dǎo）

韦来讲韬略，禾田种水稻。（韬 tāo 稻 dào）

## 夜 [yè]

据《说文解字》、甲骨文、金文史料记载，我们的古圣先贤在造这个字的时候看见一个人在夜间行走时，朦朦的月光照在大地上，一个人出行没有结伴而行的人，心里好怕，于是腰里插了一个防身的工具，好似刀叉、斧之类的，于是就造出了"夜"这个字。这是夜字最早的出处和来历。甲骨文中是画了一个人形，腰里插了一把斧，后来就逐渐演变为现在的"夜"字。现在夜字都是和其他部首搭配使用的。

歌诀：

有手把被掖，有水是汗液；（掖 yē 液 yè）

有月在腋下，睡觉在深夜。（腋 yè 夜 yè）

## 衣 [yī]

据《说文解字》、甲骨文、金文史料记载，衣这个字虽然非常简单，但它的出处是非常有意思的，最早原始人以树叶当衣服，有了丝线之后，才有了纺织，当时男人的衣服左衣襟大，女人衣服右衣襟大。在晾晒丝线时用的木杆，将织成并且染好色的衣服，晒在木杆上。古圣先贤看到了这种景象，于是就造出了"衣"这个字。这是衣字最早的出处和来历。甲骨文中是画了一根木杆，上面晒了一件衣服。后来就逐渐演变为现在的衣字。现在衣字都是和其他部首搭配使用的。衣做形旁时多数情况写为"礻"，读作"衣字旁"。由此组成的字大多数和布、衣服有关。

歌诀：

有禁是衣襟，有伏是包袱；（襟 jīn 袱 fú）

"福"不是"礻"字旁。

## 以 [yǐ]

据《说文解字》记载，这是"以"字最早的出处是和农民犁地的那个犁有关。我们的古圣先贤在造"以"这个字的时候，看见了什么？看见了农民在种地的时候手握着犁位，前边有二牛抬杠，于是就造出了"以"这个字。这是以字的出处和来历。我们看看在甲骨文上它是怎么写的？甲骨文中非常直接地画了一个犁地的犁。后来就逐渐简化演变成现在的这个"以"，现在这个"以"大都是和其他部首搭配应用的。薏苡，就是一个草（字头）下面一个意思的意，一个草字头下面一个所以的以，读薏（苡）yǐ，它是一种草本植物。

歌诀：

有人很相似，手把稿件拟；有女称弟姒，有草是薏苡。

## 乙 [yǐ]

据《说文解字》、甲骨文、金文史料记载，我们的古圣先贤在造这个字时，看见了在湖里游的一只鹅，鹅就是乙，于是就造出了这个乙字，这是乙字最早的出处。甲骨文中是画了一只鹅在水里游，身体在水里，就像乙字，后来就变成了现在的"乙"字。现在大乙都是和其他部首搭配使用的。

歌诀：

国人十四亿，心里常记忆；（亿 yì 忆 yì）

草坪学园艺，夜口常梦呓。（艺 yì 呓 yì）

## 矣 [yǐ]

据《说文解字》、甲骨文、金文史料记载，我们的古圣先贤在造这个字时，发现人们在犁地时，其他部落的人突然射过来一支箭，于是就造出了"矣"这个字。本意是惊叹音的含义，加上口字就是唉叹。这是矣字最早的出处。甲骨文中是画了一个犁，下面又画了一个矢，后来就逐渐简化为现在的矣字。现在的矣大都是和其他部首搭配使用的。

歌诀：

口里直唉叹，这土是尘埃；（唉 āi 埃 āi）

我挨爹手打，气欠爹欸乃。（挨 āi 欸 ǎi）

注：欸乃，象声词。这里是因气欠而长嘘气的声音。

## 异 [yì] 異

据《说文解字》、甲骨文、金文史料记载，我们的古圣先贤在造这个字时发现，人们在吃饱喝足时，手舞足蹈，"异"的繁体字大家都知道，是田字下面一个共字，寓意是风调雨顺，五谷丰登时大家共同享受丰收的喜悦，庆贺美好生活。于是就造出了这个异字。甲骨文中是画了一个田下面一个人跳舞的样子，后来就逐渐演变为现在的异字。这个异字现在大都是和其他部首搭配使用的。

歌诀：

有北是希冀，加马是骥骥；（冀 jì 骥 jì）

有羽是两翼，异是繁体异。（翼 yì 异 yì）

注：骥骥，是指良马。

## 弋 [yì]

据《说文解字》、甲骨文、金文史料记载，我们的古圣先贤在造这个弋字时，发现了草人。古圣先贤看到了城头上绑了不少草人，是用于避免战争干戈之事发生的。现在我们可以看见好多高速公路上设置了假警察，这是草人的延伸。古圣先贤看到了这种现象，于是就造出了这个弋字。这是弋字最早的出处和来历。甲骨文中是画了一个草人，后来就逐渐演变为现在的弋字。弋字现在大都是和其他部首搭配使用的。

歌诀：

人大一代表，待人心忒好；（代 dài 忒 tuī）

为寻金属钇，拄着杙棍找；（钇 yǐ 杙 yì）

路见鹰鸢鸟，弌只落树梢。（鸢 yuān 弌 yī）

注：杙（yì），小木棍。弌（yì），一的大写。

## 亦 [yì]

据《说文解字》、甲骨文、金文史料记载，我们的古圣先贤在造这个亦字时，看见了一个人神采奕奕，没有穿衣服，身体特别健壮，大冬天没有穿衣服，跳下去游泳的姿态。于是就造出了这个亦字。这是亦字最早的出处和来历。甲骨文中是画了一个健壮的身体，露出来两块胸肌。后来就逐渐演变简化为现在的亦字。现在这个亦字都是和其他部首搭配使用的。

歌诀：

大亦神采奕奕，只是手常痉挛；（奕 yì 挛 luán）

痉挛手如弓弯，涉水越过海湾；（弯 wān 湾 wān）

途遇毒虫野蛮，山峦却也绵延；（蛮 mán 峦 luán）

走之他发了迹，返回心却留恋。（迹 jì 恋 liàn）

注：发了迹，指事业有成。

## 睪 [yì]

据《说文解字》、甲骨文、金文史料记载，我们的古圣先贤在造这个字的时候，看到了一个人用眼睛观察犯人在干什么。这是最早的睪字的出处和来历。上面的一个四字就是目，下面是一个幸福的幸字，下面的幸是指犯人的举动，也是刑具。在甲骨文中，上面画了一只眼睛，下面就是犯人在偷东西，从土上面露出了羊头。后来就逐渐简化演变成现在的这个睪字。现在这个字在汉字中都是和其他部首搭配使用的。"睪"由目和幸构成，幸是指铐犯人的镣铐，睪的本义是侦查罪人。现今简化为"译"字的右半边，有侦查、观察之意，作为声符用。

歌诀：

睪说我名多，见水叫沼泽；（睪 yì 泽 zé）

逢丝叫络绎，手叫我选择；（绎 yì 择 zé）

言叫我翻译，辠九加一撇；（译 yì 辠 gāo）

采叫我解释，驿马还用我。（释 shì 驿 yì）

## 易 [yì]

据《说文解字》、甲骨文、金文史料记载，我们的古圣先贤在造这个字的时候看见了什么呢？看见了日月同辉，就是在一个季度里有四到八天日月同辉的日子，就是太阳没落山时，月亮已经升上天了。这叫日月同辉。甲骨文中只画了一个日，下面画了一个月牙，就组成了易这个字，后来逐渐简化演变成现在的这个易字。这个字都是和其他部首搭配使用的。

歌诀：

我心常警惕，堤防出蜥蜴；（惕 tì 蜴 yì）

用足把球踢，热了把衣裼；（踢 tī 裼 xī）

刀把骨肉剔，贝赐金属锡。（剔 tī 赐 cì 锡 xī）

注：裼，是脱衣服。

## 益 [yì]

据《说文解字》、甲骨文、金文史料记载，我们的古圣先贤在造这个字时看见了什么呢？看见有人在用陶罐酿酒，上面还有热气，于是就造出来利益的益字。这是益字最早的出处和来历。甲骨文中是画了一个酿酒的陶罐，上面还画一些水的纹样，后来逐渐演变为高兴的兴字，把上面的一点去掉了，下面又画了一个器皿，这就是现在的益字。益这个字现在大都是和其他部首搭配应用的。

歌诀：

水满往外溢，口里咽喉嗌；（溢 yì 嗌 yì 嗌 ài）

出言封谥号，有丝没自缢；（谥 shì 缢 yì）

山坡（左耳）设隘隘，有金是一镒；（隘 ài 镒 yì）。

注：镒是古代的重量单位。

## 意 [yì]

意 意 意

据《说文解字》、甲骨文、金文史料记载，我们的古圣先贤在造这个字时发现了什么呢？发现了语言是一个人思想的表现形式。心里想的、口里说的一个含义，这就是意思的意，先思后意，先意后思，这叫意思。前后主宾关系变动，意义就变了。比如平时有人叫我老吴，或者有人叫我吴老。这两个意思是有很大区别的。前面说明你只是老。吴老的含义是，你不但老了，而且还取得了非凡的成绩。所以，老吴和吴老是有很大的区别的。主宾关系一定要搞好顺序，否则意思就变了。意思的意，就是说，心里想的和语言表达的是一致的。我们的古圣先贤当时就会意造出来这个意思的意字。这是意字最早的出处

和来历。甲骨文中是怎么写的呢？甲骨文中画了一个声音的音，声音都是从口里出来，下面是一颗心，就是心里想的意思。后来逐渐演变简化成现在的立日心的"意"。现在这个意都是和汉字的其他部首搭配应用的。

歌诀：

瘾病应就医，噫表口叹息；（瘾 yǐn 噫 yī）

猜测和臆断，分表不同义。（臆 yì）

## 因 [yīn]

因 因 因

据《说文解字》甲骨文、金文史料记载，我们的古圣先贤在造这个字时看到了什么呢？看到了古代的一个人在外面窝了一股火，非常憋屈，在家里愤愤不平，所以躺在床上休息。古圣先贤看到了这个场景，于是就造出来这个"因"字。这是因字的出处和来历。甲骨文中是画了一个方框，就是在一间屋子的含义，里面有一张床，躺着一个人。后来就逐渐演变为一个口字，里面一个大字。现在因这个字成了独体字，常常和其他部首搭配使用。

歌诀：

口往下咽，存心感恩；（咽 yàn 恩 ēn）

有火生烟，绿草如茵；（烟 yān 茵 yīn）

月擦胭脂，有女联姻。（胭 yān 姻 yīn）

## 尹 [yǐn]

据《说文解字》、甲骨文、金文史料记载，我们古圣先贤在造这个尹字时，看见了一个贵族，拄着一根龙头拐杖，于是就造出来尹这个字。这是尹字的出处和来历。甲骨文中是画了一个贵族的手拄着一根龙头拐杖，后来就逐渐演变简化成现在的这个尹字。现在这个尹字大都是和其他部首偏旁搭配使用的。

歌诀：

一君口问她，竹笋放在哪？（君 jūn 笋 sǔn）

伊人作回答，人口咿呀呀。（伊 yī 咿 yī）

## 婴 [yīng]

据《说文解字》、甲骨文、金文史料记载，我们的古圣先贤在造这个字时，看到了什么呢？看到了一个怀孕的妇女盘坐着，以前的妇女盘坐，都是跪着的样子，用筷子捞饭的样子，在吃饭，吃了一碗饭后，又捞了一碗饭吃，吃得特别多。妇女在怀孕时饭量大增，就是说一个人能吃两个人的饭。看到了这种景象，于是就造出了这个婴儿的婴字。这是婴字的出处和来历。甲骨文中是画了两个宝贝，下面就是一个盘坐的女人，后来逐渐简化演变成两个宝贝的贝字，下面一个女人。这是婴儿的婴字的演变过程。现在的婴字大都是和其他部首搭配在一起使用的。

歌诀：

芳草萋萋鹦鹉州，鹦鹉州上樱花瞅；
（鹦 yīng 樱 yīng）

岛上鸟声啼嘤嘤，鹦腿系着红缨绸。
（嘤 yīng 缨 yīng）

## 庸 [yōng]

据《说文解字》甲骨文、金文史料记载，我们的古圣先贤在造这个字时看到了什么？看到了古代的城门楼洞子，上下两个门洞，上面的门洞和下面的门洞都是对齐的。左面一个门洞，右面一个门洞，这两个门都是左右对称的，中庸的庸字，就是说：既不能偏上，也不能偏下，既不能偏右，也不能偏左。这就是中庸的庸字的会意。于是我们的古圣先贤就造出了中庸的庸字。这是庸字的出处和来历。我们看看在甲骨文中庸是怎么样写的，在甲骨文中，庸字中间画了一个口，上面画了一个楼梯，两横上面画了一个屋顶。下面又画了一个梯形，又是一个屋顶，含意是上面的那个楼顶和下面的楼梯，在日光的照射下，在地上产生了投影，就是说上下是对称的，后来就逐渐简化演变成现在的中庸的庸字。庸这个字现在都是和其他部首、偏旁搭配应用的。

歌诀：

慵懒人平庸，金属做镛钟；（慵 yōng 镛 yōng）

鳙鱼水中游，墉土挡山洪。（鳙 yōng 墉 yōng）

## 永 [yǒng]

据《说文解字》、甲骨文、金文史料记载，我们的古圣先贤在造"永"这个字的时候看到了什么呢？看到了一个湖泊，后面有远山，近处有小路，就想到了这个水的源头是从后面绕道而来的。于是就造出了永远的永字。这是永字的出处和来历。甲骨文中"永"是水的变形字。水在甲骨文中，大家都知道是个 S 形，两边有四个 S 形。像下雨的样子。永是水的变体，后来就逐渐演变成现在的这个永远的"永"字。现在永这个字除了独体字以外，大多数是和其他偏旁部首搭配使用的。

歌诀：

永像水之源，长流到永远；（永 yǒng）

水里去游泳，口咏人平安。（泳 yǒng 咏 yǒng）

## 甬 [yǒng]

据《说文解字》、甲骨文、金文史料

记载，我们的古圣先贤在造这个字时看见了什么呢？看见了天上乌云滚滚，刮起了大风，吹动了庙上面的风铃，也吹动了吊着的大钟，大钟咚、咚、咚地响了起来。吊着的大钟，一般里面有一个铜锤，下面一直吊着一根绳子。我们在敲钟的时候拉这个绳子，就可以把钟敲响，古圣先贤看到这种景象，于是就造出了"甬"这个字。甲骨文中是画了一个钟的造型，上面画了一个字的纹样，最上面加了一个钟环，就是吊起来用的环子。后来就逐渐简化演变成现在这个甬字。这是甬这个字的出处和演变过程。现在甬这个字都是和其他偏旁部首搭配使用的。

歌诀：

看形势风起云涌，解放军威武英勇；（涌 yǒng 勇 yǒng）

服兵役踊跃报名，勤练武不当饭桶；（踊 yǒng 桶 tǒng）

能摔打不怕疼痛，马蜂窝也敢去捅；（痛 tòng 捅 tǒng）

诵诗颂文观秦俑，学文习武都精通；（诵 sòng 俑 yǒng 通 tōng）

昆虫最终变成蛹，头脑不清受怂恿。（蛹 yǒng 恿 yǒng）

## 用 [yòng]

据《说文解字》、甲骨文、金文史料记载，我们的古圣先贤在造这个字的时候看到了什么呢？看到了放在亭子下面的一个大铜钟，上面刻着好多金文，还有大小不等的、很有旋律的纹路和文字。于是就造出了使用的用这个字。这是"用"字最早的出处和来历。甲骨文中是画了一个钟的造型，上面有花纹，还有很多的纹样和金文，后来逐渐演变简化成现在这个使用的用字。现在这个字大都是和其他部首和偏旁搭配使用的。

歌诀：

有手你别拥，需人要雇用；（拥 yōng）

别得痈疽病，加环就成甬。（痈 yōng 甬 yǒng）

注解：用和甬都是钟。不过甬是吊钟；用上的横撇点，是钟上的吊环，故说"加上环就是甬"。

## 尤 [yóu]

据《说文解字》、甲骨文、金文史料记载，我们的古圣先贤在造这个字时看到了什么？看到了一位耄耋老人身体非常健壮，挂着一根拐杖，于是就造出了尤这个字。这是尤字最早的出处和来历。我们看看在甲骨文中尤字是怎么写的，是画上了一个人字，人体朝前走路，后面有一根辅助的拐杖。后来逐渐简便，演化为现在的尤字。现在的尤字在汉字中都是通过和其他汉字的部首偏旁搭配使用的。

歌诀：

有人成绩优，有心莫担忧；（优 yōu 忧 yōu）

有犬没犹豫，有草灌木莸；（犹 yóu 莸 yóu）

有鱼炒鱿鱼，赘疣不要留。（鱿 yóu 疣 yóu）

注：赘疣（zhuìyóu）就是最初的这个瘊子。

## 有 [yǒu][yòu]

据《说文解字》、甲骨文、金文史料记载，我们的古圣先贤在造这个字的时候看到了那个时候的教学。孔夫子那个时候办的是私学。但是老师是要收学费的。没有钱来交学费，就用肉来代替，于是手拿着一个羊腿或者猪腿，就表示有这个字。我们看看在甲骨文中是怎么写的。甲骨文中是画了一只手，下面又画了一个月字，这个月就代表肉食。这是有字最早的出处和来历。现在有这个字除了独体字以外，还和其他部首搭配使用。

歌诀：

进城（右耳）别抑郁，花阁口里游；（郁 yù）

乡下人宽宥，佳肴乂作头。（宥 yòu 肴 yáo）

有水别混淆，有钱（贝）别贿赂。（淆 xiáo 贿 huì）

## 又 [yòu]

据《说文解字》、甲骨文、金文史料记载，我们的古圣先贤在造又这个字的时候，发现了一个人伸出手，要去抓肉。古圣先贤看到了这种景象，于是就造出来又这个字。甲骨文中是画了一只手，就是手的虎口。后来逐渐简化演变成了又这个字。又这个字在现代汉语当中大都是和其他偏旁部首搭配使用的。

歌诀：

口又发感叹，水又成好汉。（叹 tàn 汉 hàn）

又力把架劝，木又去掌权。（劝 quàn 权 quán）

又欠心喜欢，又见用目观。（欢 huān 观 guān）

又戈把戏演，又艮很艰难。（戏 xì 艰 jiān 难 nán）

## 右 [yòu]

据《说文解字》、甲骨文、金文史料记载，我们的古圣先贤在造这个字的时候看见了一个人，用一只手拉另一个跌倒的小孩，旁边是一口井，在保佑他的意思。一个人字旁边，一个右，就是保佑他。于是就造出来左右的右这个字，我们来看看

在甲骨文中这个字是怎么写的。一开始右这个字是比较复杂。在右上角画了一只手拉下面的一个小孩，右边是一口井。最早左右的右这个字和保佑的佑是一个字。后来不断简化演变成现在的右字。这个字现在在汉字中除了独体字以外大都是和其他偏旁部首搭配使用的。

歌诀：

有人去保佑，若字加草头。（佑 yòu 若 ruò）

加心莫惹事，诺言言出口。（惹 rě 诺 nuò）

## 于 [yú] 於

据《说文解字》、甲骨文、金文史料记载，我们的古圣先贤在造这个汉字的时候，看见了人们在建房子，与竹竿有关系，房子旁边有一个人，手里拿着东西。甲骨文中是画了一座房子，房子旁边站着一个人，手里拿着东西。繁体字的"於"大家都清楚，后来他把房子的房简化成方圆的方，旁边是一个人字，最下面是两点。这是"于"字最早的出处和来历。现在于除了单独应用外，大都是和其他部首偏旁搭配使用的。

歌诀：

走之人太迂，宝盖建庙宇；（迂 yū 宇 yǔ）

张口喘吁吁，吐在皿痰盂；（吁 xū 盂 yú）

吐后吹竹竽，再吃草头芋。（竽 yú 芋 yù）

## 予 [yǔ][yú]

据《说文解字》、甲骨文、金文史料记载，给予的予，也就是婕妤的好字，把女字边儿去掉了。婕妤是古代的女官名。我们的古圣先贤，在造这个字的时候看见了什么呢？看见了在一个湖泊上面漂着一片树叶，树叶上面有晶莹剔透的露珠，非常漂亮。于是就给女官制作了这样的首饰，作为女官的标志。后来头饰加得最多也就最尊贵的女人，是凤冠霞帔。古圣先贤看到这种景象，突发奇想，就造出来给予的予字。甲骨文中是画了几片树叶，树叶上画了几滴露珠在阳光的照射下，闪闪发亮，后来就逐渐简化演变成现在的这个给予的予字。这是予字的出处和来历，予字现在大都是和其他偏旁部首搭配使用的。杼（zhù）是织布的木梭，预是织布时梭子（予）头（页）预先穿入经线中。抒是两手拿着梭子分别从两边出发，即织布，现在引申为抒发感情。

歌诀：

女官名婕妤，好像看豫剧；（妤 yú 豫 yù）

木兰持木杼，先入杼头（页）预；（杼 zhù 预 yù）

抒发两手中，广场有秩序。（抒 shū 序 xù）

## 余 [yú] 餘

据《说文解字》、甲骨文、金文史料记载，多余的余字，也就是年年有余的余。这个字也是一个姓氏。最早我们的古圣先贤在造这个字的时候，看见了一个走廊，下面是一些支架，上面是一个屋顶。甲骨文中是画了一个粮仓，上面是屋顶，屋顶上面用草帘子围铺起来，下面有空，空气可以流通，就是说把多余的粮食储藏起来，繁体字的餘大家都知道，是一个食字边加一个多余的余，就是说，把多余的粮食储藏起来，后来逐渐演变成现在的这个余。其实最早余字下的两点是不存在的，就是避雨的含义，后来在写隶书的时候，不断地发展，把余字的这两点就给加上了。这是余字的出处和来历，现在余这个字除了姓氏之外，大都是和其他部首偏旁搭配使用的。

歌诀：

双人徐向前，走之路途远；（徐 xú 途 tú）

除掉多余山（左耳），又去叙一番；（除 chú 叙 xù）

路过海（水）涂边，把虫蟾蜍见；（涂 tú 蜍 chú）

斗斜秤却端，年年余粮满；（斜 xié 余 yú）

注：海涂、围涂造田，既围海造田。

俞 [yú][shù]

俞 俞 俞

据《说文解字》、甲骨文、金文史料记载，我们的古圣先贤最早在造这个字之时，看到了渔民做船的场景。他们把很大的木头中间挫了一个槽子，手拿着刀子挖去里面的木心，放在水里做小船打鱼用。所以甲骨文中，上面画着一个人字，侧面拿着一把刀子（匕），旁边有是个月字。月最早是肉食的意思，我们去捕鱼求得实物，这是俞字最早的出处和来历。这个俞字现在在汉字中大都是和其他偏旁部首搭配使用的。

歌诀：

有水忠贞不渝，有心不胜欢愉；（渝 yú 愉 yú）

走之不可逾越，有玉瑕不掩瑜；（逾 yú 瑜 yú）

有木那是榆树，有口不可理喻；（榆 yú 喻 yù）

有言当着面谕，心底病体初愈；（谕 yù 愈 yù）

有手常常抑郁，重庆水围称渝；（渝 yú）

有车就去运输，有见希图觊觎。（输 shū 觎 yú）

注：觊觎（jì yú），希望得到不应该得到的东西。

禺 [yú]

禺 禺 禺

据《说文解字》、甲骨文、金文史料记载，这个字的出处和山顶洞人有关系。那个时候，外面的野兽常常来侵犯山顶洞里面的小孩或者牲畜。于是他们在洞门口用木头刻了一个似像非像的大物。野兽看见之后，就不再侵犯小孩和牲畜了。甲骨文中，上面画了一个头形，下面是一个怪兽的身子。我们的古圣先贤看到了这个怪物之后，就造出来禺这个字。这是禺字最早的出处和来历。禺这个字现在大都是和其他部首和偏旁搭配使用的。

歌诀：

左耳在城隅，走之巧相遇；（隅 yú 遇 yù）

人说很偶然，因心太笨愚；（偶 ǒu 愚 yú）

莲藕炒草边儿见，宝盖住公寓。（藕 ǒu 寓 yù）

山嵎在山边，有骨称骨髃。（嵎 yú 髃 yú）

喬 [yù]

喬 喬 喬

据《说文解字》、甲骨文、金文史料记载，喬这个字最早指颜色和祥云。古人认为五色的祥云为庆。三色为喬。在左思《魏都赋》里是这样记载的："喬云翔龙，以锥穿物。外赤内青也。"喬这个字除了做声符外，都是和其他偏旁部首搭配使用的。

歌诀：

有鸟是鹬鸟，水涌也称潏；（鹬 yù 潏 yù）

遹义是遵循，火光称作燏；（遹 yù 燏 yù）

矞云是红色，五字都读矞；（矞 yù）

有言人诡谲，有木读作橘。（谲 jué 橘 jú）

注：矞是一个声旁字，有尖锐和戳杀之意。现做声符用。

## 月 [yuè]

据《说文解字》、甲骨文、金文史料记载，月这个字最早在甲骨文中是怎么写的呢？太阳是画一个圆圈，中间一个点。月亮是画一个月牙，里面画两横。这是最早的太阳和月亮，《易经》上说，日月相推故为易。研究《易经》的人都知道，《易经》是研究太阳和月亮相推变化规律的哲学，他是研究变化的学问，这是最早月亮的月字的出处和来历。后来怎么和人体和动物有关系了呢？月字边的字，都是与肉有关系的。这是文字演变进化的一个过程，现在这个月字都是和汉字的其他偏旁部首搭配使用的。玥，古代传说中的一种神珠，能发光，黄帝祭祀天地时用的宝物。刖，古代一种砍掉脚的酷刑，胁的声符是协。腻的声符是贰，因腻的意思是油脂太多，贰有附加之义，所以用贰做声符并会意。

歌诀：

（一）

有金是铜匙，有玉是珠玥；（钥 yào 玥 yuè）

有山是山阴，树荫花草缺；（阴 yīn 荫 yīn）

有刀把脚刖。（刖 yuè）

（二）

臀上是个殿，有思到腮边；（臀 tún 腮 sāi）

办法是威胁，贰两油腻面。（胁 xié 腻 nì）

## 元 [yuán] 圆

据《说文解字》、甲骨文、金文史料记载，礼法有云：无规不成方圆。这个元，也就是开始的意思。读《易经》的人都知道，元亨利贞，就是春夏秋冬。为什么一年开始的第一天叫元旦。元是春天开始，元是春种，亨是夏忙，利是秋收，是拿上刀去割禾苗，贞是冬藏。古代有天圆地方之说。去过故宫的朋友都知道，进去左、右两面各有一个亭：一个叫长春亭，一个叫万寿亭。就是天圆地方，建筑上面是圆的，下面是方的。我们以前的铜钱，外面是圆的，里面是方的，这就是规矩，无规不成方圆，做人也要外圆内方。周礼上讲，最早元是一个人作揖、施礼的意思。古圣先贤看到了这种状态，于是就造出了这个元字。甲骨文中就是画了一个人在施礼。

歌诀：

元元逛公园，喜欢玩飞船；（元 yuán
园 yuán 玩 wán）

飞船飞远了，顽童心不甘；（远 yuǎn
顽 wán）

揪住阮老汉，吵着没个完。（阮 ruǎn
完 wán）

## 员 [yuán][yún] 員

据《说文解字》、甲骨文、金文史料记
载，我们的古圣先贤最早在造这个字的时
候看见了什么呢？看见了古代的一个大鼎。
鼎在古代是用来煮饭的工具。古代人们有
日出而作、日落而息的生活习惯。那个时
候没有钟表。人们劳作休息只能观望太阳。
甲骨文中是画了一个太阳，下面又画了一
个贝（鼎）字。上面的太阳就是一个口字，
下面的鼎就是我们吃饭的宝贝。现在员工
的员都是和其他偏旁部首搭配使用的。

歌诀：

口框是圆圈，力把功勋建；（圆 yuán
勋 xūn）

有手损失多，歹徒殒命惨；（损 sǔn
殒 yǔn）

左耳陨石落，右耳是郧县；（陨 yǔn
郧 yún）

湖北有涢水，筼筜生水边。（涢 yún
筼 yún）

注：筼筜，（yún dāng）长而竿高的
竹子。

## 原 [yuán]

据《说文解字》、甲骨文、金文史料
记载，古圣先贤最早在造这个字的时候，
在一个山崖上面发现了一眼清泉，泉水从
山崖上面流下来了。原实质上最早是水的
源头的含意。古圣先贤看到了这种景象，
于是就造出了原地的原这个字。甲骨文中
是画了一个悬崖峭壁中间流出了一股泉
水，从远处望去水是白色的，故山崖下面
是白字，最下面是水。原字现在大都是和
其他的偏旁部首搭配使用的。

歌诀：

水有源头，人有心愿；（源 yuán
愿 yuàn）

虫是蝾螈，塬像土山。（螈 yuán
塬 yuán）

## 援 [yuán]

据《说文解字》、甲骨文、金文史料
记载，我们的古圣先贤最早在造这个字的
时候，在河边看见了一个落水儿童，其他
的儿童在呼喊求救。河边的人拿了一根竹
竿，把竹竿伸向落水的儿童。儿童抓住了
竹竿，然后被救了上来。看到这种景象，
古圣先贤就造出了救援的援字。甲骨文中
援字是画了一只手拿着竹竿，另一头也是
一只手提住竹竿。这是援助的援字最早的

出处和来历。后来就演变为左边是提手，右边是一个爱字头，友字底。援这个字现在大都是和其他偏旁部首搭配使用的。

歌诀：

家女名媛媛，日下晒暖暖；（媛 yuán 暖 nuǎn）

用手去攀援，丝绊不迟缓；（援 yuán 缓 huǎn）

他说身旁爰，见王也是瑗。（爰 yuán 瑗 yuàn）

注：晒暖暖，地方口语，晒太阳的意思。

## 云 [yún] 雲

据《说文解字》、甲骨文、金文史料记载，这个字有两个意义：一个是古曰诗云，云是说的含义；一个是雲彩的雲。这个字我在全国性的汉字大会上强调过：雲彩的雲上面有雨字头，它属于十二画字，在取名时按十二画计算，取名要以《康熙字典》为准。另一个云（说）是四画字。它比雲字产生得要早。据《说文解字》、甲骨文、金文史料记载。因为云和雲最早是两个字。诗云的云产生得早，后来，意会为天要下雨，上面有雨，所以加了个雨字头。经过简化，这两个字合并成一个字。当时我们的古圣先贤看到了天上的一朵云彩，于是就造出了云这个字。最早的云是张口的意思，是说的意思。这是云字的最早的出处和来历。现在这个云字大都是和其他偏旁部首搭配使用的。

歌诀：

村女她姓妘，瞧田草芸芸；（妘 yún 芸 yún）

忙用耒耕耘，走之把草运；（耘 yún 运 yùn）

忽见一土坛，日下昙如云；（坛 tán 昙 tán）

酉中酝酿酒，见水水沄沄。（酝 yùn 沄 yún）

注：沄沄，形容水流动的样子。酝酿，造酒的发酵过程。

## 匀 [yún]

据《说文解字》、甲骨文、金文史料记载，我们的古圣先贤最早在造这个字的时候看见了什么呢？人们把钱挣来之后，有一个掌柜的用手给大家分银子的这个动作，就是把挣来的银子用手不断地数着分给大家，用手扒拉的这个过程。古圣先贤看到了这种景象，于是就造出了均匀的匀字。甲骨文中是画了一只手，手心里放了几颗闪闪发亮的银子，后来逐渐简化和演变成现在的这个匀字。匀字现在大都是和其他偏旁部首搭配使用的。

歌诀：

骈文讲音韵，田土分均匀；（韵 yùn）

有金重千钧，见日日光昀。（钧 jūn 昀 yún）

注：昀，日光。

## 允 [yǔn]

据《说文解字》、甲骨文、金文史料记载，我们的古圣先贤最早在造这个字的时候看见了什么呢？看见了一个家庭教育场景。一个小孩儿坐在石凳上，石桌上放了一些好吃的。这个小孩想拿吃的，一个成年人对小孩说着什么事儿允许做，什么事儿不允许做。看到这种景象，古圣先贤就造出了允许的允字。甲骨文中是画了一个大人，旁边画了一个小的人（儿童的儿）字。这是允许的允字最早的出处和来历。后来演变简化为现在的允字。现在允字在汉字中大都是和其他偏旁部首搭配使用的。猃狁（xiǎn yǔn）族，是古代北方的一个民族，他们以游牧为主，因此养着猎犬。

歌诀：

兖州加六头，吮吸得有口；（兖 yǎn 吮 shǔn）

充上加点横，猃狁族有狗。（充 chōng 狁 yǔn）

## 页 [yè] 頁

据《说文解字》、甲骨文、金文史料记载，我们的古圣先贤在造这个字的时候看见了一个人跪着施礼时侧面的形象，于是就造出来页字。甲骨文中页字上面就是画的人头，中间是人脸，下部是朝左半跪着的人。本义是头，假借指页码。繁体字的頁就是从甲骨文转化而来的。一横一竖表示人头，下面是"貝"表示人脸。就是人在屋檐下不得不低头，必须对人恭敬。现在的页字在汉字中大都是和其他部首偏旁搭配使用的。

歌诀：

人在頁下面，下框是人脸。

横撇表头首，组字头有关。

## 岳 [yuè] 嶽

据《说文解字》、甲骨文史料记载，岳字最早在甲骨文中是这样写的：画了一个远处的山峰，下面又是一座山。它的本意是山外有山，高大巍峨，连绵不断。繁体字的岳是山字下面一个反犬旁，中间一个言，右面一个犬。这就是说要达到某个山的高峰，要经过森林、山川、河流，在山川河流之中会遇到狼、虎、豹等动物的袭击。后来简化成一个丘，下面一个山。岳字是由丘和山组成，像山峰连绵起伏的形状，引申为高大的山。也会意成高大巍峨的含义。

歌诀：

丘加山，构成岳，丘山岳，丘山岳，山上之山，五岳的岳。

## 杳 [yǎo]

据《说文解字》、甲骨文史料记载，这个字最早在甲骨文中是这样写的：上面一个木，就是苗，代表森林或木头；下面一个日。杳指太阳落到树木的根部，天已经昏暗了，本意是幽暗，引申为不见踪影。如杳无音信。1. 姓氏。2. 渣滓。3. 棍；杖之类。4. 放纵、不拘礼数之人。5. 张开；用手抓等。

歌诀：

木加日，构成杳，木日杳，木日杳，太阳已落树木下，杳无音信的杳。

## 臾 [yú]

据《说文解字》、甲骨文、金文史料记载，甲骨文中最早的臾字是两手拉一人的形状，中间的人的手脚被捆起来了，旁边有两只手在拖拉他。现在常用的"须臾"一词，义为"极短的时间"。1. 须臾，片刻，一会儿。2. 会意，捆住拖拉。3. 善，善也。4. 肥沃的。后作"腴"。

歌诀：

两手拉一人，臾上两手伸，今作须臾用，本义不复存。

## 曰 [yuē]

据《说文解字》、甲骨文、金文史料记载，古时候，曰字是在口字上加一个做指示符号的"短横"，后把一横放到了口内，以表示从嘴里说出来的话，本义是说，后引申为"称为"，古文又用作助词，含有判断的意思。1. 说。2. 叫作。3. 指事。甲骨文字形为口，说道。4. 同本义；曰；言也。5. 句首，句中助词，无实义。

歌诀：

曰本指说话，话从口中发，外框表示口，话是一横画。

## 攸 [yōu]

据《说文解字》、甲骨文、金文史料记载，甲骨文中攸字像手持树杈打人，金文字形中的人背还流了血。攸是悠的本字，本义是忧愁。假借为"生死攸关""利害攸关"的攸，后加心另造悠。1. 助词，用在动词的前面。组成名词词组，相当于"所"。2. 快走的样子。3. 会意。从攵、从人、水省。4. 同本义；攸；行水也。从攵、从人、水省。5. 安闲。6. 长远。7. 迅疾。8. 攸县，地名。

歌诀：

被人背上抽，谁能不忧愁，生死攸关中，所义攸中留。

雨 [yǔ]

据《说文解字》、甲骨文、金文史料记载，雨字就像天空降落的雨滴形，上面的一横是云，周围的框表示下雨的范围，中间的竖表示下雨时常有闪电，雨本义是雨水。用雨做意符的字，大都与下雨和雨水有关。1. 云层中水汽遇冷变成降向地面的水滴。2. 比喻朋友；雨来。3. 比喻教导之言，教泽。4. 警喻离散。

歌诀：

学雨看雨天，云下滴两点，同框表范围，一竖表闪电。

由 [yóu]

据《说文解字》、甲骨文、金文史料记载，由是一个指事字，田上出头的竖是指由，此处（路）可进入田里。本义是指从、自，假借指原因。1. 由来；原因。2. 经过；经由。3. 遵循。4. 顺从；听任。5. 介词，引申经过的路线或场所。6. 树木生新枝。亦泛指萌生。7. 经由。8. 行走。9. 通"以"用。10. 任用。11. 听凭，听任。12. 游玩等。

歌诀：

田字出了头，就是由来由，出头这一竖，指你由此走。

玉 [yù]

据《说文解字》、甲骨文、金文史料记载，最早玉字就像一根绳子穿着两块玉石的样子，本义指玉器，又比喻洁白，美丽，洁白如玉。用玉做偏旁的字大都与玉石或玉器有关。1. 矿物名。质地细而有光泽，可用作高级工艺品或装饰品，如玉玺。2. 比喻晶莹、洁白或美丽，玉颜。3. 敬辞，尊称对方的身体或言行，玉音。4. 象形。甲骨文字形，像一根绳子穿着一些玉石。玉是汉字的一个部首。本义：温润而有光泽的美石。5. 泛指玉石的制品。6. 指玉制的乐器。7. 比喻美德、贤才等。

歌诀：

绳穿玉器中，就表玉字形，比喻物洁白，常做偏旁用。

酉 [yǒu]

据《说文解字》、甲骨文、金文史料记载，酉字像酒坛子的形状，下面是坛身，坛中有酒，上有盖。用酉组成的字大都与酿造有关系。1. 地支的第十位。2. 酉时是指下午五点至七点钟。3. 金文字形，像酒坛形。酉是汉字中的一个部首。4. 同本义。酉，酒也。八月黍成，可谓酎酒。5. 用以计日，用以计时。十二生肖之一。6. 蓄水的池塘。7. 指小酉山。8. 成熟，老。

歌诀：

酉字西加一，本义指酒器，用酉组的字，和酒关系密。

## 粤 [yuè]

据《说文解字》、甲骨文、金文史料记载，"粤"字在甲骨文中是这样写的：上面是一个"审"字的繁体字，但是这个在甲骨文上画了一个横，像"雨"又不是"雨"，下面是一个"于"，甲骨文就是这样写的，后面逐渐转化成这个"粤"。"粤"这个字是从审从于而构成的，审雨粤，审于粤，本是语气助词，这个"粤"本身是语气助词，假借粤剧的"粤"。粤的本义是放在句首的语气助词，这个粤在古代来说都是放在语气助词一些句子的前面，因为下面的这个"兮"和（于）像出长气，就是说人口里出了一口长气，"粤"的上部是繁体字"审"的变形，下面是"于"的变形字，放在句首是审慎之词。舒长气必须有审慎之意。所以"粤"字是由"审"和"于"会意而成的。

歌诀：

审和于，会意粤。审和于，就是粤。加水便是澳，有口噢噢叫。

## 袁 [yuán]

据《说文解字》、甲骨文、金文史料记载，袁是圆领长衣的样子，中间本来写作口，后来写成长方形，上边和下边是拆开的衣字上边的一横，是挂衣服的绳。现在袁主要用作姓。1. 长衣的样子。2. 姓氏。

歌诀：

袁字像衣样，衣字上下放，口字为圆领，上横挂衣裳。

## 鱼 [yú] 魚

据《说文解字》、甲骨文、金文史料记载，鱼字像鱼的形状。上端是鱼头，中间是鱼身，两旁有鳍，下端是分叉的尾，鱼是水生脊椎动物的统称。用鱼做意符的字，大都与鱼类有关。1. 种类很多，大部分可供食用。2. 像鱼类的水栖动物。3. 完全水生并在水中呼吸的有头冷血脊椎动物，包括圆口类、板鳃类和具有软骨或硬骨骨骼的高等有鳃水生脊椎动物。

歌诀：

鱼字像鱼形，鱼尾一长横，鱼身用田表，田上鱼头动。

渔 [yú] 漁

渔 渔

据《说文解字》、甲骨文、金文史料记载，渔字最早在甲骨文中是这样写的：一个人拿了一根鱼竿，上面挂着一条鱼，是个会意字。后来逐渐演化成三点水加鱼。以前的这个字是一个九字头下面一个田，最下面是四点底。四点底后来就简化成了一横。渔字的形象是手拿着网去捕捉东西的样子，在水中捕鱼的动作就是渔，指的是在水中捞鱼。所以渔字是由水和鱼会意而成的。后来人们把它引申为渔业、渔民、渔夫、渔翁等。

歌诀：

水加鱼，构成渔，水鱼渔，水鱼渔，渔字形象是一张网，水加鱼，是捕鱼。

# Z

## 再 [zài]

再 再 再

据《说文解字》、甲骨文、金文史料记载，"再"在甲骨文中是这样的：它是一架梯子的形状，一横代表水面，这个字的本义是鱼一般在水下面往上面踊跃，就是再次的意思，这一次跳起来还有下一次。它经过多次简化就成了现在这样的字。古代"再"字的含义是一条鱼的头尾处各加上一横画，表示两次的含义。今天讲"再"的含义是：我们在干事业或者做事的过程中，一定要坚持。现在人们说的一句非常好的话是：简单的事情重复做，复杂的事情简单做。好多人是非常简单的事情不愿意做。就像我们学习一样，我做过中学生调查问卷，百分之七十的学生一般说"学而时习之不亦乐乎"，就是说他不愿意习，只学不习，这个"习"就是咱们说的"再"，再次学习和温习（就是复习的含义），百分之七十的学生不愿意重复，学完就完了。我们要告诫读者朋友们，要反复地去做一件小事，不要嫌这件事小，这就是"再"的含义。

歌诀：

二鱼再，二鱼再；二鱼重叠再本义；再接再厉不懈气。

## 找 [zhǎo]

找 找 找

据《说文解字》、甲骨文史料记载，"找"在甲骨文中是这样写的：它是一个手加一个干戈的"戈"，最后简化成一个提手加一个干戈的"戈"。这个字从手从戈构成"找"，就是手拿兵器寻找目标，如"寻找"或者"难找"。现在引申为每个人发展的方向和自己的人生定位。今天通过讲"找"，我们要让读者明白一个道理，一个人一定要找到自己人生的最佳坐标，才能向这个目标去发展，最后才能实现自己的梦想。

歌诀：

手从戈、构成"找"，手戈找、手戈找；手拿兵器寻找目标；人生发展找机遇。

## 总 [zǒng] 總

總 总 总

据《说文解字》、甲骨文、金文史料记载，最早在甲骨文中"总"是这样写的：以前在结绳记事的时候我们讲了绞丝是绳子，它是串在一起的，这就成了绞丝，左边是一个绞丝，右边是一个"总"，它表示用竹捆绑起来。"总"指的是聚集。后来逐渐由繁体字简化成今天的这个“总”。整个字的意思就是汇总、聚集。繁体字的“总”是指，散丝捆扎成一束，本义是指聚合，简化字“总”由“八”“口”“心”构成，指八个人的心团结在一起，引申指全部、全面。今天讲“总”主要的含义是要让大家明白一个团队建设的领导组织艺术性，是要使大家的心聚集在一起，解决团队建设的问题。

歌诀：

“八”“口”“心”构成“总”，八口心构成总，八心团结来汇总；

团结一心为人民，汇总大纲心向党。矗立东方一明珠，挺拔昂首中华魂。

## 直 [zhí]

据《说文解字》、甲骨文史料记载，“直”字最早在甲骨文中是这样的：一条线，下面画了一只眼睛。后来演化成十字下面一个目。直字的出处就是古代的泥瓦匠、木工，在施工的时候，会拿一个吊线盒，看这个吊线后面的墙直不直。这个看的动作就是直字的来历。后来假借为耿直，说这个人心眼少，会意为做人的品质。

歌诀：

十加目，构成直，十目直，十目直，目看吊线，垂直不曲，直线的直。

## 制 [zhì] 製

据《说文解字》、甲骨文史料记载，“制”最早在古文上是这样写的：一个卫，也就是羊，右边一把刀。演化以后成了一个这样的卫的异体字，加一个立刀旁。注解：制字是由卫与刀构成。古代卫指的是羊皮，最早是用刀割羊皮的样子，制造皮革、生产水袋或者鞋子。后来变成与树木有关，剪去枝条，让树长粗长直，成材以后砍伐它，用来制作家具。刀是指用来加工它的工具。

歌诀：

卫加刀，构成制，卫刀制，卫刀制，树木成材，制成家具。

## 嘴 [zuǐ]

据《说文解字》、甲骨文史料记载，“嘴”字在篆书中是这样写的，一个口，一个此，下面一个角。嘴字是由口和觜构成，指吃东西和说话都要用口，觜本来是嘴的意思，后来加了一个口。

歌诀：

口加觜，构成嘴，口觜嘴，口觜嘴，吃要嘴，喝要嘴，人说话，也要嘴。

## 蒸 [zhēng]

蒸 蒸

据《说文解字》、甲骨文、金文史料记载，"蒸"最早的篆文是这样写的：上面是草字头，含义就是蒸东西必须用草引火。中间符号的意思是炉灶，下面是火。就是用火和炉灶通过这个气体蒸食品。后来就逐渐演化成一个草字头下面一个丞，下面四点底。蒸字是由草加火加丞构成，草是指引火用的麻梗。丞有上升之意，引火后气体不断上升，所以蒸字是由草、丞、火会意而成。

歌诀：

草加丞，再加火，构成蒸，草丞火，合成蒸，麻梗引火，蒸发的蒸。

## 庄 [zhuāng] 莊

庄 庄

据《说文解字》、甲骨文史料记载，庄字在篆文上是这样写的：一个草字头，下面是一个茁壮的壮。最后演化成一个广字下面一个土。庄字是由广和土组成的。广是房子的头，代表房屋，是个省形。含义是有房子有土地的地方就是村庄。繁体字是草字头，下面一个壮，就是说一块广阔的田地，这个地方盖了许多房子，这个地方有土地，地上能长草，很肥沃，这就是村庄的庄。

歌诀：

广加土，构成庄，广土庄，广土庄，有房有地，村庄的庄。

## 奏 [zòu]

奏 奏

据《说文解字》、甲骨文、金文史料记载，"奏"字最早在篆文中是这样写的：一个奉字，下面画了两只手，手里捧的是两个竹简，双手捧着竹简。后来逐渐演化成春字头下面一个天。奏字是由奉和天构成的，奉字的上部是双手形状，再加上天，表示双手捧着书册，向天子进献，如启奏奏章。

歌诀：

奉加天，构成奏，奉天奏，奉天奏，双手捧册，献给天子，启奏的奏。

## 贼 [zéi] 賊

贼 贼

据《说文解字》、甲骨文史料记载，贼就是小偷。贼这个字在甲骨文中是这样写的，中间是一个宝贝的贝，左边是一个人，拿着兵器，去偷主人家里的宝贝，会意为贼。后来繁体字一个贝加一个戎，最后简化成现在这样子。贼字是由贝和戎构成的，表示人拿着兵器去偷钱，比如盗贼。引申为上贼船。

歌诀：

贝加戎，构成贼，贝加戎，构成贼，持戈去偷钱，盗贼的贼。

## 责 [zé] 責

据《说文解字》、甲骨文史料记载，责这个字最早在甲骨文中是这样写的：上面画了一种有钉刺的木，下面是一个贝。这个字的本意就是一个人拿着指令指着责任人，与债务有关，责字是由债字演变而来的。就是说当别人欠钱的时候，债主来讨债，要指责你，这就是责任的责字的出处。责的本意是债，来源是欠债了，一个人在旁边要债，语言比较刻薄，指的是债主问欠债的人索要所欠的财物。贝的含义就是财物。因为债主要债常言辞尖刻，犹如芒刺，所以责是贝和树的变形字会意而成的。

歌诀：

贝加树，构成责。树是指枝条上的刺，意思是话难听，假借为责任、负责。

当我们责怪别人的时候，语言比较刻薄。

## 粥 [zhōu][yù]

据《说文解字》、甲骨文史料记载，"粥"字最早在甲骨文中是这样写的：画了两张

弓，上面有一些杂物，后来就逐渐演化成两张弓中间加一个米。粥字是由两个弓字中间加一个米构成的，指的是稀饭。两弓同时射，中间的一些杂物就会被射烂。也可看成锅中煮米时热气上升的一种状态。就是锅的下面架着火，煮着米，在煮饭时热气腾腾的样子，是一个会意字。

歌诀：

弓加米，再加弓，构成粥，弓米弓，构成粥，双弓射烂，锅中米烂，稀粥的粥。

## 斋 [zhāi] 齋

据《说文解字》、甲骨文史料记载，斋字最早在甲骨文中是这样写的：画了一个祭台，祭祀的桌子上面摆放了好多的贡品，后来就演变成整齐的齐字，下面是一个示。最后演变成了现在的一个文下面一个而。繁体字是上面一个齐下面一个示。斋字是由齐字省形和示字的变形会意而成的，示就是祭祀用的祭桌，齐是要专心、专一的意思。比如，我们祭祀祖先，首先要整理衣冠、照镜子、净手，这几个程序是为了静心。所以，这个字的意思就是祭祀前要整洁身心。

歌诀：

文加而，构成斋，文而斋，文而斋，祭祀前要静心，斋戒的斋。

## 罪 [zuì]

据《说文解字》、甲骨文史料记载，这个字最早在甲骨文中是这样写的：上面一张网，也就是四字头，是捉拿罪犯的。下面画的就是歹徒。后来逐渐演化成了一个四字头下面一个非。四，古代就是网的意思，网下面一个非，就是指某些人不守规矩，违法乱纪，为非作歹，不能逃离法网。天网恢恢疏而不漏。意思是犯罪、罪证，引申为判罪，遭罪等。讲到这个字我想到，作为公民，我们一定要遵纪守法，对法律有敬畏心。不能想着钻法律的空子，不能去触碰法律的底线。

歌诀：

四加非，构成罪，四非罪，四非罪，为非作歹，法网惩处，犯罪的罪。

## 族 [zú]

据《说文解字》、甲骨文史料记载，族字在甲骨文中是这样写的：一种武器，旁边是一面旗帜。部落首领委派一个人，举着大旗，带着武器进行作战的样子。族字字形像一面旗帜下面有箭头的样子，箭头表示武装。在古代，同一宗族的人，不但有血缘关系，而且常常在旗帜下协力战斗。为了维护本族的利益，防御外敌入侵，就要协同作战。这就是族字的出处和来源。

面对当下的国际国内形势，我们要记得天下兴亡匹夫有责，我们每个人都要为中华民族的伟大复兴贡献出自己的一分力量。

歌诀：

旗加矢，构成族，旗矢族，旗矢族，旗帜加武器，宗族的族。

## 最 [zuì]

据《说文解字》、甲骨文史料记载，"最"最早在甲骨文中是这样写的：上面一个罩子，就是最高的地方，屋顶，下面是用手在索取一些东西的样子。后来逐渐简化成一个曰，下面一个取。最字是由曰和取构成的。曰实际就是帽子，有最高的含义。最字指的就是把帽子拿掉，本意是摘取，假借指最高、最大。

歌诀：

曰加取，构成最，曰取最，曰取最，手取帽子，最高的最。

## 赵 [zhào] 趙

据《说文解字》、甲骨文、金文史料记载，"赵"字最早在甲骨文中是这样写的：一个走字像人奔跑的样子，右边一个肖，肖像的肖。后来就在走字上面加一个肖。最后简化成现在这样一个走字里面一个叉。繁体字的赵是走和肖组成的，指的是走到别的地方仍按照原先的样子去做。它和照是同义的。肖字我们知道指的是子孙按照前辈的意思去做。古代都有个传承，比如爷爷走了，太爷走了，都要把他的像挂在墙上，为什么要挂在墙上呢？因为每个家族都有自己的家训，爷爷走了，爷爷艰苦朴素的治家原则要叫子孙后代照着样子去做。另外，赵国还有邯郸学步的传说，因为赵国人走路的样子非常优美。

歌诀：

走肖赵，走肖赵，照样子行走，赵国的赵。

## 曾 [zēng][céng]

据《说文解字》、甲骨文、金文史料记载，"曾"字最早在甲骨文中是这样写的：仓颉造字的时候看见了蒸笼蒸馒头的时候是在下面生火，蒸笼里升起的水汽的这种样子就叫作"曾"。做姓氏的时候念 zēng。蒸馒头的蒸笼是一层一层的。我们现在说写文章要有层次。层字是一个尸字下面一个云，这是简体字，它的繁体字就是曾。这个字通常作为声旁出现。繁体字的层就是尸下面一个曾。

歌诀：

唐僧去取经，足下不磨蹭。善心无憎恨，常把钱贝赠。

见尸多一层，念经口噌噌。有土就能增，有志事竟成。

## 砸 [zá]

据《说文解字》、甲骨文、金文史料记载，古圣先贤在造这个字的时候发现了一个人拿着一把大锤，在山脚下砸石头的样子。于是就造出来砸这个字。为什么砸字是石头加一个匝。匝的含义就是我们在砸石头的时候，胳臂要甩一周。一周就是一匝。这是砸字最早的出处和来历。现在砸这个字大都是在汉字中和汉字的其他偏旁部首搭配使用的。

歌诀：

砸字把石落，加口把嘴咂；（砸 zá 咂 zā）

手竹箍铁丝，鸟绕树三匝。（箍 gū 匝 zā）

注：匝，环绕一周叫一匝。落（là），丢掉之意。

## 载 [zǎi][zài] 载

据《说文解字》、甲骨文、金文史料记载，古圣先贤在造"载"这个字的时候看见了什么呢？人们有了车之后，车有两个用途：其一是运输一些物品，如牛羊肉和其他食品；其二是运输战争物资，打仗用品以及石器等一些工具。古圣先贤看见了木轱辘的车，于是就造出来车载的载这个字。甲骨文中是画了一个车，车上装载了一些东西。戈是武器，下面有一个圆形的木轮子。这是载这个字最早的出处和来历。现在这个字大都是和其他偏旁部首一起使用的。

歌诀：

载中车不在，见木把树栽；（栽 zāi）

共田人拥戴，刀把衣剪裁；（戴 dài 裁 cái）

堵截一隹鸟，口说真怪哉。（截 jié 哉 zāi）

## 蚤 [zǎo]

据《说文解字》、甲骨文、金文史料记载，古圣先贤在造这个字时看见了人们所养的牧羊犬身上有小东西，就用手去拍打，这个东西正是跳蚤。于是就造出了这个蚤字。甲骨文中是画了一只手，上面有一点儿，下面又画了一个虫字，后来就演变为这个"蚤"。这是蚤字的最早的出处和来历。现在这个蚤字大都是和其他偏旁部首搭配使用的。

歌诀：

胡马常骚扰，犹如虫蚤咬；（骚 sāo 蚤 zǎo）

瘙痒是种病，痒是用手搔。（瘙 sāo 搔 sāo）

## 噪 [zào]

据《说文解字》、甲骨文、金文史料记载，古圣先贤在造这个字时看见了什么呢？看见了一棵树上结了好多的果实，在太阳的照射下，乱糟糟的，闪闪发亮。所以甲骨文中画了一个木子（树），上面结了好多个大元宝。后来就逐渐演变为现在的这三个口字，下面一个木字，旁边再加一个口字。古圣先贤看到这个情景，于是就造出了这个噪字。这是噪字最早的出处和来历。现在这个噪大都是和其他偏旁部首搭配使用的。

歌诀：

王枭娃，真好笑，说他伸手做体操；（枭 zào 操 cāo）

同学众口乱糟糟，烦躁使他直跺脚；（躁 zào）

燥火直往头上冒，跳到水里洗个澡；（燥 zào 澡 zǎo）

竟把水草当辞藻，臊得直往月下跑。（藻 zǎo 臊 sào）

## 则 [zé] 则

据《说文解字》、甲骨文、金文史料记载，古圣先贤在造这个字的时候发现了什么呢？古圣先贤发现了煮饭的一个鼎，就是灶具。人们把打猎获得的肉食，如羊肉、牛肉，用刀割成一块一块的，放到鼎里，煮熟之后分给大家吃。分配一定要公平公正，这就是规则，所以用刀割。甲骨文中就是画了一个贝，旁边有一把刀。古代的贝，就是鼎或者供桌灶具等。这里指的是鼎的含义，也就是锅的用途。这是最早的则字的出处和来历。则这个字现在大都是和其他的偏旁部首搭配使用的。

歌诀：

侧面立个人，人有恻隐心；（侧 cè 恻 cè）

用鼎测量水，厂厕人好蹲；（测 cè 厕 cè）

吃鱼有乌鲗，铡刀哪有全。（鲗 zéi 铡 zhá）

## 扎 [zhā][zā]

据《说文解字》、甲骨文、金文史料记载，古圣先贤最早在造扎这个字的时候看见了在农耕时期的农民光着膀子去收麦子，被麦芒扎疼了。古圣先贤看到了这种景象，于是就造出来扎字。这是最早扎字的出处和来历。现在这个扎字大都是和其他偏旁部首搭配使用的。

歌诀：

扎手了不得，扎把手取掉；（扎 zhā）

加木成书札，加舌乱了套；（札 zhá 乱 luàn）

有车轧钢好，加耳车辄绕。（轧 zhá 辄 zhé）

## 乍 [zhà]

据《说文解字》、甲骨文、金文史料记载，古圣先贤最早在造这个字的时候，发现了人们在下雨天身上的衣服都被打湿了，刚回到家里，就把衣服脱下来，把衣服上的水抖一抖。所以甲骨文中是画了一个像裁缝裁衣服的样子，一面拿着袖子，一面拿着领子，在抖水的样子，古圣先贤看到了抖衣服上水的这个样子，于是就造出了乍这个字，这是最早乍字的出处和来历，现在乍这个字大都是和其他偏旁和部首搭配使用的。惭怍，愧怍都表惭愧之意。拃，伸开手拇指到中指间的距离叫一拃。

歌诀：

昨日天晴朗，任皆工作忙；（昨 zuó 作 zuò）

火把炸药点，伸手拃开量；（炸 zhà 拃 zhǎ）

窄穴变宽敞，榨油加木梁；（窄 zhǎi 榨 zhà）

诈人多诡言，砟米里放；（诈 zhà 砟 zhǎ）

有口别咋呼，有心怎上当；（咋 zhā 怎 zěn）

蚱蜢是昆虫，苲草水里长；（蚱 zhà 苲 zhǎ）

柞县木字旁，酒醡用酉装；（柞 zhà 醡 zuò）

痄病腮腺炎，惭怍自心上；（痄 zhà 怍 zuò）

扁豆鲊鱼香，示祚盼福祥。（鲊 zhǎ
祚 zuò）

## 詹 [zhān]

据《说文解字》、甲骨文、金文史料
记载，古圣先贤在造这个字时发现了什么
呢？古圣先贤发现人们在观看太极八卦
图，研究学问的过程是盘腿而坐，前面摆
放一个太极图。于是就造出了詹这个字。
甲骨文中是上面画了一个人盘腿而坐，中
间画了一个太极图，下面就是说的声音，
后来就演变成了言字。后来经不断演变简
化为现在的这个詹字。詹这个字现在都是
和其他的偏旁部首搭配使用的。

歌诀：
口出谵言，木在房檐；（谵 zhān 檐 yán）
钱贝赡养，目应高瞻；（赡 shàn 瞻 zhān）
虫是蟾蜍，水旁心澹。（蟾 chán 澹 dàn）
注：澹，心情恬澹。

## 斩 [zhǎn] 斩

据《说文解字》、甲骨文、金文史料
记载，古圣先贤最早在造这个斩字的时候
发现了什么呢？古代有一种刑罚叫车裂，
就是五马分尸，就是把犯罪人用马拉断肢
体。还有一种是比赛良马的力量，两匹一
组，分向两边，就是拔河。特别累的时候，
裁判就拿来一把斧子，把绳子斩断。所以
甲骨文中是画了一个车轮和一把斧子，斧
子就是斤。后来就简化演变为现在的这个
斩。古圣先贤看到了这个过程。于是就造
出了"斩"这个字。这是斩字最早的出处
和来历。现在这个斩字大都是和其他偏旁
部首搭配使用的。

歌诀：
车斧（斤）真能斩，斩日时暂短；（斩
zhǎn 暂 zàn）
斩山成崭新，斩水成渐渐；（崭 zhǎn
渐 jiàn）
斩人心惭愧，斩土成天堑。（惭 cán
堑 qiàn）

## 展 [zhǎn]

据《说文解字》、甲骨文、金文史料
记载，我们的古圣先贤在造这个字的时候
看见了人们在翩翩起舞，古代一般都穿的
是长袍、大袖。于是古圣先贤就造出了舒
展的"展"这个字。这是展最早的出处和
来历。甲骨文中是画了人在抖衣服，下面
画了四个工，就是共同展示的意思。下面
是人起舞的样子，后来就逐渐演变简化为
现在的"展"字。这个展字现在大都是和
其他偏旁部首搭配使用的。

歌诀：

有足用脚踮踏，有石能把米碾；（碾 niǎn）

有车辗转反侧，有手墨污轻搌。（辗 zhǎn 搌 zhǎn）

## 占 [zhàn][zhān]

据《说文解字》、甲骨文、金文史料记载，占这个字，最早就是占卦，古圣先贤在造这个字之前就是看到了一个占卦的过程，一个竹筒里面，插了几支签，算卦抽签这叫占卜。古圣先贤看到了这个竹筒里面插的这个签。于是就想出了占这个字，最后就造出了这个字。这是占字的最早的出处和来历。我们看看甲骨文中是怎么样写的。甲骨文中是画了一个口字，上面插了一支签，后来演变为现在的这个占字。这个占字现在大都是和其他偏旁部首搭配使用的。

歌诀：

贪心者总想占有，投机者拈轻怕重；（占 zhàn 拈 niān）

骄傲者沾沾自喜，胆小者战战兢兢；（沾 zhān 战 zhàn）

平庸者黏黏糊糊，不法者投机钻营；（黏 nián 钻 zuān）

犯罪者玷污名声，迷茫者占卜一通。（玷 diàn 占 zhān）

## 章 [zhāng]

据《说文解字》、甲骨文、金文史料记载，章这个字与音乐有关，当五线谱还没有创立之前，音律都是用在一块很薄的木板上画的起起伏伏的符号来表示。这就是最早音乐的乐章。古圣先贤看到了这个乐章演奏的过程，于是就造出了乐章的这个章字。这是章字最早的出处和来历。甲骨文中是画了一个高字头，中间两只手在打着拍子，下面是一个支架。后来就演变为现在的立早章。章现在大都是和其他偏旁部首搭配使用的。

歌诀：

瞧这山叠嶂，漳河水流淌；（嶂 zhàng 漳 zhāng）

小山（左耳）做屏障，樟木使劲长；（障 zhàng 樟 zhāng）

三彡想表彰，绸巾做喜幛；（彰 zhāng 幛 zhàng）

表彰犬獐鹿，发它一玉璋；（獐 zhāng 璋 zhāng）

无奖虫蟑螂，瘴病得身上。（蟑 zhāng 瘴 zhàng）

## 丈 [zhàng]

据《说文解字》、甲骨文、金文史料

记载，我们的古圣先贤最早在造这个字的时候看见了什么呢？看见了一个人，手握拐杖。于是就造出了丈夫的丈这个字。意思是男人要像拐杖一样撑起一个家。这是最早丈字的出处和来历。甲骨文中就是画了一根树枝，下面有一只手握住。后来不断地演变简化为现在的丈夫的丈。现在这个字大都是和其他偏旁部首搭配使用的。

歌诀：

有木是拐杖，有人打胜仗；（杖 zhàng 仗 zhàng）

人请仪仗队，土地可丈量。（仗 zhàng 丈 zhàng）

## 召 [zhào][shào]

召 召 召

据《说文解字》甲骨文、金文史料记载，古圣先贤最早在造这个字的时候看见了什么呢？看见了一个非常尊贵的人在下命令，就是号召大家去做一些事儿。因为那个时候尊长是有威严的。所以上面的鼻子和眼睛形成一个刀字形状，下面就画了一个口。所以甲骨文中最早是画了一把刀，下面就是一个口字，就是张口斩钉截铁，一言九鼎之意。他的本意就是这个召。清代科举考试的时候，经过一级一级的会考之后，皇帝在国子监点状元，还要给考上的进士、学子们讲一堂课。我们知道，电视剧里面都有这个词"传诏"，就是从这里来的。那时候没有扩音设备，外面的学子坐得很远很远。皇帝说的话都是由在门旁边的太监一句一句地传达，这叫传诏，有一道门，二道门，三道门，太监相互向外传达。就是皇帝说一句话，第一道门的太监传一句话，第二道门的太监传一句话，第三道门上的太监又最后传到所有学子那里。古圣先贤看到这里传诏的过程，于是就造出来召这个字。这是召字最早的出处和来历。现在召这个字在汉字中大都是其他偏旁部首搭配使用的。

歌诀：

某城（右耳）人姓邵，年高而德劭；（邵 shào 劭 shào）

日照似火烧，心明如日昭；（照 zhào 昭 zhāo）

走之路迢迢，见山岧岧高；（迢 tiáo 岧 tiáo）

沼泽水草茂，野花有草苕；（沼 zhǎo 苕 tiáo）

笤帚竹柄好，草边放红苕。（笤 tiáo 苕 sháo）

牧童发垂髫，龆齿门牙掉；（髫 tiáo 龆 tiáo）

人言诏书到，朝我把手招；（诏 zhào 招 zhāo）

超前走一步，见丝不介绍。（超 chāo 绍 shào）

注：劭，美好，多指道德品质。

## 兆 [zhào]

据《说文解字》、甲骨文、金文史料

记载，兆这个字最早与占卜有关。古代的占卜有多种形式，有噬草占卜、贝壳占卜，还有牛角占卦、钱币占卜。兆就是一种用乌龟的壳所占的卦。古圣先贤最早在造这个字时，看见了用乌龟壳占卦的这个过程，于是就造出来了兆这个字。甲骨文中是画了一个龟壳身上的图案纹样。这是兆字最早的出处和来历。现在兆这个字大都是与其他偏旁搭配使用的。

歌诀：

小女姓姚，长得窈窕；（姚 yáo 窕 tiǎo）

为人轻佻，极目远眺；（佻 tiāo 眺 tiào）

用足一跳，上木摘桃；（跳 tiào 桃 táo）

手挑大的，快走逃跑。（挑 tiāo 逃 táo）

## 折 [zhé] 摺

据《说文解字》、甲骨文、金文史料记载，古圣先贤最早在造者这个字的时候，看见了什么呢？看见了人们春天开始修剪树枝，把多余的树枝用斧子砍掉，让其他树枝生长发芽。古圣先贤看见了用斧子砍断树枝的这种现象，于是就造出了折这个字。甲骨文中是画了三根折断的枝条，两根就像我们画竹子的个字式，表示树枝折断了。又画了一把斧子，斧子最早就是斤。这是甲骨文中的折。后面不断演变简化为现在提手过来一个斤字的"折"。这是折这个字最早的出处和来历。现在这个字大都是和其他偏旁部首搭配使用的。

歌诀：

长江（水）折处是浙江，口里常把哲学讲；（浙 zhè 哲 zhé）

儿时一日虫蝎蜇，手折树枝捣蝎王；（蜇 zhē 折 zhé）

光阴逝去走难追，儿时誓言别忘光。（逝 shì 誓 shì）

## 者 [zhě]

据《说文解字》、甲骨文、金文史料记载，古圣先贤看见了一个人在盯着一棵大树后面的阳光透射过来的闪闪发亮的样子。古圣先贤看到了这种景象，于是就造出了"者"这个字。这就是者这个字的出处和来历。甲骨文中是画了一棵树，树上结了好多的果子，下面一个口，这就是那个树上的果实，在光线的照耀下，闪闪发亮。后来逐渐简化演变成土字，上面一撇，下面一个日字的这个者。现在者这个字大多是和其他偏旁部首搭配使用的。

歌诀：

尸头一屠夫，家住水中渚；（屠 tú 渚 zhǔ）

杀猪犬为生，衣着无绵褚；（猪 zhū 褚 zhǔ）

来到城（右耳）首都，日强人中暑；（都 dū 暑 shǔ）

醒来用目睹，有洞用土堵；（睹 dǔ 堵 dǔ）

四目去部署，贴上赤赭图；（署 shǔ 赭 zhě）

日现曙光时，草滩卖红薯；（曙 shǔ 薯 shǔ）

烧火把饭煮，用着竹筷箸；（煮 zhǔ 箸 zhù）

草坪读名著，见鸟羽翅翥；（著 zhù 翥 zhù）

大钱不奢侈，有贝从不赌；（奢 shē 赌 dǔ）

人言者储蓄，言把诸位呼。（储 chǔ 诸 zhū）

注：渚，水中间的陆地。褚，丝绵。翥，鸟向上飞。

## 贞 [zhēn] 貞

贞 貞 贞

据《说文解字》甲骨文、金文史料记载，贞最早是占卜的一个法器，古圣先贤在造这个字的时候，看见了什么呢？看见了占卜的人双手捧了一个坛子形的宝贝，把东西放在里面双手抱起来摇卦。古圣先贤看到了这个占卜的过程，于是就造出了贞这个字。这是贞字最早的出处和来历。甲骨文中是画了一个椭圆形的宝贝，上面插了一支签，也就是藏起来的意思，就是把占卦的工具放在坛子里。"贞"繁体字大家都知道，里面有三横。后来逐渐简化演变成现在的贞。贞这个字现在大都是和其他偏旁部首搭配使用的。

歌诀：

侦察一个人，浈水边上寻；（侦 zhēn 浈 zhēn）

桢木墙柱上，一帧画像巾；（桢 zhēn 帧 zhēn）

祭祀（示）求祯祥，占卜就是贞。（祯 zhēn 贞 zhēn）

## 诊 [zhěn] 診

診 诊 诊

据《说文解字》、甲骨文、金文史料记载，最早诊字就是诊病的意思。古圣先贤看到一个有病的人在大夫面前诊病的过程。中医看病讲究望闻问切。看见了大夫用语言询问病情、把脉的过程，于是就造出了诊病的诊。左边是言字边，甲骨文中右边是画了一个人在把脉的样子。这是诊字最早的出处和来历。现在诊这个字大都是通过其他偏旁部首搭配使用的。

歌诀：

诊把言字丢，组字仔细瞅；（诊 zhěn）

瘰疹病棘手，投医趁早走；（疹 zhěn 趁 chèn）

有玉很珍贵，鸡胗似月肉。（珍 zhēn 胗 zhēn）

注：鸡胗，鸡的胃，故肉月旁。

真 [zhēn]

真 真 真

据《说文解字》、甲骨文、金文史料记载，古圣先贤在造这个字的时候，看见了什么呢？看见了一个人眼睛流泪的样子，另一个人用双手给他擦眼泪。那么这与真有什么关系呢？人的眼睛是心灵的窗户。其他的动作行为可以掩饰自己的内心世界，但是眼睛不会掩饰自己内心的一些东西。比如，语言，我们平时考验对方时说，你盯着我的眼睛，看着我说。从眼睛里就可以看出他是不是在撒谎。一般人在平时说谎的时候，眼睛掩饰不了他内心世界的一些东西，所以我们盯着看他，他的眼神会告诉我们他是不是在撒谎。所以古圣先贤看见这个人在流泪的样子，于是就造出了真假的真这个字。这是真字的出处和来历。甲骨文中是画了一根线像匕首，中间画了一个目，就是眼睛，眼睛下面画了一双手，后来逐渐演变简化为现在的这个真字。现在真字大都是和其他偏旁部首搭配使用的。

歌诀：

金边小镇人，思考螺丝镇；（镇 zhèn 缜 zhěn）

一日滇水边，瞋目真吓人；（滇 diān 瞋 chēn）

张口就嗔怪，土坑填得深。（嗔 chēn 填 tián）

注：缜，缜密。

争 [zhēng]

争 争 争

据《说文解字》、甲骨文、金文史料记载，古圣先贤在造这个争取的争字的时候，看见了两个人在争夺一条毛巾。古圣先贤看到了这个过程，于是就造出了争取的争这个字。甲骨文中是上面画了一个人，下面画了一只手，毛巾的另一头，也画了一只手。后来不断地简化演变成现在的这个争取的争字。这是争字的出处和来历。现在这个字大都是和其他部首偏旁搭配使用的。

歌诀：

有手勉强挣扎，有犬面目狰狞；（挣 zhēng 狰 zhēng）

有山岁月峥嵘，有竹去放风筝；（峥 zhēng 筝 zhēng）

有目双眼圆睁，有金铁骨铮铮；（睁 zhēng 铮 zhēng）

有言诤言逆耳，冰（冫）旁干干净净。（诤 zhèng 净 jìng）

正 [zhèng][zhēng]

正 正 正

据《说文解字》、甲骨文、金文史料记载，古圣先贤在造这个字的时候，看见了什么呢？看见了一位画家在画一座城堡。画家在画画的时候用手指撑开，比画远景。就是取景框儿的含义。那么正确的正字就是最早取镜框里面该画的东西取正了没有。古圣先贤看到了这个过程。于是就造出了正确的正这个字。这是正确的正字最早的出处和来历。甲骨文中是上面画了一个方框，下面画了一只手，后来就变为止字。再后来不断地简化演变成现在的正这个字。正这个字现在大都是和其他偏旁部首搭配使用的。

歌诀：

为政要清廉，常把纲纪整；（政 zhèng 整 zhěng）

不乱征赋税，判案严凭证。（征 zhēng 证 zhèng）

治国如治病，下药要对症；（症 zhèng）

有心别发怔，逃税必严惩。（怔 zhèng 惩 chéng）

## 支 [zhī]

据《说文解字》、甲骨文、金文史料记载，古圣先贤在造这个支字的时候看见了什么呢？古圣先贤看见了一个人拿了一根树枝。于是就造出了一支的支。这是最早支字的出处和来历。甲骨文中是上面画了一根树枝，下面画了一只手。后来就形象地比喻为又，又就是手的变形。后来就演变为一个十字下面一个又字。支现在大都是和其他偏旁部首搭配使用的。

歌诀：

（一）

春来河边绿满枝，树上鸟儿叫吱吱；（枝 zhī 吱 zī）

鸟窝边上展肢体，抬头昂胸振羽翅。（肢 zhī 翅 chì）

（二）

岐山在陕西，有手学技艺；（岐 qí 技 jì）

有人耍伎俩，有止多分歧。（伎 jì 歧 qí）

技艺通伎艺，有女学歌妓。（技 jì 伎 jì 妓 jì）

## 知 [zhī][zhì]

据《说文解字》、甲骨文、金文史料记载，古圣先贤在造这个字时看到了什么呢？看到了人们在喊话的样子。古代战争的时候，哨兵都是在高山顶上或者在树上观察敌情，了解情况后给人们通知。一般是三种方式：一是点火，用浓烟示意；二是放炮敲锣；三是喊话传递敌情。古圣先贤看到了喊话这种景象，于是就造出了通知的知这个字。这是知字的出处和来历。今天我们讲到知，我想到了知道这两个字。知不等于道，知是眼看见了，大脑里也知，道是行的过程。我们好多人是知而不道，就是知行不合一。通过讲知，我们就要想到知道两个字，做事、学习要知行合一。今天知大都是和其他偏旁部首搭配使用的。

歌诀：

蜘蛛想捉虫，一日智能生；（蜘 zhī 智 zhì）

有足却踟蹰，佯装呆痴病。（踟 chí 痴 chī）

## 执 [zhí] 執

据《说文解字》、甲骨文、金文史料记载，古圣先贤在造这个字的时候看见了什么呢？看见了人犯了罪，戴着刑具去刑场（古代犯人戴的手铐，刑具都是木头做的），于是就造出了执这个字。这是执最早的出处和来历。甲骨文中最早是画了一个跪着的人，双手被捆起来的样子。后来逐渐简化，演变成现在的一个提手，加上一个丸字的这个"执"。执这个字现在大都是和其他偏旁部首搭配使用的。

歌诀：

（一）

有力莫仗势，执手表真挚；（势 shì 挚 zhì）

有衣别亵渎，贝赘以求师。（亵 xiè 赘 zhuì）

（二）

火在身边热，惊蛰虫子活；（热 rè 蛰 zhé）

土把坑垫实，鸷鸟飞回窝。（垫 diàn 鸷 zhì）

## 止 [zhǐ]

据《说文解》字、甲骨文，金文史料考证，止这个字最早就是脚丫子，就是一只脚。古圣先贤看到了一只脚后，就形象地看到了有几个脚趾头。所以甲骨文中就画了几个脚趾头。与手是相反的，就是说下面的手就是脚。最后演变为现在的这个止步的止字。这是止字的发展演变过程和最早的出处。止这个字现在大都是和其他偏旁部首搭配使用的。

歌诀：

穿鞋露脚趾，耳闻就觉耻；（趾 zhǐ 耻 chǐ）

手扯遮羞布，祭祀（示）求福祉；（扯 chě 祉 zhǐ）

到处问地址，张口露牙齿；（址 zhǐ 齿 chǐ）

瞧见单白芷，这才把步止。（芷 zhǐ 步 bù）

注：祉，幸福。

## 只、祇、隻 [zhī][zhǐ]

据《说文解字》、甲骨文、金文史料记载，古圣先贤在造之这个字的时候看见了什么呢？看见了一个人在讲话。就是从口里发出来声音。这两点是从口里发出的声音的含义。口字下面两点就是只。这是只最早的出处和来历。今天讲到这儿，我给大家分享一个寓言故事：从前有一只狼，跑到羊群里正要叼一只羊吃。突然有一只头羊过来说："且慢，你先别抓它们。让我们这么多的羊排好队，整整齐齐的，你才能知道你今天吃了多少只羊，心里也有个数。"于是，羊群整整齐齐地排好了队。狼就数起了羊，一只，二只，三只，四只……数着数着狼睡着了。头羊便迅速地把羊群带回了家。这个寓言故事就是"数羊"的故事。我们常常在晚上睡不着的时候，就把眼睛闭上数羊。这是这个寓言故事告诉我们的一个小智慧。这个只在汉字中大都是和其他偏旁部首搭配使用的。

歌诀：

（一）

以丝织丝绸，知识用言授；（织 zhī 识 shí 识 zhì）

职员耳聆听，炽热火上头。（职 zhí 炽 chì）

（二）

旗帜如巾飘，积薪堆禾草；（帜 zhì 积 jī）

教室咫尺近，跑着上学校。（咫 zhǐ）

旨 [zhǐ]

![旨字的甲骨文、金文、小篆演变]

据《说文解字》、甲骨文、金文史料记载，古圣先贤最早在造圣旨的旨这个字的时候看见了什么呢？看见了一个长官，就是部落的首领喊话的样子，下命令，就是圣旨。甲骨文中是画了一个鼻子（匕），你看匕首的匕字在甲骨文中是人侧面的鼻子形。下面是一张口发出的声音就像令箭一样，这就叫旨意。这是最早圣旨的旨字的出处和来历。比如，清朝皇帝要点状元，经过科举考试后，皇帝要点状元。点状元自然皇帝是要下圣旨的。那一天皇帝要给考完试被录取的学子授课，授课的时候要喊话，他讲一句，门旁的太监向外传一句，一层一层地往外传达。为什么叫传旨。传旨就是传递皇帝的语言，这叫传旨意。现在这个旨大都是和其他偏旁部首搭配使用的。

歌诀：

言说有造诣，手指连心里；（诣 yì 指 zhǐ）

禾尤去稽查，脂肪肉月积。（稽 jī 脂 zhī）

至 [zhì]

据《说文解字》、甲骨文、金文史料记载，古圣先贤在造这个字的时候发现了什么呢？发现了那个时候建造房子，木工拿了个吊线坠从房梁上往下吊，线坠子下面比较重，像倒过来的桃心状，一直往下降，掉下来的这个位置，就是我们要找的垂直的位置。到了这个位置就是到达的含义，古圣先贤看到了这种现象，于是就造出了这个至。甲骨文中是画了这么个造型，下面画了一横。后来逐渐简化演变成现在的这个至。这个至现在大都是和其他偏旁部首搭配使用的。

歌诀：

某城人姓郅，寻厂找盩厔；（郅 zhì 厔 zhì）

盩厔有他侄，坐车讲轾轾；（侄 zhí 轾 zhì）

土堆叫丘垤，金属短镰铚；（垤 dié 铚 zhì）

穴堵为之窒，水中有虫蛭；（窒 zhì 蛭 zhì）

桎梏用木制，见房进教室。（桎 zhì 室 shì）

## 中 [zhōng][zhòng]

据《说文解字》、甲骨文、金文史料记载，古圣先贤最早在造这个字时发现了什么呢？看到了那个时候打靶，就是有一个靶心，中心点都一样，那个时候打靶的靶子是用草绳一圈一圈连接起来的。打靶比赛的时候就拉弓射箭，要是射到中心点了，就说你射得真棒。于是就造出了中这个字。这是中字最早的出处和来历，现在中这个字大都是和其他偏旁部首搭配使用的。

歌诀：

一孩叫小冲，到处寻花种；（冲 chōng 种 zhǒng）

花园把花种，吊兰像吊钟；（种 zhòng 钟 zhōng）

牵牛像酒盅，花繁太臃肿；（盅 zhōng 肿 zhǒng）

又去种杜仲，防虫把花蚛；（仲 zhòng 蚛 zhòng）

心中忧忡忡，却不改初衷；（忡 chōng 衷 zhōng）

忠心真可嘉，可惜说话冲。（忠 zhōng 冲 chòng）

## 周 [zhōu]

据《说文解字》、甲骨文、金文史料记载，古圣先贤在造这个字的时候发现了什么呢？发现了田地，在比较高的地方看见了有好多好多田地，里面的庄稼禾苗长势非常好。站在高处，就是在大的一个空地上观望。甲骨文中是画了一个田字下面画了一个口，后来就逐渐简化演变为现在的周。古圣先贤看到这种景象，于是就造出了周这个字。这是周字的出处和来历。现在周字大都是和其他偏旁部首搭配使用的。

歌诀：

（一）

田欢禾稀稠，用丝织丝绸；（稠 chóu 绸 chóu）

有心莫惆怅，鸟口鸣啁啾。（惆 chóu 啁 zhōu）

（二）

用石造碉堡，有言唱反调；（碉 diāo 调 diào）

冰（冫）花凋零，有隹是大雕；（凋 diāo 雕 diāo）

鲷鱼做佳肴，虫深夜蜩叫。（鲷 diāo 蜩 tiáo）

## 朱 [zhū] 铢 [zhū]

据《说文解字》、甲骨文、金文史料记载，古圣先贤最早在造这个字的时候发现了有一棵非常古老的大树，放倒了之后，地面上还留了一个大树墩子。把上面推光刮平，人们放一些肉和美食一起分享，古圣先贤看到了这个树墩子，于是就造出了朱这个字。最早它在甲骨文中是怎么写的呢？上面画了一个圆形，下面画了两根树根。后来逐渐简化演变为现在的这个朱字。这是最早朱字的来历和出处。现在朱字除了姓氏以外大都是和其他偏旁部首搭配使用的。

歌诀：

深山老林一株树，树上有虫大蜘蛛；（株 zhū 蛛 zhū）

蜘蛛肚子像玉珠，它捉害虫真特殊；（蛛 zhū 珠 zhū 殊 shū）

诛灭蚊虫言功劳，侏儒伸手接锱铢。（诛 zhū 侏 zhū 铢 zhū）

注：锱铢（zī zhū），这里指很少的钱。侏，矮小。诛，杀。

## 竹 [zhú]

据《说文解字》、甲骨文、金文史料记载，这个字是非常有意思的。古圣先贤在造这个字的时候，看见了什么呢？看见了几个文人以文会友，吟诗作对的景象。他们都坐在竹林里面，前后面都是竹林。竹子代表高洁。看到了文人墨客以文会友的景象，于是古圣先贤就造出了竹这个字。这是最早竹字的出处和来历。竹这个字在甲骨文中是怎么写的呢？是画了两个个字的两竖，有点像小篆。因为竹子都生长得都比较直，这个竖上面就挂了两片叶子。当然这两个叶子都是弧形的。后来不断演变简化为现在的这个竹。这是最早竹字的出处和来历。竹这个字现在大部分以竹字头和其他汉字搭配在一起使用。繁体筑字由筑和木构成，筑就是声旁，为乐器名，筑墙打夯也会发出声音，所以用筑做声旁并会意；策的本义是用竹子做的鞭子，如鞭策、扬鞭策马。

歌诀：

施工搞建筑，基础要巩固；（筑 zhù）

束来献计策，有族花一簇。（策 cè 簇 cù）

## 主 [zhǔ]

据《说文解字》、甲骨文、金文史料

记载，古圣先贤在造这个字的时候，发现了农耕时期的石磨。人们用它来磨面，北方有石磨，南方有水磨。看见了这个磨是由三层组成的。下面是磨台，磨台上面是一层主磨扇，上面还有一层盖磨扇。三层中间有一根轴心连接。古圣先贤看见了石磨是由这三层组成的，于是就造出了"主"这个汉字。这是最早主字的出处和来历。现在这个主字大都是和其他偏旁部首搭配使用的。

歌诀：

做人要做顶梁柱，当官要为民做主；（柱 zhù 主 zhǔ）

不做蛀虫不腐败，百姓吃住要关注；（蛀 zhù 住 zhù 注 zhù）

往来奔波得病痒，不肯卧床把棍拄；（往 wǎng 疰 zhù 拄 zhǔ）

胸中永驻国家事，心里明亮如灯炷。（驻 zhù 炷 zhù）

## 隹 [zhuī]

据《说文解字》、甲骨文、金文史料记载，这个字与鸟有关。古圣先贤最早在造这个字的时候看见了一只大鹏鸟，大鹏鸟回过头来看向我们。它的羽毛非常漂亮，所以甲骨文中就画了一个鸟头和翅膀，漂亮的尾巴。这是在甲骨文中的隹，后来逐渐演变简化为一个单立人，右边是主字多一横。这是隹这个字最早的出处和来历。

隹这个字现在都是和其他偏旁部首搭配使用的。

歌诀：

（一）

华山真崴巍，长城不可摧；（摧 cuī）

蓝田玉璀璨，汉墓马王堆；（璀 cuǐ 堆 duī）

历史催人醒，前浪后浪推。（催 cuī 推 tuī）

（二）

言问你是谁，口答声唯唯；（谁 shuí 唯 wéi）

以冰（冫）为水准，滔滔淮河水；（准 zhǔn 淮 huái）

金属锥子锥，细丝像纤维；（锥 zhuī 维 wéi）

稚本禾幼嫩，木咋表脊椎。（稚 zhì 椎 zhuī）

## 卓 [zhuó]

据《说文解字》、甲骨文、金文史料记载，古圣先贤最早在造这个字的时候发现了有人在台子上翩翩起舞，跳舞的时候裙子都翘起来了。看到了这个跳舞的景象，于是古圣先贤就造出了卓越的卓这个字。这是最早卓字的出处和来历。甲骨文中是怎么写的？是画了一个有支架的台子，两面都高一些翘起来。上面画了一个人，在转的时候，裙子都翘起来了，像飞一样。

后来不断地演变简化会意为现在的这个卓。这个字现在大都是和其他偏旁部首搭配使用的。

歌诀：

丝爱起绰号，换木把桌叫；（绰 chuò 桌 zhuō）

常把手帕掉，拿网把物罩；（掉 diào 罩 zhào）

木把船棹做，诚心去追悼。（棹 zhào 悼 dào）

## 兹 [zī]

据《说文解字》、甲骨文、金文史料记载，这个字是一字两音（zī cí）。就是慈善的慈字把心字底去掉的这个兹。我们的古圣先贤在造这个字的时候发现了什么呢？发现了结绳记事。那个时候用绳子大事大结、小事小结。小事比如他打了几只小鸟、几只鸽子；大事比如几头鹿。大事就打上几个大结，小事就是打几个小结。小环子是用丝线做的，表示小的意思。这是兹字最早的出处和来历。这个字在甲骨文中我们看看是什么？甲骨文中是画了两根丝线，绕成了一个小葫芦，就像绳子的两个小环子一样。后来逐渐演变简化为现在的这个兹。现在这个字大都是和其他偏旁部首搭配使用的。

歌诀：

人心要慈善，水草常滋蔓；（慈 cí 滋 zī）

养子莫孳事，春游崦嵫山；（孳 zī 嵫 zī）

口吃米糍粑，脚踩石瓷砥；（糍 cí 瓷 cí）

注：糍粑，一种食品。

## 子 [zǐ]

据《说文解字》、甲骨文、金文史料记载，古圣先贤在造这个字的时候最早是看见了什么呢？看见了一个包着婴儿的襁褓。那个时候生活物资特别匮乏，人们生下小孩子之后，在窑洞里给他身上裹的是树叶子或者羊皮。那个时候一没有棉花，二没有布匹，只能给他身上缠一些树叶和树皮之类的东西。所以这个襁褓是树叶子造成的。这是子字的出处和来历。甲骨文中是画了一个婴儿的头，下面就是缠了树枝的藤条。后来逐渐就演变成现在的子字。这是最早子字的出处和来历。现在这个字除了独体字之外都是和其他偏旁部首搭配使用的。

歌诀：

我有好儿子，常在家认字；（子 zǐ 字 zì）

人小很仔细，孜孜以求之；（仔 zǐ 孜 zī）

菜籽写成仔，马虎写错字。（籽 zǐ 字 zì）

## 宗 [zōng]

据《说文解字》、甲骨文、金文史料

记载，宗这个字的出处是什么呢？古圣先贤看见了房子，房子里面有一个人，是男孩儿。古时候男孩儿到 16 岁之后就成为男丁，会意为男孩儿为传宗接代的宗。这是宗字的出处和来历。我们看看在甲骨文中是怎么写的呢？甲骨文中是画了一个屋顶和房子，房子里面画了一个丁。古代指的是男孩儿，就是男丁。后来就不断演变简化成现在的一个宝盖儿，下面一个指示的示。为什么是指示的示呢？是因为古代把祭祀工作搞得非常庄严。指示的示最早是祭祀祖宗的含义，也就是祭祀的桌子，上面摆的是祭品。这是祖宗的宗这个字的演变、简化过程。宗这个字现在大都是和其他偏旁部首搭配使用的。

歌诀：

崇山峻岭好风景，泉水淙淙响叮咚；（崇 chóng 淙 cóng）

开发山区留行踪，棕树片片遍山中；（踪 zōng 棕 zōng）

野猪猪鬃更有用，竹叶还能包米粽；（鬃 zōng 粽 zòng）

琮玉制成美玉器，综合开发都利用。（琮 cóng 综 zōng）

## 走 [zǒu]

据《说文解字》、甲骨文、金文史料记载，走这个字最早的出处是古圣先贤看见了一个小孩儿三步并作两步跑，边走边

跳跃着。于是，古圣先贤就造出了走这个字。我们看看在甲骨文中是怎么写的。甲骨文中是画了一个人在跑，一只手朝前，一只手朝后，一只脚朝前，一只脚朝后，奔跑的样子。下面就画了一个止，止就是脚。后来不断简化演变成现在的这个走字。这是走字最早的出处和来历。走这个字现在大都是和其他偏旁部首搭配使用的。

歌诀：

（一）

双人徒步走，山坡（左耳）路很陡；（徒 tú 陡 dǒu）

张口一声啾，不知何理由。（啾 dōu）

（二）

走川巡疆边，走万迈向前；（巡 xún 迈 mài）

走畐人逼迫，走隶逮罪犯；（逼 bī 逮 dǎi）

走乞为迄今，走大达标难；（迄 qì 达 dá）

走孙孙谦逊，走文这里看。（逊 xùn 这 zhè）。

## 奏 [zòu]

据《说文解字》、甲骨文、金文史料记载，古圣先贤在造这个奏字时看见了两个人：一个是草民；一个是上面坐着的帝王。草民拿着写好的民情跪着向上给帝王呈奏。古圣先贤看到了这个样子，于是就

造出了"奏"这个字。这是奏字最早的出处和来历。我们看看在甲骨文中是怎么写的。甲骨文中画着帝王戴着一个非常高贵的冠，就是非常富贵的帽子，下面跪着的一个小吏双手捧着写好的奏表向上呈奏的样子。后来就逐渐演变成现在的春字头，下面一个天。这个"奏"字意思说这都是呈奏的天下的大事。这是奏最早的出处和来历。现在奏这个字大都是和其他偏旁和部首搭配使用的。

歌诀：
有冰（冫）把钱凑，有手把人揍。（凑còu 揍zòu）

## 足 [zú]

据《说文解字》、甲骨文、金文史料记载，古圣先贤在造这个字的时候看见了人们在打猎，那个时候都没有裤子穿，都是在腰间围了一些树叶子。打完猎回来，因为跑了好多的山路，膝盖都肿了，鼓起来一个大疙瘩，腿全部臃肿，非常痛。古圣先贤看见了膝盖肿大的这种现象，于是就造出来足这个字。他不单纯是指脚丫子，而是与膝盖有关。这是足字最早的出处和来历，那么足在甲骨文中是怎么写的？甲骨文中是画了一个圆形的，就是膝盖肿的一个包，下面是一个止，止是脚足组合。后来逐渐演变简化为现在的这个足。足这个字现在大都是和其他偏旁部首搭配使用的。

歌诀：
（一）
人来很急促，伸手把鸟捉；（促cù 捉zhuō）
有口莫哫訾，有水防两浞。（哫zú 浞zhuó）
（二）
失足就跌倒，跌倒足伤了；（跌diē）
蔺来遭蹂躏，沓来踏着脚。（躏lìn 踏tà 踏tā）
注：哫訾（zú zī），阿谀奉承。浞，淋湿。

## 卒 [zú]

据《说文解字》、甲骨文、金文史料记载，古圣先贤在造卒这个字之前，看见了在一个十字架上挂了一件勇士牺牲后的衣服。意思是这个勇士人已经卒了，就是死了。他走了，他的功绩卓著。为了纪念他，就把他的衣服挂在这个十字架上，时时提醒人们，以他为楷模。这是士卒的卒最早的出处和来历。甲骨文中就是画了一个人的衣衫挂在十字架上。后来逐渐简化演变为高字头下面两个人表示随从的含义。下面是一个十字的这个卒。卒字现在大都是和其他偏旁和部首搭配使用的。

歌诀：
要想出类拔萃，必须立志纯粹；（萃cuì 粹cuì）

苦干不怕憔悴，工作鞠躬尽瘁；（悴
cuì 瘁 cuì）

不图珠宝翡翠，贪婪必被人啐；（翠
cuì 啐 cuì）

红铁必须水淬，七字全都读翠；（淬
cuì 翠 cuì）

有石突然粉碎，有酉喝酒人醉。（碎
suì 醉 zuì）

## 尊 [zūn]

据《说文解字》、甲骨文、金文史料记载，古圣先贤在造这个字的时候，看到了我们尊敬别人的时候，双手抱了一个酉。酉就是一个装酒的坛子。用装酒的坛子给上面敬供，就是向尊敬的人敬酒的含义。古圣先贤看到了这种景象，于是就造出了尊这个字。这是尊字的最早的出处和来历。我们看看是在甲骨文中是画了个什么？甲骨文中画了一个坛子。坛子最早就是酉，下面画了两只手，端着酉。后来逐渐演变简化为现在的这个尊。尊这个字现在大都是和其他偏旁部首搭配使用的。

歌诀：

走着去遵守，有木一樽酒；（遵 zūn
樽 zūn）

有足蹲下来，鳟鱼味可口。（蹲 dūn
鳟 zūn）

## 坐 [zuò]

据《说文解字》、甲骨文、金文史料记载，古圣先贤在造这个字的时候看见了什么呢？那个时候没有凳子，两个人在一起聊天、讲经说法的时候都是席地而坐。这就是坐字的最早的出处和来历。在甲骨文中，它是怎么写的？甲骨文中是画了一个土堆，两侧各坐了一个人在聊天呢。后来就逐渐简化演变为两个人中间下面一个土。坐这个字现在大都是和其他偏旁部首搭配使用的。

歌诀：

广屋座位多，有手不怕挫；（座 zuò
挫 cuò）

有病生痤疮，金属做刀锉；（痤 cuó
锉 cuò）

口把嘬唑含，矮人个子矬。（唑 zuò
矬 cuó）

## 在 [zài]

据《说文解字》、甲骨文史料记载，这个字最早在甲骨文中是这样写的：前面一个小土堆，后面在离小土堆很远的地方有一个十字架，这个十字架也许表示树木，或许是原始人在站岗放哨，这就是存在的在。最早仓颉造字是这样的，就是说土的后面有东西在。"在"字由有和土组成，指万物有土才能生存。

歌诀：

有加土，构成在。有土在，有土在，万物以土，才能存在，现在的在。

## 宅 [zhái]

据《说文解字》、甲骨文史料记载，宅最早在甲骨文中是这样写的：它是一个宝盖儿，下面一点一竖。后来不断简化就成了一个宝盖头下面一个乇。宅字上面是一个宝盖头，我们以前讲过，凡是有宝盖的字都与屋有关，下面的乇是草从地上长出来的样子，有扎根地上的含义。所以，宅是指人能够居住的屋舍。古人在一个地方撒下种子，种子能够生根发芽，这里就是好地方，就在这里扎根，居住在这里，这就是宅。清明前种的庄稼是先生根，清明后种的粮食是先发芽。农谚有"清明前后，栽瓜点豆"，这是庄稼生长的规律，也是个常识。

歌诀：

宝盖儿加乇构成宅，宝盖乇，构成宅，人居之舍，住宅的宅。

## 昼 [zhòu] 畫

据《说文解字》、甲骨文史料记载，这个字在甲骨文中是这样写的：表示日出日落，画了一条界线，表示昼夜。最后简化成了尺字下面一个日，再加一横。昼字表示对日出日落的一段时间的划分，表示有太阳照射的一段时间，尺就是昼夜之界，如昼夜、白昼等。

歌诀：

尺加日，再加一，构成昼，尺日一，组成昼，日出日落，划分界线，昼夜的昼。

## 祝 [zhù]

据《说文解字》、甲骨文、金文史料记载，祝字最早在甲骨文中是这样写的：左面就是一个祭祀的桌子，古代的供桌，桌子上有一些供品。右面是一个人，表示一个人开口讲话，跪在那里。就是祭祀、磕头的含义。甲骨文的祝字是由示字加上一个兄。我们以前讲过兄字，它是一个人，上面是一张大嘴。因为以前上一辈人老了以后，一个家族的祭祀活动就交由兄长主持，那时候兄长的权力是很大的。在进行祭祀等活动的时候，他最有发言权，他要负责跪在桌子前祈祷。所以祝字是从示，从兄，后来就不断引申和演化成为一个会意字。

歌诀：

礻加兄，构成祝。礻兄祝，礻兄祝，兄主祭祀，祝福的祝。

## 忠 [zhōng]

据《说文解字》、甲骨文史料记载，一个中心的中，下面一个心。这个字的来历是，远古时期姬姓的一个王要把王位传递给孙子，他的儿子看出父亲的这个意思之后就跑了，这就是有名的三让王的故事。他跑了之后就在森林里生活，他就要断发，把这个头发剪掉，然后要在身上画一些纹样，因为森林里有毒蛇，头上戴上一些竹叶子，它的繁体字是一个竹字头，就是说头上编上竹子，身上画上纹身，它是一个老二的意思，就是说随从的意思，我永远不做老大。后来简化字把这个字变成了忠，中间的"中"，下面一个心。现在忠有三个层面含义：

其一是对某个人的忠心，其二是对某个信仰的忠心，其三是对自己事业的忠心。

歌诀：

中和心、构成忠；中心忠、中心忠。忠心耿耿跟党走，全心全意为人民。

## 追 [zhuī]

据《说文解字》、甲骨文史料记载，

追在甲骨文中是这样写的：上面是一个耳朵，下面好像是人在三步并作两步奔跑的样子。后来逐渐演变成了一个走字，上面一个阜。追字是由走和阜构成，意思是人在跑的时候越过了一座小山，马上就要追上了，就是说抓紧追赶。这就是追赶的追。

歌诀：

走加阜，构成追，走阜追，走阜追，已过小山，追赶的追。

## 质 [zhì] 質

据《说文解字》、甲骨文史料记载，甲骨文中这个字是这样写的：上面是两撇，下面是一个宝贝的贝，右边是一个斤。斤我们以前讲了，是指大斧子。就是说一把斧子，下面一个贝，贝代表货币，上面是两块肉，用大斧子把肉剁成两块，这就是带质量的。后来演变成了一个斤加一个贝，最后简化成了这样。质是指金钱物品。古代人在交易的时候，代表货币的是贵重的东西。用马匹、衣服等东西进行等价交换。质就是把一个斧子放到板子上，然后剁东西，分成相等的几份。就是说这边的质量和那边的质量要相等，假借做质量的含义。

歌诀：

斤加贝，构成质，斤贝质，斤贝质，金钱物价相当，质量的质。

## 专 [zhuān] 專

专 专 专

据《说文解字》、甲骨文、金文史料记载，古圣先贤在造这个字的时候，看见了古时候织布机上面的那个绕线的筒子，把线一圈一圈地绕到这个筒子上，绕线的速度非常快，古圣先贤看到了这个技术非常专业，于是就造出了专这个字。这是最早专这个字的出处和来历。专字现在除了做独体字外，都是和其他偏旁部首搭配使用的。专字像纺锤上缠线之形，纺锤在旋转时，就把棉絮纺成纱，其本义为盘转轴。凡从专的字多有盘旋，转动传递程序之义。现在字形就简化了。

歌诀：

纺锤把体缠，字形就是专；电专绝家字，大多表旋转。

有人搞宣传，坐车到处转；（传 chuán 转 zhuàn）

瞧人手持面，用石做成砖。（抟 tuán 砖 zhuān）

## 重 [zhòng][chóng]

重 重 重

据《说文解字》、甲骨文、金文史料记载，重字指站在地上的（壬）背着沉沉的包裹（東）。重的本义是指分量大（跟轻相对）。引申指重量、重视等。用重作声

符的字有踵、董、懂等。"重"还读 chóng，如重复。1. 分量大（跟轻相对）。2. 程度深。3. 重要；重大。4. 价格高。5. 重量；分量。6. 重视；敬重。7. 不轻率；庄重。8. 会意兼形声。

歌诀：

重是壬加东，人背东西重，今重怎么写，千里一竖中。

## 赞 [zàn]

赞 赞 赞

据《说文解字》、甲骨文、金文史料记载，赞字上部是两个先字，两个先字有争先恐后的意思；贝是古代的货币，意为拿着财礼进见，假借指帮助、辅佐；又假借指同意；再假借指夸奖，颂扬。1. 帮助；赞助。2. 称赞；赞颂。3. 古代文本名。4. 一种抒情文本。常以情调的特别激扬，风格的精练为标志。5. 对某人或某事的赞颂。6. 司仪。7. 姓氏。

歌诀：

贝上两先连，财礼争先献，赞本指进见，假借指称赞。

## 之 [zhī]

据《说文解字》、甲骨文、金文史料记载，甲骨文之字上面是一只脚，下面一

横表示出发的地方，本义指"脚在地上往前走"。后演变成现在的字形，假借为文言虚词，相当于"的"，如赤子之心。又假借文言代词，如取而代之。1.助词，表示领有，连属关系：赤子之心。2.助词，表示修饰关系。3.用在主谓之间，使成为句子成分。4.代词，代替人或事物。置之度外。5.代词：这，那。6.虚用，无所指：久而久之。7.之罘（zhīfú）。

歌诀：

一脚向前走，就是之来由，横是出发地，横上脚趾头。

## 爪 [zhǎo]

据《说文解字》、甲骨文、金文史料记载，爪字像鸟的一只爪子的形状，也像人的一只手向下伸而特别突出手指的部分。爪是抓的本字，引申为亲信、党羽。还读 zhǎo，如脚爪。1.鸟兽有尖甲的脚。鹰爪。2.指甲或趾甲，手爪。3.像爪的东西。4.象形。按甲骨文或小篆字形。又是手，两点表示手爪甲形，本义是人的指甲、趾甲。

歌诀：

爪字像鸟爪，脚趾分开叉，又像手下抓，写爪别成瓜。

## 帚 [zhǒu]

据《说文解字》、甲骨文、金文史料记载，甲骨文的帚字像一把扫帚的样子，指扫除尘土垃圾的工具。1.除去尘土、垃圾等的用具，扫帚。2.象形。甲骨文字形，像扫帚形。

歌诀：

帚就是扫帚，帚上扫帚头，中间是扎绳，帚下把巾留。

## 早 [zǎo]

据《说文解字》、甲骨文、金文史料记载，早从日从十，指太阳冲破黑暗涌出；升到小草的高度，十是草。因为太阳出来，看起来和小草一样高的时候就是早晨。本义是指清晨。引申为先、早春、提早等。1.早晨。气象学上特指当日5时到8时的一段时间。2.副词。表示很久以前。3.时间在先的，早期。4.比某一时间靠前的，早熟。5.早晨见面时间问候的话。6.会意。小篆字形，上面是日，下面是"甲"。甲最早写法像"十"，指皮开裂，或东西破裂。早是即将破晓，太阳冲破黑暗而涌出之意。7.姓氏。

歌诀：

日把铠甲照，字形就是早，本义指清

晨，早上上早操。

## 舟 [zhōu]

月 舟 舟

据《说文解字》、甲骨文、金文史料记载，古舟字像一只弯弯的小船，船上还有横木。舟的本义是船，用舟组成的字大多与船有关。1. 船，同舟共济。2. 象形。甲骨文字形，像船形。两边像船帮，中间三条线代表船头、船舱和船尾。先秦多用"舟"，汉以后船逐渐多起来了。3. 酒器名。4. 尊彝等托盘。5. 姓氏。6. 用船过渡。

歌诀：
舟像小船样，中横代船桨，两点上下放，表示物在舱。

# 品字形字

## 譶 [huà]

据《说文解字》、甲骨文史料记载，这个"譶"也是说话的"话"的异体字，它是三个"舌"构成的。最"多嘴"的汉字就是这个"譶"，这个字读 huà，它可以引申为多嘴多舌、挑拨离间、说人的坏话、搬弄是非的含义，它是贬义字。我们做人一定要修正自己。有一句俗话说得非常好："静坐常思己过，闲谈莫论人非。"

歌诀：

三个舌构成譶，一个舌，言必信。一舌说话多奇妙，多嘴多舌惹是非。

一篇善言渡众生，多舌之言害人命。

## 刕 [lí]

据《说文解字》甲骨文史料记载，刕就是三把刀在一起。它最早是以姓出现，是三把刀构成的。在宋朝的时候，有一个将军打败仗了，从蜀国逃出来，就是说"出蜀刀达之后"。最早这个人姓氏为"刀"，为刀姓，但是他在宋朝打仗打败了，敌人在追杀他的时候他为了避难，从蜀国大地（就是当今的四川）逃离出来，就改姓隐居，改成这个"刕"，就成三把刀了。后来人们有一个升级版，就是"两面三刀"。古代的人对姓氏是非常尊重的，说改名不改姓，

好多人不管怎么改名就是姓不能改，因为姓实质是他的根。这个人害怕别人追杀他，为了逃命，他就把刀姓改成刕姓了，就成三把刀了，所以后来"两面三刀"这个成语就出现了。这个成语是贬义的，引申为一个人不忠诚，见人说人话，见鬼说鬼话，这就是两面三刀。还有第二层意思是原来他是刀姓，现在成了三把刀，成为了刕。刕，就是说把这三把刀并在一起，时时准备出来应战的意思，时刻要准备杀人的含义。这个"刕"就是以上所说的几种含义。当然版本还很多，我今天说的只是一家之言。

歌诀：

三把刀构成刕；三刀刕，三刀刕。三刀之刕力量大，两面三刀真可怕。

此人见到勿说话，防人之心不可无。

## 畾 [léi]

据《说文解字》、甲骨文史料记载，畾这个字是由三个田组成的。它的来由就是少数民族的人用藤条编制的一个箩筐，这个叫"畾"，装它东西的一些用具。一种畾是草字下面一个"累"，是盛土用的工具。少数民族的用具有两种：一种叫背畾，就是背在身后的畾；还有一种是顶在头上的头畾。这个畾是用来盛东西的、用藤条制作的一种工具，是箩筐的一种形式，背畾、顶畾。

歌诀：

三个田构成畾；三田畾，三田畾。畾筐装土格外累，畾茶可口香气浓。

## 瞐 [mò]

据《说文解字》、甲骨文史料记载，甲骨文中是画着三个眼睛，后来不断地简化就形成现在的这个结构，就是品字的结构，三个"目"。这个字是汉字中最迷人的字。它的含义是目光深邃的样子。

歌诀：

三目瞐，三目瞐；三个目就是瞐。两目睁大眼，还要用心看。

## 毳 [cuì]

毳是由三个"毛"组成的。据《说文解字》、甲骨文史料记载，这个"毳"是汉字中最"敏感"的汉字，毳，三个"毛"。这个字读作 cuì，指毛发、鸟兽的细毛。医学上专门有"毳毛"一词，指人体表面除头发、阴毛、腋毛以外，其他部位生长的一种细毛，俗称"寒毛"。既是"寒毛"，就非常敏感，它体传递冷热寒暑的细腻感觉。我们很多人可能没有注意人的细微寒毛的这个表现，当人们处在外界环境中，当天气逐渐热的时候，你仔细观察人的身体上的这个毳毛，它是由弯曲变为伸直。当外界的空气逐渐的寒冷的时候，它不断地收缩，它就一个弯一个弯地打着圈，曲曲弯弯了。这是毳毛对外界的敏感程度的表现。

歌诀：

三毛构成毳，唯它最敏感。人人都有它，功能保健康。

## 猋 [biāo]

据《说文解字》、甲骨文、金文史料记载，三"犬"字组合到一起"猋"。"猋"这个字是最老的字，是热闹的意思，读作 biāo。古代通这个飙，就是三个犬过来一个风。从字形上它是三条犬，就是三条狗纠缠在一起，表示狗群在奔跑的样子，后引申为迅速飙升的意思。

歌诀：

三犬猋真热闹。三鱼鱻，真新鱻。

三犬也是猋，加风还是飙，有贝也读赑，猋赑义不同。

## 赑 [bì]

据《说文解字》、甲骨文史料记载，赑是由三个宝贝的"贝"组成的。它是汉字中最"给力"字，叫作"赑"，这个字读作 bì。宝贝的"贝"代表什么呢？大家都知道这个"贝"代表的是钱。但"贝"一上两下码在一起表示用力的样子。以前的"贝"代表一个大宝，这就是"贝"。那么三个"贝"码在一起就是感觉到用力的样子。俗话说得好，饭好吃，钱难挣。挣钱怎能不费劲呢！这个字也指传说中的一种动物，是"龙"的儿子，力大无比。旧时大石碑的基座多雕成它的形状。

歌诀：

三贝相垒就是赑，龙的儿子力无穷。

忍辱负重驮石碑，世间力大不过赑。

## 骉 [biāo]

据《说文解字》、甲骨文、金文史料记载，这个"骉"就是三个马。早在甲骨文里它都是象形地画个马头。它是个会意字，形象地比喻马奔跑时发出的一种声音，也形容万马奔腾的样子。我们能想到的是速度，说万马奔腾、千里马，首先想到马奔跑的速度是非常快的。"骉"也是非常吉祥的，所以"马"一出现就是一种吉祥的象征。它在《辞海》里说：众马奔腾。还有一个成语叫"众马走骉"，是什么意思呢？就是说万马在奔跑的时候的那种容貌、相貌，那种意境给人感觉到气势磅礴、万马奔腾的样子，意指人们追求幸福。所以这个"骉"是一个吉祥字。

歌诀：

三马竞跑组成骉，马到成功都知道。
众马奔腾迎吉祥，龙马精神就是骉。

## 犇 [bēn]

据《说文解字》、甲骨文、金文史料记载，三个牛组成的这个"犇"，它是品字结构的。在甲骨文，这个字是三头牛的三个角，牛角，也是个会意字。它是汉字中最牛气的字。三个牛组成的"犇"，实质上是急促奔跑的样子，也是非常牛气的意思。力大无穷，三头牛的力量不言而喻。一头牛的力量大，三头牛的力量更大。

歌诀：

三牛组成就是犇，犇之含义要组团。
三牛之力胜过虎，团结一心力量大。

## 淼 [miǎo]

据《说文解字》、甲骨文史料记载，淼就是三个"水"到一起。"淼"它的含义是水大的样子，它是会意字。这个字在姓名学、在取名的地方用得比较多。

歌诀：

三水淼，三水淼；三个水就是淼。体若火太旺，就用淼调和。

## 惢 [suǒ][ruǐ]

据《说文解字》、甲骨文史料记载，它是由三个心字组成的。它是汉字中最多心的字。常言说三心二意，读作 suǒ 的时候，它是多疑虑的意思，心多了就有很多的疑虑。有句话说：内有惢，下有事。就是说你内心疑虑比较多，下面做事就很复杂，很难做。所以我们做事的时候和人合伙，合作的时候一定要用人不疑，疑人不用。这个"惢"字就是一个多心多虑的字。就是说我们和人合作的时候不必要多心。这个"惢"，疑虑多了，下面怀疑的事情就多了，怀疑的事情多了往往事情就做不好。这就是"惢"的一种含义，就是太多心眼。读作 ruǐ 的时候，在古代这个"惢"就是和花蕊的"蕊"，是同一个字的异体字。古代帝王祭祀活动一般在年终和秋天进行。祭祀时有这样一句话说：秋至而禾惢，天子祀于太蕊。说秋天到了，而禾苗熟了，万物都成熟了，鹿呀，牛羊呀都肥壮了，那个时候天子祀于太蕊，就是说天子进行祭祀，太蕊就是在寺庙里进行祭祀，叩拜的时候站在中心。叩拜者就是中心的含义。

歌诀：

三心惢，三心惢；祭祀必须心要诚，三心二意事难成。

## 森 [sēn]

据《说文解字》、甲骨文、金文史料记载，三个木字的"森"就是森林的"森"。这个字的含义大家都知道，是表示树木众多的意思。今天讲"森"的目的就是要探讨人与人之间，每个人做事情都要与人合作，说一个好汉三个帮，人和人要能合作。人字怎么写？人是什么？它是相互支撑的意思。木，三个木成为森，就表示我们干事业一定要一个好汉三个帮，要形成一个团队。强强联合，才能双赢。所以，这就是团队精神。通过讲这个"森"，我们要领悟到团队精神，干啥事情都是人多智慧广，一个人不容易干成任何事情，干一番事业一定要有团队。

歌诀：

双木才成林，三木组成森。打虎亲兄弟，上阵父子兵。三人团队帮，事业定向上。

## 鱻 [xiān]

据《说文解字》、甲骨文史料记载，鱻就是三条鱼堆到一起，这个字读 [xiān]。这个字是最丰盛的汉字，"鱻"是三条鱼，味道比较鲜美。甲骨文中是这样写的：就

是画了三条鱼，鱼的下面四点实质上是鱼的尾巴，也是鲜的异体字。新鲜的"鲜"是一个"鱼"，它是代表海类的鲜味、美味。右边是一个"羊"，羊大为美吗！这个字就是新鲜的"鲜"，它是由鱼和羊组成的。那么古代这个"鱻"是三条鱼。那个时候伏羲氏又称作包羲氏，他发明了一种网，就是用丝编的网，把鱼打捞出来，最早烤着吃，把鱼穿上烤着吃，后来人们在一个石器里面把石头凿一个槽子，下面用柴火把它加热，槽子里面加上水，把鱼煮到包里头，包羲氏就是这样来的，他发明了鱼煮着吃。所以这个"鲜"和三条鱼的"鱻"是异体字的转变。现在好多饭馆、餐饮业为了炫耀他的招牌，好多的店铺利用这个"鱻"，用这个字招揽一些客户，在取名上也会用这个字。

歌诀：

三条鱼构成鱻，三鱼鲜，就是鱻；要美味，不离鱻，人始祖，祭伏羲。

## 劦 [xié]

据《说文解字》、甲骨文史料记载，这个字也是品字结构，是三个"力"，是力大无穷的意思。这个"劦"同那个协会的"协"，都有同力的意思，合作的意思，有用力不停的含义，有众人协力之意。那么今天讲这个"劦"也就是打造的团队精神，我们要把所有的人都动员起来，大家一起出力。有句俗话说得非常好：大家拾柴火焰高。就是我们不管干什么都要有一种团队精神。

歌诀：

三个力、构成劦；三力劦，三力劦。
三人合力就是劦。

## 鑫 [xīn]

据《说文解字》、甲骨文、金文史料记载，是三个"金"组成的，大家都知道这个字是多金的字，是表示兴旺发达的意思，读作xīn，这个字一般使用在店铺、商铺的比较多，它是一堆"金"成为"鑫"。

歌诀：

三个金、构成鑫，三金鑫、三金鑫；
要金旺，三金合；要发财，三人行。

## 垚 [yáo]

据《说文解字》、甲骨文、金文史料记载，这个字是最土的一个汉字，就是三个土堆到一起，这个字读作yáo，它和古代尧舜禹的"尧"这个字是相通的，尧舜禹的"尧"繁体字是三个"土"字下面是一横一个儿童的"儿"，这叫"尧"。今天讲"土"字堆成一堆就是"垚"字，这个字不常见，在古代历史上都是用于名字之中。虽然这个字给人是一种土头土脸的感觉，很土的一个字，但是它是比较挺拔、巍峨的，给人感觉很高大，直插云端的意思。有一句话说得很好：水下行而聚为海，山不言高而直立天。歌诀：

三个土，构成垚，三土垚、三土垚；
三土堆、测时令；古圣贤，定节气。

## 焱 [yán]

据《说文解字》、甲骨文、金文史料记载，"焱"就是三个火字组成的。这个"焱"在甲骨文中是这样写的：画了一个火焰向上燃烧的样子，"火"就是三个火的火焰、火苗向上的样子。今天我们讲这个"焱"分两个层面讲。它的基本含义是光华的含义，光焰、火焰。火花，表示火花茂盛的意思。

第一个层面意思是：这个"焱"，是个贬义词，比如有一个成语叫疾风忽至。是说一个不好的风突然到来的含义。还有一个成语叫"煽风点火"，这都是不好的意思。

第二层面意思是褒义的：人们到年底或者节假日进行篝火晚会，比如庆祝这个地方发生的一些好事，或者希望、祝贺来年有一个大的丰收年，进行篝火晚会。篝火就是架上一堆火以后，人们围成一圈，手拉手地跳舞、唱歌，这叫篝火晚会。有一句俗话说得很好，"家有三火，来年必丰"，就是"焱"。意思是说这些火如果燃烧得非常旺盛，来年定是大丰收。

歌诀：

三个火，构成焱，三火焱、三火焱；
火为红，镇百邪；红色火，镇百兽。

## 嚞 [zhé]

据《说文解字》、甲骨文等史料记载，这个字由三个吉祥的"吉"组合到一起。它同哲学的"哲"，寓意是有智慧的人，比如哲人。这个字和哲学的"哲"是一个道理，是关于宇宙和人生的一些原理。

歌诀：
三个吉构成嚞，三吉嚞，三吉嚞。

## 麤 [cū]

三头鹿组成的这个"麤"字，读作"cū"。据《说文解字》、甲骨文、金文史料记载，它是汉字中最粗鲁的，叫作"麤"，也是"粗"的异体字。从字形上看它是一头大鹿，率领着两头小鹿，紧紧地挨在一起，似乎彼此混交，非常有力气，实际只表达了"动粗"的意思。《左转》中记载："粮则无矣，麤则有之。"这里的"麤"是指粗粝带糠的谷粒。

歌诀：
三鹿构成麤，麤大力无穷。

# 第二部分：汉字的特性

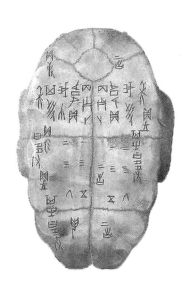

## 一、汉字简化后的特点

汉字简化后的显著特点在于笔画减少，结构更为简洁明了，便于书写和记忆。这一变革使人们汉字学习的门槛降低，加快了书写速度，促进了文化的普及与传播。简化字在保留汉字原有形义结合特点的同时，去除了部分繁复的笔画和构件，使字形更加规范统一，便于国际交流与计算机编码处理。此外，简化字还增强了汉字的现代感，适应了社会快速发展的需求，为汉语作为国际语言的推广奠定了坚实基础。但是，会意字里出现了原意的变化等。

## 二、感悟汉字蕴含

### （一）汉字拆开有天机

道。头行走也。头脑不停地运行、思想，道才生。一个人只知吃饭干活，不动脑子，其道何有？出路何在？如此，我们也就可以理解老子所谓"道可道，非常道"的真正意思了：道是头脑的思想，虽然可以说出来，但一旦说出来，它就成了静止的被固定的一段暂时性的思想，而不是真正意义上的运转不息、扩展无际的思想了。宇宙大道，与人的思想有何之异？其实一也，此为道。

知。矢口为知。矢，箭也。也就是说，一开口说话，就要直指事物的本质，一语中的，这才叫知。否则，多嘴多舌，不着边际，自觉知之，其实不知，乱说而已。

尖。一头大一头小为尖。实一小人也。一个投机钻营、削尖了脑袋往上爬者，非小人若何？

活。舌头喝到水才能活。水乃生命之源，什么东西喝不到水还能生存？

穷。用力打地洞者。没钱盖房子，只好挖地穴住。

君。手口也。是手指挥口，口指挥手，还是手口并用？皇帝曰：杀！于是人头落地。此所谓君子动口不动手也。

忍。用刀子剜心，滋味可想而知。所以能忍者必是意志坚强者，刀子捅在心上也不吱声，不像猪羊之辈，屠夫手拿着明晃晃的刀子，一比画就吓得哇哇乱叫，没一点修养和境界。故忍者，高人也。

闹。在门内开市场。车来人往，人喊马嘶，货物堆积，讨价还价，如此模样，怎会不闹？

性。心生之物。人生而有心，心而生性，天意教此，岂可阉之？只是不可乱来，两心相悦，生生不息，源远流长，何罪之有？美哉，善哉。

情。心青则情。心年轻，有活力，不安分，才相互勾引，才有情。所谓少年夫妻也。

色。下巴上一把刀。下巴之上是什么？嘴。刀子从嘴里出，也可以往嘴里入。

死。歹和匕之组合。歹，坏人也；匕，刀子也。胡作非为，奸盗抢掠，杀人放火，贪污腐败，无恶不作者，谓之歹人。这样的人早晚免不了挨刀子，所以必死无疑。

正。一止为正。做事不越轨也。内含一上一下，还有一竖。指为人处世，有上有下，端方有肃，不上不下，上下相合，取其中，站得直，绝不点头哈腰，阿谀奉迎。这样的人，谁敢说不正？

恕。如心。即像别人的心。也就是拿着自心比人心。人活在世上，拥拥挤挤，磕磕碰碰的事常有，谁还不出点小乱子，犯点小错误？只要不是太过分、有意使坏，邻里同事、上级下级、亲戚朋友，一不小心得罪了你，想想事理，拿着自心比比人心，自然也就能宽恕了。

吠。口大上一点。一人本就大，若再大上一点就成了犬，犬一开口就成了吠。狂妄自大，乱喊乱嚷，不是狗叫是什么？

刑。开刀。在身上开一刀，当然不是什么好事。

贿。有贝。贝，钱也。有钱是好事，贿之何罪？但贿和赂一连姻，问题就来了。

赂。各贝。乃钱各有所得也。

贪。今贝为贪。何意也？现在已经有了很多钱还不满足，吃着自己碗里的，瞅着人家锅里的，欲壑难填，蛇欲吞象，是为贪。

污。水亏也。没有水，不能清洗，自然就脏了。心灵也一样，没有清廉之水常洗，岂有不污之理？一旦污，不止水亏，心也亏，人性亏，命就更亏了。

腐。病附肉上。疾病附着到肉上，不杀菌，不消毒，不医治，怎能不烂呢？

败。贝反为败。钱是好东西，也是坏东西，如果取之无道，用之不当，钱就会造反，就会导致人的失败。故逢贪必污，污之必腐，腐之必败。

我。二戈反背。两个戈背对着背相连相击，既相互割裂、斗争，又相互依存、统一。先人造此字真是深奥精妙至极，早把人生自我参悟透矣。谁没有两面性？谁没有善恶之分？贪廉之意？美丑之态？真假之情？古语云：人生最大的敌人是自己。我之一字，示之神哉绝矣。

会。人像云一样聚集起来。

章。立早。其本义即会写文章的人，就能早成家立业。所以孔老夫子曰：学而优则仕。

失。人一大出了头，就失。一个人自高自大，自以为是，无所顾忌，违法乱纪，岂能不失？

特。寺中不养和尚养着牛，是很特殊。

容。一间房子里住着八口人，是挤了点儿，但好歹能盛下。这是个肚量问题，所以有容乃大。

柴。此木是柴。此，止匕，树木停止生长，枯死了，用刀劈开，拿来烧火，此木就成了柴。

烟。因火成烟。可燃之物被火一烧就冒烟，所以火是因，烟是果。

炊。火欠。食物不熟，当然火欠。故烧火做饭谓之炊。

共。廿八。古代女子十三可以嫁，男孩十五可以娶，加起来廿八岁，也就共了。

克。十个兄弟一辈子在一起，能不打架吗？所以克。

观。第一次见，是见。又见了一次，才是观。

逼。一口田上走。一个人到处流浪，居无定所，肯定是被生活环境所逼迫的。

标。二小木边站。两个小孩站在树边，示意那棵树是他家的，这自然是一种标志。

吉。士人之口为之吉。

跟。足艮。应该是脚指头，不知怎么一下子跑到脚后边去了，成了脚后跟。大概造这个字的人是倒着走路的。

圣。又土为圣。人从土里出来只是凡人，要苦其心志，劳其筋骨，饿其体肤，如孔子之流，周游列国，历尽艰辛，这样才能脱胎换骨，智慧超群，灵光照世，成为圣人。所以做个圣人，就像凤凰涅槃，不是件容易的事。

僧。人曾作僧。要想活得自在，人弗可做佛。

才。刀出头。故有毛遂自荐，脱颖而出之佳话。这就是说，真正的人才，你想压也压不住，总有一天会冒出来。才又是本的五分之三，想干一番事业，有了人才，就有了一大半的本钱，何愁不成功？

默。黑犬。咬人而不吱声的狗，确实黑！

怨。一心想成鸳鸯双栖之美。但怨不鸟，想不相。不能像鸟儿一样冲出笼子，自由自在地相亲相爱，结伴双飞，合侣双宿，只能待在闺中，有心无力，日思夜想，望眼欲穿，岂能不怨？

逃。兆走。预示着跑。即窈窕淑女，君子好逑。

枭。鸟蹲木上。即上生鸳鸯之鸟，下生连理之枝。

域。倾国倾城。喻貌美至极，天下无匹，故孙子曰：不战而屈人之兵，上上之策，美人计也。

谋。某人之言。别人给你出主意说的话，听起来很甜，最后却是吃了一嘴木渣。所以，谋，是别人哄你的话，不可全信，凡事还是自己拿主意。

批。一手提着两把刀。

真。十面具备，直通八方曰真。即无论到哪里、到什么什么时候，都完整、都不变的就是真的。这样的理，是真理；这样的事，是真事；这样的人，是真人。

诡。言危。把事情或问题说得很严重、很危险，搞得危言耸听，吓唬住你，然后好对你下手。无论拿你的东西，还是整你，你都不敢反抗，任其所为。显然，这是一种诡计。

内。人的两腿在门里，头在门外，哪儿是内？哪儿是外？所以内不应是里面的意思，而应是门卡住了人脖子。

关。一个正大一个反大接起头来就是关。所以正着是它大，反过来还是它大，毫不讲理，就像天头上长了两只角，你能斗得过它？看来，这关确实不容易通过。

海。水为人母即海。据现代科学研究，一切生物都诞生于水，水为母亲，岂独人哉？那么造此字的人独把水称为人母又是何意呢？大概是为了强调水的重要性，我们要像对待母亲一样，珍惜水，保护水。因为人不可须臾无水。我们的先人真是见识深远，用心良苦。人类的一切，尽被海涵了。

信。人言为信。骗人的话你也信？所以此信大可不信。但不信人言又信什么？难道信鸟语、驴叫不成？故而人言又不可不信。做人真是不容易。

教。孝反。不孝者一教就孝，孝者一教就不孝。故不孝者教之，孝者不可教也。

育。云在月上。云彩上升到了月亮的上头，月亮的光就不被遮挡，就能照彻黑暗了。人到了这种境界，也就童蒙大开，什么事都明白了。至此，育之义亦已尽矣。

羞。羊丑为羞。羊丑与你何干？你害的什么羞？大大方方走路，大大方方喝酒，大大方方做人，这来得多潇洒！谁愿羞谁羞去，反正我不是羊，丑又何妨。

要。西女。西边一个女人，东边一个女人，你要哪个？范蠡说，西施那么漂亮，东施那么丑，我当然要西施不要东施了。于是要西女，泛舟西湖，不知所终，唯留一字：要。

泛。水乏。水缺乏应该干旱，何来泛滥之灾？造此字的人，不知是故意说反话，还是脑子有问题。

愧。心里有鬼就愧。所以古语云：不做亏心事，不怕鬼叫门。那些干了坏事，坑害别人的，本身就自心生暗鬼，不用鬼叫门，他也活不舒坦。

悔。心怀人母。心里想着人家的母亲，不想自己的母亲，这样的人定是些见利忘义、有奶便是娘的不肖子孙，到头来只能落个众叛亲离、千夫所指的下场，悔之亦晚矣。

着。羊目。羊眼长在哪里？羊眼只能长在羊头上。羊一瞪眼就着急，人一着急呢？难道闭着眼？造这个字的人，大概是个放羊的，他只看见了羊眼，而看不见自己的眼。

虚。虎头业尾。什么意思？扯虎皮，做大旗，障人眼目吹牛皮也。

孤。子瓜为孤。即未成熟的瓜被摘下来就成了孤。所以没了父母的小孩称为孤儿，成年人只有孤独、孤立，没有孤人之称，单身男女只能称为鳏、寡，除了帝王。为何？因为帝王是脱离了百姓、没有父母的永远长不大的天子，故而只好称自己为孤家寡人。

梦。林夕。太阳落到树林下边，天地间就变得一片苍茫，云山雾罩，朦朦胧胧，模模糊糊，一切都变得虚无缥缈起来，这就是梦。只要有梦，就是好的。

看。手目。手上长眼谓之看。怪也？奇也？其实，不怪也不奇，古人看物，用手不用眼，因为手摸到的东西是实实在在的，眼看到的往往不真实，除了花眼，还有影像和虚幻。所以，你想看清楚事物，最好还是直接接触一下，免得上当受骗。说一个人能耐大的时候，不是说他手眼通天吗？可见，古人造看，是实践出来的真知。

卓。早卜或卜早谓之卓。什么意思？早卜就是提前预测，卜早就是先预测起始状态。这样无论做什么事都会心中有数，提前做好准备，即所谓有备无患，知己知彼百战百胜。能做到这一点的就称其具有远见卓识、卓尔不群、才华卓绝、能力卓异、成就卓越、战功卓著，等等。俗语云：一天之计在于晨，一年之计在于春。我先人卓识久矣！

眼。目艮。即脚趾头上的视觉孔叫眼。不知为什么，后来这视觉孔长到头脸上去了，眼也就与鼻子耳朵做起邻居来。

叛。半反为叛。全反是敌人，造一半反就是叛徒。

破。石皮为破。为什么？因为石头的皮没有完整的，所以为破。

波。水皮为波。水皮起伏不定，掀起波浪，可以理解。但平静的水皮呢？也是波？造此字的人大概是个生活在海里的。

坡。土皮为坡。造此字的人一定是个山民，没见过平地，故认为土皮为坡。

## （二）汉字拆开有天机

汉字是艺术的文字。从古至今，虽然汉字的形态、音调和内涵都发生了变化，但在那独特的笔画字形中，仍然蕴含着中国人丰富的想象和内涵。

一个字，往往藏着一种人生的智慧。一个汉字就是一部文化史，就如同我们的人生，它包含着中国人的处世哲学，是一束照亮我们生命的光。认得汉字，赏得风月，识得箴言，悟得人生，是我们生而拥有的福分。汉字蕴含着我们老祖宗的深刻智慧。参悟汉字玄机，是学习为人处世，体悟人生哲理，也是读懂中国文化的有效途径。

语言大师林语堂，曾对"孤""独"二字做过有趣的"拆字新解"。他写下这么一首打油诗：

稚儿擎瓜柳棚下，细犬逐蝶窄巷中。

人间繁华多笑语，唯我空余两鬓风。

"孤"与"独"分别拆开，是子与瓜、犬与虫。在林语堂眼中，寥寥二字四旁，却像一幅栩栩如生的画：小孩儿在棚下捧瓜嬉笑，小狗欢叫着在青石老巷中逐蝶，垂垂老矣的他独倚桥边，目睹人间笑语，却不禁反衬出些许晚年的孤独心境来。

# 三、汉字结构特点

道

"首" + "走"

头脑不停地运行，才能找到方法、道理。如果做什么事情，只知道蛮干，不动脑子，就不可能找到"门道"。老子曰："道可道，非常道。"在精神层面寻找人生的信仰、方向、信念，那便是人生之"道"。

我

"二" + "戈"

戈是古代的一种兵器，两个戈背对背相连相击，既相互割裂，又相互依存。

凡事都有两面性，人也是一样。正与邪，善与恶，主要是看哪个方面占主导地位。每个人都不愿承认自己是不完美的。战胜敌人容易，人生最大的敌人，其实是自己。

命

人 + 一 + 叩

对每个人来说，生命只有一次。人生、命运，常有很多的困惑疑问却难以解答，我们只能在生活中不停地"叩"问！古人云："不知命无以为君子。"

福

"衣" + "一口田"

"知足是福。""福"，左边似"衣"，右边是"一口田"。古人认为，一个人有衣穿有饭吃，就是"福"。和古人相比，现代人的物质生活不知要丰富多少，我们普遍有衣穿有饭吃，有的甚至大富大贵。但很多人并不快乐，反而终日愁眉苦脸。

因为现代人的欲望已不再停留在有衣穿有饭吃，往往想要的更多。有上进心是好的，但过度不满足会让人失去知足常乐的心态。只要欲望一时得不到满足，就会痛苦烦恼，甚至嫉妒仇视别人。幸福，不是拥有太多，而是刚刚好。

## 财

"贝"+"才"

"贝"，是最早的货币。一半是钱，一半是才，就组成了"财"。人人都想拥有更多的财富，这无可厚非。但"君子爱财，取之有道"。李白曰："天生我材必有用，千金散尽还复来。"要靠自己的真才实学去赚钱，投机取巧注定不能长久。

## 富

"畐"+"宀"

财富：一半是福，一半是灾。祸兮福所倚，福兮祸所伏。福祸在一定的条件下是可以转化的。财富够用就好，过多的财富，有时也会带来"灾"患。

## 悟

心 + 吾

找到自己的本"心"，发现自我，也就"悟"了。用心去体会自我，最后的"大悟"就是"今日方知我是我"！

## 思

田 + 心

思考就是在心灵的田地里，智慧的种子在发芽。未经思考的生活，是不值得继续的。

## 意

立 + 日 + 心

心上立起一枚太阳，相信世间所有的温暖，都是与人为善的心意。珍惜缘分，拥有现在，就算给不起太多的温暖，也不要去伤害。

## 功

"工"+"力"

成功＝工作＋努力。自古成功无捷径，千锤百炼才成钢。要想成功，工作中就要尽心尽力，下功夫、出大力，才能功到自然成。

令

"今" + "点"

"今"天努力一"点"，明天才有资格发号施令。所谓坚持，就是每天努力一点点。人生就像一只储蓄罐，你投入的每一分努力，都会在未来的某一天回馈于你。

晃

"日" + "光"

一"日"用"光"了，一天就"晃"过去了。一辈子用光了，生命也就晃过去了。人这一辈子，看似很长，其实很短。一寸光阴一寸金，时光是最宝贵的。

够

"句" + "多"

"够"就是刚刚好，再讲一"句"就"多"了。不多不少，这是会说话的诀窍。做任何事，也是一样的道理，过犹不及，恰到好处就足够了。

智

"知" + "日"

"日省吾身,是人生的修行。""智",上知下日,"知"又是矢与口的组合。我们不禁想到，古往今来的智者，大都有静处独坐、日省吾身的习惯。

明代思想家袁了凡说："日日知非，日日改过。一日不知非，即一日安于自是；一日无过可改，即一日无步可进。"一个人在某个领域中站得越高、眼界越宽，越会明白人外有人、天外有天的道理。想去"更高的地方"，就得学会自省和谦逊。自省使人自知，自知使人进步。

患

"串" + "心"

心多不是好事，"患"字上面是一个"串"，下面是一个"心"，像一"串"的"心"，即是多心，患得患失。一种是贪得无厌。若一个人不能一心对待得失，这也想要，那也想要，怎能不心生忧虑呢？最终往往什么也做不成、得不到。一种是害怕失去，尤其在感情上，人一旦多心，就把感情搞得越来越复杂，离当初的单纯远了，所爱之人也越来越远。我们都该学会慢慢放下，对人对事，简简单单，一心一意。

### 赢

亡 + 口 + 月 + 贝 + 凡

"亡"是要有危机感，"口"是要善于沟通，"月"是要有时间观念，"贝"是要有一定的经济基础，"凡"是要保持一颗平常心。具备这些，你的人生才能"赢"。

### 欲

"谷" + "欠"

私欲如山谷，再怎么填也觉得欠点儿什么，所谓"欲壑难填"，过度的欲望，会让人走向罪恶的深渊。人心不足蛇吞象，世事到头螳捕蝉。

### 起

"走" + "己"

人生的每一次提升，都是靠自"己"一步一步"走"出来的。靠人不如靠己。认定了的路，再痛也不要皱一下眉头，要知道，再怎么难走都是自己选的，我们没有资格喊疼。

### 邪

"牙" + "耳"

牙齿咬着耳朵，是说一些极隐秘的话。邪恶的事情见不得阳光，都是在背地里悄悄谋划的。做人要光明磊落，要"事无不可对人言"，不是没有隐私，而是没有阴私，没有害人的阴暗心思。

### 怕

"心" + "白"

"恐惧，是内心的空虚"，"怕"字由"心"和"白"组成。内"心"一片空"白"，往往是一个人内心空虚、不自信的时候。无畏者，一是初生牛犊的无知，一是历经磨炼的自知。无非是懂得不间断地学习、自省，以信念自勉，以仁爱充实心灵，拒绝无所事事、自欺欺人。如此，内心便有了底气，自然不怕、不惧。心有所期，无畏无惧。

## 夸

### "大" + "亏"

"自大终要吃大亏"。"夸"字，上面是个"大"，下面是个"亏"，可以这样理解：一个自大的人，总要吃大亏。自信与自大不同，前者是气定神闲、不卑不亢，后者往往喜欢哗众取宠，或掩饰自己的无知无能。世间当然不乏狂傲的天才，但多数人更需要看本钱，认清自己的位置。随意的自不量力，终会在不断的膨胀和莽撞中遭受教训。

从更大的层面上说，一个民族也要避免虚假的自大。梁思成说："一个民族的自大和自卑都源于对于本民族历史文化的无知，只有了解自己的过去，才能站在客观的立场上，产生深层的民族自尊。"自尊是正途，自大要吃亏。

## 知

### "矢" + "口"

话不在多，有的放矢，一语中的。像射出的箭，直指事物的本质，这才叫"知"。相反，说了一大堆，却不着边际，自以为懂得很多，其实并不是真的懂。

## 翔

### "羊" + "羽"

原来，羊也有一个美丽的梦想，那就是长出翅膀翱翔天际。做人，如果没有梦想，那还不如一只羊呢！即使梦想看起来有点儿遥远，也要为梦想努力。唯有坚持下去，才能成为人生赢家。

## 忌

### "己" + "心"

做人，切"忌"不能"心"中只有自"己"。心里只有自己的人，还能容得下谁呢？没想到，这个道理，老祖宗在造字的时候就告诫过我们了。

## 劣

### "少" + "力"

事事偷懒一点儿，终归差人一等。人生的优劣，先天只能决定一部分，后天努力却不容小觑。且看"劣"字的构造：少与力。若一个人在每件事上都要偷懒，哪怕他先天条件好些，最终也不免要在人生的跑道上落后。就像龟兔赛跑的故事，道理简单却实在。有人生来条件差，但后天奋进，令人刮目相看；有人老天赏饭，却克服不了惰性，最终铩羽而归。一分耕耘，一分收获。你的付出，决定你人生的优劣。

## 出

### "山" + "山"

要想"出"人头地，要翻越两座大"山"。跟别人做一样的事情，怎么可能超越别人。跟过去的你做一样的事情，你也无法超越自己。每一个人内心中其实都希望自己能够出人头地，风风光光地站在人前。但出人头地并不容易，不仅要具有非凡的勇气和毅力，还要实实在在地去行动。

## 忙

### "心" + "亡"

"忙"字，"心""亡"为"忙"，人一忙，"心"就丢了。一个行色匆匆的人，往往是一个无"心"之人。忙中出错，忙中出乱，就是因为忘记倾听内心的声音。一个疲于奔命、无"心"生活的人，怎能不会犯错出乱，又怎能把自己的人生过好呢？

日子再忙，也要留点儿时间，谈谈风花雪月。苏东坡就曾写道："无事此静坐，一日似两日。"若无法从喧闹的尘世中跳脱出来，不妨闲坐，从热闹处回归到生命的本真，为浮躁的心灵养一方净土。

忙里偷闲，让"心"回归，人才会安宁，事才会从容。

## 加

### "力" + "口"

做事，不但要动"口"，还要出"力"，这样才能给自己"加分"，这样的人生才是"做加法"。光说不练假把式，光练不说傻把式，连说带练全把式。

## 便

"人" + "更"

与"人"方便，"更"是与己方便，利人实利己。但行好事，莫问前程；与人方便，自己方便。

## 拍

"手" + "白"

擅长拍马屁的人都是凭着那只提起来的"手"，"白"手起家的。"拍马"的典故来自过去西北的游牧民族。平时人们骑马相遇，常常会拍着对方的马屁股说："好马，好马。"后来，人们又发现，拍拍马屁股，马会觉得舒服而变得很温顺，这样就慢慢演变成今天的含义。

## 否

"不" + "口"

真正反对你的人，往往"不"表现在"口"上，而是暗藏在心里。和摆在台面上的冲突相比，暗地里的争斗要危险得多。

## 尖

"小" + "大"

个人是渺"小"的，但站在"大"的平台上，就成了"尖子"（优秀者）。要取得成就，离不开坚实的根基！给别人留有"余"地，自己的路才好"走"。时势胜于个人，时势造英雄，"时来天地皆同力，运去英雄不自由"。

## 茶

草 + 人 + 木

"人"立于天地"草木"之间，品茗悟道，融入自然，天人合一，至人无己。"人在草木间，可得心安。"茶，是人面对自然的态度，也是面对内心的态度。人生一世，草木一秋，人和茶之间有着禅意的相连。生命如一盏茶水，其中的浮沉与苦甘，是经历滚滚红尘后，选择回归淡泊的人方能细品。浮生若梦，一杯清茶解烦忧。

## 舒

### "舍" + "予"

"给予即快乐"，舒心的"舒"，左边是舍得的"舍"，右边是给予的"予"，恰是舍得给予之意。生活中，我们在得到什么的时候，也许会欢欣、狂喜。但当我们甘愿为某人、某事付出的时候，那种内心的充盈却是无可比拟的。

在中国人的理解中，"舍得"，即有舍才有得。自己富足时，不忘有缺乏的人，这是一种力所能及的善良；在自己缺乏时，仍能伸出同情的手，则更是难能可贵的。

舍得给予，才能收获充实。

## 停

### "人" + "亭"

"既要有前进的勇气，也要有停下的心气。"中国古代的驿道，每隔一段路，便有一个亭子。这些亭子是为了让人们暂时停下疲累的脚步，补充体力、蓄积精神，好让往后的旅程能走得更快、更远。亭者，停也。

"停"字，是一个"人"和"亭"靠在一起。蒋勋说过：爬山时遇到亭子，就是在告诉我们，不要再走了，这里的风景美极了。让自己在亭子里歇息，看花开花落，看雁过南天，舒缓心境，捋清前路。人生的路很长，我们总要前行。偶尔停一停，不必急。

# 四、汉字运用

## （一）天下第一易错字

天下第一易错字，是哪一个？还真不是那些罕见的生僻字，也不是那些容易混淆的形近字，而是感冒的"冒"，冒险的"冒"！

绝大多数人都以为"冒"字上面就是个"曰"，下面是个"目"。错就错在这里，"冒"字的上面并不是"曰"，而是"冃"。

这个"冃"就读 mào，它与"曰"的区别是，下面那两横不与别的笔画相连。

古文字中的"冃"是个象形字，就是画了一顶古人的帽子，那两横是帽子上的装饰物。

由"冃"组成的"冒"，上面是一顶帽子，下面是一只眼睛，帽子盖在眼睛上，这只眼睛其实是代表了整个脑袋。

"黄"字中间是"由"字，而不是"田"字。

最易错的字"考"。"考"下半部分，是"巧"的右半部分，所以应先写横，然后竖折弯钩。

中国的汉字博大精深，一笔一画都凝聚着祖先的心血，一笔一画皆有来历，我们作为后人切不可臆造，必须深刻理解汉字的含义，才能认真写好规范字！

"凑活"还是"凑合"？"松驰"还是"松弛"？"坐镇"还是"坐震"？下面这些你都能写对吗？

## （二）最有玄机的汉字，道尽人生真谛

人生的哲理，其实18个字就可以概括。

1. 今。"今"天努力一"点"，明天才有资格指挥别人。
2. 骗。一旦被人看穿，"马"上就会被人看"扁"。
3. 真。正"直"，是它的立足"点"。
4. 超。"召"示你，不停地走，你才能赶上别人，走在前面。
5. 认。看"人"，我们往往只重视他的"言"谈，而忽视了他的内心。
6. 绝。有时候，之所以走上绝路，都与"色"等人的贪欲有着千"丝"万缕的联系。
7. 舒。"舍"得给"予"他人，自己才能获得快乐。
8. 劣。平时"少"出"力"，到头来必然差人一等。
9. 吻。请勿只有"口"，还要用心。
10. 伴。意味着他"人"是你身体的另一"半"。
11. 值。站得"直"，"人"的身价才高。
12. 失。原来是"夫"想多得一"点"。
13. 办。想要做成事，光用"力"不行，还得左右都有"点"表示。
14. 赶。不停地"走"，不停地"干"，就会超过别人。
15. 企。"人"的欲求不可无限膨胀，要适可而"止"。
16. 起。人生的每一次提升，都是自"己""走"出来的。
17. 债。欠了别人的，就要偿还，这是做"人"的"责"任。
18. 加。做什么事，不能光用"口"讲，还要致"力"于行动。

## （三）易错词语对照：

博弈——博弈　　得瑟——嘚瑟　　脉膊——脉搏

松驰——松弛　　布署——部署　　打腊——打蜡

| | | |
|---|---|---|
| 安祥——安详 | 蜇伏——蛰伏 | 复盖——覆盖 |
| 装祯——装帧 | 蜂涌——蜂拥 | 膺品——赝品 |
| 凭添——平添 | 发轫——发轫 | 追朔——追溯 |
| 从阵——从镇 | 震憾——震撼 | 幅射——辐射 |
| 防碍——妨碍 | 重迭——重叠 | 宣泻——宣泄 |
| 既使——即使 | 侧隐——恻隐 | 迷团——谜团 |
| 气慨——气概 | 复灭——覆灭 | 按装——安装 |
| 凑和——凑合 | 粗旷——粗犷 | 家俱——家具 |
| 惊谔——惊愕 | 裹腹——果腹 | 寒喧——寒暄 |
| 人材——人才 | 合谐——和谐 | 杀戳——杀戮 |
| 侯车——侯车 | 座落——坐落 | 修茸——修葺 |
| 疼孪——疼挛 | 精采——精彩 | 脏款——赃款 |
| 弦律——旋律 | 九宵——九霄 | 雾松——雾凇 |
| 九洲——九州 | 停舶——停泊 | 精萃——精粹 |
| 罗嗦——啰嗦 | 偶而——偶尔 | 精典——经典 |
| 迁徒——迁徙 | 帐簿——账簿 | 严竣——严峻 |
| 崇高——崇高 | 夜霄——夜宵 | 招骋——招聘 |
| 针贬——针砭 | 申张——伸张 | 亲睐——青睐 |
| 流恋——留恋 | 嗑巴——磕巴 | 视查——视察 |
| 踔脚石——绊脚石 | | |

| | | |
|---|---|---|
| 三步曲——三部曲 | 分辩率——分辨率 | 泊来品——舶来品 |
| 爆发户——暴发户 | 哈蜜瓜——哈密瓜 | 座标系——坐标系 |
| 做月子——坐月子 | 化装品——化妆品 | 金钢钻——金刚钻 |
| 照像机——照相机 | 渡假村——度假村 | 坐右铭——座右铭 |
| 入场卷——入场券 | 水蒸汽——水蒸气 | 挖墙角——挖墙脚 |
| 亲合力——亲和力 | 名信片——明信片 | 林阴道——林荫道 |
| 小俩口——小两口 | 景冈山——井冈山 | 大姆指——大拇指 |
| 显象管——显像管 | 水笼头——水龙头 | 莫虚有——莫须有 |
| 活性碳——活性炭 | 黄埔江——黄浦江 | 记录片——纪录片 |
| 年青人——年轻人 | 爱滋病——艾滋病 | 白内瘴——白内障 |
| 笑咪咪——笑眯眯 | 身分证——身份证 | 至高点——制高点 |
| 必须品——必需品 | 一柱香——一炷香 | 孤伶伶——孤零零 |
| 定计划——订计划 | 辩证法——辩证法 | |

泻洪口——泄洪口　　莹火虫——萤火虫

一股作气——一鼓作气　　穿流不息——川流不息

专横拔扈——专横跋扈　　按步就班——按部就班

出奇不意——出其不意　　不无稗益——不无裨益

# 后记

汉语是世界上最美丽的语言之一，它充满了韵味和深度，每一个字都蕴含着丰富的含义和情感。无论是古典诗词还是现代文学，汉语都能表达出人们内心最真挚的感受。我们应该为自己拥有这样的母语而自豪。

汉字是中华民族古圣先贤在生活中提炼出来的智慧，来源于生活，但最终要回到生活中。这样就有了很多古圣先贤对汉字的探讨、研究。汉字是表达中华民族文化的代表性符号，是中华民族文化之根、之本、之源。

在这十年的业余时间里，我学习、研究、实践、备课、讲座、录制视频五千九百多个汉字，讲解了每个汉字的出处、演变和使用的妙趣，并免费发到互联网上，供大家共同学习、研究、探讨汉字蕴含的大智慧，迎来了六百多万粉丝的赞扬、追捧和好评。为此我感到欣慰，并在此表示衷心的感谢！

本书收录精选了我在互联网公众平台所讲的其中一千个字。用幽默风趣的语言说明了每个字的出处、演变、异体、会意、字元、形声、象形、传说造字的过程，并用图文并茂、打油诗、儿歌、顺口溜的形式，表现了文字偏旁和其他字的组合时的读音变化等，进而编写了一部普及型图书，供社会各界人士学习文字规范知识。

此书能够面世，我要特别感谢同道的良师益友的关心、鼓励、视频剪辑者用心付出，志愿者、打字员和同人们共同辛苦，以及不愿意透露姓名的赞助者的大力支持。这才有了这部拙作。写写停停，停停写写。经历了十几年，总算画上了句号。受水平所限，书中难免有错误和遗漏之处，恳请读者朋友批评指正。

吴映璋

2023 年 7 月 16 日于中国易明德国学院

# 主要参考文献

[1] 许慎 . 说文解字 [M]. 上海：上海古籍出版社，2007.

[2] 姬克喜，杨国正，王新燕，等 . 甲骨文字源流简释（下）[M]. 郑州：中州古籍出版社，
2011.

[3] 韩建周，牛海燕 . 甲骨文字释义 [M]. 郑州：河南大学出版社，2013.

[4] 汉语大词典编纂处 . 康熙字典 [M]. 上海：上海辞书出版社，2014.

[5] 吴正中，张玮林 . 汉字春秋 . 时英出版社，2018.

[6] 李屹之 . 咬文嚼字全集 [M]. 北京：新世界出版社，2007.

[7] 李光伟，刘洪泽，董亚玲 . 中华汉字经 [M]. 北京：中共中央党校出版社，2005.

[8] 何跃青 . 测字文化 [M]. 北京：中国物资出版社，2010.

[9] 邓家智，李国炎，莫衡，等 . 汉语规范字典 [M]. 海口：南方出版社，1996.

[10] 新编字典 [M]. 呼和浩特：内蒙古大学出版社，2005.

[11] 新华字典 [M]. 北京：商务印书馆，2012.

[12] 王纲 . 书法字典 [M]. 重庆：重庆出版社，1982.